新款轿车
故障诊断与排除400例

张凤山　静永臣　主编

中国电力出版社
CHINA ELECTRIC POWER PRESS

内 容 提 要

本书收录有奥迪 A6L、A8、A8L、Q5、Q7、速腾、迈腾、宝来、高尔夫、帕萨特、朗逸、科鲁兹、伊兰特、天籁、凯美瑞等车型的维修案例。

所收录的各车型维修案例400余例，既有典型性、又有普遍性和实用性，读者可从中得到启示，举一反三，适应各种车型在维修排除类似故障时进行借鉴，并掌握故障诊断维修的一些关键方法。

本书继续保持涉及车型广，案例真实，分析透彻，通俗易懂的特色，所选故障具有一定的代表性，特别适合广大汽车维修人员、汽车驾驶员及汽车学校师生阅读参考。

图书在版编目（CIP）数据

新款轿车故障诊断与排除400例/张凤山，静永臣主编．—北京：中国电力出版社，2014.1

ISBN 978-7-5123-5026-7

Ⅰ．①新…　Ⅱ．①张…②静…　Ⅲ．①轿车-故障诊断②轿车-故障修复　Ⅳ．①U469.110.7

中国版本图书馆CIP数据核字（2013）第237731号

中国电力出版社出版、发行

（北京市东城区北京站西街19号　100005　http：//www.cepp.sgcc.com.cn）

北京市同江印刷厂印刷

各地新华书店经售

*

2014年1月第一版　2014年1月北京第一次印刷

787毫米×1092毫米　16开本　19.625印张　499千字

印数0001—3000册　定价 **42.00** 元

前　言

随着汽车工业的迅速发展和人民生活水平的日益提高，汽车的保有量在不断地增加，然而汽车故障的诊断与排除问题也越来越被维修人员所重视。为了帮助维修人员掌握新技术和诊断与排除故障的技能，我们特编写这本《新款轿车故障诊断与排除400例》。

本书收录有奥迪A6L、A8、A8L、Q5、Q7、速腾、迈腾、宝来、高尔夫、帕萨特、朗逸、科鲁兹、伊兰特、天籁、凯美瑞等车型的维修案例。

所收录的各车型维修案例400余例，既有典型性、又有普遍性和实用性，读者可从中得到启示，举一反三，适应各种车型在维修排除类似故障时进行借鉴，并掌握故障诊断维修的一些关键方法。

本书的特点是涉及车型广，案例真实，分析透彻，通俗易懂，所选故障具有一定的代表性，特别适合广大汽车维修人员、汽车驾驶员及汽车学校师生阅读参考。

本书由张凤山、静永臣主编。参加编写的有：金福盛、张磊、康鹏、杨卫东、张力言、王新、袁绍武、朱德禄、刘士春、林志柏、佟荣长、张立常、王宏臣、高飞、王玥、高建国、张春华、崔秀梅、王宝友等。

由于编者水平有限，书中错误和缺点在所难免，敬请读者批评指正。

编　者

2013年8月

目 录

第六章 迈腾轿车维修案例 141

第七章 宝来轿车故障维修案例

第八章 高尔夫轿车维修案例 203

第九章 帕萨特轿车维修案例 210

第一章

奥迪 A6、A6L 轿车维修案例

一、奥迪 A6L 轿车气囊灯常亮，故障码无法清除

故障现象 一辆 2005 款奥迪 A6L，配备 BBJ 型发动机，共行驶 8000km。肇事修复后，气囊灯常亮，故障码无法清除。

故障诊断 连接 VAS5052，读取地址 15 -安全气囊系统故障码，故障码为：01590，蓄电池切断开关 N253 最低值未达到（线路短路）。奥迪 A6L 为了保证行车安全，在车辆发生碰撞时会依靠蓄电池切断开关切断去往发电机和启动机的电源，并且从 2004 年 6 月以后，蓄电池切断开关为一次性部件，启动后必须更换。经询问得知，该车肇事修复后已经更换了 N253，并且连续换了两个还是不能消除该故障码，于是求助笔者。

分析一下故障码 01590，原因如下：线路短路，N253 损坏，气囊控制单元损坏。经检查全部正常。笔者经过仔细观察发现了故障，原来 N253 为了安全起见设置了一个短路销，在没连接上插头时将接脚短路，插上插头后，由插头内的顶销将短路销释放，而该车插上插头后，没有将短路销推到位，导致了上述故障，处理后故障排除。

故障总结 笔者查询了大众大量原厂资料，遗憾的是没能从中找到上述的维修提示，希望维修上述部件时，引起注意，少走弯路。

二、奥迪 A6L 轿车行驶中发动机熄火

故障现象 一辆奥迪 A6L3.0Quattro 全时四驱轿车（配备 BBJ 3.0L 型发动机和 09L 型自动变速器），累计行驶里程为 2 万 km，连续几次行驶到仪表显示油箱内的油还剩下 1/3 时。出现发动机熄火的现象，熄火后发动机无法启动着机，但当把油箱加满后发动机能正常启动。

故障诊断 根据车主反映的情况，分析认为，造成发动机熄火的故障原因可能有：汽油泵工作不正常；油位传感器工作不正常，油箱内可能已无燃油；燃油系统存在气阻现象。

首先使用故障检测仪对该车电气系统进行检查，均无故障码：对油位传感器进行了匹配和测量。其电阻值在规定范围内，匹配后进行了试车，上述熄火现象依然存在。将发动机熄火后再启动发动机，测量燃油系统压力，为 0.6bar（1bar＝100 kPa），明显过低。检查油位，发现油箱内燃油和仪表指示值相接近，确定故障不是因油位指示不准造成的，同时检查了活性炭罐管路，正常。最后更换了汽油泵，而后试车，发动机可以正常启动着机。

将发动机启动着机后又进行了反复试车，发动机熄火现象再次出现。检查燃油系统压力，仍然偏低，但汽油泵工作正常。于是对该车的油箱内部管路进行了彻底检查。因该车有主副油箱，只好对主油泵和副油箱的抽吸泵进行拆卸检查，发现副油箱要比主油箱的油位高出很多，同时发现副油箱的抽吸泵滤网装置已被堵塞，且副油箱底部也有类似沙子的杂质。

通过上述检查可以确定故障原因是副油箱抽吸泵滤网装置堵塞而造成主油箱内无燃油供给，从而导致发动机熄火。

三、奥迪 A6 2.8L 轿车无法启动故障排除

故障现象 行驶过程中发动机突然熄火，再也无法启动，用清障车牵引进厂修理。

检查分析 连接 VAG1551 查询故障存储，显示各气缸燃烧中断。检查发现油路正常，故障是因发动机“无火”造成的。

先检查点火线圈及其接脚导线连接情况。该车型采用双缸同时点火系统，共有 3 个点火线圈，与功率较大的集成块一起组成点火线圈总成。用万用表测量同一线圈的 2 个火花塞插孔之间的电阻，均为 20kΩ 左右，表明点火线圈的次级线圈及缸线都正常。

再测量点火线圈插头上的多接脚导线连接情况：1 号线为火线，是从油泵继电器 J17 处引过来的。当启动发动机时，该脚上有约 12V 的电压：2 号线为搭铁线，测得与搭铁之间的电阻几乎为 0；3、4 和 5 号线的接脚分别与发动机控制单元的 102、103 和 94 这 3 脚相连，是 3 个点火线圈的信号线。测量相应 3 根导线的电阻，均接近 0Ω。这表明，点火线圈的次级线圈及其导线连接都正常，不点火的原因应该是控制单元无点火信号或者是点火放大器收到信号但未执行命令。由于该车经常出现点火线圈放大器损坏的通病，于是对点火线圈进行替换试验，发现发动机能够正常启动。

故障排除 将点火线圈更换之后，发动机顺利启动，至此故障彻底排除。

四、奥迪 A6L 2.4 轿车 ABS 故障指示灯常亮

故障现象 一辆 2006 年款奥迪 A6L 2.4 轿车，行驶里程为 8.2 万 km。该车 ABS 故障指示灯常亮。

检查分析 维修人员首先使用金奔腾“彩圣”故障诊断仪对车辆 ABS 进行检测，发现 ABS 中存储了 1 个含义为“压力传感器故障”的故障码。该款车型的压力传感器集成在 ABS 泵内，于是维修人员试更换了 ABS 泵，然后清除故障码。当再次对 ABS 进行检测时，发现“压力传感器故障”的故障码消失，但又出现了新的故障码，包括控制单元编码错误、转向角传感器未设定和系统测试未激活。这 3 个故障码均无法清除，维修人员一时无从下手，于是来到笔者公司求助。

笔者接手该车后，首先和维修人员进行沟通，对该车的情况有了一定了解，然后，使用金奔腾“彩圣”故障诊断仪进入大众 CAN→BUS→选择制动系统，选择读取故障码，确实存在上述 3 个故障码，并且仪表上防侧滑和 ABS 警报灯点亮。根据维修人员的描述以及该车的实际情况，笔者分析认为此故障系更换 ABS 泵后未正确进行 ABS 控制单元设定所致，于是按照正规方法对 ABS 控制单元进行了设定，具体操作步骤如下。

(1) 首先针对“控制单元编码错误”这个故障码进行排除。选择“重新编码”功能，根据配件号查得控制单元编码为“0021330”，将此编码正确编入后，“控制单元编码错误”的故障码清除。

(2) 然后针对“转向角传感器未设定”这个故障码进行排除。选择“安全访问”，输入 40168，安全访问成功后，选择“基本设定”，选择组号 001 并进行设定。完成以上操作后。故障码“转向角传感器未设定”被成功清除。

(3)“系统测试未激活”这个故障码含义较为模糊，清除后系统正常，但启动车辆后又再次出现，反复操作未果。

于是笔者查询相关维修资料，最终查明原因：此故障码是由于 ESP 系统未激活而造成的，需要执行安全访问→基本设定→103 组匹配，完成以上操作步骤后，系统显示正常。

故障排除 按照上述 3 个步骤依次针对各故障码进行清除，然后反复试车。以上 3 个故障码均未再出现，至此该车故障彻底排除。

五、奥迪 A6L 轿车车速无法升高

故障现象 一辆奥迪 A6L 轿车，发动机型号为 BPJ 2.0T，变速器型号为 01J，行驶里程 6.5 万 km。据车主反映车辆高速行驶中加速无力，最高车速只能行驶到 120km/h，再无法上升。

故障诊断 接车后对该车进行路试，故障现象确实存在，并出现了 2 次，确认车主反映的故障现象真实。用 V.A.G1552 解码仪检测，空气流量信号、喷油量、点火电压、断火信号等数据都无异常现象。然后对燃油系统的油压进行检查读取和测量。低压 450kPa，高压 6.5MPa，也在正常值范围内。于是再检查发动机的火花塞、点火线圈，也都无异常。由此分析认为，可能是进、排气系统故障。于是检查进气管路有无漏气现象，经检查进气管无漏气，三元催化器及排气管无堵塞。

考虑到该款发动机是涡轮增压发动机，于是进一步试车读取涡轮增压器的数据值，发现第 115 组数据流在高速行驶中涡轮增压器的增压值最高在 98～99kPa，而规定标准值应在 170～180kPa，压力值明显过低。

原因找到后，对涡轮增压器进行拆检，发现涡轮增压器的叶片轴很松动，摇摆间隙过大，导致涡轮增压值过小，车速无法上升。

故障分析 国内很多车型的汽油发动机都应用了废气涡轮增压器技术，这项技术不仅可以提高功率、增大扭矩，而且相对同样功率的自然吸气发动机，油耗要低不少。但是涡轮增压发动机在使用要求上比自然吸气的发动机要高，并且相关部件容易出现故障。

从这个案例我们知道，在使角完带废气涡轮增压器技术的车之后，经常立即关闭发动机，这样发动机系统的机油压力就降为 0，而此时涡轮在惯性下仍继续运转，而且增压器的热量也不能被机油带走，长期以往，造成了该车增压叶片轴承和轴的磨损、松动，最后形成了故障。所以汽车运行后关闭发动机之前要适当的怠速运行一会，这样可以起到保护涡轮的作用。

六、奥迪 A6L 轿车导航失效

故障现象 一辆 2010 款奥迪 A6L2.8L FSI 型轿车，行驶里程为 1065km。用户反映该车的 3G 导航（第三代）在车辆行驶中不好用。MMI（Multi Media Inter - face）多媒体交互系统显示屏上的车辆光标停滞，导航系统上其他功能（如地图、路径和设置等）均正常。

检查分析 笔者接车后，首先连接 VAS5052A 故障诊断仪，进入系统地址码 5F，发现没有存储故障码。考虑到在维修车间里存在建筑物屏蔽效应和信号干扰，会导致收不到 GPS 同步卫星信号，于是与车主一同对车辆进行道路测试。在路试中发现不管该车行驶到何方位，光标都不动。这个问题对汽车维修技师还是新的挑战，由于缺少这方面排故经验，一时不知如何下手。

该车配备 MMI Navigation plus 高级版本硬盘导航系统，信息电子设备控制单元 J794 由原前

部信息控制单元J523、单碟DVD驱动器、导航系统控制单元J401、电话收发器R36、语音输入控制单元J507以及外部音频控制单元R199（Audi音乐接口）高度集成，其中J794作用是控制MOST（光纤）总线上的设备通信，读取来自多媒体系统操作单元E380的信息，控制和诊断用于显示MMI的显示器J685。通过数据总线诊断接口J533与组合仪表J285通信显示MMI信息。

根据电路图如图1-1所示，检查信息电子设备控制单元J794及天线线路，未见异常。按下MMI操纵面板左下角上的导航信息按键，无论车辆行驶到哪个方位，在MMI显示屏上，所显示的GPS同步卫星颗数始终为0，没有变化，看来车辆始终没收到卫星信号，导致车辆导航系统无法定位。由于是新课题，笔者不敢贸然动手，于是先分析定位原理。

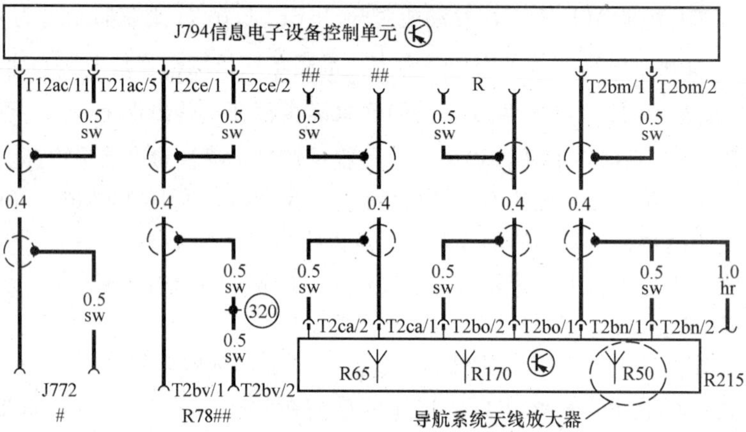

图1-1　信息电子控制单元J794及天线电路图

车辆导航系统要精确定位至少须接收3颗卫星信号，卫星每毫秒向地面发送一次识别码及位置和高精度时间信号，车辆导航系统天线放大器接收卫星信号，将GPS射频信号变换为信号处理器工作范围内的中频信号，抑制多径和带外干扰，将信噪比（信号比噪声）提高到信号处理器可工作的水平，并提供一定的信号变化动态范围。其中前置放大器（预放）都采用噪声系数小、增益高和动态范围大的放大器，由J794内的信号处理器模块从多址信号中分离识别各卫星信号，对扩频GPS信号进行解扩，在恢复信噪比的基础上解调载波，消除频率偏移的影响，恢复基带信号，然后再进行相关解扩。解调处理的时刻所对应的码状态及载波和相位状态形成原始观测量，与导航数据一起传送到J794内部的应用处理模块。其对信号处理模块提供实时控制，并对输出作进一步处理，计算出车辆位置、速度、时间和其他信息以满足导航系统需求。分析至此，笔者认为信息电子设备控制单元J794nei没有故障码，基本说明J794是没有问题的，而且天线线路连接也正常，因此怀疑问题是处在天线放大器上。

故障排除　拆下后风窗玻璃上的绝缘装饰板，在左侧找到天线放大器R50，将其更换。此时再次按下MMI操作面板导航信息按键，MMI显示屏立刻显示有4颗卫星，车辆导航功能恢复，至今该车导航系统运行正常。

回顾总结　通过排除该车导航故障，总结出一条经验：如果不能在MMI屏地图上显示车辆位置，就等于没收到GPS信号，重点应检查天线或天线放大器。同时这个新课题也告诉大家，汽车维修人员不仅要埋头修好车，还要多学习新系统方面的知识，了解相关车辆先进系统的原理。只有这样，维修人员才能接受新的挑战，做到有的放矢地排除故障，工作效率自然提高。

七、奥迪 A6L 轿车太阳能天窗功能失效

故障现象 一辆 2009 年款奥迪 A6L2 8FSI 轿车，搭载 CCE 型发动机、01J－CVT 型变速器，行驶里程 1.7 万 km。该车装有太阳能天窗。在阳光充足时，关闭点火开关后，通风装置能通过太阳能天窗电池的供电工作，向车内输送新鲜空气，在夏季可以降低车内温度，冬季用于车内空间除湿。用户反映自新车买回，太阳能天窗从未正常工作，车内新鲜空气鼓风机也不工作。

检查分析 太阳能运行模式开启必须满足以下 4 个条件。

(1) 在 MMI 中将太阳能运行模式设为“打开”。

(2) 阳光充足。

(3) 点火开关关闭。

(4) 天窗关闭或外翻。

为了满足以上条件，笔者将车辆放在烈日下，关闭点火开关，关闭天窗，然后人暂时离开，过了近 1 h走到车旁。没有听到车内新鲜空气鼓风机转动声音，故障确实如用户所述。

连接故障诊断仪 VAS5051A。进入 08 空调控制单元（J255），系统内没有存储故障码，读取第 44 组数据流，得到如下数据，见表 1－1。

表 1－1 第 44 组数据流数据

新鲜空气鼓风机 V2 电流消耗/A	0
太阳能操作时间/h	2601
实际电压/V	0
规定电压/V	0

从表 1－1 中数据流 3、4 区看到，实际电压和规定电压均为 0V，而在太阳能模式下，这两个电压必须大于 2V，即太阳能电池产生足够运行能量，才能控制新鲜空气鼓风机 V2 的运转。V2 控制单元 J126 在点火开关为 OFF 时，已识别不到 J255 的 LIN 线中任何信号，J126 会定期查询太阳能电池输入电压，其内有计数器，记录的太阳能操作时间是 2601h，但由于太阳能电池能量不够，由 J126 提供的运行电压较低，无法驱动新鲜空气鼓风机运转。

使用 VAS5052A 进入 08 空调控制单元匹配，查看 43 组数据块里匹配值为“48”（出厂设置），正常。为了在太阳能模式下能够对车内通风，速滞压力风门、新鲜空气风门和车内空气内循环风门需处于新鲜空气运行模式位置上，可通过编码通知 J255。

排除了编码错误的可能，笔者将检查重点转向线路故障。电路图如图 1－2 所示，找到 J126 与太阳能电池之间线束中的三芯插头 T30，用万用表测量插头的 3 号脚（搭铁）与 2 号脚（供电）间的电压值为 705V。而标准值应为 8～12V（与阳光照射强度有关）。电压小于 8V，鼓风机 V2 是无法运转的。为了查明造成这个电压值偏低的原因，首先检查了太阳能天窗滑动的簧片及触点的接触情况，未见异常，于是怀疑太阳能天窗存在问题。为探个究竟，将天窗拆下仔细检查，终于发现太阳能天窗电池板上的搭铁点存在虚焊情况，导致太阳能电池的供电电压偏低，J126 无法驱动鼓风机运转。

故障排除 重新焊接太阳能电池板搭铁点，太阳能电池供电达到 1432V，鼓风机开始正常运转，故障排除。此时查看第 44 组数据流见表 1－2。

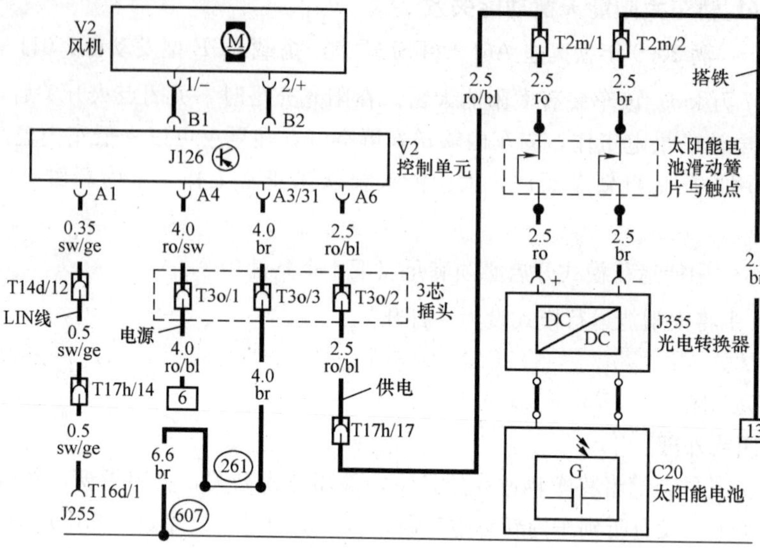

图 1－2　太阳能天窗相关电路图

表 1－2　　**第 44 组数据流**

新鲜空气鼓风机 V2 电流消耗/A	0.50
太阳能操作时间/h	2617
实际电压/V	2.00
规定电压/V	2.00

八、奥迪 A6L 轿车为何加速无力

故障现象　一辆 2007 年产奥迪 A6L 轿车，搭载 AG6 型 3.2L 发动机，09L 型自动变速器，行驶里程 112 万 km。用户反映该车加速无力，启动时间过长。

检查分析　维修人员试车发现，该车启动时间为 10s 以上，明显过长。在发动机转速 2500r/min 以下，车辆加速无力。检测发动机控制单元，读到故障码 08854 -燃油压力调节器控制电压过高，且该故障码不可清除。读取发动机转速为 2500r/min 时，系统燃油压力为 443kPa，而此时系统的目标压力应为 3.5MPa，实际压力远低于目标压力。查阅资料得知，燃油压力调节器 N290 由发动机控制单元 J623 控制如图 1－3 所示。在 J623 的 T60a/45 端子测量控制信号波形，从波形上可以看到，导通电压（低电压）不能有效地持续，脉宽仅为 1ms。根据工作原理可知，当 T60a/45 端子为低电压时，N290 有电流通过，电流使阀针动作，从而建立高压油压，且高压压力与 N290 通电时间的长短有关。现在的问题是，N290 通电时间过短，还不足以克服阀针的惯性，所以阀针并没有动作，这一点从数据上也可看出来，高压压力始终在最低压力。分析电路图可知，在 T60a/45 节点上能够产生低电压信号的只有 J623 的驱动电路，因此判断 J623 失效。

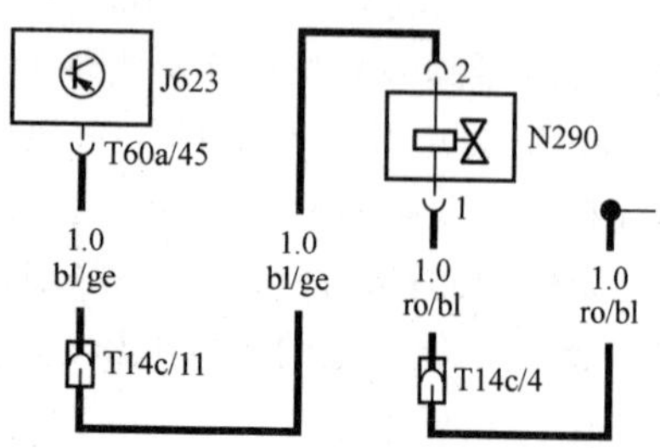

图 1－3　调压电磁阀电路图

故障排除 更换 J623，再次测量 T60a/45 端子的信号波形，此时 N290 的导通脉冲波形正常，且具有一定的占空比。试车，发动机启动正常，行驶中加速有力，故障排除。

回顾总结 最初试车时，当发动机转速超过 2500r/min 时故障症状减轻，这可从波形上得到解释，故障 J623 有 1ms 固定脉宽的导通脉冲。随着发动机转速提高，由于控制信号的周期缩短，所以 1 ms 脉宽所占的比例增加，也就是占空比增加。这样当发动机转速提高后，高压压力会不受控制地增加，油压会达到甚至超过正常值。本故障案例中遇到了 N290 和 J623 选择判断的问题，但通过波形分析的方法顺利地解决了这一问题，所以今后要熟练掌握波形分析的方法。

九、奥迪 A6 轿车自动变速器每次升 5 挡的瞬间随即返回 4 挡并伴有强烈的冲击

故障现象 一辆 1998 款奥迪 A6 2.4L 轿车，5HP－19（01V）5 挡自动变速器，行驶里程约 120 000km。此车自动变速器每次升 5 挡的瞬间随即返回 4 挡并伴有强烈的冲击。

故障诊断 首先用 rAG1552 进入自动变速器系统，诊断仪无故障显示；检查节气门和踏板位置传感器，静、动态阻值正常，特别是在中、大开度位置未出现阻值突变现象；检查电磁阀的静态电阻，N91、N92、N93 在 6Ω 左右，N88、N89、N90 在 60Ω 左右；用 VAG1552 的数据流功能查阅 N91、N92、N93 电磁阀在行车工况时的电流变化情况，其变化范围均在规定的区间之内，这说明主油压和执行器动态控制油压基本没有多大问题；进一步用示波器对转速传感器进行检查，信号正常没有任何杂波出现。进入发动机以及其他有关联系统的显示一切正常。继而对相关的信号元件以及线束进行检查也未见异常。

拆检 经以上检查，并没有发现故障发生的原因，随后进入阀体拆检程序。

在对阀体检查时发现有个节流小孔被绒状物质堵塞，将此节流小孔疏通后试车，故障现象消失，车辆可以轻松的升入 5 挡。

故障分析 从故障排除的结果来看，该故障显然是因液压控制出问题而导致的。为什么那个节流小孔堵塞后会产生这样的结果呢？

当 5 挡工况时电磁阀 N88、N89、N90、N92 的状态是 1010，因 N88、N89、N90 是通电保压，所以用 101 表示。N88、N90 通电保压 N89 是断电泄压，而 N92 电磁阀是断电保压所以 N92 为 0 时产生控制油压。下面我们来看看这几个电磁阀工作时所产生的控制结果：

N88 通电保压的结果是：控制压力分两路分别送往 1 号和 2 号换挡阀，其中一路送往 2 号换挡阀左侧，但由于其压力小于右侧经 2 号球阀送来的反馈油压（4 挡时就已经建立）和弹簧的弹力，所以 2 号换挡阀芯仍保持在左端不动，此时 2 号换挡阀的左侧油路是来自手动阀的主油压经 2 号换挡阀、4/5 换挡阀、4/5 离合器控制阀后返到 4、5 离合器 B 中，使 4、5 离合器 B 接合（如同在 4 挡状态）：2 号换挡阀的右侧油路是来自油泵的主油压经 2 号换挡阀、3/4/5 离合器蓄压控制阀后，使 3/4/5 离合器 H 接合（如同在 4 挡状态）。

N90 通电保压的结果是：由主油压经 2 号减压阀减压后送至 1/2、3/4 离合器切断阀右端，使 1、2/3/4 离合器切断阀芯移向左端，这时主油压经 2 号换挡阀的右通道及 3、4/5 离合器蓄压控制阀的右通道，顺着 H 离合器油路返到 1 号换挡控制阀的左通道，在经 1/2、3、4 离合器切断阀送到 4/5 牵引阀左端，迫使 4/5 牵引阀芯右移将 1/2/3/4 离合器油压泄掉。

N92 断电保压的结果是：主油压经 1 号减压阀减压后分别送到 2/3/5 制动器调压阀和 2/3/5 制动器控制阀的右端，该控制油压迫使 2、3/5 制动器控制阀克服左侧反馈控制油压和弹簧力左

移，使来自手动阀的主油压经 2/3/5 制动器控制阀加在 2/3/5 制动器 D 上，并在 2/3/5 制动器调压阀的调整下（由于 N92 的占空比具有随机可调性，ATM 控制单元借此可以实现在加速等不同的情况下，执行 2/3/5 制动器的工作流量和压力的动态控制），使 2/3/5 制动器 D 的压力逐渐增强直到压紧，此时 H、B、D 工作进入 5 挡状态。

经以上分析可知，此时因 2、3/5 制动器 D 制动，4/5 离合器 B 和 3/4/5 离合器 H 接合，形成机械上的 5 挡超速传动。

当 4/5 离合器 B 接合后，输入轴驱动拉维娜行星齿轮机构的行星架；此时 2/3/5 制动器 D 与壳体制动使拉维娜行星齿轮机构的大太阳轮被固定：3/4/5 离合器 H 接合使后行星齿轮组的齿圈与太阳轮连成一个整体 1∶1 传动。

5 挡就是通过输入轴驱动拉维娜行星架带动宽行星齿轮在绕被固定的大太阳轮公转的同时，加上宽行星齿轮的自转齿数推动齿圈经后行星齿轮组输出实现 5 挡超速传动。

以上是油路正常时的情况，但当 2 号阻尼三通阀附近的油道被绒状物堵塞后，控制油路将会发生变化，甚至完全偏离起初的控制设计意图，造成一种匪夷所思的故障现象。

当节流孔被堵塞后，虽然 5 挡时 N88 N89 N90N92 电磁阀的状态并未发生变化，但导致来自 N90 电磁阀或来自 4/5 换挡阀左侧的反馈控制油压因被堵塞而无法施加在 2 号换挡阀的右侧，2 号换挡阀在左侧 N88 控制油压的作用下克服右侧的弹簧力右移，导致产生了三个错误的结果：

第一个结果是 3/4、5 离合器 H 的油路被释放：3、4、5 离合器 H 内的工作油压经 3/4/5 离合器及蓄压控制阀、2 号换挡阀右侧油道后被卸压，致使 3/4/5 离合器 H 在本该工作的时候却不能工作；因 3/4/5 离合器 H 被卸压，造成与之相连油路的连锁卸压，使原先正常情况下加在 4/5 牵引阀 1 左侧的控制油压经 1/2/3/4 离合器切断阀左侧油道、1 号换挡阀左侧油道、3/4/5 离合器蓄压控制阀、2 号换挡阀右侧油道后被卸掉。

由于 4/5 牵引阀左侧的控制油压被撤掉，4/5 牵引阀在右侧弹簧力的作用下左移，使来自油泵的主油压经 4/5 牵引阀后给 1/2/3/4 离合器 A 加载，致使 1/2/3/4 离合器 A 在不该工作的时候进入了工作状态。

第二个结果是 4/5 离合器 B 的油路被释放：4、5 离合器 B 内的工作油压经 4/5 离合器蓄压控制阀、4/5 换挡阀右侧通道、2 号换挡阀中间通道后被卸掉，致使 4/5 离合器 B 在该工作的时候却不能工作。

第三个结果是低/倒挡制动器 E 进入工作状态：来自手动阀的主油压经 2 号换挡阀左侧通道、4/5 换挡阀左侧通道、送到低/倒挡制动器控制阀后推动 1 号球阀封闭下侧倒挡和手动低挡油道后，致使低/倒挡制动器 E 进入了工作状态。

因 2/3/5 制动器 D 的控制油路和工作油路与堵塞油路没有关系，所以 2/3/5 制动器控制阀和 2/3/5 制动器调压阀右侧在 N92 控制油压的作用下克服左侧的反馈控制油压和弹簧力的作用左移，致使来自手动阀的主油压经 2/3/5 制动器控制阀后使 2/3/5 制动器 D 正常制动。

经以上分析可知，此时的执行元件为 1/2/3/4 离合器 A、2/3/5 制动器 D、低/倒挡制动器 E 参与工作。

此时因 A、D、E 工作，变速机构瞬间与壳体抱死，因 01V 输入转速传感器检测的是与涡轮轴相连的 A 毂的转速，而输出转速传感器检测的是与后行星架相连的输出轴的转速，控制单元通过输入与输出的转速比来计算当时的传动比。

在正常的 5 挡工况，因前拉维娜行星齿轮传动机构处于超速传动状态，后行星排处于 1∶1 的整体传动状态，控制单元计算出的传动比是一个小于 1 的数值，而当 A 毂被制动后控制单元计算出的是一个0传动比，相当于驻车制动工况。虽然A毂通过拉维娜行星齿轮机构瞬间与壳体抱死，但因换挡时刻变扭器执行的柔性传动所以还不足以憋死发动机，控制单元通过对目前换挡杆的位置、传动比、发动机转速、电磁阀状态、系统工作电源等相关参数的比较判断，预测出自动变速器在升入5挡时发生了异常，因此时控制单元并未从判断结果中发现箱内打滑、传动比有错误、电控回路故障等现象，所以不执行跛行保护，而执行放弃升入5挡，继而降为4挡（所有的电磁阀都卸压）。此时即使2号三通球阀右侧的油道因堵塞卸压，由于有右侧弹簧力的作用，也不会影响2号换挡阀左移复位，完成正常的4挡液压传动。

那么冲击是如何产生的呢？

首先让我们看一下正确的4挡和5挡时执行元件的变化情况：4挡时的执行元件为H、B、A；5挡时的执行元件是H、B、D；在4升5挡时H、B这两个执行元件都没有变，只是A离合器卸压脱开，D制动器经调压阀逐渐加压接合压紧，完成一个平稳的换挡过程。

但是当出现传动错误后；其执行元件是A、E、D，要变为4挡只有A执行器不变换，其他两个执行器E和D要变换为H和B，而H和B都是通过固定量孔作为主要的调压手段，所以这种变换的平稳性是很差的，这是导致冲击的一个原因。

另一个导致强烈冲击的原因是：在发动机因变速机构的瞬间抱死而承受的扭矩负荷剧增的情况下，因发动机转速的掉落ECU会进行对点火和喷油的调整和修正以图增加发动机的动力，而此时变速执行元件的非正常交换又造成输出、输入瞬间脱开，使发动机又因失去负荷而转速突升，在H和B执行元件正常接合的过程中，输入、输出之间较大的转速差必然要产生换挡强烈冲击的结果。

总结　2号三通球阀旁通油路中的节流孔被堵塞以后，因D位1、2、3挡时2号三通球阀没有液压油通过所以不能显示出故障，在4挡时因所有的电磁阀都在卸压状态，所以2号换挡控制阀左端没有油压，右端的油路尽管被堵塞但是在弹簧力的作用下也能使阀芯停在左端，因此该故障在D位5挡时能出现，在D位的其他挡位并不能反映出来。

十、奥迪A6L 2.0T轿车空调不制冷

故障现象　一辆2006款一汽奥迪A6L 2.0T轿车，配备全自动空调，行驶里程为128 490km，因空调不工作需要维修。

原因分析　首先连接空调系统压力表测量高低压管路压力，发现制冷剂的压力已经符合压力标准。因空调面板工作正常，遂判断空调控制器熔丝未损坏（如果熔丝熔断则空调面板无指示）。

根据上述检查，判定空调不制冷的故障应该在电控方面，于是连接故障诊断仪VAS5053进入08-空调/暖风系统读取故障信息，发现故障码：01232-空调压缩机调节阀（N280）开路或对正极短路，且该故障码无法清除。于是拆下发动机底护板，查看空调压缩机调节阀N280，发现该插头没有插牢固，重新拔插该插头，发现故障码变为偶发。清除该故障码后，开空调试机，该空调仍然不制冷，再次读取故障码存储器，没有故障码存储。

读取测量数据块。从显示的数据来看，空调压缩机上的调节阀上已经有电流流过，并且从第2区可以看出调节压缩机调节阀的脉冲占空比为70%。那么空调为什么不制冷呢？询问车主得知，该车的压缩机是一个月前新换的，自从出现不制冷现象后就去别的维修站检查，但没有检查出故障原因。根据数据流的数值，可以判断空调压缩机已经工作，但仿佛空调压缩机功率不足。从压力表的读数来看，不像是拉缸造成的故障（如果拉缸，压力表的数值会产生变化）。

该车的空调压缩机不带电磁离合器，由发动机附件胶带直接驱动，与发动机一起工作。该压

缩机靠外部的调节阀 N280 来调节内部的压力状况，空调控制单元根据室外温度传感器、室内温度传感器以及制冷剂压力传感器的信号变化，对调节阀进行脉宽可调的占空比控制，实现了空调压缩机的电磁阀无级驱动，以达到空调压缩机功率的线性控制。如果空调压缩机调节阀损坏，那么相关控制单元内势必会存储相应的故障码，并且从数据流中也看不到工作电流可调占空比控制参数。这说明该车空调电路系统没有故障，那么极可能是机械部分发生故障。

检查空调压缩机胶带轮，发现在启动的时候，空调压缩机胶带轮运转但空调压缩机的轴不转。将其拆下后发现，空调压缩机驱动轮与空调压缩机轴所连接的驱动盘发生断裂。

故障排除 为了判断该空调压缩机驱动盘是否由于空调压缩机内部过载而发生断裂，笔者将空调压缩机拆下，发现里面并无杂质，用手转动空调压缩机轴活动自如，仔细查看，发现该空调压缩机并非正规厂家生产的，于是更换新的原厂压缩机驱动盘。重新灌注制冷剂、试机发现空调制冷效果非常好，故障彻底排除。

十一、奥迪 A6 1.8L 手动挡，热车时发动机有时出现摩擦声

故障现象 奥迪 A6 1.8L 手动挡，热车时发动机有时出现摩擦声。

故障检修 该故障在热车时，有时出现。出现故障时，从发动机上部听声音，像在发动机中部，用听觉无法判断具体在哪个部件上。

在试车过程中发现，若响声出现时，踩下离合器一半，响声即可消除。据此判断，故障可能在离合器分离轴承部分。同时，在未拆下变速器之前，从下部听声音，比从上部听声音要大得多，发声点在发动机后部。拆下变速器，经检查，分离轴承正常，拨叉也正常，未见其他故障。

故障排除 拆下飞轮，检查发现发动机与变速器之间隔板有一处有摩擦痕迹。检查飞轮背面，见有一毛刺突出，去除毛刺装复后，故障排除。

十二、奥迪 A6L 轿车发动机控制单元维修

故障现象 一辆配备 3.0L BBJ 发动机、无级变速器的奥迪 A6 轿车。行驶 90 000km。行驶中仪表上的发动机故障灯亮起，ESP 警告灯同时亮起，伴随加速迟滞。

故障诊断与排除：该车首先到服务站进行例行检查，经过检查被告知发动机控制单元 J623 损坏，需要更换且费用约 10 000 元。经过他人介绍，车主将车开来进行控制单元维修。

连接 VAS5052，系统存有 16 485 空气流量传感器故障。同时报 G40、G163、G300、G301 四个霍尔传感器故障，G294 制动压力传感器故障。进入引导性故障查询，提示检查 5V 信号电压，经过检测发现电压仅有 1.3V，难道是发动机控制单元坏了？

首先连接一个 ST7805 的 5V 电源并入空气流量传感器 4 号脚上，故障消失。

运行 10min 后发现 ST7805 严重过热，输出端电压降为 0V。断开 5V 负载端，可以正常输出 5V。看来车上 5V 线路存在短路现象，断开控制单元 A 插头 53 号脚黑/白线，短路现象消失，难道真是控制单元内部短路？连接好 ST7805 后仪表的所有警告灯都不再报警，加速不良现象明显改善。但是系统仍旧存在 G40、G163、G300、G301 四个霍尔传感器故障的故障码，仔细分析了一下线路图，发现控制单元存在两路 5V 电源。

断开 B98 脚进行单独测量，发现控制单元侧不再短路，传感器侧存在短路现象，逐个测试发现进气霍尔传感器短路。

用万用表测试 1、3 脚已经短路，更换后故障排除，同时空气流量传感器的 4 号脚也恢复了

5V 电压供给，所有附件装复进行路试，故障不再出现。

十三、奥迪 A6L 轿车怠速抖动加速不良

故障现象 一辆 2006 款奥迪 A6L.2.4 轿车，配备 DBW 型发动机和自动变速器，累计行程约 9.7 万 km，发动机怠速轻微抖动及加速不良。

故障诊断 接车后发现故障确如车主所述，怠速时发动机有轻微抖动，加速时发动机声音发闷，排气管有“突突”声，排出的尾气呛人，显然该车燃烧不良。连接 VAS5053 读取发动机电控单元内的存储。

故障代码显示第 1 列气缸混合气太稀和第 1 列气缸氧传感器加热电路故障（开路或对地短路），并且第 2 个故障码为间歇性故障。为了慎重起见，清除故障码后重新试车，接着再次读取故障码，还是 000369 和 000048 这 2 个故障码，看来该车确实存在燃烧不良的故障，于是读取数据流。

第 33 组数据 1 区为第 1 列气缸（第 1 缸～第 3 缸）前氧传感器对燃油喷射的修正值，2 区为第 1 列气缸前氧传感器的信号电压值，3 区为第 2 列气缸（第 4 缸～第 6 缸）前氧传感器对燃油喷射的修正值，4 区为第 2 列气缸前氧传感器的信号电压值。从该组数据流中发现，2 区显示的电压无论在什么工况下始终是 4.995V，1 区的修正值总是在 35%左右变化。氧传感器信号电压值高说明混合气过稀，1 区的修正量在增加喷油量，但超出了正常的修正范围（−10%～10%），整体的数据说明第 1 列气缸换合气整体严重过稀，而第 2 列气缸工作是正常的。出现这种情况不应该考虑进气方面，因为在同一进气道中第 2 列气缸工作是正常的，所以应该考虑喷油方面，结合 2 区信号电压始终不变化，说明第 1 列气缸的前氧传感器已经失效，正常在怠速情况下，该信号电压值应为 2V 左右，于是更换了第 1 列气缸的前氧传感器，同时更换了火花塞，而后试车发现发动机怠速运转平稳，并且排出的尾气也不呛人了，于是该车出厂。

但是 1 个月后该车还是由于加速不良故障再次来我公司检修。连接上故障检测仪检查，发现发动机电控单元并没有故障码存储，再次对该车进行路试，在试车过程中感觉该车行驶时动力不足，加速发闷。于是拆下火花塞检查，拆下后发现第 1 缸～第 3 缸火花塞烧得非常黑，而第 4 缸～第 6 缸的火花塞工作正常，而且前者是新换上的。

根据第 1 缸～第 3 缸火花塞外观分析，应该是第 1 列气缸内混合气过浓，那么是什么原因导致混合气过浓呢？难道是第 1 缸～第 3 缸喷油器有泄漏现象？接着将喷油器拆下，并在喷油器清洗机上做雾化和泄漏试验，结果没有发现雾化不好和滴漏现象，于是再次读取发动机第 33 组数据流，发现 1 区数据变为−35.0%，2 区前氧传感器信号电压为 1.635V，3 区为 1.0%，4 区氧传感器信号电压为 2.010V，从此可以看出，第 1 缸～第 3 缸火花塞黑的现象和 1、2 区数据流相吻合的，第 1 列气缸前氧传感器感知混合气过浓，发动机 ECU 发出减少喷油量的指令，为什么两次故障都是第 1 列气缸出现燃烧不良呢？从这次的数据流来分析，氧传感器工作是正常的，这两次的故障现象却是相反的，一次是混合气过稀，后一次是混合气过浓。于是回过头来仔细分析故障现象，既然无故障码存储，问题就可能出现在机械方面。结合加速发闷的现象，怀疑三元催化转化器有可能堵塞。经拆解后发现，第 1 列气缸三元催化转化器严重堵塞，第 2 列气缸的三元催化转化器也轻微堵塞。

故障排除 更换 2 个三元催化转化器后试车，上述故障彻底排除，1 个月后电话回访，该车运行一切正常。

故障分析 事后对该车故障进行分析认为，其实在第 1 次排故时该车就存在两个故障：一是氧传感器损坏；二是三元催化转化器堵塞。只不过当时三元催化转化器堵塞没有那么严重。第

1次排故时只更换了氧传感器，从故障现象上看有了明显的变化，就忽略了对三元催化转化器的进一步检查，才出现了二次返厂维修的现象。当三元催化转化器堵塞后，就会造成排气不畅，影响进气量，从而导致混合气燃烧不完全。

十四、奥迪A6L轿车换挡冲击

故障现象 一辆奥迪A6L 3.0L轿车，配置6HP-19型自动变速器，行驶了68 000km。在行驶中发生了2挡升3挡冲击，4挡升5挡冲击，6挡降5挡冲击，4挡降3挡冲击，挂倒挡也冲击。

故障诊断 到奥迪服务站进行检查，通过诊断仪诊断，自动变速器控制单元无故障码，动态数据流也没有异常。发动机控制系统检测，显示正常。所有车身电路用诊断仪检测，显示正常。在电路没有故障的情况下，只有怀疑机械和油路两个方面的问题。首先选择更换阀体总成，路试后故障现象依旧没有改变。提出更换自动变速器总成，车主认为车辆才使用两年多就更换自动变速器总成，实在难以接受。只好到笔者所在的自动变速器专修厂维修。

根据车主提供的故障进行多方面的分析，暂时排除电路方面的故障。分析油路和机械两个方面，查看6HP-19自动变速器元件工作见表1-3，结合车主提出的故障点进行分析。

表1-3　6HP-19自动变速器元件工作表

元件名称	离合器			制动器	
工作元件	K1	K2	K3	B1	B2
R		K2			B2
P/N					B2
D1	K1				B2
D2	K1			B1	
D3	K1	K2			
D4	K1		K3		
D5		K2	K3		
D6			K3	B1	

从机械元件工作表可以看出，2挡升3挡时B1制动器要卸油，K2离合器要供油，如果B1延迟卸油会发生冲击，如果K2提前接合也会发生冲击，两种可能性其中存在一个。再分析4挡升5挡冲击，是K1离合器要卸油，K2离合器要供油，在此出现第二次升挡冲击又有K2参与，怀疑K2提前工作的可能性要大一点。再看6挡降5挡冲击，是B1卸油，K2供油，在此又出现K2，怀疑K2提前接合的可能性更大。再看4挡降3挡冲击，是K3卸油，又是K2供油。故障目标应该锁定在K2离合器，但是还要分析引起K2离合器工作不正常的原因到底是在油路还是在机械方面？按照先易后难的方法，从油路方面分析，油路是受自动变速器控制单元控制的，如果自动变速器控制单元不提前控制，油路是不会自动提前供油的。也就是说，该车油路控制只会延迟不会提前(油路太脏会引起阀杆运动延迟)。把自动变速器拆卸分解，发现K2离合器活塞的锥形复位弹片断裂。

从K2离合器断裂位置上可以看出，由于锥形复位弹片断裂，两块固定锥形弹片的卡片都掉在两边。由于K2离合器活塞卸油时没有弹片帮助活塞复位，K2离合器摩擦片就没有间隙，润滑油进不到K2离合器摩擦片表面，摩擦片干摩擦后烧片。又由于K2离合器片没有间隙，供油时K2离合器马上就接合，没有缓冲，造成升挡降挡都冲击，挂倒挡时也有冲击。故障目标确定，排出故障就不是问题了。

故障总结　ZF 自动变速器制造厂在设计自动变速器的离合器或制动器活塞复位时，都是采用锥形弹片的设计方案，由于锥形弹片的材质问题，有少数 ZF 不同型号的自动变速器也经常发生锥形弹片断裂的问题。

十五、奥迪 A6L 轿车电子驻车制动系统故障排除

故障现象　一辆 2006 年产奥迪 A6L 轿车，行驶里程为 7.7 万 km，配备 BDW 型 2 4L 发动机和自动变速器。车主反映该车仪表板上的制动报警灯一直闪烁，且伴有蜂鸣报警声音。

检查分析　接车后验证故障现象，打开点火开关，仪表板上的制动报警灯和电子驻车制动器开关上的指示灯一同快速闪烁，这说明系统内存储了当前故障码。首先连接故障诊断仪 VAS5052 进入 53 驻车制动系统，发现“右后轮制动器电动机电器故障”的故障码，但故障码可以被清除。清除故障码后，按压电子驻车制动器开关，可以听到左后轮制动电动机工作的声音，但同时仪表板上的制动报警灯又开始闪烁，再次清除故障码，按压电子驻车制动器开关，仔细听右后轮制动电动机的工作声音，在按开关的同时可以听到右后轮制动电动机发出“咔”的一声响。需要说明的是，奥迪 A6L 的电子驻车制动器系统具有保护功能，即当系统检测到有故障时会存储故障码，如果当前故障仍然存在，系统将执行保护功能，即该系统不再工作，必须清除故障码后才能执行电子驻车功能。

通过前面的检查，笔者怀疑通往右后轮驻车制动电动机的线路有故障。首先检查右后轮驻车制动电动机的插头，发现插头连接完好，拔下插头接上试灯，此时按压电子驻车制动器开关，可听见左后轮电动机的工作声音，但是右后轮驻车电动机插头上的试灯始终没有点亮。试灯不亮时就应该检查电子驻车制动控制单元通往右后轮驻车制动电动机的线路，在行李舱右后角拆下电子驻车制动控制单元 J540，按照电路图测量线束的导通性，结果导通良好。既然线路没有问题，那么试灯为何不亮呢，难道是控制单元 J540 有故障？此时笔者忽然想起，是不是 J540 识别负载不正确而实施了断电保护功能呢？为了验证猜测，笔者采取了替代的方法，将右后轮制动电动机的插头线接长，直接通往左后轮制动电动机，同理也将左后轮制动电动机插头线接长，通往右后轮制动电动机。连接完毕后，清除故障码，按压电子驻车制动器开关，发现左后轮制动电动机可以正常工作，而右后轮制动电动机仍然不工作，看来右后轮制动电动机确实损坏了。

故障排除　更换右后轮制动器电动机，试车故障排除。

回顾总结　通过该故障的排除，说明以往用试灯检测的方法在检修很多新型电子部件时不适用，而且解决此类故障必须清楚工作原理以及是否有负载识别保护等功能。

十六、奥迪 A6L 轿车制动指示灯快速闪烁

故障现象　奥迪 A6L 轿车，配置 2.4L 发动机、自动变速器，行驶 140km。打开点火开关时，驻车制动开关指示灯和仪表驻车制动指示灯同时快速闪烁，仪表上驱动防滑指示灯也同时报警。并且挂挡时，仪表多功能显示屏显示 ESP 功能错误。

故障诊断　进入 ABS 控制单元读取故障码，显示 J540 故障，并且清除不掉。进入 J540 读取故障码，右制动电池电压故障，故障码同样是清除不掉。操作驻车制动开关，后轮制动电动机动作有声音。分别在左、右后轮听电动机动作的声音，发现右后轮没声音，说明右侧驻车制动不工作。观察插头没掉，接触良好。

根据电路图1-4（a）所示，测量J540的13和15脚、给电动机供电的30号火线，又测量了给电动机提供回路的搭铁线28和30脚，都正常。用万用表测量12和27、14和29脚，见图1-4（b），

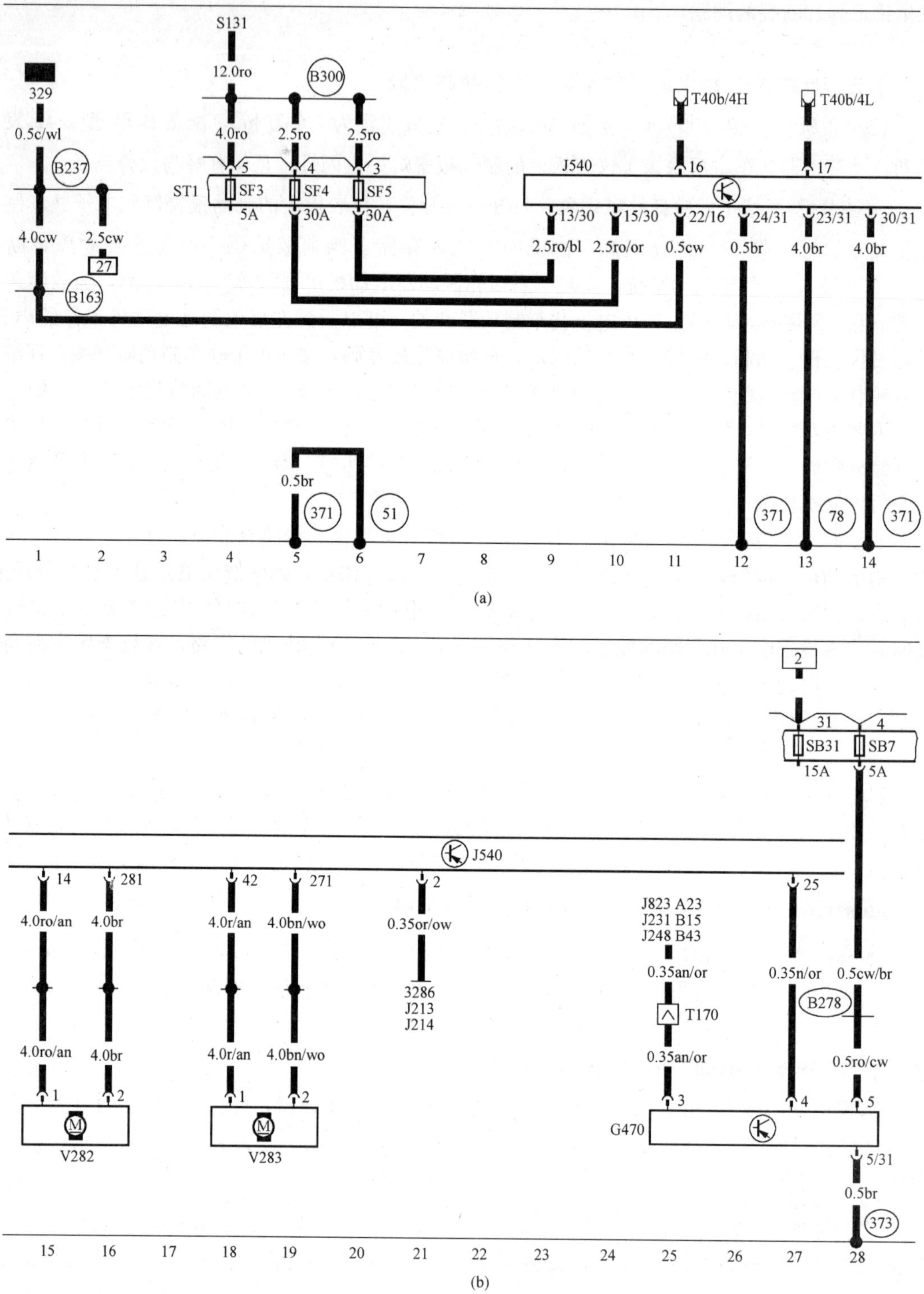

图1-4 J540控制系统电路图

两个电动机的阻值都为 0.5Ω。通过测量说明，供电和电动机本身没有问题，故障应该出在控制单元。把插头再次插下后，打开点火开关又正常了，仪表板上只剩下一个驱动防滑指示灯亮，故障码能清除。操作驻车制动开关，左右工作都正常。将车以 30km/h 以下的速度行驶，分别向左、右转动几下转向盘后，驱动防滑指示灯自动熄灭。行驶几天后此故障再次出现，更换控制单元后，故障彻底排除。

十七、奥迪 A6L 轿车发动机启动困难

故障现象　一辆 2005 款奥迪 A6L2.0T FSI 基本型轿车（采用手动变速器），累计行驶 15 万 km，出现发动机启动困难，高速行驶无力的故障现象。

故障诊断与排除　首先利用 VAS5053 进入发动机电控单元调取故障储存，调取的故障内容有：活性炭罐电磁阀短路或断路；凸轮轴调节电磁阀断路或短路；进气管风门控制电路断路或短路；蜗轮增压循环空气阀断路或短路；氧传感器加热线电路断路或短路；燃油压力调节电磁阀（N290）断路或短路。

启动发动机，读取发动机数据流，发现 01-08-140 中第 3 显示区的燃油压力，在怠速时为 20bar（1bar=0.1MPa）左右（正常应为 39bar 左右），发动机转速达到 4000r/min 时为 60bar 左右（正常应为 110bar 左右），这个数据均低于正常值，其他数据均正常。根据数据流可以初步断定燃油压力调节电磁阀（N290）可能存在故障。

利用大众电子服务信息查询系统，查阅 A6L2.0T FSI 发动机控制系统电路图，发现增压器电磁阀、燃油压力调节电磁阀、氧传感器加热线及活性炭罐电磁阀均由发动机舱内的继电器/熔丝盒中 5 号熔丝供电，检查该熔丝，发现已熔断，换上一个新熔丝后立即又熔断，说明用电设备存在短路现象。逐一检查电路中各个用电设备，发现燃油压力调节电磁阀存在匝间短路现象（正常情况下，燃油压力调节电磁阀的电阻为 3Ω 左右）。

更换燃油压力调节电磁阀后清除故障码，启动发动机试车，上述故障彻底排除。

故障分析　燃油压力调节电磁阀（N290）的工作原理如图 1-5 和图 1-6 所示。当 N290 处于断电状态时，N290 的针阀在弹簧的作用下将高压油泵的回油阀开启，高压油泵无法将高压油全部泵到高压油轨中（见图 1-5）；当 N290 处于通电状态时，N290 中的针阀在电磁力作用下向右移动，高压油泵的回油阀关闭，高压油泵将高压油泵到高压油轨中（见图 1-6）。

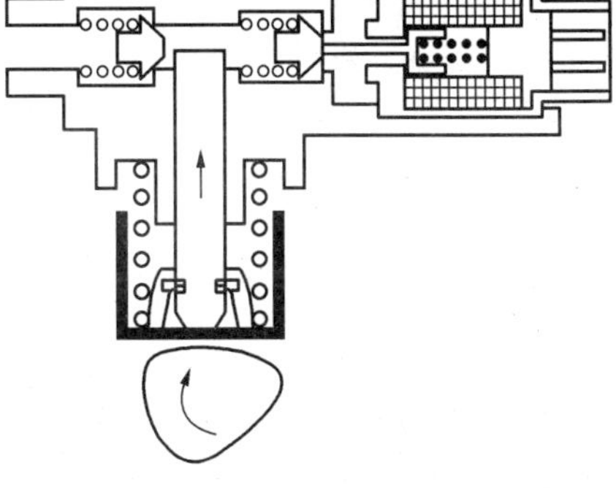

图 1-5　N290 在断电状态时的工作原理

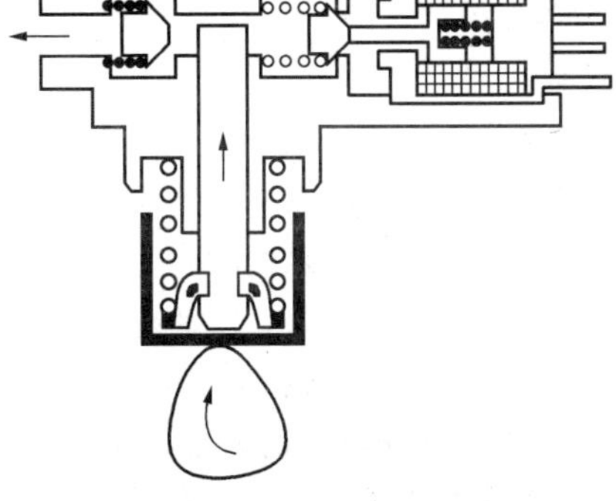

图 1-6　N290 在通电状态时的工作原理

在该故障案例中，由于燃油压力调节电磁阀有故障，使高压油泵的回油阀开启，因此高压油轨的压力低于正常值；并且，发动机转速越低，高压油轨的油压越低，造成发动机启动困难和高速行车无力的故障现象。

十八、奥迪 A6L 轿车发动机不能启动

故障现象 一辆 2006 年产奥迪 A6L3.0 轿车，驾驶人反映蓄电池亏电，曾连续更换了 3 个蓄电池，都无法解决问题。

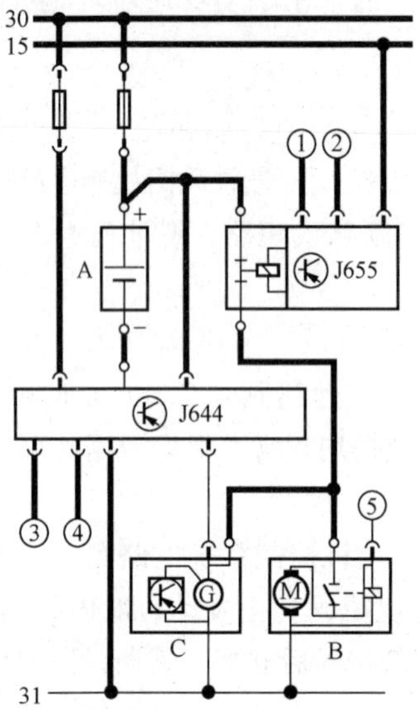

图 1－7　电能管理控制单元控制电路

①—安全气囊控制单元；②—安全气囊控制单元；③—舒适 CAN－H；④—舒适 CAN－L；⑤—50 号线；A—蓄电池；B—启动机；C—发电机；J644—电能管理控制单元；J655—蓄电池切断　继电器（安全气囊）

故障诊断 接通点火开关，发现多媒体交互系统（MMI）显示屏的电源显示只有 10%，这肯定是无法用启动机启动发动机的。用外接电源时，MMI 屏幕显示无变化；参照电能管理控制单元（J644）电路（见图 1－7），将外接电源的正极直接接到蓄电池切断继电器（J655）的电压输出端子，并将负极直接搭铁，这时 MMI 显示屏上显示电量缓慢上升，直到 100%，可是启动机还是没有反应，因此断定，这时 J644 执行了保护功能。于是将蓄电池电压直接加到启动机上，可是启动机依然没有一点反应，从而可以断定启动机坏了。

故障排除 由于该启动机是进口的，需要订货，但是车主又比较着急，所以在得到车主的同意后将启动机解体检查，发现启动机的电刷因长时间使用而严重磨损，其他零件均良好。配上 4 个电刷后用蓄电池测试，启动机工作正常。将启动机装好后启动发动机，发动机启动着了，这时 MMI 显示屏显示的电源电量也不断上升，直到 100%c，使发动机熄火后再启动发动机，一切正常。

十九、2005 款奥迪 A6L 轿车动力不足

故障现象 车辆加速无力，并且发动机声音发闷，排气管偶尔有轻微的放炮现象。

故障诊断 首先用 VAS5052 进入发动机控制单元进行检查，有两个故障码：2 缸 P0302、1 缸 P0301 显示。

故障码显示 1 缸和 2 缸有失火的记录，为偶发故障。该故障码和车辆的故障现象是否有关，现在暂时无法确定。于是清除故障码，准备试车。

试车时发现该车加速无力，发动机发闷，噪声大；车辆提速到 70km/h 时，发动机的噪声就很大了，排气管偶尔伴有轻微的放炮声。向用户了解该车故障出现的过程，用户称：该车行驶了 150 000km，一直都很好，最近感觉动力不大好，开始车速达到 170～180km/h 一点问题都没有，只是噪声；随着动力性能越来越不好，现在车速达到 100km/h 以上就很费力。通过用户的描述得知，该车故障的出现是渐进的，越来越明显。通过试车可以判定，该车动力不好是因为发动机

的工况不好导致的。

试车过程中并没有感觉到有发动机缺缸现象，但是试车后怠速时发动机有节奏的抖动。读取故障码，1～3缸都有失火的记录，但是4～6缸没有失火的记录，发动机控制单元015的数据流如图1-8所示。

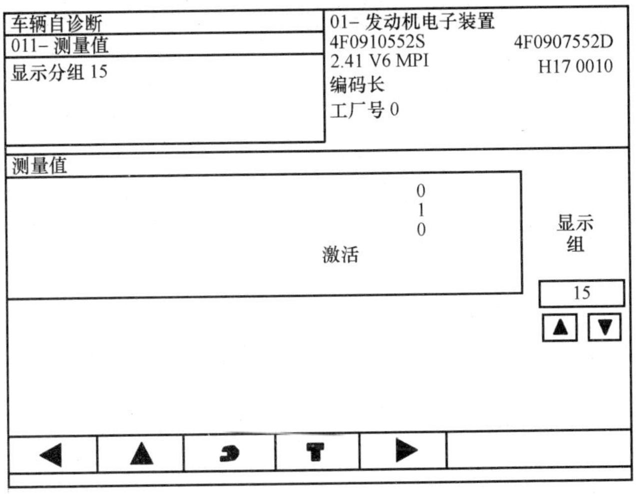

图1-8　发动机控制单元数据流

015和016数据流含义是1～6缸失火次数的记录值，该数据流显示2缸有一次失火记录，长时间对015/016的数据流观察，发现1～3缸有频繁失火记录，而4～6缸很正常。难道该车动力不好是由1～3缸的故障引起的吗？发动机工况不好，无非就是从油、电、火三方面入手，但是为了减少盲目的检查，我们决定再次试车，读取行驶中发动机数据，通过数据分析来判定故障点。

该款发动机的进气量是通过进气压力来间接测量的，在试车过程中，感觉故障现象出现时，VAS5052读取的喷油量和进气压力的数据如图1-9所示。

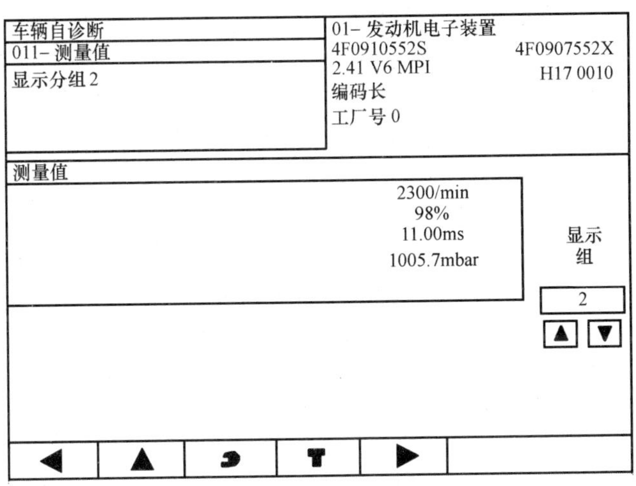

图1-9　读取数据流

该数据流是发动机负荷较大时的状态，喷油量为11.00ms。根据我们的经验，该值偏小点，但是也差不多。进气压力的数据为100.57kPa，这个数据是没有问题的。同时读取前氧传感器的数据流如图 1－10 所示。

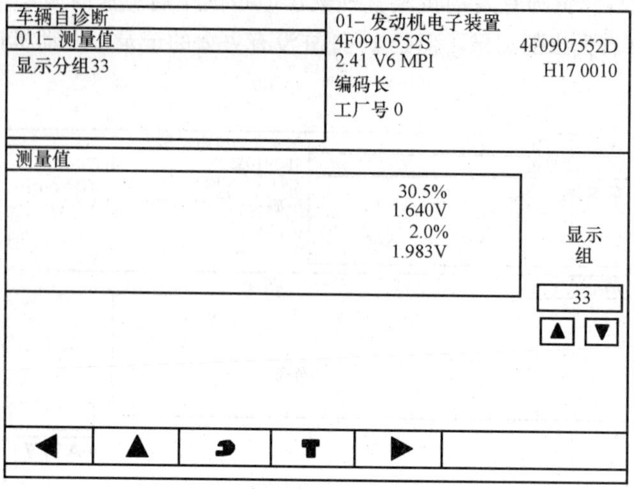

图 1－10　氧传感器数据流（1）

该款发动机共计 4 个氧传感器，每侧的三元催化器前后均有一个氧传感器。三元催化器的前氧传感器为宽频式，即在混合气的浓度变化时，氧传感器的电压值会连续变化。在空燃比为 14.7∶1 时，此氧传感器的电压值为 2V；混合气稀时电压值变大；混合气浓时电压值变小。该数据流一区为 1～3 缸前氧传感器的调节值，二区为 1～3 缸前氧传感器的电压值；三区为 4～6 缸前氧传感器的调节值，四区为 4～6 缸前氧传感器的电压值。该车行驶中 1～3 缸前氧传感器的调节值为－30.5％，含义是发动机控制系统因氧传感器数据而减少喷油量，正常的调节值在 0％左右变化，一般在－10％～10％，该车前氧传感器调节值远远超过正常的范围。1～3 缸前氧传感器的电压值为 1.640V，说明混合气过浓。通过数据流 033 一区和二区的数据，说明发动机控制单元尽可能的减少 1～3 缸的喷油量，但是混合气仍是过浓的。而 4～6 缸的前氧传感器调节值和电压都是正常，说明 4～6 缸的混合气浓度是正常的。读取二元催化器的后氧传感器数据流 036，如图 1－11 所示。

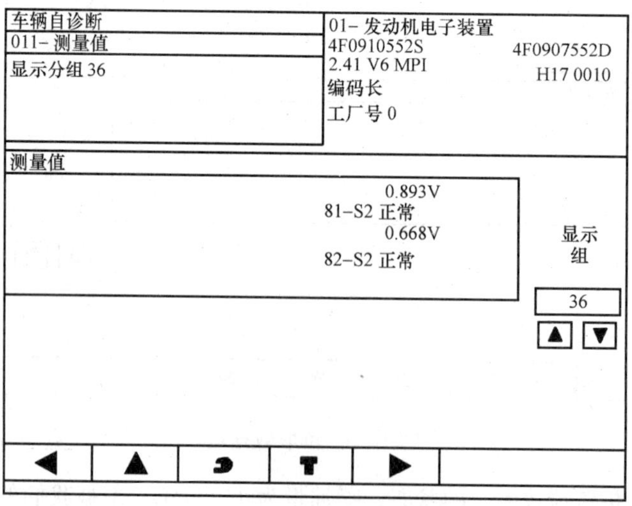

图 1－11　氧传感器数据流（2）

该款发动机三元催化器的后氧传感器类型为跃变式，数据流036一区为1～3缸后氧传感器的电压值，0.893V说明混合气过浓，这与1～3缸前氧传感器的数据是相吻合，都是说明混合气过浓。我们在维修中经常遇到1～3缸和4～6缸的氧传感器数据同时不正常的情况，要么混合气都过浓，要么都过稀。像该车的故障，一侧混合气过浓，一侧混合气正常的情况遇到的少之又少。混合气过浓的根本原因有如下两个方面：喷油多，进气少。接下来就要从这两个方面入手检查。

在检查之前，为排除是否为1～3缸中的某个缸燃烧不好而导致氧传感器误报，我们拆下1～3缸的火花塞，发现这3个火花塞都发黑，说明1～3缸燃烧都不好。火花塞除了发黑，并没有发现其他的异常。同时测量缸压，均在1200～1300kPa，缸压也很正常。我们把1～3缸的火花塞和点火线圈同时与4～6缸的对调，然后试车，故障没有变化，仍是1～3缸的混合气过浓，4～6缸的混合气浓度正常。这就排除了点火线圈和火花塞故障的可能性。

检查喷油是否多，喷油量的多少是由发动机控制单元通过控制喷油器供电时间来实现的。1～3缸氧传感器的调节值为负值，说明发动机控制单元在减少喷油量，所以该车控制单元增加1～3缸喷油量的可能性是没有的。喷油量的多少还取决于喷油压力，莫非喷池压力过高？1～3缸的喷油器和4～6缸的喷油器共用一个油轨；如果1～3缸喷油器的喷油压力高，那么4～6缸的喷油压力也应该高，但是4～6缸工作很正常，这就说明燃油供给系统压力不会过高。但是为了保险起见，还是检查了燃油系统的压力，压力为400kPa，数据是正常的。喷油多还有一种可能，就是喷油器关闭不严，一直喷油。我们把喷油器连同油轨整体拆下，再次启动，用肉眼观察到1～3缸喷油器雾化很好，也没有关闭不严的情况。把1～3缸的喷油器和4～6缸的喷油器对调后试车，故障依旧。

喷油多的可能性排除了，那就检查进气少的原因。进气少的原因可能有：进气道堵塞；配气正时不对；排气堵塞。因为4～6缸燃烧正常，说明进气系统堵塞的可能性不大；在试车时我们读取了发动机数据流093，即正时数据，1～3缸和4～6缸的正时数据都是正常的，表明正时有问题的可能性不大。检查排气是否堵塞，排气系统堵塞多数是由三元催化器堵塞导致的。该车在检测初期也考虑过三元催化器是否堵塞的问题，但是通过氧传感器数据发现只有1～3缸有问题，这使得我们对三元催化器堵塞的怀疑犹豫了；同时拆检三元催化器的工作量大，也是我们初期没有盲目拆检的原因。故障分析到此，只有拆下1～3缸的三元催化器，发现严重堵塞。鉴于该车行驶了150 000km，三元催化器没有动过，也把4～6缸的三元催化器拆下来，发现也堵了，但是远没有1～3缸的三元催化器严重。将两侧的三元催化器更换后，故障彻底排除。

故障总结　该车三元催化器堵塞导致排气不畅，使得燃烧室内的废气不能完全排除，同时也影响了进气量，最终引起动力不好，加速不良。同时，由于三元催化器堵塞，过浓的混合气不能在燃烧室内完全燃烧，有时会在三元催化器内燃烧，导致该车发动机噪声大，排气管偶尔放炮。

在我国，高档汽车三元催化器堵塞是个通病，归根到底是因为汽油油品的问题。在车辆长期使用不达标油品的情况下，三元催化器就会出现堵塞。三元催化器堵塞是一个渐进的过程，堵塞的初期速度慢，一旦堵塞到一定程度，导致排气不畅，混合气燃烧不好，未燃烧的混合气会在三元催化器内燃烧，同时使得三元催化器的温度过高，这更加剧了堵塞的速度。该车两个二元催化器都堵了，但是1～3缸的堵塞严重，以至于严重影响到1～3缸的工作。理论上讲，两侧的三元催化器堵塞的程度应该差不多，但是这就好像一双鞋中总有一个先破的道理一样；同时从三元催化器堵塞的过程来分析，1～3缸和4～6缸三元催化器在堵塞初期可能程度差不多，只是1～3

缸三元催化器堵的稍微厉害些，但是到了后期1～3缸的三元催化器会因为堵塞的稍微厉害些加剧了堵塞速度，最终导致了该车两个三元催化器中一个堵的很严重，一个就没那么严重。

该案例是从氧传感器的数据分析入手，在尽量减少检查项目、缩短维修时间的情况下，一步一步地找到故障点。电控系统的很多故障会在数据流的数据中有所体现，或明显，或隐蔽，如果我们能深刻理解数据流的含义以及它和发动机工况、故障现象的内在联系，那么我们就能少走弯路；如果我们能用敏锐的洞察力，找出数据的细微差异，很多疑难问题就会迎刃而解。

二十、奥迪A6L轿车CVT变速器起步耸车

故障现象 一辆2006款奥迪A6L轿车，装配2.4L BDW型发动机，CVT型无级变速器，行驶里程为80 000km，起步耸车。

故障诊断 笔者接车后试车，确实出现起步耸车。导致起步耸车的故障原因一般有如下几种：①ABS防抱死制动系统工作不良，具体就是ABS车轮转速传感器信号之间出现转速差，导致ABS系统误调节引起起步耸车；②发动机系统工作不良；③变速器自身问题。

本着由简到难的维修原则，对ABS防抱死制动系统和发动机系统进行检查，结果正常。故障可能会在变速器系统，因该车装配的是CVT无级自动变速器，此款变速器是奥迪公司在1999年开发的新一代自动变速器，它采用金属链传动方式，取代传统齿轮组变速方式，具有可变的传动比，换挡平稳，比普通自动变速器换挡顺畅平滑，操控舒适，同时更节省燃油。

对此类新型的变速器维修之前必须先搞清楚它的工作原理。如图1－12所示，发动机的动力从飞轮传过来，经前进挡离合器和倒挡离合器（输入轴中包含两个离合器，分别用于前进挡和倒挡），然后到输入轴，行星齿轮组只用于改变动力传递。在车辆起步时离合器必须且只能接合一次，如果离合器接合次数超过了一次，就会出现耸车现象，有几次离合器接合的过程车辆就会有几次耸动现象。

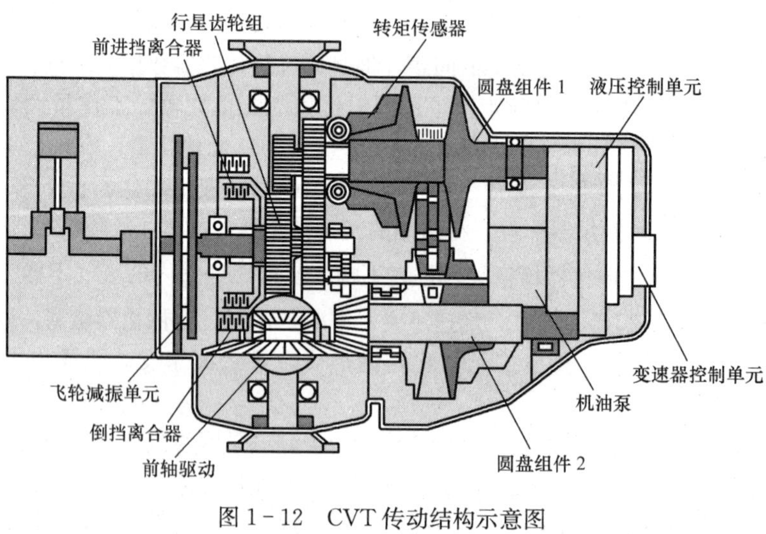

图1－12　CVT传动结构示意图

在正常的起步过程中，预控制压力阀（VSTV）给压力控制阀N215提供一个500kPa常压的液压油，然后根据变速器控制单元计算出的控制电流值，N215建立一个控制压力，以控制离合器控制阀（KSV）的位置，如图1－13所示，电流越大，控制压力越大。离合器控制阀（KSV）

把调整后的控制压力通过安全阀（SIV）和手动换挡阀（Hs）传递给前进挡离合器。液压油作用在前进挡离合器上，从而实现动力的传递。在这当中利用离合器压力传感器 G193 来监控前进挡的实际压力，并且把监测到的实际压力值与变速器控制单元计算的额定压力进行不断对比。实际压力与变速器的额定压力通过模糊理论被持续监控，若两者差值超过一定范围，便被修正。即通过调整压力控制阀 N215 的控制电流来控制前进挡离合器的压力。

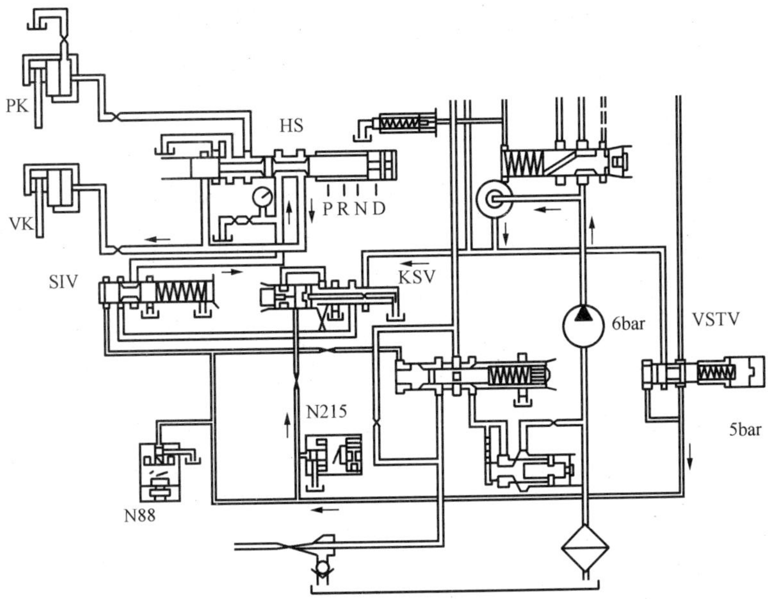

图 1－13　离合器液压控制系统原理图

对故障车辆再次试车，发现车辆从静止（0km/h）开始加速，刚起步行驶了数米就耸车。这种耸车现象就像手动挡的车辆离合器突然接合那样，此时还可以观察到转速表上的转速波动。连接 V. A. S5052 读取变速器控制器故障记录，没有发现故障记录。接着读取数据流 10，显示区域 1 显示 0.39A，超出规定最高值 0.37A。此数据流的数值代表变速器控制单元对离合器压力控制阀 N215 施加的控制电流的大小。超出规定值一般说明在变速器运行当中，离合器压力传感器 G193 监测到的实际压力低于变速器控制单元计算出来的额定压力，为了使变速器达到规定的压力值，变速器控制单元就会对离合器控制压力进行修正，当差值过大，离合器压力调整电磁阀 N215 的控制电流超出规定值时，变速器控制单元将不再对施加在前进挡离合器片上的液压油进行精确控制，从而导致耸车现象的发生。这种情况一般是变速器输入轴高压油的入口处出现渗漏引起，但并不是只有此处出现渗漏才会出现耸车的故障现象。其他部位出现渗漏时也可以引起耸车的故障。

为了查到变速器的具体故障部位，彻底排除故障，拆下变速器进行检查。首先检查最容易出现问题的输入轴前进挡离合器高压油管两端的密封圈。对于滑阀箱侧的压力油管密封圈，拆装一次后就必须更换，因此不需要检查。对于输入轴侧压力油管密封圈则必须仔细检查，因为这根压力油管里侧传送的是前进挡离合器的工作液压油，外侧是前进挡离合器的冷却油，结构比较精密，对油液的密封要求更加高。稍有一点划痕就会引起耸车的故障现象。检查发现，果然是此处油封的工作面有几处细小的划痕，导致前进挡压力调节电磁阀过来的控制压力有泄漏，无法对前进挡离合器控制压力进行精确调节，故障点找到。

更换密封圈后，试车，耸车故障消失，至此故障彻底排除。

第二章

奥迪 A8L 和 A8 维修案例

一、A8L 发动机故障灯报警

故障现象 一辆奥迪 A8L 轿车，行驶里程 10 058km，发动机故障灯报警。

故障诊断 发动机故障灯报警，用 VAS5052 诊断仪检测 01 发动机控制单元存储故障码：P00191B 进气歧管流道控制，汽缸列 1 被动偶发；P00191C 进气歧管流道控制，气缸列 2 被动偶发。故障码是偶发的可以清除，但是车辆行驶一段时间又会出现。进气歧管翻板两边的进气歧管运动时有卡滞现象。拆检发现进气歧管翻板有干涉部位。

故障排除 重新处理进气歧管翻板的干涉部位，故障消失。

维修总结 此发动机的进气歧管翻板，容易出现干涉现象，尤其在拆卸时要特别注意。

二、A8L 喷油器胶圈漏油

故障现象 一辆奥迪 A8L 轿车，行驶 300km，出现喷油器胶圈漏油。

故障诊断 用诊断仪检测，无故障码。启动车辆，打开发动机舱闻到很大汽油味。仔细观察发现进气道下部有汽油流出，拆下进气道发现 4 缸喷油器处漏汽油，将喷油器拆下发现喷油器胶圈损坏，只剩一半胶圈。

故障排除 更换喷油器胶圈，故障排除。

三、A8 启动后发动机抖动，运转不平稳

故障现象 一辆奥迪 A8 轿车，装备 01J 型变速器，车辆行驶里程 20 000km。车辆启动后发动机抖动，运转不平稳。

故障诊断 用诊断仪检测发动机有故障码：4 缸不点火（静态）。同时更换了六个点火线圈测试，故障依旧。拆下火花塞目测无损伤，然后更换后，也无效。把喷油器进行对换，同样无效，发动机仍抖动。测量所有气缸缸压均正常，1.15～1.25MPa（11.5～12.5bar），对喷油器执行元件测试时，正常的每个喷油器激活动作应该 5 次，但 1、3、4、6 缸每次测试时喷油器激活动作不规律，只工作 1 次或 3 次。2.5 缸正常，稳定动作 5 次。测量喷油器、点火线圈到发动机控制单元之间线路无断路和短路现象，同时所有相关的负极接线柱也都接触牢固，供电正常。替换发动机控制单元后，每次喷油器元件测试 1～6 缸均工作 5 次，启动车辆后，也不再抖动。

故障排除 更换发动机控制单元，故障排除。

四、A8L 发动机有时加速闯车，发动机故障灯报警

故障现象 一辆奥迪 A8L 轿车，行驶里程 120 000km。发动机有时加速闯车，发动机故障灯报警。

故障诊断 用诊断仪检测，发动机系统里有故障码：P0088 燃油蓄压管压力/系统压力过高，偶发。根据 TPI 代号 2016931/4 更换过燃油压力传感器；检查过压力传感器线束，无异常。由于故障是偶发，连续多次带着 VAS5052 一起试车，都未出现故障。交车下星期后，车主反映故障依旧。继续试车，用 VAS5052 读取发动机控制单元燃油高压 140 和低压 103 组数据流，当试车加速到 3000r/min 时，140 组数据值有时能达到 13MPa（130bar），超出规定范围 2.5～11MPa。从而断定燃油调压阀有故障，此配件与高压泵一体需要更换总成。

故障排除 更换高压油泵。

维修总结 由于是偶发故障不容易再现故障，从而提高了检查维修的难度。

五、A8 发动机怠速运转熄火

故障现象 一辆奥迪 A8 轿车，装备 3.2L 发动机。发动机怠速运转熄火。

故障诊断 该车因为发动机进水，更换了凸轮轴。更换凸轮轴后发动机运转很正常，但是怠速运转了 20～30min，发动机熄火。之后能启动发动机，有时能够很顺利的启动，有时启动时间稍长；并且发动机运转 1min 后，出现熄火，有时发动机抖一下，还能再运转一会儿；有时就直接熄火。加油发动机就熄火。

读取发动机数据进行分析。氧传感器的调节由 19.6%逐渐变化到 39.7%然后熄火，说明混合气太稀。喷油脉冲开始波动，4.33～7.22ms，后来到了 9.61ms，而标准为 0.5～1.2ms，喷油量远大于正常值。低压燃油压力为 0.559MPa，正常。开始以为燃油高压压力的数据流和 2.0T 发动机一样，为 10.6MPa；读取数据流误判定为高低压一样，怀疑是高压泵不能建立起高压。在拆高压泵时，发现油管烫手，又摸高压泵也是非常烫手。准备用水降温时，水流到缸体立即沸腾了。此时才意识到缸体温度也过高。经过检查发现防冻液没有循环好。在数据流的照片中，发动机运转 20～30min，冷却液温度为 73.5℃，这显然不正常，而标准为 80～112℃。由此断定防冻液循环不好，那么也就确认高压泵没有问题；此时发现怠速正常时为 3.5MPa，在熄火前，该压力波动下降到 0.5MPa，然后熄火。

故障排除 冷却系统排气，加注防冻液，故障排除。

维修总结 该车因为冷却系统有空气，导致循环不畅通。缸体温度过高，高压油泵和油管温度也高，导致汽油汽化，汽化的汽油可以被压缩，导致高压泵无法稳定建立起来压力。由于高压油压低并且不稳定，导致混合气浓度过稀，氧传感器的调节比例由 19.6%逐渐变化到 39.7%，极尽最大可能的增加喷油量。同时喷油脉宽开始 4.33～7.22ms 波动，后来到了 9.61ms，即增大喷油量，而标准为 0.5～1.2ms。由于汽油高温汽化，产生气阻，最终导致熄火。一脉不通周身不宁！小细节有可能就是突破口！

六、A8 开空调打转向时，发动机前部有“唧唧”异响

故障现象 一辆奥迪 A8 轿车，开空调打转向时，发动机前部有“唧唧”异响。

故障诊断 打开空调打转向时，发动机前部有类似传动带打滑的声音，往传动带上洒点水，异响消失，但过会儿又会出现，于是先更换了发电机传动带和传动带张紧器，更换后，故障依旧。

通过观察，发现在异响出现时，发电机传动带会越转越慢，会间歇性的停止转动（怠速情况下）。

分析该问题原因：①传动带摩擦力太小；②传动带所驱动的负荷过大。排除传动带问题，检查发电机、空调泵、助力泵、水泵及传动带导向轮均正常，无卡滞变形。于是怀疑是曲轴带轮问题。在打开空调时，负荷加大的情况下，曲轴带轮因摩擦力太小而无法驱动传动带，导致发电机传动带间歇性停止转动。带轮与传动带之间产生滑动，导致异响。

故障排除 试更换了曲轴带轮，异响消失，故障解决。

七、A8 发动机故障灯报警

故障现象 一辆奥迪 A8 四驱轿车，行驶里程 18km。发动机故障灯报警。

故障诊断 此车在做 PDI 时，发现仪表故障灯报警，在网关列表发动机控制单元，有症状编号故障码 P04218 存在。做故障导航时没有检测到此故障码，查看相关资料无此故障码解释原因，后经询问得知，此故障码为生产码，车辆行驶 50km 后，会自动消失。

故障排除 将车辆行驶 50km。

八、A8L 换油维护后机油液面黄灯报警

故障现象 一辆奥迪 A8L 轿车，行驶里程 7920km，换油维护后机油液面黄灯报警。

故障诊断 换油维护后，上高速行驶约 200km 后仪表机油黄灯报警，回站检查没有故障码，询问别的服务站，原因是机油加多了。拿机油尺测得油位在刻度 14mm 处。抽掉一部分机油，直至 MMI 油尺降了一格。

故障排除 抽出多余机油，直至 MMI 油降两格。

九、A8L 行驶中仪表突然报警，提示请添加机油最多 2L，可以继续行驶有报警声，且仪表机油油位红灯报警

故障现象 一辆 A8L 轿车行驶中仪表突然报警，提示请添加机油最多 2L，可以继续行驶有报警声，且仪表机油油位红灯报警。

故障诊断 用 VAS5052 进行检查无故障码。检查机油油位正常，一般都高于 ELSA 规定的上限一点，但不会在 MMI 显示屏报警，排出部分机油。根据故障现象，检查机油油位传感器线插头及供电、搭铁均正常。

故障排除 更换机油油位传感器后故障不再重现。

十、A8 发动机无法启动

故障现象 一辆奥迪 A8 轿车，行驶里程 101 600km。发动机无法启动。

故障诊断 发动机无法启动，很像启动机卡住，启动时启动机“咔”一声停止转动，之后

一定要清除故障码，发动机才能启动。强制给启动机供电，同时转动钥匙也可启动。

经诊断仪检测有故障码：P0346，启动机继电器 1 线路电气故障。通过故障导航给出测试计划，检查两个启动机继电器的功能和检查启动机继电器盒。检测结果，启动机继电器 1 线路中存在电气故障（继电器卡滞/没有接通），不区分启动继电器 1 和启动继电器 2。在启动过程结束时，进行继电器诊断，在规定发动机转速下，继电器关闭。如果反馈端子 50 信号仍然出现，说明检测到继电器卡滞以及启动继电器 1 电路中存在电气故障（继电器卡滞/没有接通）。对于类似故障现象以前碰到过，更换启动机和两个继电器，故障排除。而该车更换启动机和两个继电器后无效。启动机 50 号线由 J53、J695 两继电器串联控制，而 J53 是由发动机控制单元 J623 的 T40/119 脚控制搭铁，J695 是由发动机控制单元 J623 的 T81/32 脚控制搭铁，都是由 J623 控制。联想偶发故障，且故障码为启动继电器 1 线路电气故障。

故障排除　大胆尝试更换 J623 后，故障排除。控制单元升级！无须更换！

十一、A8L 发动机熄火

故障现象　一辆奥迪 A8L 轿车，装备 3.2L 发动机，CVT 型变速器，行驶里程 70 000km。发动机熄火。

故障诊断　此车一开始打车，怠速 3min 左右就熄火，再启动正常。用诊断仪检测发动机系统内存有故障码：12355 燃油泵机械故障。接上燃油压力表，测量汽油泵压力为 0.5MPa，加油后松节气门指针左右摆动得厉害，接着指针慢慢地往下走，直到发动机熄火。更换汽油泵无效，用诊断仪读取发动机 103 和 106 组数据流，汽油泵只是在开始时建立一个预压，启动车辆后就不工作了。根据此现象，怀疑低压压力传感器坏了，造成一个错误信号，使汽油泵断油然后停止工作。

故障排除　更换燃油低压压力传感器。

十二、A8 冷启动时传动带异响

故障现象　一辆奥迪 A8 轿车，装备 6.0L 发动机。发动机冷启动时传动带异响。

故障诊断　发动机在冷启动时传动带有“吱吱”的响声，打转向时或负荷有变化时响声严重。拆下传动带和传动带张紧器，传动带表面较光滑，未发现张紧器漏油，其他带轮也无卡滞现象，开始怀疑是传动带进沙或其他异物，导致传动带打滑后表面过于光滑，在负荷变化时产生响声，因此更换了传动带。过后又出现响声，把传动带张紧器更换掉后故障排除。

开始只看到传动带表面过于光滑，认为是传动带问题。传动带张紧器未漏油就认为无故障，导致误判。此传动带负荷较大，张紧器行程较小，张紧力稍小点就容易导致传动带打滑。

故障排除　更换张紧器。

十三、A8L 发动机冷车启动传动带发出“叽叽、叽叽”异响

故障现象　一辆奥迪 A8L 轿车，装备 6.0L 发动机，09D 变速器，行驶里程 35 077km。发动机冷车启动传动带发出“叽叽、叽叽”异响。

故障诊断　根据故障现象分析应该是发动机传动带异响。更换传动带，故障依旧。

检查更换传动带张紧导轮后当时故障消失，隔 7 天就出现同样的问题还增加了张紧导轮缺油的哗啦哗啦的异响。拆下发现新换上的张紧轮上几乎没有润滑油了。重新更换新的一套张紧轮

(在装之前给新的张紧轮加注高速润滑脂)，交车后1个多月多次回访没有出现异响。

故障排除 更换传动带张紧导轮。

十四、A8发动机怠速不稳

故障现象 一辆奥迪A8轿车，装备09E型变速器，行驶里程140 000km，发动机怠速不稳。

故障诊断 此车维修正常，从5月开始停驶了半年，启用后怠速时有时不稳抖动，现在越来越明显。试车感受怠速时不稳抖动，转速超过1800r/min后故障消失。

用诊断仪检测故障码为8缸不发火，读失火计数器8缸在怠速时有失火记录，在转速超过1800r/min后就读不到失火记录了。因只是单缸失火，所以故障应在8缸。考虑此车长期停放后出现问题，初步考虑是喷油器结焦和火花塞积炭引起的。

检查并倒换火花塞、点火线圈、喷油器后试车，故障还有。进一步检测缸压，发现8缸缸压上升得慢但也能达到正常压力，用内窥镜检查进气门和缸筒正常。因此款车型是W12发动机，它的排气歧管是一体式的，要检查排气门需要拆下发动机，工作量非常大。并且W12发动机活塞、气门等配件不单独提供，发动机拆检后有可能无法修复，不能准确地判断出故障点，无法给用户一个明确的维修方案。

这时根据测量8缸气缸压力发现的问题，预判是存在漏气现象。我们使用了气缸漏气量检测仪，接上检测仪将供气压力设定在0.5MPa，检查8缸气缸漏气量，测量表显示为0.37MPa。测量其他缸测量表都显示在0.45MPa以上，说明8缸密封不严。

为了判定具体漏气点，将8缸的供气提高到了0.7MPa，先将8缸进气歧管堵上，感觉无压力产生，说明进气门不漏气。下一步将曲轴箱通风堵上，曲轴箱内也无明显压力变化，说明活塞及活塞环密封正常。最后考虑问题出在排气方面，因为在车上无法拆下排气歧管，于是将7、8、9缸排气歧管拆下堵上，发现有压力产生，说明排气门存在漏气现象。

判断是8缸排气门出现问题，需要拆下检查更换损伤件。经用户同意后维修，在拆检时发现排气门因积炭卡滞产生了变形需要更换，因配件不单独提供气门，所以更换7～12缸缸盖总成。

故障排除 更换一列汽缸盖。

十五、A8L怠速车辆抖动，发动机故障灯、EPC灯报警

故障现象 一辆奥迪A8L轿车，怠速车辆抖动，发动机故障灯、EPC灯报警。

故障诊断 客户反映，车辆怠速时抖动，通过VAS5052检测无故障码，观察数据流，16组显示4缸缺火。用VAS5052测试检查：检查该车点火线圈，零件号均为新型点火线圈07C 905 115 J，检查缸压与火花塞未发现异常，尝试把1～6组与7～12组点火线圈和火花塞对调，数据流仍然显示4缸缺火。

尝试替换一组新点火线圈和火花塞，故障未排除。检查喷油器未发现堵塞与泄漏，尝试更换一组喷油器，故障依旧存在。

随后观察曲轴箱通风阀与进气道无泄漏现象TPI 2001509/4进行发动机和变速器控制的软件升级，升级成功后故障依然存在。分解发动机发现凸轮轴摇臂（4缸）磨损严重，油底壳内有大量金属屑。

故障排除 清洗油道，更换缸盖总成。

十六、A8L 有时车辆启动无反应

故障现象 一辆奥迪 A8 轿车，有时车辆启动无反应。

故障诊断 用 VAS5052 检测，01 检测到故障码：启动机没有转动，机械部分发卡或电气故障偶发。做故障导航，根据导航提示，可能的故障：①蓄电池电压过低；②蓄电池切断继电器损坏；③蓄电池至启动机的导线损坏；④一或两个启动机继电器不再闭合；⑤启动机损坏或阻塞。

检查蓄电池电压，切断继电器，启动机供电，搭铁正常，应该故障为偶然出现启动无反应，根据以往碰到的类似故障，我们对该车更换了启动机、启动线束，并更换了 2 个启动继电器。但两个星期后故障再次出现，VAS5050 检测仍为原来的故障码。

J623 需给 2 个启动继电器信号，继电器吸合，给启动机一个信号电压，启动机才会转动。

检查发现，故障出现时，转动点火开关，可听到右前脚坑处启动继电器吸合的声音，说明 J623 的信号正常，但是启动机没有转动，此时用万用表测量启动机的信号电压，发现只有 8V。蓄电池电压正常（大于 12V），怀疑蓄电池到启动机之间电路虚接。经检查，发现切断继电器 N253 处接头螺栓松动，重新紧固螺栓，启动机启动正常，故障解决。

由于螺栓松动，蓄电池至启动机处电压不稳，导致启动机无法转动。

故障排除 处理线束并紧固松动的螺栓。

十七、A8L 热车、怠速时发动机处有“嗒嗒”的敲击声

故障现象 一辆奥迪 A8L 轿车，热车、怠速时发动机处有“嗒嗒”的敲击声。

故障诊断 用诊断仪检测正常，排除了电气故障的可能性。此车客户抱怨有些故障时的行驶里程才 2000 多 km。客户描述的故障是在怠速、挂挡、踩制动踏板时驾驶舱内有明显连续的敲击声。

经试车发现此噪声不仅在驾驶舱内明显，在两前轮侧和发动机下部都比较明显。当时，我们利用听诊器确定声音最响的部位在发动机和变速器结合的部位，此车是四驱车，在传动轴上“嗒嗒”的敲击声音非常明显。

开始我们认为异响有可能是变速器发出的异响，感觉此声音不正常。之后我们通过替换零件或断开连接的方式逐个排除怀疑的故障点，分别断开了发动机变速器机爪、发动机驱动带，后又更换了传动轴、后桥差速器、助力泵、变速器等，故障现象依然存在。

这时我们向其他服务站求助，有服务站提供信息说曾遇到类似问题，最终认定是机油泵驱动间隙过大，在传动过程中出现敲击，造成异响。

经过求助，厂家派来一位外国专家，他在听取了我们的维修经过后，又检查了缸筒活塞，最终给我们的维修建议是更换发动机总成。新发动机更换完毕后试车，异响依旧存在，没有变化。我们把情况反馈给厂家，厂家又派老师来我站现场看车，此次经过两天的检查，老师依然认为此声音不正常，同时老师还是认为此声音来自于机油泵及其传动机构，虽然现在的发动机是新的，但不排除新的也有问题的可能，所以要求我们再次订购机油泵及驱动轴，进行更换，故障排除。

故障排除 机油泵及驱动轴间隙过大，更换机油泵和驱动轴后，故障排除。

十八、A8L 高速行车车抖，凉车车抖，EPC 报警

故障现象 一辆奥迪 A8L 轿车，装备 09E 型变速器，行驶里程 30 000km。高速行车车抖，凉车车抖，EPC 报警。

可能原因 ①点火线圈或火花塞、喷油器。②发动机控制单元有故障或线束故障。③发动机机械故障。

故障诊断 用 VAS5052 诊断仪检测发动机有故障码。先检查点火线圈和火花塞无问题，量缸压正常，怀疑喷油器问题，通过用户得知，在其他服务站更换过喷油器，更换后故障依旧。测量线路，从控制单元到 3 缸喷油器线路正常，测量波形，其他缸都正常，就 3 缸不正常。根据波形确定是控制单元有问题，更换了控制单元后波形正常了。但是高速时还是缺缸，这样一分析，电子故障基本已经排除。

排除了电子故障，剩下的就应该是发动机机械故障了。将发动机分解后没发现故障，用汽油试 3 缸气门也不漏，接下来把缸盖分解，在拆排气门时发现气门弹簧断了。更换气门弹簧后故障排除。

故障排除 更换气门弹簧后，故障排除。

维修总结 气门弹簧断裂后缸压正常，分析应该是弹簧在低速时断开的位置错开的不大就有缸压，高速时错开大了排气门就关不严了，导致高速抖车。

十九、A8 有时无法启动，打启动机时无任何反应，就像没电一样，跨电可以启动。故障频率不是很高，一周 1～2 次

故障现象 一辆奥迪 A8 轿车，装备 4.2L 发动机，09L 型变速器。行驶 76 000km。有时无法启动，打启动机时无任何反应，就像没电一样，跨电可以启动。故障频率不是很高，一周 1～2 次。

故障诊断 用 VAS5052 检测发动机系统有启动机继电器对正极短路的偶发故障码记录，删除后正常。初步判断是继电器老化，触点烧蚀，更换两个继电器，车辆离场一周后，客户又反映出现此故障现象。再次检查，用 VAS5052 检测发动机系统还是有启动机继电器对正极短路的偶发故障码记录，删除后正常。进行至此，只好检查启动机，由于该款启动机的接头在发动机液压轴承的支架后面，无法直接目检，只能用手摸，发现启动机桩头松动，线束烧蚀，绝缘层已经烧没了。由此判断，是由于启动机桩头松动，造成启动时电流过大，烧蚀导线，而每次用蓄电池搭接就可以启动，是由于电压和电流增大的原因。

故障排除 更换启动机和启动机 30 号端子供电线束，故障排除。

二十、A8L 油箱指示在 1/4 处时发动机易熄火，汽油满箱时汽车正常，熄火后再启动还可以启动着，一段时间后还是熄火

故障现象 一辆奥迪 A8L 轿车，油箱指示在 1/4 处时发动机易熄火，汽油满箱时汽车正常，熄火后再启动还可以启动着，一段时间后还是熄火。

故障诊断 用 VAS5051B 检测无故障码。连接 VAG1318 油压表，发现在故障出现时压力指示从 0.35MPa 逐渐降低，然后发动机熄火。从压力降低看，故障出在燃油供应不足引起的，检查燃油供应系统。外围无泄漏现象。

拆解燃油泵。发现油箱在主油泵侧已经无汽油、副油泵侧还有燃油，继续添加燃油结果发现

主油泵侧燃油一会就到副油泵侧去了，由此找到熄火原因是主油泵侧无汽油引起。由此进行分析故障点：此车的油箱结构是马鞍型的，左右侧的油是靠虹吸原理来进行平衡的。由油箱的结构原理分析是左侧的引流泵出现故障或引流管泄漏。

故障排除　更换燃油箱引流泵。

维修总结　A8 轿车有主副油泵，在上面的油箱结构中已经指出，在这要说的是：在启动工况时主副油泵一起工作，但副油泵只工作 1min 时间（实际测量值）就停止，因此出现熄火后汽车能马上启动着。据推理怠速工况时副油泵是不工作的，其他工况时应该工作，尤其是在大负荷和加速工况时。虹吸原理是靠油泵油压分散到油箱两侧的虹吸泵产生真空使左右油箱的油量均衡，此车是因为左侧虹吸泵工作不良，不能把油箱的油完全虹吸到右侧造成的。

二十一、A8 不易启动或低速行驶熄火

故障现象　一辆奥迪 A8 轿车，车辆不易启动或低速行驶熄火。

故障诊断　试车时无异常现象。VAS5052 进行测试后有故障码：J2355 燃油泵机械故障，如图 2－1 所示。故障引导结束后，无该项的测试计划。

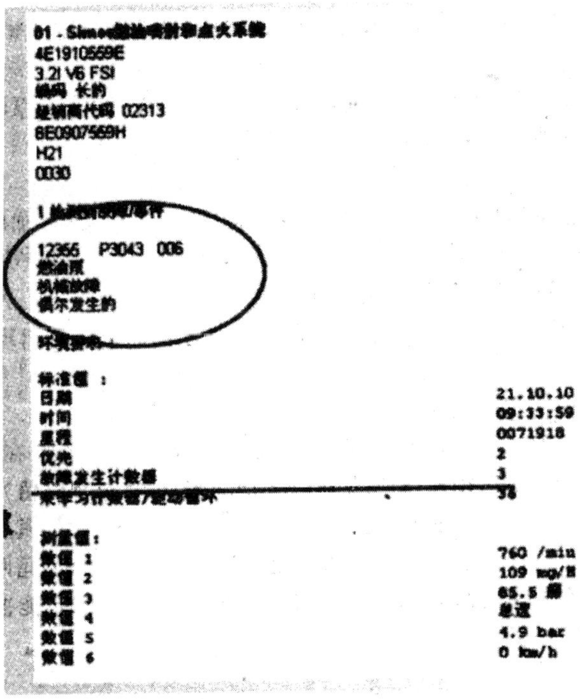

图 2－1　故障码

尝试更换汽油泵后，故障依旧。读取数据流，如图 2－2 所示，重点检查燃油匹配情况：数据流块中无明显差异，汽油泵压力及油泵负荷均在规定的范围。仔细观察氧传感器、怠速的学习值，发现怠速时混合气稀，接近极限。

接入燃油压力表，检查汽油实际压力，发现汽油压力不足 0.4MPa，且油表指针摆动幅度较小，根据经验，应该有 0.2MPa 的摆差。由于燃油低压传感器 G410 诊断仪检查值为 0.5MPa，

测量值	结果	规定值
气缸列1，传感器1，怠速下的学习值	5.1 %	-4 - 4 %
气缸列1，传感器1，节气门部分开启时的学习值	-1.8 %	-10 - 10 %
气缸列2，传感器1，怠速下的学习值	3.6 %	-4 - 4 %
气缸列2，传感器1，节气门部分开启时的学习值	-2.9 %	-10 - 10 %
气缸列1控制值	0.0 %	-10 - 10 %
气缸列1，催化转换器前的氧传感器电压	2.010 V	1.95 - 2.05 V
气缸列2控制值	0.8 %	-10 - 10 %
气缸列2，催化转换器前的氧传感器电压	2.041 V	1.95 - 2.05 V
实际燃油压力，根据需求调节的燃油泵	4.99 bar	3.0 - 7.0 bar
燃油压力智能控制器	0.0 %	-25 - 25 %
电动燃油泵匹配值	-7.1 %	-12 - 25 %
按需调节的燃油泵匹配	调校进行	20 - 60 %
燃油油轨压力	4.99 bar	5 - 110 bar
电动燃油泵1	40 %	40 - 70 %
电动燃油泵2		
切断时间	2.00 s	0 - 65536 sec.

图 2－2　数据流

与燃油表压力值不同，于是怀疑燃油低压传感器有故障。

但是FSI燃油系统的计量阀N276频繁调节，燃油压力波动应该较大，而此车燃油压力相对比较稳定，说明N276调节不正常。

于是首先更换燃油低压传感器G410，更换后燃油压力显示正常：压力在0.3～0.5MPa波动，调节器N276调节正常。

故障排除　更换燃油低压传感器G410后，试车并跟踪故障完全排除。

维修总结　虽然显示汽油泵故障，但一定要先排除燃油低压传感器故障，因为燃油泵的压力检测是通过燃油低压传感器G410来进行的。

二十二、A8冷车停放1～2天后，着车后加油发动机转速不提升，挂挡后车辆无法正常起步行驶

故障现象　一辆奥迪A8轿车，装备3.0L发动机，CVT型变速器，行驶里程达44 765km，车辆冷车停放1～2天后，着车后加油发动机转速不提升，挂挡后车辆无法正常起步行驶。

故障诊断　用VAS5052检查发动机控制单元及变速器控制单元，系统中无任何故障码记录。读取发动机加速踏板位置传感器信号，确认发动机控制单元已经正常接收到加速踏板位置变化信号；读取节气门位置传感器信号，确认节气门不动作。读取CVT变速器控制单元65显示组数据流，发现第1区显示内容为0，第2区显示内容为0，第3区显示内容为4。依据数据分析，该车CVT变速器滑阀箱无常规安全阀释放工作情况。

65显示组：第1区显示常规安全阀动作，此数据值大于3时说明滑阀箱安全阀已经触发动作了3次以上，滑阀箱内部存在滑阀工作卡滞，导致离合器压力变化故障。第2区显示安全阀触发动作变化情况，此数据出现1次，安全阀触发动作后将增加10，在1次点火循环区间中，若安全阀未出现触发动作，数值将自动减1，若继续未出现触发动作，数值将继续下降，直至减为0，反之数值将每次增加10，若此数值超过70，控制单元将存储代码为18181，内容为液压压力传感器1 G193信号过低故障码信息。第3区显示安全阀状态，此数据值大于0，说明变速器油路

不正常。

对变速器控制单元进行 10 匹配功能，00 通道自适应值恢复出厂设定后，65 显示组数据将全部恢复至 0，重新开始进行计算，故障车 65 显示组第 3 区内容为 4。

故障排除 完成 CVT 变速器控制单元 10 匹配功能，00 通道自适应值恢复出厂设定后，车辆恢复正常，起步行驶功能正常。车辆继续行驶一周、原地停放两天后，再次出现发动机转速不提升，车辆无法正常起步故障。更换滑阀箱后，车辆故障彻底消除。

二十三、变速器 2—3 挡，3—4 挡升挡与降挡均有冲击

故障现象 一辆奥迪 A8 轿车，装备 09E 型变速器。变速器在 2—3 挡，3—4 挡升挡与降挡均有冲击。

故障诊断 通过试车发现 2—3 挡、3—4 挡升挡与降挡均有类似差速器间隙的冲击，在驾驶室内能明显的感觉到。

用 VAS5052 检测没有故障码，读取节气门开度偏大，对节气门进行清洗并匹配，故障没有变化。对变速器进行全面的检查，变速器油品、驱动轴、差速器，都没发现异常。

用 VAS5052 对变速器进行匹配，发现没有匹配菜单，功能/部件选项中变速器没有匹配菜单，如图 2 - 3 所示。在读取变速器数据流时也没有发现异常。

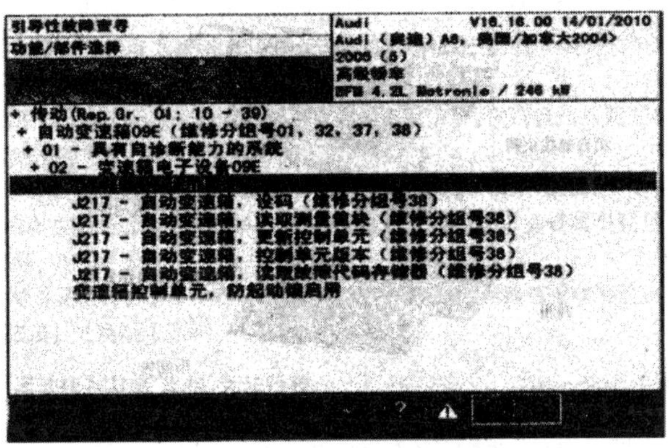

图 2 - 3 功能/部件选项中变速器没有匹配菜单

在公路上进行如下的试车，变速器挂入 1 挡在不加油的状态下行驶 5min，升入 2 挡保持 2 挡，节气门在 15%左右，行驶 5min，升入 3 挡保持 5min，之后就正常行驶，接着试车，变速器冲击故障消失。

故障排除 强制对变速器进行匹配。

二十四、A8 热车时 1 挡升 2 挡，3 挡降 2 挡冲击感明显

故障现象 一辆奥迪 A8 轿车，装备 09E 型变速器。热车时 1 挡升 2 挡、3 挡降 2 挡冲击感明显。

故障诊断

(1) 用 VAS5052 检测无任何故障码。试车时缓慢加油，发现 1 挡升 2 挡、3 挡降 2 挡有较强

烈的冲击感，其他挡位正常并且能够正常行驶；急加油，无冲击感，行驶正常。检查变速器油位正常，油也很干净，因为在61 000km时刚换过变速器油。

(2) 考虑到2挡和6挡共用一个制动器C，所以高速试车，发现5挡升6挡困难，转速4000r/min时挡位还在5挡。至此确定该车存在两个故障点：一个就是1挡升2挡和3挡降2挡的换挡冲击，另一个就是5挡升6挡比较困难。而5挡升6挡困难可以初步判定为制动器C离合器片有故障。

(3) 再分析第一个故障点，换挡冲击，说明变速器的换挡质量较差。而换挡过程中离合器压力均由滑阀箱内的阀体来决定，因此将故障点确定在滑阀箱。

(4) 解体变速器，发现制动器C离合器片的确烧黑。分解滑阀箱，发现离合器截止阀和中间板相接的工作面磨损严重，其次，KV-C阀有轻微划伤。

故障排除 更换滑阀箱，更换制动器C，故障排除。

二十五、A8L怠速时从P挡挂R、D挡冲击大，行驶时2挡升3挡发冲，6挡降5挡时发冲

故障现象 一辆奥迪A8L轿车，装备09L型变速器，行驶里程63 000km。怠速时从P挡挂R、D挡冲击大，行驶时2挡升3挡发冲，6挡降5挡时发冲。

故障诊断 用VAS5052读取系统无故障码记录，ATF油位正常，油质良好，节气门开度正常，传动部位无松旷现象。使用VAS5052删除变速器控制单元的自适应值后，进行换挡点匹配时发现有一组离合器无法进行匹配，其他离合器都能正常匹配。

在尝试更换滑阀箱时，发现油底壳内有少量金属屑，清洁油底壳并更换新阀体试车，故障依旧存在。最后将变速器解体发现，有组离合器的碟形弹簧断裂脱出，使活塞运行过程中卸压，引起冲击大。

故障排除 更换损坏部件，故障排除。

二十六、A8L空调效果不佳

故障现象 一辆奥迪A8L轿车空调效果不佳。

故障诊断 接车发现，空调出风量很小，鼓风机声音很大，打开内外循环，故障现象也一样，测系统压力正常。初步判断是出风量不够。

用诊断仪测试，发现08内有：再循环风门电动机V113机械故障，如图2-4所示。

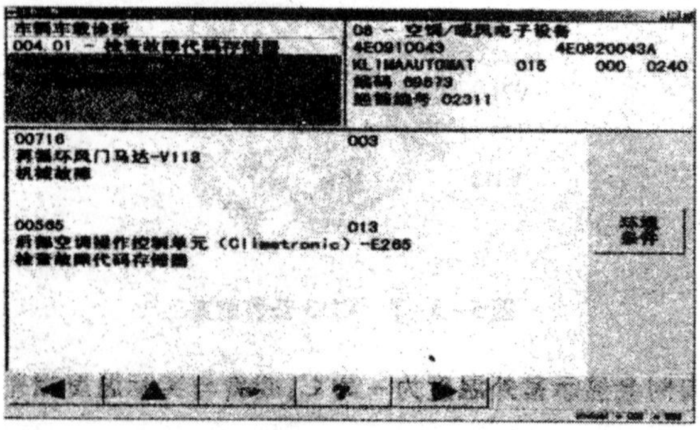

图2-4 故障码

根据导航测试计划，对电动机 V113 进行执行元件诊断，发现电动机翻板位置始终在 76（关闭位置），没有变化，如图 2-5 所示，说明该翻板卡住或电动机故障。拆下翻板检查活动自如，对电动机 V113 执行元件诊断发现，电动机动作很小。确定为电动机 V113 故障，其安装位置如图 2-6 所示。

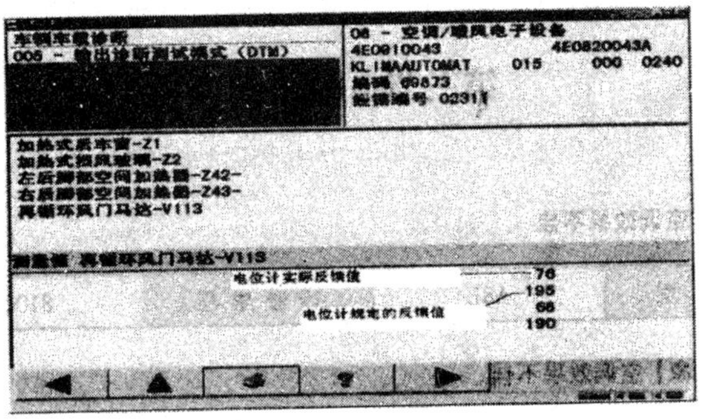

图 2-5　热行元件诊断

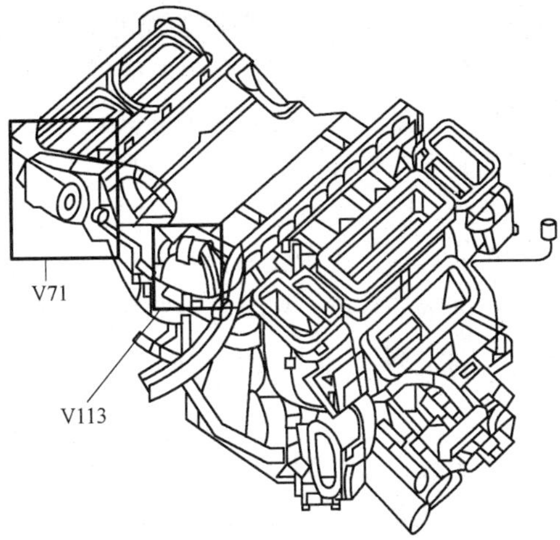

图 2-6　V113 安装位置

故障排除　更换 V113 电动机。

维修总结　当内循环电动机 V113 故障会引起无论内循环或外循环时，空调出风量都会不大，根据空调实际工作，发现在打开外循环制冷时，电动机 V71 为了不把发动机舱的热量带到驾驶室内，在特定的情况下会把 V71 电动机翻板关闭，把 V113 电动机翻板打开，该车 V113 电动机翻板不能打开，就出现空调出风量过小的故障。

二十七、A8L 仪表有时会显示室外温度为－20℃，或者与实际温度相差很大，同时伴有空调不制冷的情况出现

故障现象　一辆奥迪 A8L 轿车，装备 01J 型变速器，行驶 160 000km。仪表有时会显示室外温度为－20℃，或者与实际温度相差很大，同时伴有空调不制冷的情况出现。

故障诊断　用诊断仪检测 17 仪表控制单元和 08 空调控制单元都没有故障码记录。读取 08-08-02 看空调的当前关闭条件显示全都为 0。

在试车时也正常，后来偶尔出现温度下降，以 0.5℃的变化在下降。一直到－15℃就不变了。这时读取数据流 17-08-02 第 4 区显示－15℃，17-08-04 第 2 区显示 33℃，08-08-18 第 4 区显示 33℃，说明仪表读取的外界温度传感器有误差。而从 08 空调控制单元接收的数据是准确的。

检查外界温度传感器外部无损伤，试换新的传感器故障不能排除。测量 G17 车外温度传感器 2 号脚到仪表的电阻为 0.2Ω，搭铁点也正常，试换新的仪表故障一样。检查针脚没有异常情况，但还是外接后也一样。后来把 G17 的 1、2 针脚互换发现好了。再次测量搭铁线，发现电阻 26Ω，怀疑有虚接。现在将 G17 车外温度传感器的 1、2 针脚重新外接且互换，试车未发现故障。让客户试车等待反馈。

故障排除　G17 车外温度传感器外接然后再针脚互换。

二十八、A8L MMI 有时会黑屏

故障现象 一辆奥迪 A8 轿车，MMI 有时会黑屏。

故障诊断 客户反映，MMI 有时会黑屏，试车多次未发现，用 VAS5052 检测未发现故障码。反复操作 MMI 系统，偶尔发现一次黑屏，但此刻发现收音机工作正常，切换到 CD 界面，CD 工作正常，对 MMI 截屏发现可以看到画面照片，由此可以肯定系统工作正常，只是画面无法传输到屏幕上来。可能屏幕有问题或者 J794 画面传输过程中视频传输导线出现问题。试图再次让故障重复出现，轻轻敲击屏幕，发现屏幕会闪动，有时又会黑屏，不过一会儿就恢复，怀疑很可能是屏幕不好或插头松动引起。拆下屏幕，检查没发现插头有松动的地方，试更换屏幕发现故障消除，以为故障是屏幕不好引起，准备装好时，发现屏幕又突然黑屏了，再次检查屏幕到 J794 的传输线，发现该导线在翻转机构活动的地方导线好像有被压过的痕迹，但不明显。拆下导线仔细剥开发现，其中有一根导线被压得几乎断裂。

故障排除 重新焊接好导线，对导线走向重新布置，故障解决。

二十九、A8L MMI 在行驶中自动关闭

故障现象 一辆奥迪 A8L 轿车，装备 0BK 型变速器，行驶里程 320 多 km。MMI 在行驶中自动关闭。

故障诊断 检查车辆发现 MMI 在行驶中自动关闭或车辆再次启动时无法打开，做引导性故障查询，舒适系统中央模块 2 存有故障码：电源电压太低。查询电路图后，检查相关线路均正常。

继续试车又发现新故障码：位置 1 中的媒体播放器无通信。拆下 J794 后检查线路也正常，做断环诊断系统处于正常，怀疑到 J794 可能存在间歇故障，于是尝试更换一个新 J794 后（相同配置的新车），更换后试车故障没有出现，判定为 J794 故障，但第二天客户接车时，MMI 系统又无法正常使用，此时陷入困惑。

重新整理思路后，再次检查车辆发现存有故障码：光纤数据总线断路。于是查看光纤线路，当查看到 J794 时，拆装时突然 MMI 失灵，来回挪动控制单元又会恢复，拆下 J794 发现光纤插头有明显弯曲痕迹，拆开副驾驶员侧杂物箱观察，当装入 J794 后，光纤几乎成 90°，导致信号失真。

重新将插头光纤用胶带包好后，使光纤插头处没有弯曲条件，形成直线状。装复后试车无故障出现，客户提车后一周进行反馈，故障再无出现过。

故障排除 重新固定光纤线路。

维修总结 小空间内大量线路拥挤，导致光纤线路发生变形，从而导致故障发生。

三十、A8 打开雾灯开关，后雾灯不亮

故障现象 一辆奥迪 A8 轿车，打开雾灯开关，后雾灯不亮。

故障影响 在天气状况不好或驾驶视线不好时容易发生后车追尾事故。

故障可能原因 ①后雾灯灯泡本身故障。②后尾灯线束、接头或灯座有故障。③雾灯单元故障。④后雾灯主控单元 J393 故障。⑤灯光开关故障。⑥灯光开关信号接收 J519 故障。⑦控制

单元编码或匹配错误。

故障诊断　首先分析后雾灯工作的原理：前照灯开关E1（接通后部雾灯）→通过供电控制单元J519（后雾灯开/关信号传递）→J533（网关）→到舒适系统控制单元J393（后部雾灯主控单元）→后盖尾灯控制器J692/J693（执行）灯泡。

分析后部雾灯两侧全部不亮，控制信号故障损坏的可能性较大。用诊断仪检测，系统无故障码存储。读取前照灯开关的操作信号是否符合实际操作，在供电控制单元J519处检查灯开关的输入信号，电流设置：5级，正常。

当操作前照灯开关E1时，观察工作状态是否在切断和级1（自动驾驶灯）、级2（侧面灯）、级3（近光灯）、级4（雾灯）与级5（后雾灯）之间改变。灯开关执行信号正常，排除上述可能的灯光开关故障。

检查后雾灯的控制单元J393，在引导性功能查询内做执行元件测试，以判断后部雾灯部分是否正常。由于系统执行操作未成功，对后箱盖尾灯进行分解，实际测量雾灯灯泡及线束、插头，均正常。又在诊断仪内查找，在自诊断内执行元件测试，后部雾灯激活点亮，那么可能故障原因①、②、③、J393→到后雾灯部分排除。

检查控制单元编码，执行规定与实际值比较，显示无须测量，系统认为车辆编码正常。在功能说明内检查编码含义，人为地更改系统编码，改变J393的尾灯模式、调取J519编码、J533编码未用与后雾灯相关，可能的故障原因⑦排除。

在J393控制单元测量数据流11，读取灯光操作信号的数据流，一区（倒车灯）、二区（转向/闪光灯）、三区（后雾灯）、四区（尾灯）。操作相关开关，只有雾灯信号无变化，判断J519→J533→J393信号传递正常，后部灯主控单元J393故障概率大，其次是J519故障。依次对其进行更换，现象依旧，在线查找无相关TPI，维修陷入僵局。

不是硬件故障，分析还是受某个控制单元信号影响，J393控制雾灯不触发。

连接诊断仪，在网关控制单元编码内发现该车辆挂车识别控制单元已编码，表示该车辆带该控制单元，在外部识别出来。

读取挂车识别控制单元数据流，发现在控制单元系统内可读取到后部灯信号，在后雾灯打开时，接收到雾灯信号是打开的，挂车识别始终处于接通。检查外部并无连接，查找电路图、熔丝在行李舱右后SF8位置，控制单元在蓄电池位置下部，断开熔丝后部雾灯点亮。

拆检控制单元与电路图对照，控制单元只有控制电路，没有执行线路，在车辆后部未检查到挂车识别控制单元附件。

故障排除　断开挂车识别控制单元J345熔丝，在网关J533内将控制单元设为未编码，自适应空气悬架控制单元编码为不带自动挂车识别。更换自动挂车识别控制单元。

维修总结　该故障是车辆控制单元信息内部功能制约的问题，以此切入才是解决问题的关键，在不了解其车辆全部工作条件的情况下，而使故障处理的切入点不准确。所以各个系统之间的通信连接影响也是解决问题关键。在某些功能丧失的情况下，并且没有故障码存储，应该考虑其相关控制单元的影响，以及编码、匹配等原因。

三十一、A8L后雾灯不亮

故障现象　一辆奥迪A8L轿车，后雾灯不亮。

故障诊断　用VAS5052检测，诊断仪无故障码显示。

后雾灯工作原理 打开前照灯开关雾灯挡，开关给 J519 一个开关信号，J519 通过 CAN 总线给 J393 一个信号；J393 接通后雾灯，让雾灯亮起。

首先检测相关线路，灯泡，并无发现异常。检查还发现，打开前照灯开关雾灯挡，仪表后雾灯指示灯不亮。进引导性功能，进 J519，读取前照灯开关的信号，数据流显示正常，进 J393，读取后雾灯的数据流，始终显示关闭。检查 J519、J393 的编码正常，先后更换了 J519 和 J393，但故障依旧，一时陷入僵局。

后通过读取说明书，如图 2-7 所示，有一句话给了我们提示“如果您用出厂时已安装好的牵引装置牵引一部带有后雾灯的拖车，则只有拖车的后雾灯自动亮起”。说明如果该车识别到已有拖车连接，该车雾灯不亮，只有被拖的车辆可以点亮。

在后雾灯已打开的情况下，此开关旁的符号 和 都会亮起。

如果您用出厂时已安装好的牵引装置牵引一部带有后雾灯的拖车，则只有拖车的后雾灯自动亮起。

(!) 小心！

为了不使后面的道路使用者眩目，只能在能见度距离极短(例如在德国为50m以内)时才允许接通后雾灯。

说明

如果汽车配置了光线/雨量传感器，开关位置为AUTO(自动)时，无法打开前雾灯和后雾灯。■

图 2-7 说明书

经检查发现，该车配备拖车控制单元 J345，读取第 6 组数据流，发现挂车识别显示：接通。但该车并无挂车连接，检查后保险杠内脱钩上的接触开关正常，线路无断路、短路，怀疑控制单元内部故障，试更换了控制单元 J345，后雾灯可正常点亮，故障解决。

故障排除 更换拖车控制单元 J345，故障消失。

三十二、A8 后雾灯不亮

故障现象 一辆 A8 轿车，后雾灯不亮。

故障诊断 在对 A8 轿车进行 PDI 检查时发现右后尾灯中雾灯不亮，然而其他的灯光功能正常，用 VAS5052 读取故障码：右侧雾灯电路电气故障，间歇式。

检查熔丝和灯泡未发现损坏，接下来用 VAS5052 对 J393 作执行元件诊断发现，右侧雾灯依然不能正常亮起，调换后部灯总成，故障依旧。

怀疑是 J393 本身出现了故障或是线路问题。检查 J393 并作实际值比较，同时也对比相同配置的车辆中的数据，未发现其异常情况。

检查其 J393 的供电和搭铁，也均正常。根据电路图测量 J393 的导线供电，打开前照灯瞬间测量从 J393 出来的 T17d/11 针脚处有电压 12V，说明 J393 在硬件上是没有问题的。再根据电路图检查其线路未发现对正极、负极短路。进一步分析获知，如果故障出在搭铁线，则所有灯不会亮起。对 J393 进行线路检查时，测量 T17d/11 到 T6ax/5 的线路是否通断，检查结果发现线路是通的。

没有出现断路现象，也没有出现短路现象，再次测量 T6ax/5 针脚的电压时，电压不是很稳定，就在此时此刻再拔下右后尾灯插头后，后尾灯的插头上有一根线突然掉出来了，观察发现原来这个插头上有两根线没有断，给我们造成了维修误区，修复线束故障消除。

故障排除　修复线束，故障排除。

维修总结　在修理线束的时候有必要检查线束是否虚接，是否安装牢固。

三十三、A8 MMI 显示器不能完全关闭，但可以正常打开

故障现象　一辆奥迪 A8 轿车，行驶里程 30km。MMI 显示器不能完全关闭，但可以正常打开。

故障诊断

(1) 此商品车正准备卖，客户发现显示屏只能收折 1/2，VAS5052 检查中央电子装置系统 2 故障码：结束切断显示单元输入，没有核对反馈出不正常信号。

(2) 在 J520 内重新匹配 MMI 电压值后，还是无法完全收听。

(3) 正准备拆下显示单元机构检查线路，发现显示屏收折传动机构上的导线被仪表台螺钉挤破并且短路，修复好破损线路后，再次通过 J520 匹配 MMI 电压值，重新关闭显示屏，结果还是无法完全关闭。

(4) 测量显示屏到 J520 供电控制单元之间的导线正常后，怀疑 J520 可能已经烧损，试着更换一个中央电子装置系统 2 后，显示单元收折正常，故障排除。

故障排除　修理损坏线束，更换 J520。

三十四、奥迪 A8 轿车故障码消不掉

故障现象　一辆奥迪 A8 轿车，装备 3.2L 发动机，CVT 型变速器。故障码消不掉。

故障诊断　检测 ID 有故障码记录：进入和启动识别控制单元 J589 无通信。尝试按压 J589 启动按钮，车辆能够正常启动和熄火，但是在 J685 显示屏左上角“用户”菜单下显示为“通信中断　请再试一次”。

根据导航检测按钮识别和线束、插脚都正常，分析可能为 J589 和 J518 故障或相关匹配的问题。

用引导性功能检查匹配编码均未发现问题。进行实际值比较数据未变。

故障排除　替换 J589 后故障依旧，替换时偶然发现另一辆新车 J685 左上角无“用户”菜单，对比检查 J523 匹配菜单 01 有出入，对比导航中的功能说明未发现有关内容，按照正常车辆匹配值输出，更换后正常。

三十五、A8L 停放一段时间后无法启动车辆

故障现象　一辆奥迪 A8L 轿车，装备 6.0L 发动机，装备 09E 型变速器，行驶里程达 15 087km。车辆停放一段时间后无法启动车辆。

故障诊断　首先对车辆蓄电池及发电机进行测量，检查均无异常。对车辆进行静电流测试，停放约 40min，放电电流降至 0.01～0.03A，在正常范围内。于是怀疑是客户误操作问题造

成车辆出现放电现象。建议车主将车辆放在站内进行观察。将车辆锁好后，每天进行静电流测试。当测量到第三天时车辆突然无法启动了。于是将车辆蓄电池拆下换上一块新蓄电池进行测量，发现车辆在闭锁 1h 左右彻底休眠后会被突然唤醒。电流上升到 8A 左右，然后继续下降到休眠状态后再被唤醒。

于是我们开始查找故障原因。逐个断开各个控制单元供电，当断开 J525 后再进行测量故障现象消失。将 J525 电源断开及光纤接口断开，用光纤转接头将其转移，让车主试用车辆。已经一个多月没有再次出现故障。

故障排除 建议更换数字音响控制单元。

维修总结 新款 6.0L 采用的是 B&O 音响，出现故障唤醒时造成有 8.0A 的唤醒电流。

三十六、A8L 更换全车锁钥匙无法匹配

故障现象 一辆奥迪 A8L 轿车，装备 4.2L 发动机。更换全车锁后，钥匙无法匹配。

故障诊断 根据底盘号订到全车锁，更换全车锁后执行新身份；按 VAS5052 提示做匹配，当做到“ESL 是新的或已被复位，从现在起只使用新的车辆钥匙”时，使用新钥匙就无法匹配上；再重新匹配旧钥匙也无法通过。

检查过 N360 版本高于 0040 而且可以执行再生，J518 的版本也高于 160，说明都可以单独更换，应该不存在有某个部件不能重新匹配的。

读取 J518 的 22、23、24、25、26、27 组数据流，显示分析如下：

数据流 22 组：

含义	正常参考值	故障值
第 22 组 1. 启动许可（是/否） 2. 发动机控制单元 接收（是/否） 3. 钥匙状态 OK；（是/否） 4. 匹配钥匙的数量（0，…，8）	第 22 组 1 区：是 2 区：是 3 区：是 4 区：3	第 22 组 1 区：否 2 区：否 3 区：是 4 区：0

数据流 23 组：

含义	正常参考值	故障值
第 23 组 1. 识别 OK（是/否） 2. 锁止位置设置（是/否） 3. 钥匙 ID 认可（是/否） 4. IMM（防启动销）状态： 0 带端原状态 1 带端新状态 20 编程的带端 2x 带端 x. ECU 学习（1＜=x＜=4） 30 带端 ESL（电子转向锁）学习 3x 带端 x-th 钥匙匹配 4 维修新状态 5 维修程序 6 防启动锁 已适应 7 ID 发射器学习激活 8 ESL 自适应（电子转向锁）激活	第 23 组 1 区：是 2 区：是 3 区：是 4 区：6	第 23 组 1 区：是 2 区：是 3 区：否 4 区：6

数据流 24 组：

含义	正常参考值	故障值
第 24 组 1. 注册字段 IMM（防启动锁）注册 分钟 2. 注册字段 A-CAN 总线 min 3. 扫描保护字段 分钟（钥匙） 4. 自适应后的断开时间 min	第 24 组 1 区：0 2 区：0 3 区：0 4 区：0	第 24 组 1 区：0 2 区：0 3 区：0 4 区：0

数据流 25 组：

含义	正常参考值	故障值
第 25 组 1. ESL（电子转向锁）许可：（有效/无效） 2. ESL（电子转向锁）访问：（可行/不可行） 3. - 4. -	第 25 组 1 区：有效 2 区：不可行	第 25 组 1 区：无效 2 区：不可行

数据流 26 组：

含义	正常参考值	故障值
第 26 组 1. 注册字段 ESL（电子转向锁）min 2. 注册字段安全访问 min 3. PP _ ESL 抑制高压端 4. PP _ ESL 抑制低压端	第 26 组 0 0 开 开	无法读取

数据流 27 组：

含义	正常参考值	故障值
第 27 组 1. ESL（电子转向锁）模式： 0　带端模式 1　正常模式 2　匹配模式 3　分析模式 2. ESL（电子转向锁）状态： 解锁位（接通/断开） 3. ESL（电子转向锁）状态： 锁止位（接通/断开） 4. ESL（电子转向锁）错误状态： 0　无误 1　系统信息 2　内部错误 3　重大错误	无法读取	第 27 组 1 区：0 2 区：断开 3 区：断开 4 区：0

通过分析数据流 22 组中的 1 区、2 区，不能启动并无信号发送给发动机控制单元，分析数据流 23 组中的 3 区，钥匙 ID 无法认可，分析数据流 25 组中的 1 区，ESL（电子转向锁）许可无效，说明：电子转向锁未释放，防盗控制单元、发动机控制单元、钥匙都未收到信号，从而导致防盗系统无法使用。

故障排除 重新匹配防盗系统，故障解决。分析原因，由于使用中文 VAS5052，匹配过程中出现数据传送错误而导致系统故障。

三十七、A8 导航不读盘，MMI 升级后挂倒挡 J685 不显示后视图像

故障现象 一辆奥迪 A8 轿车，装备 3.2L 发动机。行驶里程 9840km。导航不读盘，MMI 升级后挂倒挡 J685 不显示后视图像。

故障诊断 用 VAS5052 检测：无故障码记录。使用版本为 6.0 和 4.0 导航光盘试验，MMI 屏幕均显示地图光盘不可读。用 MMI 升级成功并初始化后，J685 显示本车未安装导航。

用 VAS5051 检测导航无法到达。断开 CD 机和奥迪音乐接口控制单元插头并重新连接，导航恢复正常，6.0 地图光盘可读。在试车时发现换挡杆在 R 时 J685 显示 TV 图像，不显示后视图像。

故障排除 使用 VAS5051 自诊断功能进入 J523。使用 10 功能将 01 匹配值 3455 改为 38270。

三十八、A8 轿车更换全车锁及转向柱 N360，钥匙无法匹配

故障现象 一辆奥迪 A8 轿车，更换全车锁及转向柱 N360，钥匙无法匹配。

故障诊断 用 VAS5051B 引导性故障查询，05 免钥匙进入驾驶系统有故障码：钥匙信号不对。01Motronic 燃油喷射和点火系统有故障码：17978 发动机控制单元停用。

引导功能 05 看数据流 22～27 组，22 组第一项及第二项是否，25 组第一项是无效，从数据流 22 组看出 J518 已经默认了新钥匙，新钥匙的标识已执行写入 J518，第 25 组有显示无效，经过好几次的匹配还是不行。

从数据流及分析 2005 款 D3 防盗结构原理，转向柱 N360 只可以执行一次新身份，第 25 组显示无效，证明了转向柱 N360 在执行新身份时匹配出现错误，J518 版本低，转向柱 N360 执行原来的身份，新钥匙无法匹配。

故障排除 重新订购新转向柱 N360 及高版本的 J518 在线匹配，故障解决。

维修总结 J518 及转向柱软件版本存在以下关系：

(1) J518 版本低于 160，则无论 N360 版本如何，均只能匹配一次（即更换 J518 首先必须更换软件版本 160 以上的，且必须同时更换转向柱）。

(2) N360 软件版本低于 0040，则只能匹配一次（即更换 J518 的同时必须更换转向柱）；如 J518 软件版本大于或等于 160，且 N360 版本大于或等于 0040，则更换 J518 时不需要更换转向柱。更换高版本的 J518 和 N360 后必须选择 2007 年之后的车型后进行匹配（即使这辆车实际是 2004 年的）。

三十九、A8 更换 J523 后停车辅助菜单变灰色

故障现象 一辆奥迪 A8 轿车，行驶里程 25 740km。更换 J523 后停车辅助菜单变灰色。

故障诊断 该车因导航图像有时无显示而更换 J523，按故障引导程序选择“更换 MMI 控制单元 J523”运行后，MMI 显示屏菜单上“驻车辅助系统”这一项为灰色，即不能被选中。

由于更换J523后的编码与匹配均在测试计划中自动进行，车辆的配置也很明确，从其他车上拆个J523装上就正常。

将J523匹配组13设为0后故障排除。后研究VAS5052的匹配过程，发现在匹配13组时，VAS5052读取的是0，但写入的是2。

故障排除　手动改第13组匹配数值，故障排除。

四十、A8仪表提示前照灯报警

故障现象　一辆奥迪A8轿车，装备CVT变速器，行驶里程8021km。仪表提示前照灯报警。

故障诊断

(1) 客户来店检查自适应前照灯报警，诊断仪检测故障码：02071局域数据总线故障；02233动力模块、前照灯、左J667没有通信。根据ELSA检查熔丝损坏，更换后试用两天又烧熔丝。

(2) 再次来店检查，打开前照灯后壳，在检查线路过程中，发现前照灯内部烧化的线路和氙气灯泡控制器后座有磨损的痕迹，导致控制器金属外壳和前照灯导线短路烧化，最终烧熔丝报警。

(3) 另一辆同款车出现同样故障，但由于前照灯线束烧损严重，其他相邻部分导线也有连带烧化。测量线路时发现部分导线绝缘层熔化，顺着前照灯导线一直查找，烧化的导线已经和其他导线烧连到一起，并一直蔓延到车内线束。通过配件查询，此车前照灯线束不单独提供，且也没有分接点，只提供全车线束。

故障排除　改进灯内导线走向，避免新灯线路再次磨损短路。

四十一、A8L高级钥匙不能用

故障现象　一辆奥迪A8L轿车，高级钥匙启动按钮不能用，但开关门正常。

故障诊断　此车因全车进水更换全车线束，更换了进入和启动许可控制单元J518。引导性故障查询J518存有故障码：R138信号太高超过上限。按导航提示检查R138的电阻，测量结果为7Ω（标准值为6～8Ω），测量J518～R138之间的线路连接正常，无短路断路。试换R138后故障依旧，试换J518故障依旧，这时诊断陷入困境。

R138、R139和R154为车内高级钥匙天线，在J518的插头端分别测量R138、R139的电阻正常，R154的电阻为1Ω，按此数据分析R154的电阻不对，单独测量R154电阻正常，测量R154的线路发现1脚和2脚短路。

故障排除　排除短路点后故障排除。

维修总结　通过此故障可看出R138、R139和R154的车内高级钥匙的天线之间有密切的关联性，诊断其中一个天线，其他两个天线也要进行测量。

四十二、A8L音响系统断断续续

故障现象　一辆奥迪A8L轿车，音响系统断断续续。

故障诊断　一辆奥迪A8L轿车，音响系统断断续续。诊断仪检测07操作/显示单元中有故障码：02095元件保护激活。元件保护导致音响不好用。

按引导性故障查询对J523进行元件保护释放。显示“以下部件无法启用：J523前信息控制单元 启用锁止时间（单位为min）：252；数据总线锁止时间（单位为min）：0”。由于此故障是突然出现，无任何前兆和人为因素，便告知客户前信息控制单元损坏，需更换。

为证实“启用锁止时间（单位为min）：252”的含义，再进行一次元件保护释放，显示时间为250，逐渐递减。由于时间关系，客户把车开走，告知客户连续250min不关闭车钥匙，再进行一次元件保护释放。

第二天车辆回厂进行元件保护释放时，又显示255min，连接充电器，钥匙开关连续打开255min，部件保护解除，系统工作正常。

故障排除 打开点火开关等待255min，释放元件保护。

四十三、A8仪表板前照灯报警

故障现象 一辆奥迪A8轿车，仪表板前照灯报警。

故障诊断 用VAS5052检测前照灯控制单元有控制单元未编码，前照灯未基本设置，右侧前照灯功率输出级J668编码错误的故障码。

做引导性故障查询，导航提示给J431编码，但是始终无法编码，检查J431与J668之间线路正常，读取J431编码为25，J431有编码但是报未编码，怀疑J431本身有问题。更换J431后故障依旧。

怀疑是J668影响J431编码，检查J668编码无法读取，也无法编码，更换J668后故障排除。检查故障件J668发现，备件号为7L6 941 329 b，新备件号：4fo 941 329d。

故障排除 更换J668。

四十四、A8L左后排显示屏不显示DVD图像，右侧正常

故障现象 一辆奥迪A8L轿车，行驶里程57km。左后排显示屏不显示DVD图像，右侧正常。

故障诊断 用诊断仪检测OE-DVD换盘机（位置1）系统有故障码：03230至后排座椅娱乐设施RSE的视频链接断路；对正极短路。根据故障引导分析可能是信息电子设备控制单元2J829原因使左侧不显示图像。

在测量座椅到J829的视频线（4根）都正常，插回去准备拆显示屏测量，发现故障现象消失，判断为插头接触不良造成。

故障排除 清洁视屏线插头，重新插入，故障排除。

四十五、A8电视功能失效，播放源内没有电视选项

故障现象 一辆奥迪A8轿车，行驶12 766km。电视功能失效，播放源内没有电视选项。

故障诊断 用VAS5052对系统进行检测有故障码：电视调谐器R78没有信号/不通信。对R78线路及熔丝进行测量未发现异常。

怀疑是电视调谐器R78故障，把R87拆下后检查内部是否进水时，发现内部有一个元件掉下来了。人工把该元件装回原位后故障消失。确定由于该元件损坏导致的电视功能失效。

故障排除 更换电视调谐器 R78 后，故障排除。

维修总结 对 R87 外观进行检查未发现有任何损坏痕迹。该控制单元也未拆开过。该元件为进口原装控制单元。对控制单元进行诊断时要考虑内部元件的焊接是否良好。如果有专用焊接设备也可以恢复该元件。

四十六、A8L 刮水器打到自动挡时不灵，有时雨大时不快，雨小时却很快

故障现象 一辆奥迪 A8L 轿车，刮水器打到自动挡时不灵，有时雨大时不快，雨小时却很快。

故障诊断 一辆奥迪 A8L 轿车，到维修站时用 VAS5052 检查没有故障码。用洗车机喷水试测故障现象时，发现故障确实存在。怀疑是雨量传感器和风窗玻璃上贴的透明胶的问题，试更换后用洗车机喷水发现故障还是存在。

询问用户故障的细节，用户说是在上次发动机进水大修后故障就一直存在。对此信息我们对所有关于大修需要涉及的维修部位进行检查，没有发现任何问题。

反复做喷水测试，刚好在洗车场也有一辆 A8L 在洗车，无意中发现两辆车同时刮水时，故障车辆上的刮水片不能刮到雨量传感器相应的挡窗玻璃处，而另一辆正常的车就可以到传感器。这时才发现刮水片存在问题。

在下大雨时，刮水器在刮水刚开始很快而传感器上面的水没有被刮掉，光线折射量就少了，刮水的速度就变慢了。反之下小雨的时候光线折射变多了，刮水的变速就快了。

故障排除 左右对调刮水臂。

维修总结 A8L 的刮水臂左右都可以安装，在使用上基本看不出问题来。安装时一定要注意。

四十七、A8L 无法启动，钥匙插入点火开关不识别

故障现象 一辆奥迪 A8L 轿车，装备 CVT 型变速器，行驶里程 46 972km。无法启动，钥匙插入点火开关不识别。

故障诊断

(1) 检查蓄电池电压正常，钥匙正常。钥匙插入 E415 后 15X 继电器无法激活。

(2) VAS5052 读取网关列表：大部分控制单元无法达到及有故障。

(3) 05 进入/启动认可：00166 进入/启动认可开关 E415 电路电气故障/静态；00183 车内进入/启动认可系统天线 1 R138 断路/静态。

(4) 替换 E415 后故障依旧。

(5) 根据生成检测计划提示：检查 E415 到 J518 的线路。拆下左侧地毯时发现车内有进水痕迹。

(6) 进一步拆解后发现 J518 也进水了。

(7) 顺着漏水痕迹排查，确定由于前舱排水孔堵塞而造成积水从鼓风机处进入车内。

故障排除 疏通排水口，更换 J518。

四十八、A8L 刮水器喷水不好使

故障现象 一辆奥迪 A8L 轿车，行驶里程 35km。刮水器喷水不好使。

故障诊断 用 VAS5052 进行检测，在电气控制单元 1（J519）中有车窗玻璃清洗泵（V5）对正极断路偶发的故障码，清除后没有出现。

进入故障导航，对电气控制单元 1 进行元件测试，车窗玻璃清洗泵（V5）仍无法工作。查看了 ELSA 上的电路图，对车窗玻璃清洗泵（V5）的线路进行检测，发现到车窗玻璃清洗泵（V5）的正极没有电，搭铁正常。在对从车窗玻璃清洗泵（V5）到电气控制单元 1（J519）进行检查时，发现电气控制单元 1（J519）一个黑色 17 脚插头中的第 3 脚线束损坏。对线束处理后，故障排除。

故障排除 处理线束，故障排除。

维修总结 造成刮水器喷水不工作的几个方面：①清洗泵损坏；②线路短路或断路；③控制单元故障；④线束出现损坏断路。

四十九、A8L 左前门高级钥匙无法识别

故障现象 一辆奥迪 A8L 轿车，行驶里程 78 000km，左前门高级钥匙无法识别。

故障诊断

首先检查高级钥匙功能元件：驾驶员钥匙、接收天线 R134、控制单元 J518、车门把手接触传感器、车门控制单元 J386。

工作原理 当接收天线识别到驾驶员钥匙将确认信号发送给 J518 进行识别，确认后发送给控制单元 J386。驾驶员触摸车门把手，J386 执行 J518 确认信号，车门中控解锁。

用 VAS5051 进行诊断，故障码为 R134 断路/对地短路静态。更换新的 R134 后故障依旧。

查看电路图，R134 线路与 J518 连接，使用万用表测量线路无短路现象，发现有断路现象，拆解车门锁发现其中有两线断路，恢复后故障排除。建议更换左前门线束。

故障排除 更换新线束后，故障排除。

五十、A8L ESP、空气悬架、转向系统报警

故障现象 一辆奥迪 A8L 轿车，行驶里程达 11 万多千米。ESP、空气悬架、转向系统报警。

故障诊断 经 VAS5052 检查，8B、34、13、03、22 中都有故障码：接收的错误数值导致功能受限，偶发；不可靠信号造成功能损害，偶发。1B 中有故障码：02538 001 说明过载对功能的影响上限被超过，偶发。对 ACC 进行基本设定后，故障能消除，但重新启动后，故障再次出现。

检查 FLEXRAY 总线，各个控制单元线路都正常。逐个替换故障控制单元后，故障依旧。在检查过程中，发现转向盘向右偏转半圈。进行四轮定位，将转向盘调整正常后，试车过程中发现转向盘在行驶过程中会渐渐向右偏转（车辆不跑偏）。检查转向柱线路都正常，拆检转向柱未发现明显故障。替换转向柱后，所有故障消除。判断是转向柱内部故障造成 FLEXRAY 总线信息不正常，导致 ESP、空气悬架、转向系统报警的。

故障排除 更换转向柱总成。

维修总结 FLEXRAY 总线上一个控制单元故障可能导致其他单元同时报故障码。参考

TPI：2024201/1，更换改良型的锁止电磁铁。

五十一、A8L 行车加速的时候，底盘下传出“隆隆”的异响声

故障现象 一辆奥迪 A8L 轿车，行驶里程 7574km。行车加速的时候，底盘下传出“隆隆”的异响声。

故障诊断 在车辆行驶急加速的时候，车辆的排气管明显发出不正常的“隆隆”声音。由声音来判断感觉像排气管损坏一样。升高车辆检查，发现不正常的声音由排气管前段位置的左边消声器传出来。发现前段消声器的中间焊接位置有出气，并且有像毛绒线之类的东西飞出来。

解决方法 更换左侧前段消声器。

五十二、A8L ABS 报警

故障现象 一辆奥迪 A8L 轿车，ABS 报警。

故障诊断 一辆奥迪 A8L 轿车，行驶中 ABS、ESP、电子驻车制动报警，熄火重新启动一切正常。诊断仪检测 03 ABS/ESP 四轮驱动，Bosch 5.7 有故障码：00287 车轮速度传感器，右后 G44 电路电气故障，偶尔发生的。

经反复试车故障未出现，阅读数据流正常，拆下车轮转速传感器检查未发现异常，检查传感器及 ABS 泵插头接触良好，由于同侧前后传感器相同，把前后传感器互换，客户驾驶一周后故障再次出现，故障码也是显示右后传感器 G44 电路电气故障。

启动着车时拔下右后轮速传感器插头再马上插上，故障现象与驾驶员反映的完全一致，故障码也相同，于是反复检查 ABS 泵至传感器间的线路，既无鼠类啃咬痕迹，也无磨损痕迹。在测量 ABS 泵至右后轮速传感器线路电阻时，无意拉动 ABS 泵插头时发现电阻发生了变化，把 ABS 泵插头后的线束拨开，发现四个轮速传感器的线束老化。

故障排除 修复线路。

五十三、A8L 仪表驻车制动灯报警

故障现象 一辆奥迪 A8L 轿车，仪表驻车制动灯报警。

故障诊断 用诊断仪检测故障码记忆：左后轮制动预紧力不足；供电电压低；未进行基本匹配测试。根据故障导航测试，做 A8 后轮制动片更换，制动器释放正常，当做到制动钳基本设置时无法进行。诊断仪就显示上述故障，说明供电与搭铁正常，断电后无效。

拆下 J540。检查线路左侧电动机的 2 号与 J540 的 21 号、电动机 3 号与 J540 的 23 号线路都正常。将 J540 侧的 21 号与 26 号、23 号与 25 号的四要线对调后，再做故障导航制动片更换，当做到基本设置时无法进行，显示：右后制动预紧力不足；供电电压低；未进行基本匹配测试。故判定左后制动轮缸有故障。

故障排除 更换左后制动轮缸。

五十四、A8 制动踏板发硬踩不动

故障现象 一辆奥迪 A8 轿车，装备 09L 型变速器，行驶里程达 10 万多千米，制动踏板发

硬踩不动。

故障诊断 引起制动踏板发硬踩不下的原因通常为制动真空度不足。

该车配置为电动真空泵助力系统。首先检查该车真空助力系统是工作正常，制动时可以正常进行工作。

检查真空助力系统管路密封状态时，发现在制动时真空助力鼓内有漏气声音传出，确定真空助力鼓内部漏气，进行更换真空助力鼓后试车，发现制动效果比之前有改善，但是仍不正常。

怀疑仍有密封不正常故障，进行检查真空系统管路外部未发现异常。根据真空系统管路结构，该系统除连接电动真空泵外还连接发动机节气阀后部进行真空获取，在连接节气阀管路中安装有一个三通单向阀，如该阀故障也会导致真空不密封。

进行拆检确定三通单向阀内部故障为常通状态，进行更换后故障排除。

故障排除 更换真空助力鼓及三通单向阀。

五十五、A8空气悬架无法升起

故障现象 一辆奥迪A8轿车，装备3.0L发动机，01J型变速器。行驶里程达214 750km。空气悬架无法升起。

故障诊断 用VAS5052检测到故障码：系统漏气，压缩机温度过高。于是试举升车辆，空气压缩机工作，听声音感觉空气压缩机工作无力，悬架也不升起，更换空气压缩机，系统工作正常，但很快右前变低，这说明右侧减振器或右侧管路漏气，对减振器进行打压试验（VAS6231），发现减振器下方漏气，更换右前减振器。

匹配后停放一晚，正常。但是，经过几次升降，发现右侧总是比左侧低，经检查分析，为分配阀存在问题，更换后正常，到此空气悬架系统维修结束。

维修总结 遇到故障仔细分析，细致检查。

五十六、A8L自适应定速巡航不能使用

故障现象 一辆奥迪A8L轿车，行驶里程56 553km。自适应定速巡航不能使用。

故障诊断

用VAS5052检测有故障码：ACC角度偏差导致不能使用，要求进行校正。按提示进行校正，在校正时进行调整，VAS5052提示往左转动调整螺钉1.5圈，一会儿又提示往右转动调整螺钉1圈，这样来来回回做了10多次，就是无法确定雷达传感器的正确位置，校正过去数据是错误的。

反复做了几次校正都无法完成。对所有关于ACC的维修资料进行重新分析，看到维修资料的最后介绍：如车辆有撞伤，更换前杠内骨架需要进行校正ACC。

此时，立即检查车辆，发现左前杠有轻微碰伤，便决定拆检前杠检查，结果发现螺钉有松脱。对其重新安装固定做校正，故障排除。

故障排除 固定调整螺钉，进行校正故障排除。

五十七、A8L轮胎压力系统报警

故障现象 一辆奥迪A8L轿车，装备6.0L发动机，09E型变速器，行驶里程10 020km。

轮胎压力系统报警。

故障诊断　在MMI系统读取轮胎气压，所有轮胎气压数据都没反应，于是对所有轮胎(包括备胎)，重新进行充气并存储，试车大约20min、15km，轮胎气压系统再次报警。

查询MMI系统仍然没有胎压显示，怀疑是某个车轮胎压传感器有故障，用VAS5052读取数据流16，对四个轮胎放气观察数据流变化，包括备胎在内，轮胎气压变化正常（VAS5052记录)。

找来一辆新车，把四条轮胎调换到故障车，经过试车故障还是没有变化，仍然和以前一样。我们把备胎取出接着试车，这时四个轮胎气压显示正常，备胎没有显示，胎压系统没有报警。于是分别把原车的轮胎装回原车进行测试，结果都正常。把备胎装在车轮上试车也正常，于是又把原车的5条轮胎全部装回，试车胎压还是报警，然后把备胎的胎压传感器调换90°，试车故障消失了。

故障排除　把备胎胎压传感器调换90°，故障排除。

五十八、A8L前低后高

故障现象　一辆奥迪A8L轿车，装备3.0L发动机，行驶里程3647km。前低后高。

故障诊断　用VAS5052A检测，在34自适应型悬架装置中有四个故障码：403200功能关闭启用；677124高度控制阀机构故障，偶尔发生的；455693车辆高度传感器机械故障，偶尔发生的；677389自适应悬架可靠性故障，偶尔发生的。

使用最终控制诊断检查自适应悬架系统J197的部件功能，对4只减振器进行放气，发现放气后：左前与正常零值的偏差为－91mm，储蓄器压力为0。

右前与正常零值的偏差为102mm，储蓄器压力为0.2MPa。

左后与正常零值的偏差为－15mm，储蓄器压力为0.1MPa。

右后与正常零值的偏差为－21mm，储蓄器压力为0.1MPa。

发现右前与正常零值的偏差为102mm，与其他车身高度不一样，将车升起检查，发现该车右前下支臂处有碰撞痕迹，导致右前车身高度传感器球头脱出，信号不可靠。

故障排除　检查球头正常，将其装回，试车正常。

五十九、A8L停放一晚上减振器落地

故障现象　一辆奥迪A8L轿车，装备3.0L发动机，行驶里程58km。车辆停放一晚上减振器落地。

故障诊断　用VAS5052检测有故障码：403200　C10C800［8］功能关闭启用，偶尔发生和455687 C104807［8］车辆高度传感器，机械故障，偶尔发生两个故障码。

检查为车辆前部减振器落地。该车为新车，特仔细观察了两天右前减振器和左前减振器。发现左前减振器比右前减振器低，拆检左前减振器发现上部有漏气现象。

故障排除　更换左前减振器后，故障排除。

六十、A8低速狠踩制动踏板的时候发出“咔咔”声

故障现象　一辆奥迪A8轿车，低速狠踩制动踏板的时候发现“咔咔”声。

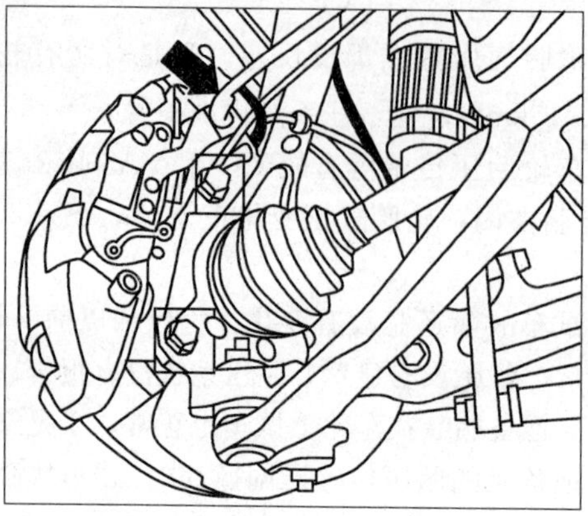

图 2－8　制动轮缸支架固定螺栓

故障诊断　车轮轴承支架与制动轮缸支架螺栓的热膨胀系数不同，在长期的冷热变化的条件下，使制动轮缸支架固定螺栓力矩不够，如图 2－8 所示，造成狠踩制动踏板时，制动轮缸固定支架与车轮轴承支架之间出现位移。

故障排除　按照规定力矩紧固制动轮缸支架螺栓。建议定期检查制动轮缸支架固定螺栓的拧紧力矩。

六十一、A8L 低速转弯时制动器异响

故障现象　一辆 A8L 轿车，装备 01J 型变速器。低速转弯时制动器异响。

故障诊断　确定噪声产生位置在前轮制动摩擦片与制动盘间。此问题在此类车型上存在时间较长，尚无妥善解决办法；各 4S 店曾使用过各种办法：更换制动盘、制动片、前轮轴承、前悬架、前制动钳、使用制动器噪声消除剂等，均无明显效果。

原车制动片和配件提供的制动片相比较，摩擦材料稍有差别。

分析噪声特点：以前目的性较强的方案主要针对制动器盘与制动片自由间隙小而采取的措施，但也并未有效地增大自由间隙，因此噪声依然存在。

考虑发声的特点，首先物体产生振动，然后进行传播。

针对噪声做以下假设：

假设 1：发声元件制动器盘片的振动产生形式：刚度和质量较大的制动盘很难发出这样“嗡嗡”的声音，而质量较小，材料较软的制动片应该才是噪声的振动源。

假设 2：发声的情况：噪声由摩擦产生，摩擦的情况有多种，转弯时制动盘轻微倾斜“点线”（小面积）接触发声；由于存在自由间隙，制动片两端交替受力产生振动发声等。

针对假设 2 的分析：“点”接触发声和制动片两端交替振动发声并不矛盾，前者是后者振动的组成部分存在较小的自由间隙，而且轮缸轴套和导向销之间存在一定的配合间隙，止动弹簧的压紧力较小，止动弹簧和制动器支架的摩擦力就较小，所以摩擦片一端受力是不能平衡的，必将产生两端交替接触的振动。

推论：如果以上假设成立，那么通过减小轮缸轴套和导向销的间隙就可以减弱噪声；通过增加止动弹簧的弹力，限制摩擦片的相关自由度，也可以消减噪声。

故障排除　向增大压紧力的方向弯折止动弹簧一个较小的角度，使之发生塑性变形，再次安装测试，噪声不再出现。

维修总结　制动片的工作面不要用砂纸擦磨，避免产生两端磨削量大于中间，这种情况更容易产生此类振动。

六十二、A8L 正常行驶时突然转向助力消失，各个警告灯报警

故障现象　一辆奥迪 A8L 轿车，装备 3.0L 发动机，01J 型变速器，行驶里程 12 420km。车辆正常行驶时突然转向助力消失，各个警告灯报警。

故障诊断 诊断仪检测有各个控制单元间无通信的故障码。

检查各个控制单元间的 CAN 总线均正常。测量各个控制单元之间的通信也都正常。于是将故障码清除，路试车辆又出现故障现象。彻底检查线束及接线点后，试换网关控制单元 J533 再进行路试，故障现象没有再次出现。

故障排除 更换网关 J533。

六十三、A8 轮胎气压偶发性报警，车辆有时重新启动或者有时行驶一会儿故障消失

故障现象 一辆奥迪 A8 轿车，装备 6.0L 发动机，09E 型变速器，行驶里程 2215km。轮胎气压偶发性故障，车辆有时重新启动或者有时行驶一会儿故障消失。

故障诊断 用 VAS505X 检查 65 轮胎压力显示器，存储有 01317 仪表板控制单元 J285 和 01325 轮胎压力监控单元 J502 两个故障码。

故障时观看 MMI 上显示的轮胎压力为右后轮胎压力偏低，但实际测量正常。然后分别调换车轮、调换轮胎压力系统天线，均未解决故障。最后更换轮胎压力监控控制单元，并观察一段时间，故障未出现。

该车行驶一段时间后，轮胎气压又出现报警，由于这是新更换的控制单元，但是故障码和最初一样，由于已经对其线路和其他部件进行了检查，未发现问题。后对此车又更换了一个轮胎气压监控控制单元，并对其进行长时间观察，故意彻底解决。

故障排除 建议更换轮胎压力监控控制单元。

六十四、A8L 天窗失效，后部阅读灯不亮

故障现象 一辆奥迪 A8L 轿车，行驶里程 6000km，天窗失效，后部阅读灯不亮。

故障诊断 用诊断仪检测有天窗控制单元和后部阅读灯故障的故障码。熔断器、阅读灯都正常。和另一辆车互换天窗控制单元，故障依旧，排除天窗控制单元。

检查线路时发现车上线路和 ELSA 所示的差距很大，刚才拆另一辆车的同时发现两车的插头位置不一样，更换插头位置，故障排除。

故障排除 互换黑色插头和黄色插头的位置，故障排除。

维修总结 后来得知此车换过前风窗玻璃。有个别相邻的插头可以互换插入，装配时必须注意。

六十五、A8L 电动行李舱可以自动打开，有时无法自动关闭

故障现象 一辆奥迪 A8L 轿车，装备 3.0T 发动机。电动行李舱可以自动打开，有时无法自动关闭。

故障诊断 该车用遥控钥匙上的按键、行李舱上的关闭按键 E406、左前门处控制行李舱的按键 E233 都无法关闭行李舱。各控制单元没有存储故障码。

（1）故障出现时，三个按键都无法自动关闭行李舱，所以能基本排除掉各按键引起的故障。

（2）故障出现时检查一下行李舱电动机 V444 有没有电压供给。若有电压，可能是行李舱盖带的防夹功能起作用，导致行李舱无法关闭，所以要检查行李舱盖关闭时的阻力大小。

（3）故障出现时若行李舱盖的电动机 V444 根本没有电压，那就要考虑行李舱的关闭条件

（如运输模式、行李舱锁的状态、蓄电池的电量等）。

（4）由于行李舱盖带有防夹功能，所以考虑一下基本设置是否有问题。当故障出现时，测量行李舱电动机的供电电压为0V，在按E408按钮的一瞬间也能听见控制单元内有继电器吸合的声音，由此可以判断是控制单元J605不能给行李舱电动机V444提供电压，更换一个新的控制单元反复试验，故障还存在。

检查影响行李舱不能关闭的几个因素：

（1）车速超过3km/h。

（2）挂车识别控制单元J345发出“识别到挂车”信号。

（3）与驾驶员侧车门控制单元J386无CAN通信。

（4）与舒适/便捷系统中央控制单元J393无CAN通信。

（5）舒适/便捷系统中央控制单元J393中的部件保护。

（6）当行李舱盖敞开时，行李舱盖锁中关闭辅助功能不启动或已启动的关闭辅助功能向舒适/便捷系统中央控制单元J393发送反馈信息。

（7）运输模式开启。

读取数据流时发现几种状态不正常，计数器锁止或电动锁芯不可靠有94次，在行李舱盖完全开启时有电动锁芯硬件输入“不可靠信号”。由此可见，故障点在电动锁芯。查阅电路图得知，该锁芯是行李舱关闭辅助装置里的两个限位开关F332（关闭辅助功能限位开关，行李舱已开锁）和F333（关闭辅助功能限位开关，行李舱已闭锁）。当行李舱自动打开后，F332关闭辅助功能限位开关，行李舱已开锁这个开关没有闭合，导致控制单元还认为是行李舱在闭锁状态，从而不给行李舱电动机V444供电。

故障排除 更换行李舱辅助装置后，故障排除。

六十六、A8L右后车门玻璃不能升降

故障现象 一辆奥迪A8L轿车，装备0BK型变速器，行驶里程5345km。右后车门玻璃不能升降。

故障诊断 用VAS505X检测，没有故障码。排除电路故障和网络故障，初步判断是升降器电动机损坏。

拆检发现升降器电动机只能向上升方向转动。怀疑电动机损坏，拆下左后门电动机替换测试，故障依旧。替换车门控制单元，故障依旧，维修陷入困境。

重新梳理思路，突然发现该门的遮阳帘也升不起来，怀疑是遮阳帘坏了影响玻璃升降器。故替换左后门遮阳帘电动机，故障现象消失。

拆检遮阳帘电动机，该电动机烧坏，经测量，电动机线圈断路。

故障排除 更换遮阳帘电动机。

维修总结 遮阳帘电动机的损坏，导致玻璃升降器不工作。因为遮阳帘电动机给玻璃升降器控制单元遮阳帘的位置信号，当该电动机线圈断路后，控制单元无法判断遮阳帘位置，故解除玻璃升降器下降功能，以保护遮阳帘。

六十七、A8L到达一定速度值后，出现噪声

故障现象 一辆奥迪A8L（4H80VA）轿车，发动机型号：CGWA。变速器型号：MXT。

行驶里程 1688km。车辆到达一定速度值后，噪声出现，影响驾驶舒适性。

故障诊断 与用户路试，车速在约 70km/h 时，噪声开始出现，车速在 80～100km/h 时，噪声特别明显，判断噪声方位在右前门的左上方或倒车镜区域。

为了确定噪声源，在不拆解的情况下，首先用密封胶带密封右前车门、车门顶亮条，试车后故障现象依旧，又将倒车镜区域和右前风挡区域、天窗、右侧前照灯、全部用胶带密封，噪声源还是存在，分析可能是胶带部分密封还是不严，导致车门内的部件引起的风噪。

依据底盘号未查询到相应 TPL。由于车辆行驶里程较短，征询厂家技术支持和用户同意，对车辆前门处拆装检修。对右前门内衬进行分解检修，未发现内部部件有安装异常的现象，又拆掉右侧的倒车镜，用密封胶带对拆除后的裸露区域进行密封，试车，噪声消失，可以判断引起噪声出现的部件是右侧倒车镜。

故障原因判断是后视镜三角区的电缆敷设范围内的车外后视镜电缆不密封。穿过电缆束的防护软管有一个褶皱。通过该褶皱，空气可以渗入汽车，从而产生风噪。

故障排除 用丁基胶将标记区域的电缆完全密封。

维修总结 风噪噪声不好确定，因为它与车辆行驶速度有关，不好确定故障点，只能确定方位，比较有效的解决方案是对怀疑区域逐步进行有效的密封。

故障可能原因 ①车窗玻璃与玻璃密封导条封闭不严。②外侧后视镜安装或壳体位置不正确。③车门与车体密封故障。④右侧装饰导条安装或位置故障。

六十八、A8L 天窗不工作

故障现象 一辆奥迪 A8 轿车，行驶里程 419km。天窗功能失效，不能打开和关闭。

故障诊断 此车来厂维修天窗不工作，实际现象确实存在，天窗按键功能失效，用 VAS5052 检测，发现有一个故障码：03021 本地数据总线 3 电路电气故障间歇式。

本地数据总线的意思为 LIN 线，也就是说，此车为 LIN 线故障。依次断开此 LIN 线上的控制单元，在断开空气温度传感器 G355 时，天窗功能恢复，一切正常。

故障排除 更换 G355 后故障排除。

六十九、A8 驾驶员侧门灯常亮

故障现象 一辆奥迪 A8 轿车，行驶里程 12 766km。驾驶员侧门灯常亮。

故障诊断 用 VAS5052 检测，没有相关故障码存储。通过 ELSA 电路图对左前门控制单元及线路进行检测未发现异常。怀疑是控制单元故障，拆开后发现内部有烧蚀的元件。怀疑是有用电器电流过大导致的，对左前门电路进行检测未发现故障。

故障排除 更换左前门控制单元后，故障排除。

维修总结 如果发现控制单元有烧蚀的痕迹，一定要对线路进行排除，不要盲目地倒件。

七十、A8L 行李舱无法打开

故障现象 一辆奥迪 A8L 轿车，装备 3.0L 发动机，CVT 型变速器，行驶里程 60 000km。行李舱无法打开。

故障诊断

用 VAS5052 检查 46 舒适系统控制单元内存储：行李舱盖中控锁电动机损坏故障。

检查开关 F123、F124、F248、E406、F332、F333 数据正常，并对开关实际电阻测量正常。行李舱电动机执行元件自诊断，部件工作正常。

试换行李舱盖中控锁电动机，故障依旧，检查线路正常。

更换 46 舒适系统控制单元后，行李舱关闭正常，用遥控钥匙按键和驾驶员车门按键开启行李舱正常。但无法用行李舱开启开关打开行李舱。

检查 J605 行李舱电动机 LIN 总线信号正常。

更换行李舱电动机 J605，故障排除。

故障排除 更换舒适系统控制单元 J393 和行李舱电动机 J605。

第三章

奥迪Q5维修案例

一、Q5急加速耸车

故障现象 一辆奥迪Q5，装备2.0T发动机，OB5型变速器，行驶里程达5000km。急加速耸车。

故障诊断 用诊断仪检测无故障码。试车故障存在，在急加速时故障最明显，感觉像变速器换挡冲击。

首先根据TPI对变速器软件升级，升级后仍然耸车，然后怀疑是发动机断油，连接汽油压力表测量，低压正常。路试时检测高压，汽油高压也正常。倒换汽油泵后试车，故障依然存在。读取数据流发动机无失火记录，排除点火系统故障。同时在热车时故障消失。分别更换过阀体和变速器总成，故障依然存在。

既然排除了变速器故障，那么原因还是出现在发动机上。根据此车在温度高时不出故障，决定逐个更换发动机传感器（凸轮轴位置传感器、喷油器和进气道、进气压力和温度传感器、空气流量计等）。当更换到空气流量计试车时，故障消失。再把原车的空气流量计装上试车。故障又出现了，反复试车，确定问题就出在空气流量计上。

故障排除 更换空气流量计。

维修总结 通过这个案例，在以后耸车时应当考虑，空气流量计故障会导致G70给发动机错误的信号造成混合气燃烧不好，发动机动力不足，最终在车上的现象就是行驶加速时耸车。

二、Q5加速耸车

故障现象 一辆奥迪Q5，装备OBK型变速器，行驶里程19 465km，加速耸车。

故障诊断 客户反映车辆在加速的时候有耸车的感觉，感觉还很剧烈。试车发现，车辆在加速的时候偶尔会出现耸车的现象。用VAS5052读取发动机的失火记录，发现4缸失火累计最多。其他缸也偶尔有失火记录。读取变速器控制单元没有故障码存储。

根据以往的试车经验，初步分析为喷油器堵塞所致。为了准确判断故障，其他部分都进行了排除，最后只剩下喷油器了。由于是4缸失火最多，其他缸也有不同程度失火记录，决定同时更换4个喷油器。更换完毕后试车，故障依旧。由于判断失误，重新查找故障点。

又试车，由于故障现象明显是由于发动机断火引起的，排除了变速器故障的可能性。还是把重点放在发动机上面。测量发动机的缸压正常，读取发动机的各项数据流都正常。检查发动机的供油系统，读取供油系统的数据流均正常。试换了油泵控制器，故障依旧。一时陷入僵局。

再次试车发现，此车提速比其他车较快，与其他车有明显不同。这是不是故障的所在呢？

什么原因导致车辆提速很快？可能只有燃油和进气。燃油系统已经做检查，没有发现故障。

下面检查进气系统。检查进气系统没有泄漏和堵塞，难道是空气流量计损坏。读取空气流量计的数值均正常。看不出任何问题。决定更换一个试试。

故障排除 更换空气流量计后试车，故障消除。

三、Q5 发动机故障灯报警

故障现象 一辆奥迪 Q5，装备 OB5 型变速器，行驶里程 10 000km，发动机故障灯报警。

故障诊断 此车进行例行维护，维护清洗车辆外观后，出现发动机故障灯报警。诊断仪检测故障码为 P2075 08309 进气歧管位置传感器电气故障。根据故障码查找位置，此传感器位置在机油滤清器下方。考虑是否拆装机油滤清器时碰到此传感器。拆下机油滤清器检查传感器插脚正常，拔下插脚后故障变为断路，证明故障就是在此。

读取发动机数据流，观察进气歧管传感器状态为 ERROR（错误），进行基本设定无效。此时已排除线路问题，那么会是电位计出现故障吗？并且正巧赶在维护后。

带着疑问再次观察此车，这是发现在机油滤清器一圈安装六条磁铁，询问主修人告知是用户让安装上的。此时有个设想，磁铁离电位计这么近，会不会影响内部正常工作信号？试着拆除磁铁，启动车辆，故障依旧是静态无法清除。

如果问题在此，为什么故障清除不了呢？这时想到了以往维修变速器的一些经验，有些自适应值必须清零后故障才会变偶发然后允许清除。再次进行发动机自适应值清零后，进气歧管电位计故障转化为偶发，清除后试车故障未现。

故障排除 拆除安装在机油滤清器上的磁铁。

四、Q5 怠速偶尔车抖

故障现象 一辆奥迪 Q5，装备 2.0T 发动机，OBK 型变速器，行驶里程 47 560km，怠速偶尔发抖。

故障诊断 怠速发动机抖动，失火。故障码为 2 缸失火。发动机单缸失火不工作，一般原因为缸压、点火和供油正时等原因。首先测量了各缸缸压，压力一般在 1MPa 左右，偏差为 0.02MPa，在标准范围内。同时检查了火花塞燃烧正常。为了稳妥起见更换了火花塞，故障依旧。更换了 2 缸喷油器，故障依旧。测量 2 缸供油、点火导线均正常，点火、缸压、供油均正常。怀疑是不是气门开启行程不够，气门弹簧断裂。拆开缸盖检查气门弹簧及气门，弹簧没问题，于是更换气门启动车辆，发动机依然抖动，但故障变成 1 缸失火了，然后再一次把缸盖拆下，更换了另外三个缸的气门，启动车辆故障依旧。我们分析是不是新的气门密封不好，经过路试发现，车辆加速没有问题，但怠速时有明显抖动。回厂检测，车辆没有故障码，但读发动机失火数据流发现 1 缸仍有失火，于是我们怀疑问题还是出在缸盖上。再一次进行检查，分解缸盖发现 1 缸排气门托与滚轮径向间隙非常大，转动凸轮轴发现一缸排气门开启角度过小。

故障排除 更换 1 缸排气门托及滚轮，故障排除。

五、Q5 发动机“嗒嗒”异响，怠速抖动

故障现象 一辆奥迪 Q5，行驶里程 68 751km。发动机“嗒嗒”异响，怠速抖动。

故障诊断 该车启动车辆后，发动机内部传来“嗒嗒”的异响声，怠速时发动机还伴有轻

微拉动。提高发动机转速，响声无明显变化，用 VAS5052A 对 J623 进行检测，储存器内无故障码。用听诊器检测，发现第 2 缸排气凸轮轴附近声音较明显。断开 2 缸凸轮轴促动器，故障无变化，诊断故障来自缸盖机械部分，拆开气门室盖，取下凸轮轴，未发现异常。再用手压住摇臂轴承来回滚动，发现 2 缸第一排气门摇臂轴承有发卡现象，2 缸第一排气门摇臂轴承比其他摇臂轴承间隙大。

故障排除　更换排气门摇臂，故障排除。

六、Q5 电子机油尺显示不准

故障现象　一辆奥迪 Q5，行驶里程 30 000km。电子机油尺显示不准。

故障诊断　保养加机油后 MMI 的机油显示没有变化，还是来时候的半格机油。用诊断仪检测没有故障码。

观察组合仪表发现，虽然已经打开发动机机盖，但是仪表内仍然显示发动机盖处于关闭状态。检查发动机机盖触点开关，发现开关失效。

故障排除　更换发动机机盖锁。

七、Q5 仪表提示变速器故障，但可以继续行驶

故障现象　一辆奥迪 Q5，装备 2.0T 发动机，OB5 型变速器，行驶里程 60 039km。仪表提示变速器故障，但可以继续行驶。

故障诊断　用 VAS5052 进行网关列表，02 变速器控制单元仅有故障码：8030 P179D00 冷却油阀，电气故障。根据故障导航提示，需检测 N471 电阻，因不能直接检测，故拆下带控制单元的阀体总成，拆下 T14h 插头测量 N471 的电阻为无穷大，直接测量 N471 电磁阀的电阻为 4.2Ω（符合技术要求 3.5～4.9Ω），单独测量排线发现 T14h/8 至 N471 的连线断路。因线路无法单独拆开，需要更换阀体排线总成。

故障排除　更换阀体排线总成，故障排除。

维修总结　此类故障已出现多例，应是排线在制作压合时的工艺缺陷造成。

八、Q5 发动机废气灯亮

故障现象　一辆奥迪 Q5，装备 OB5 型变速器，行驶里程 5680km。发动机废气灯亮。

故障诊断　用 VAS5052 检测，发动机有故障码：02970 进气歧管风门位置传感器信号不可靠。按故障导航要求检查相关线路正常。检查进气歧管风门转换功能，提高发动机转速至 3500r/min 以上，观察进气歧管风门切换真空单独不触发，同时读取真空单元和进气歧管风门的数据不正常。

利用手动真空泵 VAS6213 检查真空单元和进气歧管风门，转换正常。经过仔细检查发现，真空单元的真空软管变形，真空软管扁了，造成真空单元的真空度不足而导致故障。更换真空软管，真空单元和进气歧管风门的数据正常，进气歧管风门切换可工作了。

故障排除　更换真空软管，故障排除。

九、Q5 OBD 报警

故障现象 一辆奥迪 Q5，行驶里程 700km，出现 ODB 报警。

故障诊断 诊断仪检测有：P201500 进气歧管风门位置传感器信号不可靠的故障。根据引导性故障查询测量进气歧管风门电位计 G336，其供电电压和信号电压分别为 5V 和 3V，正常。之后根据测试计划检查进气歧管风门和真空控制单元的读数，显示真空控制单元未常触发。用 VAS6213 测试进气歧管风门切换真空单元，控制阀 N316 和 3500r/min 工作。这就说明问题就应出在真空管路上，检测计划要求查找真空软管有无漏气、堵塞情况。经检查发现，发动机后部真空管变形。更换真空软管并重新布置位置，问题解决。

故障排除 更换变形真空管。

维修总结 这根真空管在没有防护的情况下贴在发动机后部，而且两侧拉力较大，使真空管和发动机接触部位产生变形，真空管扁了，同时因为发动机正常工作时温度较高，就使扁了的真空管粘连在一起，造成管路堵塞引起 OBD 报警。B8 现在频繁遇到了这个问题，Q5 和 B8 也有这个问题。

十、Q5 发动机废气灯报警

故障现象 一辆奥迪 Q5，装备 OB5 型变速器，行驶里程 6525km，发动机废气灯报警。

故障诊断 用 VAS5052 检测到系统有故障码：进气歧管风门位置传感器信号不可靠；G336 进气歧管风门电位计电器故障；增压空气运动风门转换故障。根据引导性故障查询功能步骤分别对控制单元进行规定值/实际值比较，检查 G336 进气风门电位计工作时数据流、电源电压，均正常。拔下发动机控制单元并将测试盒 VAG1598/42 插到线束上测量，G336 信号电压和导线数据都在标准范围内，用 VAS5052 对 G336 与发动机控制单元进行匹配，试车时故障没有再出现。停住车辆，复查发现进气歧管风门位置传感器是在发动机转速达到 3500r/min 的情况下才工作，所以在怠速的情况下，连续加速来检测风门位置传感器的工作状态。在加速的过程中真空单元的工作会偶尔反应变慢，当真空单元变慢时，故障码出现在 VAS5052 上。这时检查真空单元及其管路，发现真空管固定卡卡在一段有保护套的真空管上。在发动机高温情况下，固定卡将真空管压变形了。当慢加速时，真空流量还足够让真空单元工作，而当加速加油时，管路因为发动机高温变形导致真空度不够，使真空单元不能正常工作。

故障排除 更换相应的真空管，重新固定真空管固定卡。

维修总结 在日常维修工作中常会遇到一些偶发性的故障，这时要了解故障元件的工作原理，其次要观察产生故障时辅助元件的工作状态，这样才能更快更好地解决日常维修中的偶发故障。

十一、Q5 发动机故障灯亮

故障现象 一辆奥迪 Q5，装备 2.0T 发动机，OB5 型变速器，行驶里程 1182km，发动机故障灯亮。

故障诊断 用 VAS5052 检测，有偶发性故障：进气歧管风门位置传感器信号不可靠。根据故障引导导航提示检查进气歧管风门位置传感器 G336 和增压空气运动风门 G31。由于是偶发故障，一般工作情况都正常。

查看 G336 供电为 4.98V，正常。G336 和 G31 到控制单元的线路都正常。试更换了进气歧管（带 G336 和 G31），过了 3 天故障又出现，立即检查 G336 和 G31 的工作情况，发现 G31 有时工作不到位。因为 G31 是由真空控制，于是检查真空管和真空泵。最后检查发现高压油泵后面的真空管被卡子压扁，致使气流量很小。

故障排除 更换压扁的一段真空管后，故障排除。

维修总结 我通过检查另外几辆同样故障的车辆后发现，问题的原因可能是这批次的真空软管太软造成的。

十二、Q5 新车开始加油时不到几秒就自动跳枪，加油困难

故障现象 一辆奥迪 Q5 新车，装备 2.0T 发动机，行驶里程不到 2000km。开始加油时不到几秒就自动跳枪，加油困难。

故障诊断 客户反映，车辆接手后，第一次加油就老是加油枪自动跳枪，开始认为是加油枪问题没在意。第二次加油，不在同一加油站加油又出现了同样问题。客户开始怀疑车辆有问题。到第三次加油时，仍出现了同样问题。客户来厂检查，刚开始还怀疑客户说法，后来到加油站加油果然如此。因从未碰到此故障，所以查阅相关资料，查得加油枪跳枪功能是通过油枪出油口压力识别油已加满自动跳枪的。此车连续跳枪，说明加油枪出油口处压力过高。起初怀疑油箱内压力过高，不能卸压或活性炭回收装置有问题，导致自动跳枪。经检查未发现异常。

经认真对燃油箱加油原理进行分析，发现在加油管的出口处有一止回阀，用于防止车辆晃动导致燃油溢出或加油过快残余空气过多导致空间压力过高，燃油由加油口处向外返喷。假设如果该阀不畅通，必然会导致燃油管内液位上升，从而导致加油枪自动跳枪。因该阀隐蔽且油箱结构限制，只有从汽油泵处才有机会接触到该阀，而一般人无法用手直接接触到，经多人试验后，恰好有一长度适中的手臂可以摸到该阀，摸到后手动开启该阀，开启一个很小的角度后该阀便卡死，需要用较大力气方可越过该点，反复活动多次后开启变得顺畅，不过放置一会后仍有沮滞的感觉，因无法维修于是装回。到加油站加油，故障再现，再次检查该阀仍有卡滞。

故障排除 等待更换燃油箱，观察故障是否排除。

维修总结 加油枪自动跳枪原理：当扳动手柄，主阀在顶杆的推动下被打开；压力油通过主阀，并推开副阀（即真空阀），从出油管向容器注油，并在副阀处产生负压。由于该处经通气管及出油管管口小孔与大气相通，空气通过小孔进行补充。在油液加满时，枪口小孔被油液淹没，空气无法补入，形成负压，使与此相通的橡胶侧移，带动卡针脱开，自动杆下移，手柄机构失去了平衡，主阀关闭，停止供油，完成自封过程。

十三、Q5 发动机异响

故障现象 一辆奥迪 Q5，行驶里程 91 389km，发动机出现异响。

故障诊断 发动机怠速发抖，发动机内部有机械敲击的声音。用 VAS5051 检测发现 3 缸失火，检查点火系统没有发现故障，拆卸火花塞没发现故障，换件后故障依旧。

对发动机进行拆检，发现 3 缸的排气摇臂轴中间的轴承间隙过大，检查其他摇臂轴均有间隙，正常的摇臂轴是没有间隙的，更换四个缸的排气摇臂后故障排除，3 缸正常工作发动机内部

机械敲击声排除。

故障排除 更换排气门摇臂及液压挺柱。

维修总结 由于排气门摇臂间隙过大，无法正常打开排气门，导致3缸燃烧室内部废气无法排出，无法完成排气冲程，从而使3缸失火，由于间隙过大，在高速的转动下导致异响。

十四、Q5加速发冲

故障现象 一辆奥迪Q5，装备OB5型变速器，行驶里程15 620km，出现加速发冲。

故障诊断 客户反映起步加油车辆发冲，有时轻微有时严重，用VAS505X检测未发现故障码。

试车发现加速时会出现发冲的现象，有时在高速行驶是也会偶尔冲一下，反复试车后该现象又消失了，试着对变速器控制单元用37F1 A001进行软件升级，因为故障是偶尔发生的，决定升完级后让客户试着用一段时间。

没过几天，客户又报修同样的故障，把车辆放在车间仔细检查该故障。这次试车发现，该现象在冷车的时候特别明显，急加速车辆冲得非常厉害，一次试到发冲伴随ESP、EPC灯亮起随后马上消失，等暖机后该现象就试不出来了。

用VAS505X检测发现有故障码：质量型、容积型空气流量计，偶发。读取怠速时的空气流量计的数据和怠速给空油的数据跟正常车没有区别，消除故障码后再也没有出现过。

第二天一早再次试车，发现只要在发冲现象出现前：发动机转速都低于2000r/min（过了2000r/min就不会出现该现象了）；踩加速踏板速度有点很难上去，感觉加速不好。

带上VAS505X试车，一边行驶一边观察空气流量计的数据，发现该数据急加速偶尔没有变化，始终停留在15.88g/s，正常急加速有50g/s，分析为空气流量计出现问题导致信号发生偏差。

故障排除 更换空气流量计。

十五、Q5冷车起步、加速耸车

故障现象 一辆奥迪Q5，装备OBK型变速器，行驶里程30 000km，冷车起步、加速耸车。

故障诊断 试车，冷车起步急加速故障明显，在急加速时车辆耸动三四下。VAS5052检测无故障存储。试对变速器控制单元进行升级后故障依旧。在读取发动机控制单元数据流时，发现当急加速时空气流量计的数据有时会瞬间达到300g/s，试替换一个空气流量计试车故障消失，再次读取空气流量计数据，发现急加速时数据是逐渐上升的，最高只能达到100g/s，确定为空气流量计故障。

故障排除 更换空气流量计。

维修总结 一开始以为是变速器有故障，进行升级走了不少弯路。

十六、Q5车辆抖动，不能正常启动

故障现象 一辆奥迪Q5，装备OB5型变速器，行驶里程8327km。车辆抖动，不能正常启动。

故障诊断 车辆加完油后出现加速不良，发动机抖动的现象，熄火后车辆不能启动。使用VAS5052对车辆进行检查，发现发动机系统有3缸失火的故障码，类型为静态。

因车辆不能正常启动，无法读取数据流，所以先对气缸压力进行检测，压力值偏低，且在检测3缸压力的时候发现有大量的汽油喷出，使用压缩空气吹干汽油后再次对3缸的压力进行检测，依旧有汽油喷出，拆下进气道，取下3缸喷油器，用嘴吹能感觉到有气流从喷油器前部通过。判定为喷油器卡滞，持续喷油，造成发动机不能正常工作。

故障排除 更换3缸喷油器后故障排除。

十七、Q5怠速时发动机舱发出“隆隆”噪声

故障现象 一辆奥迪Q5，怠速时发动机舱发出“隆隆”噪声。

故障诊断 该车由于机油消耗过高，2011年7月8日更换过发动机总成。客户反映发动机噪声比以前大，冷车尤其明显。经我站确认对比，该车噪声确实比其他同配置的车辆大。

对发动机安装进行全面检查，未发现异常。怠速拧下机油加注盖，发动机无任何反应，而其他正常车辆发动机抖动并吸气。怀疑该车曲轴箱通风异常，替换曲轴箱压力调节阀等相关部件，故障依旧。

查阅无相关TPI，由于是新发动机，建议客户行驶观察，2011年9月11日客户回厂再次检修。根据TPI2024604更换曲轴箱压力调节阀和前部曲轴密封环，并进行SVM为01 A034发动机控制单元软件升级，车辆曲轴箱通风正常，发动机声音也小许多。

根据2011年7月21日发布的TPI2021494（冷启动阶段进气管段和空气滤清器壳体区域发出“隆隆”声/进气噪声，取决于当前的技术水平，该故障不属于索赔范围内）与客户进行沟通，客户表示理解并能接受。

故障排除 更换曲轴箱压力调节阀和前部曲轴密封环，并进行SVM为01 A034发动机控制单元软件升级。

维修总结 遇客户反映的问题应与正常车辆进行对比，确认是否正常，并仔细查阅TPI，不要盲目处理。

十八、Q5加满油后，油表指示还在红线报警

故障现象 一辆奥迪Q5，装备2.0T发动机，OB5型变速器，行驶里程不到10 000km，加满油后，油表指示还在红线报警。

故障诊断 检查系统无故障码存在，用户反映加满油后，油表指示还在红线位置，但行驶30km后，油表才一点一点往上升，直到最上限。拆下检查油箱浮子没有东西挡住。

拆下浮子后，利用手来扳动浮子，油表显示是正常的，并且通过测试电阻检测油表正常，因此浮子无问题。

对油箱抽油，准备做匹配，发现抽油的油管无法插到底，没有办法只能通过拆卸油泵进行抽掉燃油，做完匹配后，装回油泵。

去油站进行加油试车，却发现加油的时候经常出现跳枪现象，油站人员还说是不是里面有油，加不进去了，但油箱里面的油不多。这就肯定是油箱出问题了，更换油箱后，故障排除。

故障排除 更换燃油箱。

维修总结 因为油箱里面堵塞，无法进行加油，而产生气堵，导致里面有很多空气，使浮子不稳定。从而产生油表加满油后，油表指示上升过慢。

十九、Q5 汽油油位显示有时不准确

故障现象 一辆奥迪 Q5，汽油油位显示有时不准确。

故障诊断 用 VAS5052A 检测无故障码，客户反映有时行驶中汽油油位不下降。根据故障导航测试计划对车辆的油位传感器进行匹配，加满油短暂试车显示油位下降和仪表中显示的数字一致。

客户使用中再次出现故障，于是我们对车辆的油位传感器进行更换，试车中测量油位传感器到仪表的线路正常，油箱没有变形的部位，将油位传感器放置在油箱外用手调节油浮子位置，仪表显示变化和油浮子一致，安装时油箱无卡滞现象，但是故障在行驶一段时间后又出现，将油泵连同油位传感器一同更换后也无效。

根据上述的检查还是怀疑油位传感器有卡滞现象，但是油位传感器在安装好后无法判定正确位置，在传感器铁丝旁边有个油箱的支撑架，用刀片将其支撑位置有可能出现摩擦的地方切除，增大两者之间的间隙，故障消失。

故障排除 考虑处理油箱比较麻烦，就将传感器的铁丝扭曲后安装。

二十、Q5 燃油表显示不准确，客户反映加满油油表显示为 1/2

故障现象 一辆奥迪 Q5，燃油表显示不准确，客户反映加满油油表显示为 1/2。

故障诊断 使用专用 VAS5052 诊断仪检测 17 仪表控制单元，17 仪表控制单元报出故障码：001069 燃油油位主动，静态。

按照故障引导检查，测量仪表到燃油传感器线路，测量后线路导通都正常。测量燃油传感器插头供电，分别用万用表电压挡 20V 测量燃油传感器插头 T5e/2 针脚与 T5e/3 针脚，测量电压为 4.08V。测量燃油传感器插头 T5e/2 针脚与 T5e/4 针脚，测量电压为 4.13V；测量燃油传感器插头 T5e/3 针脚与 T5e/4 针脚，测量电压为 0V，说明相同电位。测量燃油传感器 T5e/2 针脚与地线，测量结果导通为正常；测量燃油传感器 T5e/3、T5e/4 分别与搭铁及供电点测量为“∞”正常；燃油传感器插头交叉测量无短路现象，说明燃油传感器到仪表线路正常，燃油传感器插头各个插针参考电压测量说明仪表板工作正常。

故障点锁定燃油传感器及油箱本身故障。先检查燃油传感器，测量故障件阻值与新燃油传感器阻值相同，浮子不同位置测量阻值随着浮子不同位置变化，阻值变化很平稳无跳格现象。测量 T5e/2 针脚与 T5e/针脚，测量阻值为 0.524MΩ；测量 T5e/2 针脚与 T5e/3 针脚，测量阻值为 0.512MΩ；测量 T5e/3 针脚与 T5e/4 针脚，测量阻值为 0.4kΩ。

分析认为燃油传感器本身正常，仔细检查燃油传感器与固定燃油传感器支架，支架与燃油传感器之间都有卡槽，不存在安装不到位情况，固定燃油传感器支架与油箱壳体之间也有固定点，固定部件都完好，排除燃油传感器未安装到位情况；重点检查燃油箱与燃油浮子上下浮动点是否工作正常。因浮子在燃油箱中，燃油浮子固定架安装好，油箱内部状态看不清楚，于是对燃油浮子固定架与浮子之间做记号，大概确认燃油浮子位置。再确认燃油浮子工作中与燃油箱中内部壳体是否存在摩擦现象，仔细检查燃油箱中内部塑料固定架，发现燃油浮子与燃油箱中的

塑料固定架有点摩擦，摩擦点能导致燃油浮子上下拨杆发卡，从而使燃油仪表显示不准，对燃油箱内部塑料固定架处理，确保燃油浮子上下工作顺畅，反复对燃油箱加入燃油，抽出燃油，仪表燃油油位显示随着油箱浮子位置不断变化而变化，说明燃油浮子工作正常。

故障排除　处理燃油箱中塑料支架。

二十一、Q5 燃油表显示与实际值不符，客户加满油箱仪表显示为 1/3

故障现象　一辆奥迪 Q6，燃油表显示与实际值不符，客户加满油箱仪表显示为 1/3。

故障诊断　用户反映油位表显示有问题，加满油后只显示 1/3 的油量，在这之前我站还遇到过相同车型客户提新车加满油后油表显示在底部位置且黄灯报警，查找相关线路都正常，换过组合仪表无效，最后是断开蓄电池排除故障（此现象个人理解可能是控制单元内部记忆值超出极限无法恢复），也使用此方法没有解决问题。

用 VAS5052A 诊断仪进 17 仪表查找故障码有：$ 00127E 节气门燃油输送泵、FP $ 00B16 油轨/系统压力过低，被动/偶发，燃油油位极限。使用执行最终控制诊断油表指针下限到上限滑动正常，排除仪表的问题。

拆下油泵总成后，用万用表测量浮子滑块的阻值是上下变化的，说明浮子传感器本身没有问题，检查插头 T5e 插脚和针脚之间间隙比较大，处理插脚的开口后装复油表显示正常。

怀疑也有可能是浮子卡滞，安装油泵锁紧卡箍时注意油泵角度。

故障排除　处理线束插头和调整浮子安装角度，匹配仪表设置。

维修总结　有些故障排除只能使用断电后清除故障记忆。

二十二、Q5 变速器故障

故障现象　一辆奥迪 Q5，装备 OB5 型变速器。车辆起步有轻微向前冲击感，行驶中换挡从 2 挡、4 挡、6 挡直接换挡，减挡有时熄火。倒挡正常。

故障诊断　车辆起步有轻微向前冲击感，行驶中换挡从 2 挡、4 挡、6 挡直接换挡，减挡有时熄火。倒挡正常。车辆停放到冷车后，故障不再出现，直到变速器油温达到 85℃以上时，故障出现。变速器控制单元储存一个故障码：8027 P174B00 变速器部分 4 中的阀 1 电气故障。

查询 TP1 没有得到与本车故障相符的支持。根据故障 VAS5051 故障引导型故障查询检查滑阀体上电磁阀 N436 电阻值（室温 4.92Ω）正常，电磁阀 N436 用于变速器 1 内的压力调节，控制 K1 离合器切断 1、3、5、7 挡。

由于电磁阀板和控制单元一体，不能单独更换。

故障排除　更换滑阀体总成，校正挡位传感器，故障排除。

二十三、Q5 行驶中仪表中变速器报警，3 挡升 4 挡发闯

故障现象　一辆奥迪 Q5，装备 2.0T 发动机，OB5 型变速器，行驶里程 150km，行驶中仪表中变速器报警，3 挡升 4 挡发闯。

故障诊断　车辆行驶中仪表中变速器报警，3 挡升 4 挡闯车。用诊断仪查询发现有故障码：

8051　P179E00　齿轮传感器　电气故障；

8053　P179E00　齿轮传感器　电气故障　偶发；

8055　P179F00　挡位传感器　故障。

做引导性故障查询提示，更换行驶挡位传感器G676。查询维修手册发现，G676在电路板3中。

故障排除　由于电路板3维修站无法单独更换，更换变速器总成，故障排除。

二十四、Q5挂倒挡有时不走，发动机熄火

故障现象　一辆奥迪Q5，装备2.0T发动机，OB5型变速器，行驶里程1830km，挂倒挡有时不走，发动机熄火。

故障诊断　用VAS5052检查变速器有故障码：8089 P176A00 [40] 挡位促动器1不可控制偶发。

检查变速器油位正常。

用升级光盘进行软件升级后，试车故障又重复出现。

挡位促动器位于阀体上只能更换机械电子单元。

故障排除　更换机械电子单元。

二十五、Q5变速器故障灯亮，加不上油无法行驶

故障现象　一辆奥迪Q5，装备OB6型变速器，变速器故障灯亮，加不上油无法行驶。

故障诊断　在正常行驶中，变速器故障灯亮，加不上油无法行驶。检查02变速器电子设备有故障：001F68由于离合器温度扭矩受限，如图3-1所示。尝试对变速器进行37F1升级，但升级对该车无效，根据引导型故障导航，检查变速器油正常无变质，分析可能为油路通过量太低导致油温超出范围，更换阀体单元后故障排除。

故障排除　更换阀体单元。

VAS5051B　　自诊断协议　　12.07 2010 18:07

维修车间代码:
081698 758 05020

版本:
V17.00.00 10/03/2010　V8.20.006 27/Now/2009

经销商识别:
CDSH_50518

等级:
SCC-83111

车间识别间（VIN):
LFV3828R7A3001032

12.07 2010 18:07

车辆系统

004.故障代码存储器内容
1是否检测到故障代码?

$001F68
由于离合器温度扭矩受限
被动 / 偶发

图3-1　故障码

二十六、Q5行驶中偶尔踩加速踏板加速无反应

故障现象　一辆奥迪Q5，装备OB5型变速器，行驶里程8574km，行驶中偶尔踩加速踏板加速无反应。

故障诊断 行驶中偶尔踩加速踏板加速无反应，此时仪表上变速器故障指示灯报警，驾驶员信息系统（FIS）中出现提示“变速器故障！可继续行驶”。

用VAS5052诊断在变速器控制单元内存储故障码：8040 P17D800 由于离合器温度造成扭矩受限的偶发故障码。导航测试计划提示，可能故障原因为变速器机械应力过大，发动机非法调整，油路通过量太低，但检查后没有发现异常，检查变速器ATF油位正常，油质无异常。

试车读取变速器油温数据值，发现当变速器油温与控制单元温度相差8℃时仪表变速器故障灯报警，加速无反应；当温度差下降到8℃以下功能又恢复正常。

在控制器内集成有两个温度传感器，如图3-2所示：①一个测量ATF油的温度。②一个测量控制单元的温度。

信号中断的影响：通过替代值产生暂时信号。

温度监控和保护：温度超过135℃，Mechatronic发出命令降低发动机转矩，温度到达145℃之前，转矩持续降低，直到离合器脱开。

根据J743内有2个温度传感器的原理，分析为由于2个温度传感器之间的差值达到8℃时变速器控制单元进入自我保护模式，导致转矩输出中断。

更换J743后故障现象排除，再次读取2个温度传感器之间的差值为1～2℃。

图3-2 控制器内集成有两个温度传感器

故障排除 更换机电一体化控制单元J743。

二十七、Q5驾驶员信息系统中显示“变速器有故障：继续行车功能受限”后不能走车

故障现象 一辆奥迪Q5，装备OB5型变速器，行驶里程393km。驾驶员信息系统中显示“变速器有故障：继续行车功能受限”后不能走车。

故障诊断 驾驶员信息系统中显示“变速器有故障：继续行车功能受限”后不能走车。用VAS5052A检查变速器故障码记录为：挡位促动器4不可控制，偶发。

由于OB5变速器为新型变速器，对于服务站而言又没有任何维修经验，所以就查看ELSA中是否具有相应的TPI文件，只有当驾驶员信息系统中显示提示“变速器故障！可继续行驶”才能进行软件升级，所以我站未对该车升级，因为挡位促动器4是机电一体模块J743［J743是变速器的中央控制单元，它将电动液压控制单元（执行元件）、电子控制单元和一部分传感器整合在一起了］的一个部分，所以用替换法更换机电一体模块J743，故障排除。

故障排除 更换机电一体模块J743。

二十八、Q5倒挡不起作用，仪表板上显示“变速器故障：无倒车挡位（您可以继续驾驶车辆）”

故障现象 一辆奥迪Q5，倒挡不起作用，仪表板上提示“变速器故障：无倒车挡位（您

可以继续驾驶车辆)”。

故障诊断 用 VAS5052 检测，发现变速器控制单元内存储故障码：“001F9B 换挡杆 4 无法调节，主动/静态”，无法清除。

做引导型故障查询结果显示：故障原因可能在于阀 N438。更换 4～6 挡挡位促动器的 N438。在重新装配之后，匹配挡位促动器。读取数据流显示：挡位 R 时，行驶方向未识别到。

检查相关线路时发现该车有改装现象，询问客户故障发生时的原因，客户反映该车在外部装修店加装倒车影像后 20min 左右，出现此故障。重点检查该车改装线路时，发现倒车灯正极连接线与加装的倒车影像控制单元负极导线接通，修复线路后故障依然存在。怀疑改装线路时造成变速器控制单元内部损坏，故置换变速器控制单元，故障排除。

故障排除 更换变速器控制单元。

维修总结 由于加装线路不合理，导致损坏变速器控制单元。

二十九、Q5 热车时加速发冲，踩制动踏板时耸车严重

故障现象 一辆奥迪 Q5，装备 CAD2.0T 发动机，OB5 型变速器，行驶里程 28 474km。热车时加速发冲，踩制动时踏板耸车严重。

故障诊断 该车车主反映热车时加速发冲，停车时耸车严重，用 VAS5052 检测 02 无故障码记录，读取数据流没有发现可疑现象，检查变速器油液位正常，用升级代码 37F1A001 和 02A002 给变速器控制单元进行升级后无效。

分析故障现象，应是带机电的液压单元问题，为了确诊给该车调换一个带机电的液压单元，匹配后试车故障消失。

故障排除 更换带机电的液压单元。

三十、Q5 变速器漏油

故障现象 一辆奥迪 Q5，装备 2.0T 发动机，OB5 型变速器，行驶里程 14 250km，出现变速器漏油。

故障诊断 客户反映该车的变速器严重漏油。更换油底壳垫后试车正常。过一个星期后，该车主反映变速器漏油，清洗干净后大概跑 50km 以上的路程后，发现变速器与分动箱的接口处漏油。

故障排除 更换变速器总成。

三十一、Q5 在 20～60km/h 加速收油时后部异响

故障现象 一辆奥迪 Q5，装备 2.0T 发动机，OB5 型变速器，行驶里程 20 621km，在20～60km/h 加速收油时后部异响。

故障诊断 对车辆进行试车，如客户反映车辆在低速加油和收油时有“噹噹”的响声，声音明显从后部传来的，每次都有，车速快了以后没有这种现象。

查找 TPI 无相关的指导文件。对后部悬架螺栓进行紧固，未发现有松动，由于声音从后部传出而且加油和收油时都有，分析为传动部件问题。

替换左、右半轴后故障没有排除，替换中间传动轴后故障没有排除。

反复进行试车并与其他车辆进行试车对比，发现每辆车在低速时加油都会有相同的声音，只是声音的大小不同。此车不同点是在原地前进和倒退时也会有明显的声音，针对原地出现的响声在地沟内明显听到后主减速器传出响声并伴有振动，检查减速器内油位正常，油质正常，更换主减速器后正常。

故障排除　更换主减速器。

维修总结　分析为后主减速器内齿间隙配合不当，导致齿面啮合与松开时发生响声。

三十二、Q5 踩制动踏板时底盘有异响

故障现象　一辆奥迪 Q5，装备双离合器 DSG 变速器，踩制动踏板时底盘有异响。

故障诊断　用户反映车辆在低速行驶过程中紧急制动或者急加速时底盘有明显的“咯咯”异响声，且车内听很清脆。

底盘异响，先检查底盘各元件的紧固螺栓，但是没有发现异常之处，外出路试异响还是存在，不过发现异响是从右后轮处传过来的。但是检查右后轮就是没有发现问题。

在怀疑传动轴时用手去摇它，却发现整个后桥差速器都在动，判断是差速器没有锁紧。用扳手紧固时发现差速器后端连接固定支架的四个螺栓全部都松动了，按照标准力矩锁紧后试车，故障消失了。

故障排除　按标准紧固后桥差速器螺栓。

三十三、Q5 更换 J393 后与车辆无法匹配

故障现象　一辆奥迪 Q5，装备 OB6 型变速器，行驶里程 2103km。更换 J393 后与车辆无法匹配。

故障诊断　此车因 J393 损坏订购新的备件后，与车辆匹配后通过 VAS5052 诊断仪检测在地址码 46 里面一直显示有故障码：左右尾灯灯泡 2 电气电路故障。

因当时在订购 J393 的时候，原车零件号为 8K0907064 DS，8K0907064 DS 已经禁用，但是在 R3 系统里面显示两个备件能相互替换。另外，备件查询系统 ETKA 中也明确告知原车零件号与 8K0907064 CS 可以相互替换，所以我们就直接订购零件号为 8K0907064 CS 的零件。

装车匹配发现里面故障码无法消除。通过在线 SVM 检查和手动对 J393 编码也无法消除故障。再次与老的控制单元编码相比较，两者编码均是一样，其匹配通道号也一样，而且使用功能正常，就是仪表灯光要报警。

检查发现该车内部灯光编码有差异，与备件号尾号 CS 匹配的后灯是普通灯，而与尾灯 DS 匹配的后灯是 LED 灯。

故障排除　根据原车的备件号重新订购。更换新件后，故障排除。

三十四、Q5 高级钥匙不起作用

故障现象　一辆奥迪 Q5，装备 CDZ 型发动机，OB5 型变速器，行驶仅 10km。高级钥匙不起作用。

故障诊断　用 VAS5052 读取故障码，无故障码。查看相关熔丝和线路，没发现异常。此

车之前因其他电气故障更换过J393，故障会不会是因为编码或匹配的错误导致呢？查看其编码，发现一键启动被禁用，在自诊断中手动更换编码。

编码后故障依旧，于是找到同配置的车辆，在好的车辆做一次部件保护和在线匹配，再调回原车，再匹配，故障排除。

故障排除 更改编码。

维修总结 在更换J393时不要自己手动改编码，其编码是在在线时通过SVM码比对，自动按车配置编码。

三十五、Q5车辆无法启动

故障现象 一辆奥迪Q5，装备OB5型变速器，行驶里程235km。车辆无法启动。

故障诊断 首先用VAS5052检查，01发动机有故障码：启动机对正极短路，无回路反应（启动机卡死或电路中有电气故障）。

由于诊断仪查询是启动机故障。将启动机上的插头拔下，用万用表测量其电压为0V，由于是将搭铁搭在发动机缸体上，以为是缸体搭铁处有油漆，导致搭铁不好，就将它搭在大梁的搭铁螺母上，此时又有电了，电压为12.5V。这时以为是启动机出问题了，但是才行驶200多km启动机就坏了不大可能。

想想刚才缸体上没有电，会不会是本身就搭铁不好呢？再将缸体直接测量导通，显示不通电，此时情况就明朗了，检查发动机缸体搭铁线，发现搭铁螺母已经没有，可能是汽车出厂时拧紧力矩不够，导致螺母脱落。

故障排除 装回脱落的搭铁螺母。

维修总结 车辆刚提走两天就出现故障，影响客户的满意度，也对汽车有一定的安全隐患。因此要求我们在做PDI时特别注意，避免同类的故障发生。

三十六、Q5高级钥匙失效

故障现象 一辆奥迪Q5，装备2.0T发动机，OB5型变速器，行驶里程400km。高级钥匙失效。

故障诊断 该车高级钥匙功能失效，用VAS5052检测，05中有故障码：03284 007进入及启动识别天线，右侧对地短路。

按故障进行引导，测量天线R201导线无短路断路现象。于是与行李舱天线R200进行互换，但控制单元内故障码仍然是天线R201对地短路故障。

经分析，初步判定舒适系统中央控制单元J393可能损坏，后用万用表测量天线R201在控制单元J393上的导线针脚9与10电阻值为226Ω（正常值为1120Ω），确定控制单元J393损坏。

故障排除 更换舒适系统中央控制单元J393后故障排除。

三十七、Q5仪表显示点火闩存在故障，车辆无法启动，钥匙有时拔不出

故障现象 一辆奥迪Q5，装备CAD型发动机，KXR型变速器，行驶里程3310km，仪表显示点火闩存在故障，车辆无法启动，钥匙有时拔不出。

故障诊断　用诊断仪检测 46 带有 ATA 的舒适系统中央模块故障码显示：00166 008 进入及启动识别开关 E415 不正常信号。

进入引导后，读取进入及启动识别开关 E415 的各个状态下的触点位置，数据显示错乱或无变化。

尝试更换点火开关 E415 和 J393 后，故障依旧。

拔下 E415 和 J393 上面的插头，测量线路，电路图如图 3－3、图 3－4 所示。测量线路时发现 E415 上的 16 号、6 号及 13 号线有短路现象。

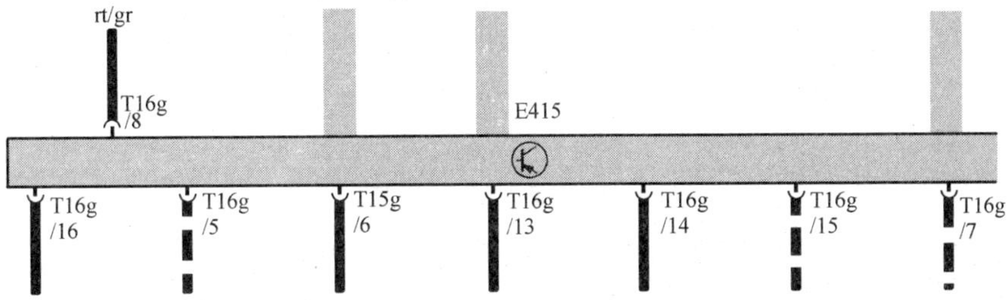

图 3－3　E415 电路图

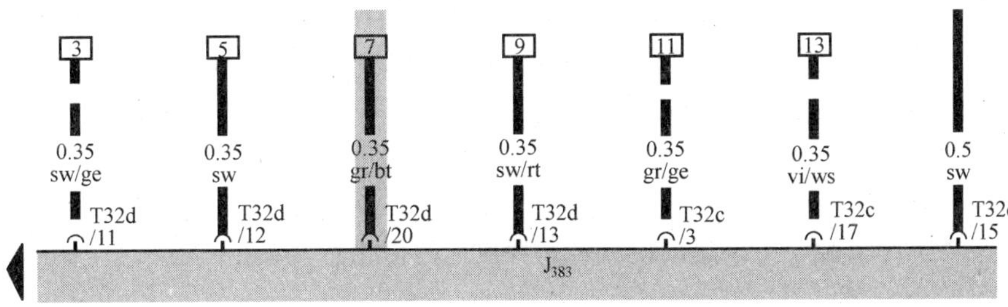

图 3－4　J393 电路图

参照电路图对线路进行排查，发现 E415 和 J393 连接的线束右侧 A 柱插头处腐蚀了。

故障排除　修复插头，修复漏水处，故障排除。

三十八、Q5 无法着车，打开钥匙仪表无显示

故障现象　一辆奥迪 Q5，装备 2.0T 发动机，OB2 型变速器，行驶里程 3063km。无法着车，打开钥匙仪表无显示。

故障诊断　打开钥匙无反应，但转向盘解锁正常。用 VAS5052 检测，46 舒适系统控制单元内存储故障码：点火开关 E415 不可靠信号。根据系统功能确认，初步排除防盗系统故障；打开点火开关仪表却无显示，即系统无法激活 15 号正电。根据系统工作原理检查 E415、J764、J393 之间电气连接，发现右前 A 柱 T17g 插头有水迹，处理后正常。

故障排除　处理右前 A 柱多孔插头。

三十九、Q5 新车无法启动

故障现象　一辆奥迪 Q5，装备 CDNC 型发动机，KXH 型变速器，仅行驶 1km 的新车无法

启动。

故障诊断 车辆无法启动，蓄电池没电，连接充电器充好电后，发动机可以正常启动。启动后测量发电机各种状态下的发电量都正常。用 VAS5051 测车辆静电电流时，发现车辆无法睡眠，静电流为 1.60A 左右。

使用 1598/38 连接驾驶员侧和副驾驶员侧的 CAN 接点，开始逐个拔下上面的接点。当拔下驾驶员侧 1598/38 上面的 15 号接点（对应的控制单元是 J519）后，静电流开始下降，直到正常值。

替换新的 J519 后故障依旧。参照 ELSA 电路图，进一步对连接在 J519 上的用电器进行排除，拔下前照灯开关后静电流正常，替换后故障排除。

故障排除 更换前照灯开关。

四十、Q5 遥控锁车后，不定期车辆报警，双闪闪烁

故障现象 一辆奥迪 Q5，遥控锁车后，不定期车辆报警，双闪闪烁。

故障诊断 首先验证客户描述的故障现象，故障现象确实存在，车放在水平位置后，遥控锁车，过几分钟车辆报警，双闪闪烁。

用 VAS5052A 进行检测，无任何故障码存储。分析车辆报警系统，通过 ELSA 查询车内由超声波防盗报警传感器 G578 进行监控，G578 通过 J393 进行控制，分析出现报警时，J393 应该可以记录 G578 的工作情况和报警原因。通过引导性功能读取 J393 数据流 18、19、20、21 组数据得知，报警源来自 11，根据功能说明得知，11 为车身倾斜传感器，拆下传感器，从外观检查没有异常。

替换传感器继续试验，未再次出现故障，替换下的传感器安装在其他车上，其他车出现同样报警现象。

故障排除 更换防盗报警传感器 G578。

维修总结 对于故障的判断，首先需要分析工作原理及结构，并读取相关工作的数据流，才能更好更快地排除故障。

四十一、Q5 商用车有时防盗报警

故障现象 一辆奥迪 Q5 商品车，装备 2.0T 发动机，0AW 型变速器，行驶里程大约有 10km。有时防盗报警。

故障诊断 用诊断仪检测发现 46 内有故障码：01403 后车窗玻璃破碎传感器 G304 断路。查找 46 内报警源数据块发现前一个、倒数第二个、倒数第三个、倒数第四个报警源都为：8——后车窗破裂。

根据以上诊断初步确认为玻璃破碎传感器或相关线路故障。进行拆解后盖饰板，发现玻璃破碎传感器一插头未插紧，导致线路虚接引起误报警。

故障排除 插紧玻璃破碎传感器插头，故障消失。

四十二、Q5 按下喇叭，信号喇叭不响

故障现象 一辆奥迪 Q5，装备 2.0T 发动机，行驶里程 2938km，按下喇叭，信号喇叭

不响。

故障诊断 根据客户描述，在客户提新车时，信号喇叭还响，在即将行驶到家时，信号喇叭开始不响了。

用 VAS5052 检测无故障码记录。按照常规方法拆下喇叭用万用表测量喇叭电压，没有电。检查信号喇叭熔丝正常。然后目测信号喇叭继电器 J413，未发现异常。将 J413 的 3 脚、5 脚直接连接，喇叭就响了。怀疑是 J413 损坏，但是用万用表测量没有发现明显的异常。

查阅 ELSA 电路图得知，J413 是由 J519 控制，会不会是 J519 到 J413 之间的线路有问题？经过测试，线路正常。目测 J519 无明显进水或人为损伤的痕迹，应不是 J519 的问题。

尝试用 VAS5052 读取 J519 数据流 25 组 1 区和 2 区，发现 J519 并没有收到来自 J527 的“按下喇叭”的信号，怀疑主安全气囊上的喇叭开关有问题。拆下安全气囊，发现喇叭触点开关上的线插头因间隙过大造成脱落，用钳子将线插头间隙调整，后重新安装，故障排除。

故障排除 将线插头插上并紧固。

维修总结 如果高低音喇叭同时不响的情况多为熔丝、继电器、主控制单元 J519 故障，此案例较为特殊。喇叭的信号走向是这样的：按下喇叭触点开关 G85→J527→J519→喇叭熔丝→喇叭继电器 J413→喇叭。这时可以读取 J527 和 J519 的数据流加以分析，看故障是出现在前半部分还是后半部分，避免走弯路。

四十三、Q5 发动机无法熄火

故障现象 一辆奥迪 Q5，装备 CDNC 型发动机，OB5 型变速器，行驶里程 2678km，发动机无法熄火。

故障诊断 对用户反映情况进行检查，用 VAS5052 检查发现变速器控制单元内有故障码：8464 端子 15 的供电断路；发动机控制单元内有故障码：7780 点火开关关闭时信号不可信。

点火开关关闭不能熄火，应该是点火开关不能把 15 继电器断开导致。也有可能是 15 继电器粘连导致。如果上述都正常，那就应该是线路有问题或控制单元故障。

故障排除 重新处理线束，试车故障排除。

维修总结 读取点火开关数据流没有异常。打开 15 继电器罩盖发现继电器已断开，没有接触。拔下 15 继电器和 J393 后发动机仍然熄火。说明此时发动机控制单元供电并不是由正常供电线路提供。

检查发动机控制单元供电线路，经过测量发现无论点火开关关闭与否，发动机控制单元供电电压始终在 12～13V，说明发动机控制单元 15 供电线应与车辆 30 号线之间有短路。

四十四、Q5 更换 J794 后导航数据缺失

故障现象 一辆奥迪 Q5，装备 CDN 型发动机，OB5 型变速器，行驶里程 28 432km，更换 J794 后导航数据缺失。

故障诊断 客户反映导航状态出现初始化，用 VAS5052 检测无故障码，根据故障导航需做升级，但无法完成，需更换 J794。

更换 J794 后，根据导航匹配 J794 音响系统、导航系统、电话系统都正常。在导入导航数据时系统老是报错误代码 128，选择重试。

导航数据导入后导航系统出现省份、区域，常用设施类别无法选择，但导航的地图都正常。而后断电重新激活元件，上网做比对都正常，更换一盘导航光盘重新导入，还是报错误代码128。

故障排除 更换J794。

四十五、Q5转向柱锁止功能失效

故障现象 一辆奥迪Q5，装备2.0T发动机，OB5型变速器，行驶里程75 000km，转向柱锁止功能失效。

故障诊断 该车熄火后转向盘无法锁止，J393中有故障码：ESL的锁止条件未满足。

检查转向柱锁止条件：即点火钥匙已拔下；车门已关闭（高级钥匙）；点火装置必须为关闭状态；接线端S无信号；汽车必须处于静止状态等条件。这些条件均能满足，但故障依旧。

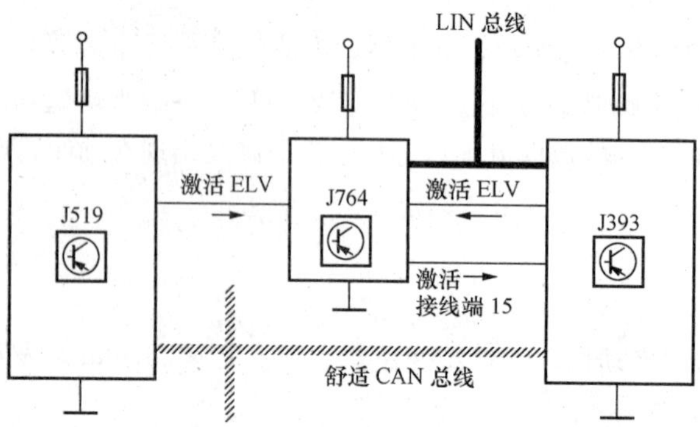

图3-5　转向系统工作原理

根据图3-5中描述的原理，即条件满足后由J519和J393分别通过各自的专用信号线同时向转向柱J764发出一电压信号，随后J764执行转向柱锁止动作。于是检查J519和J393与J764间的导线状态。

故障排除 用1527试灯检查J519和J393到J794的信号，发现J764没有接受J519的信号，检查导线，发现J519到J764间的导线断路。修复断路的信号线后故障排除。

四十六、Q5电热杯架无功能，操作制冷和加热按钮，工作指示灯不亮

故障现象 一辆奥迪Q5，装备CDN型发动机，行驶里程600km，电热杯架无功能，操作制冷和加热按钮，工作指示灯不亮。

故障诊断 在操作按键B和C时，如图3-6所示，工作指示灯不会亮起，电热杯架不会工作。

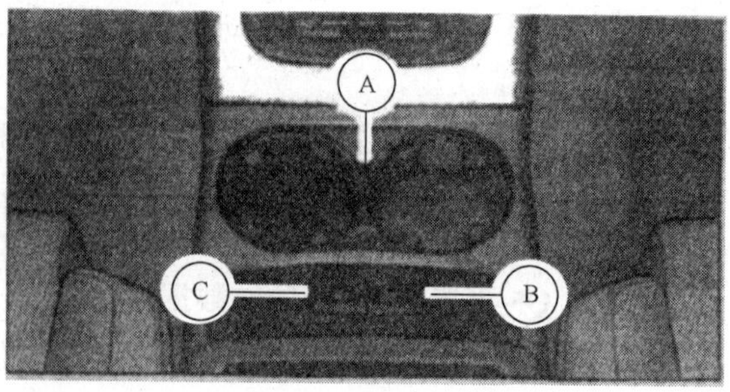

图3-6　操作按钮

因电热杯架无功能，首先想到培训内容里有：在断电等级2情况下将不能再激活。温控杯架是一个自我工作系统，没有放入诊断层面之下控制。温控杯架通过行李舱继电器进行电源供应的释放。制冷/加热运用的是帕尔贴效应原理，通过帕尔贴元件实现。

用VAS5052检查自诊断46系统J393中读数据流01的第四组显示0000（没有切断等级被激活）。自诊断46系统J393内有电气故障码：玻璃破碎传感器故障和本故障现象无关。然后，根据电路原理图进行分析，电路原理图如图3-7所示。

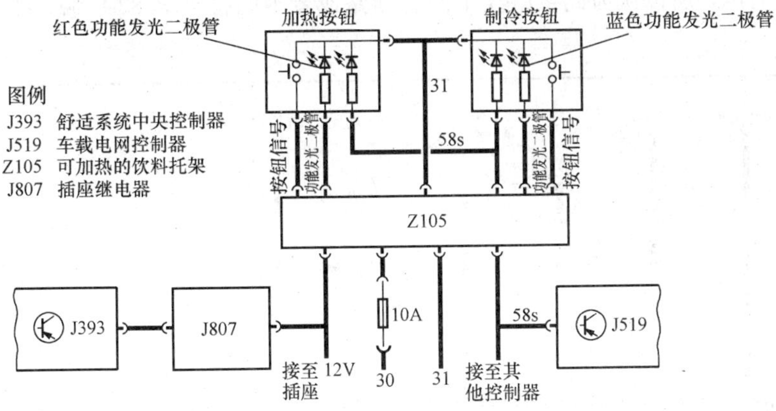

图 3－7　电路原理图

由图 3－7 可知：电热杯架有两条供电线，一条 30 号供电线通过一个 10A 熔丝直接供电。另一条 15 号供电线，通过 J393 控制继电器 J807 给 Z105 供电。（实际测量，打开钥匙后，J807 就工作，Z105 就有 15 号电源。）

检查 Z105 的供电线路，电路图如图 3－8 所示，15 号线路 J807 工作正常，输出电路 8 号针脚有电，搭铁线正常。30 号线路供电正常，10A 熔丝完好。拔掉 10A 熔丝测量无熔丝后的供电线路，竟然有 12V 电压，疑惑，以为正极线对正极短路或者 Z105 有反供电现象（熔丝应该烧断，反正无法解释），找一辆商品车对照，熔丝后没有电压，很奇怪。后来这种现象又没了。

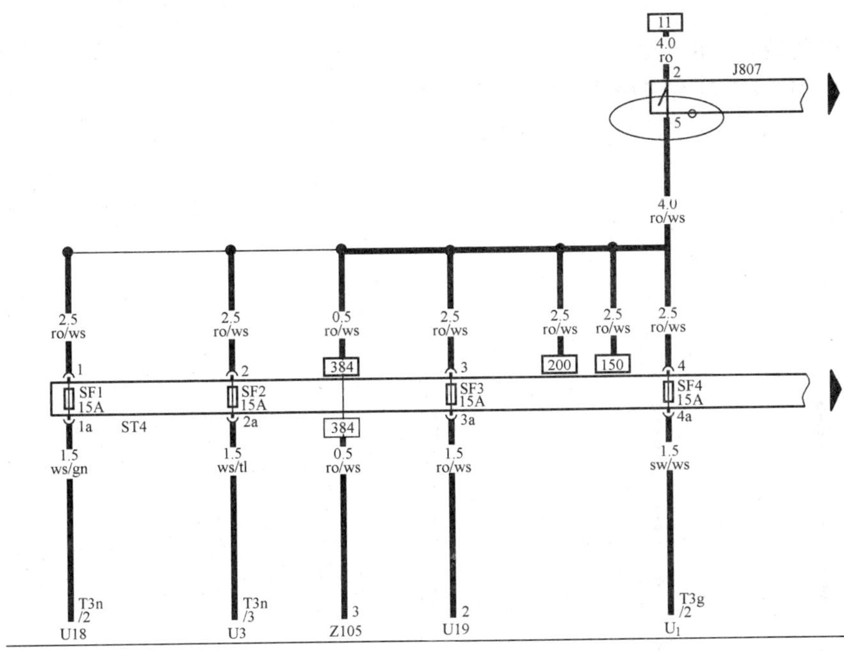

图 3－8　Z105 的供电线路

怀疑电热杯架内部损坏，尝试更换一个，故障依旧。把故障车的电热杯架装到商品车上，完好，Z105 没有问题。

接着测量电热杯架的 4 芯电插头 T4av，1 脚 30 号供电线正常，J807 控制的 15 号线第 3 脚没有电，因8脚有电，所以认为此供电线中间有断路或者中间接点B282松脱，电路图如图3－9所示。

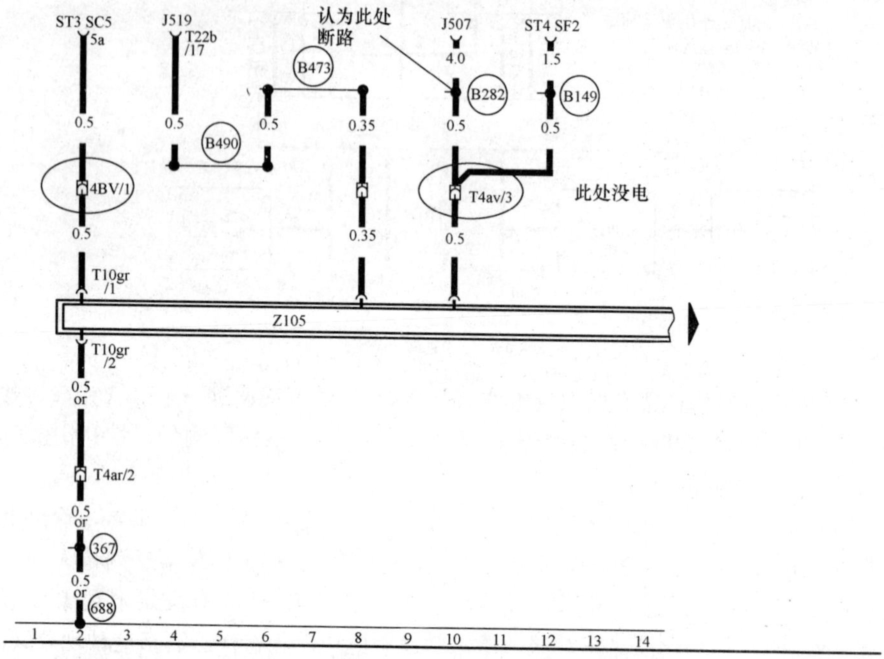

图3－9　B282电路图

假如B282松脱，电路图如图3－10所示，那么就会导致U18/U5/U19/U1也没有正级电，结果测量得知U18/U5没有正极电，U19/U1有正极电。检查U18/U5的供电熔丝，结果是断路，重新装15A熔丝，试车，Z105供电正常，工作指示灯亮起，故障排除。

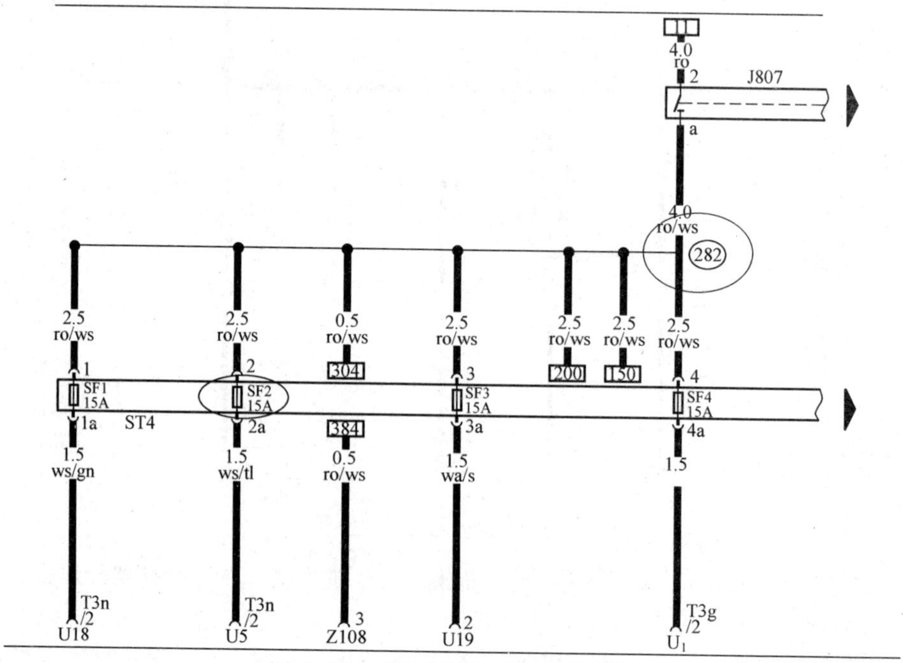

图3－10　U18/U5/U19/U1电路图

故障排除　更换熔丝。

疑问：电源的15A熔丝断路，怎么会导致Z105不工作呢？拔掉商品车的U5熔断器，故障也如此。

维修总结　偶然发现正确电路图线路是这样连接的，如图3-11所示，以上ELSA是错误的，茅塞顿开，大家注意！

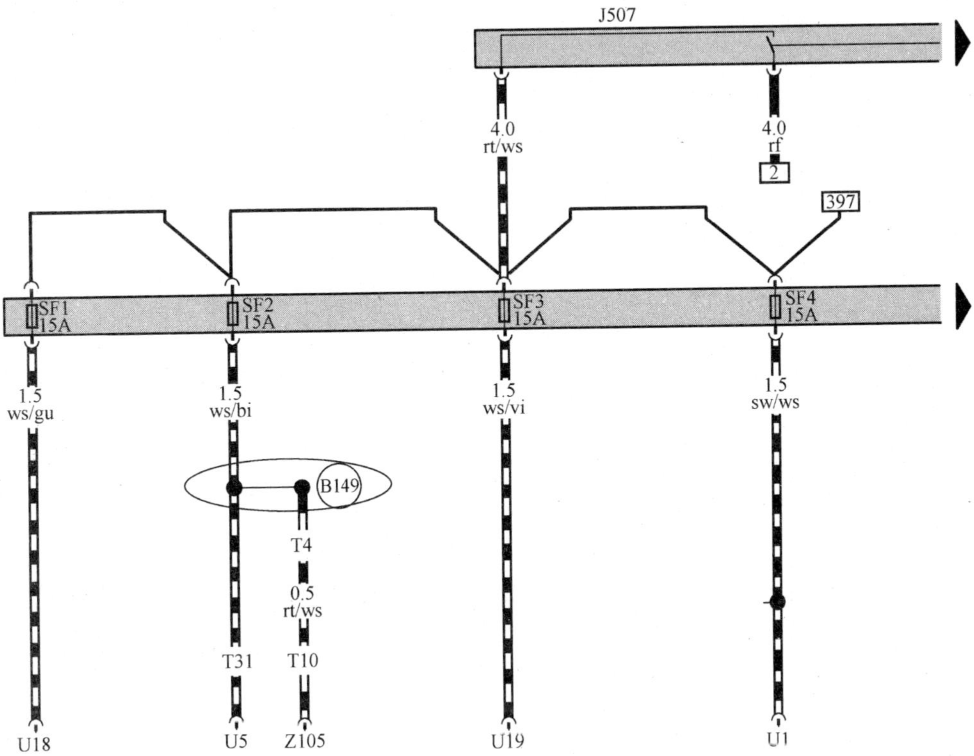

图3-11　正确电路图连接

四十七、Q5遥控器工作不正常

故障现象　一辆奥迪Q5，装备2.0T发动机，行驶里程3000km，遥控器工作不正常。

故障诊断　此车在做完新车检查后，测试遥控功能，发现在车的右侧及后侧遥控器无法正常工作，远距离也无法工作，在车的左侧及车内遥控器工作正常，且两把钥匙都一样。

用VAS505X检查，发现没有故障码存储。根据现象怀疑是信号接收问题，因为距离近可以接收到，并且两把钥匙都有同种情况，分析不是钥匙本身的问题，应该是接收天线到控制单元故障，查阅自学手册发现Q5的天线接收器在行李舱盖上，天线布置在后风窗玻璃上，如图3-12所示。因为车是新车，Q5天线本身具有自诊断功能，故不考虑风窗玻璃有问题。随即对遥控信号传输导线进行检查，发现J393上的天线传输线插头松动，用手一拉就掉了，后仔细检查发现插头上有一侧固定销变形，插头不能插到位，修复插头并连接，测试遥控器工作正常。

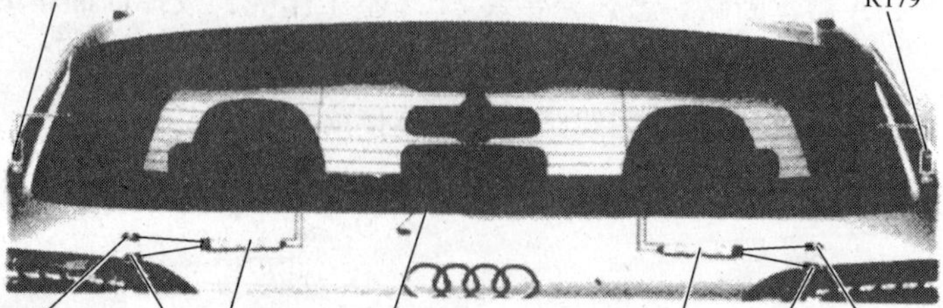

图 3-12　天线位置

四十八、Q5 钥匙不能拔出

故障现象　一辆奥迪 Q5，装备 CDNC 型发动机，KXH 型号变速器，行驶里程 7934km，钥匙不能拔出。

故障诊断　该车钥匙在点火锁内无法拔出，其他功能正常，相关控制单元无故障码存储。检查钥匙拔出的条件，即换挡杆置于 P 挡；点火开关关闭；当换挡杆置于 P 挡时，仪表显示正常。进一步读取数据流，与显示相符，说明 P 挡信号正常。

以下着重对点火锁进行分析：当钥匙插入点火锁识别到 S 触点后，若确定该钥匙已经被授权，舒适系统控制单元 J393 与电子转向柱锁控制单元 J764 交换防盗数据。确认转向柱锁是否在该车上匹配过，如果确认通过，舒适系统控制单元将打开转向柱锁止。接下来舒适系统控制单元 J393 接通端子 15。当再次按压钥匙时，端子 15 关闭，转向柱锁止。J764 和 E415 同时是 J393 的 LIN 用户，因此可以判断 J393 的 LIN 通信正常；测量 J393 与 E415 之间的导线，正常，可以判断故障与 LIN 线无关。

无论点火开关是否打开，E415 始终不对钥匙进行释放，综合分析，问题缩小在 J393 和 E415 之间的防拔出锁电磁铁导线上。测量导线正常。于是将其剪断，点火锁立即释放钥匙。说明 J393 始终控制电磁铁处于激活状态。

故障排除　更换 J393。

四十九、Q5 点火开关关闭后车子依然无法熄火

故障现象　一辆奥迪 Q5，装备 2.0T 发动机，行驶里程 1113km，点火开关关闭后汽车依然无法熄火。

故障诊断　用 VAS505X 检测有故障码：15 号端子不正常信号。根据故障现象拔掉发动机 Motronic 供电继电器 J271 后熄火。拔出钥匙插上 J271 会自动吸合，说明 J623 损坏或线束有问题。

检查 J329 有常 15 号线出来。根据电路图 3-13 所示，查得 SB1 变速器电源线有不正常的常电存在。举起车辆发现变速器线束被老鼠咬破。

故障排除　处理被老鼠咬破的线束，故障排除。

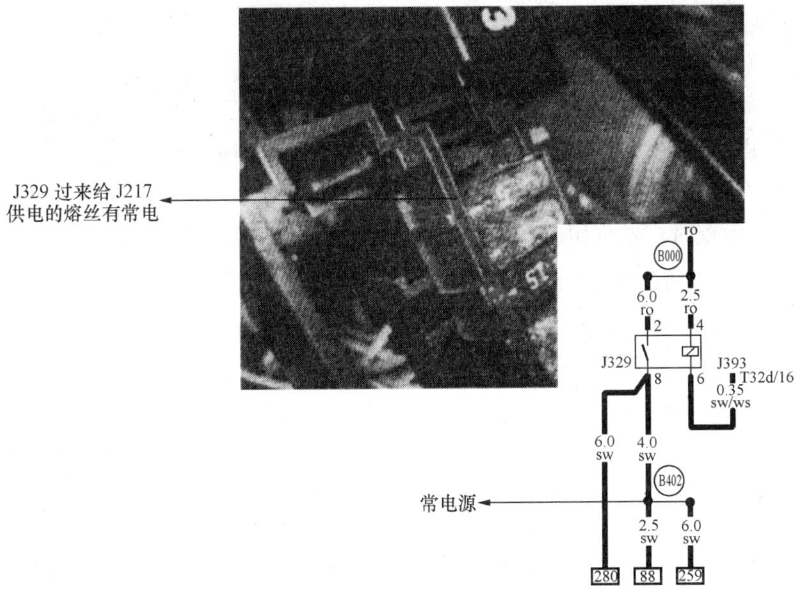

图 3-13　J329 电路图

五十、Q5 更换 J393 后，仪表板上尾灯报警

故障现象　一辆奥迪 Q5，装备 CAD 型发动机，OB5 型号变速器，行驶里程 4833km，更换 J393 后，仪表板上尾灯报警。

故障诊断　该车因为高级钥匙不能使用，来我站更新 J393 控制单元。更新 J393 控制单元在线匹配之后，车辆仪表中提示尾灯报警，打开小灯后发现，后保险杠上的小灯也亮起，正常情况下只有行李舱打开之后，尾灯才会切换到后保险杠上亮起，并且打开和关闭行李舱，尾灯与保险杠灯之间并不能进行切换。是不是因为更新控制单元时插头的连接顺序不对造成的故障现象呢？查询 ELSA 后，再次对 J393 进行安装，故障依旧存在。

该车因为高级钥匙不能启动车辆，所以更换 J393 控制单元，在更换之前并无尾灯报警的故障现象，所以怀疑是备件不对造成的故障。通过备件查询，该车装备的原车 J393 控制单元的零件号尾号是 DS，而新的 J393 的尾号是 CS，在 R3 上查询 DS 的备件已经禁用，由 CS 替代。在线匹配该控制单元，并进行规定与实际值比较，检测到 J518 与 J393 两个控制单元的软件需要进行更新，可是继续进行更新时，VAS5052 却自动退出，提示完成，怀疑 FAZIT 数据库中无该车型数据。

故障排除　与厂家沟通，再次进行比较，对控制单元软件进行更新，故障排除。

维修总结　在新车型中，有许多控制单元在 FAZIT 数据库内的数据不健全，在进行在线匹配时出现意外情况后，要及时与厂家沟通。

五十一、Q5 两后门音响无声音输出

故障现象　一辆奥迪 Q5，装备 CADA 型发动机，OB5 型号变速器，行驶里程 3500km，两后门音响无声音输出。

故障诊断 检查 MMI 音响系统左右/前后设置正常。用 VAS5052 检查 47 音响系统有故障码：亚低音扬声器 R148 对地短路，偶发。

此车贴过膜，怀疑因此导致功率放大器 J525 进水。拆开放大器后发现里面没有进水痕迹，在新车上替换了一个放大器也不好使。

将原车 J525 装上，用功能导航执行元件诊断，各个音响扬声器均有测试音输出，说明从 J525 到各个扬声器的线路及音响扬声器正常。怀疑应该是收音机或从收音机到功放的线路有问题。当拆下收音机检查时，发现组合插头中有一插头松脱。

故障排除 将松脱的收音机插头重新插上。

维修总结 此车加装过导航等设备，怀疑拆装收音机线束时没有将插头固定牢靠。

五十二、Q5 空调无冷风

故障现象 一辆进口奥迪 Q5，行驶里程 1760km，空调无冷风。

故障诊断 VAS5052 检测，01、08 里都无故障码，开空调读 08 数据流：0625A；0580A；fbd7bar。

压缩机有电流，加速系统压力升高。判断为压缩机损坏，更换压缩机故障依旧。怀疑新压缩机有问题，再次更换，还是一样。再次读数据流，发现不管怎么加速系统压力一点都不变，记得以前压缩机坏的急加速系统压力多少会有点变化。怀疑可能是压缩机存在虚接。检查线路发现压缩机插头和压缩机上面的一个附加水泵插反了。查询车辆维修记录，发现此车在冬天更换过发动机，估计是人为地把插头装反了。

故障排除 把插头重新插好。

维修总结 由于压缩机 N80 和附件水泵都是线圈结构，阻值差不多，所以无故障码。

五十三、Q5 怠速或低速行驶空调不凉

故障现象 一辆奥迪 Q5，装备 CADA 型发动机，OB5L 型变速器，行驶里程 15 000km，怠速或低速行驶空调不凉。

故障诊断 用 VAS5052A 检测系统中无故障码存储，怀疑空调散热系统不良。检查之后发现当空调接通后散热器风扇不工作。

在 ELSA 查询散热器风扇控制器 J293 电路图得知：当启动车辆并且打开 AC 开关接通空调之后，发动机控制单元 J623 将接收来自 CAN 线的请求，接通散热器风扇，从而给 J293 输出信号。

通过电气检测 J293 的供电、搭铁和信号线均正常且风扇本身正常，试着更换 J293 无效，最后检查熔断器时发现固定螺栓松动，将其紧固，系统正常。

故障排除 重新紧固 J393 的熔断器固定螺栓。

维修总结 电气类故障的分析主要是分析电路图控制元件和执行元件。

五十四、Q5 右侧出风口不出风

故障现象 一辆奥迪 Q5，装备 2.0T 发动机，OB5 型变速器，行驶里程 14 568km，右侧出

风口不出风。

故障诊断 将空调打开，风向吹面部，出风口开到最大，右侧出风口不出风，其他出风口出风正常；当风向吹脚部或吹风挡时，右侧出风口不出风。

用 VAS5052 检测空调系统无故障码，怀疑是空调右侧翻板电动机基本设置错误导致不同步，进行基本设置后故障依旧。

将空调出风口风道拆下观察风向分配，操纵风向调节按钮，在吹中间时，脚部翻板打开，中央翻板关闭，因此怀疑翻板传动机构不正常。

拆下左侧仪表板下饰板，与右侧连杆机构对比，开左侧风向调节按钮，运动方向一致，左侧出风正常。仔细观察发现左右两侧控制翻板拉杆的角度不一致，左侧拉杆在控制轴中心的外侧，而右边偏向控制轴中心内侧。

把右边翻板拉杆拆下，发现拉杆是带弧度的，而且翻板可以360°旋转，由于拉杆角度装反致使翻板工作状况发生改变，在吹脚部和上部时，中央出风口打开。在吹中间时，中央出风口关闭。

故障排除 把翻板调向外侧安装，出风口吹风正常。

维修总结 可能是在外加装东西时拆过此处，没有正确安装导致，在今后的工作中一定要仔细。

五十五、Q5 路面不平遇坑车身后部右侧有异响

故障现象 一辆奥迪 Q5，装备 DSG 型变速器，行驶里程 5892km，路面不平遇坑车身后部右侧有异响。

故障诊断 路试验证故障现象，路面不平遇坑右后部有“咔哒”声。根据声音判断怀疑是后悬架部分产生异响，检查后部悬架摆臂螺栓、后桥螺栓、排气管支架螺栓均未发现异常。

尝试更换右后减振器，异响消除，由于是新车，减振器损坏的可能性比较小。查询 TPI 有编号为 2019855/6 针对后部异响的，根据 TPI 对后部减振器缓冲块润滑处理，故障排除。

故障排除 润滑后减振器缓冲块。

五十六、Q5 行驶在不平路面上时底盘前部有“咕咚”声

故障现象 一辆奥迪 Q5，装备 OB5 型变速器，行驶不到 4 万 km，行驶在不平路面上时底盘前部有“咕咚”声。

故障诊断 举升车辆发现，该车发动机下护板有松动，但是下护板松动不会造成“咕咚”的异响。拆掉发动机和变速器下护板做进一步的检查。对控制臂球头和胶套进行检查，无松旷和开裂现象。对左右悬架的控制臂所有的固定螺栓重新紧固，故障依旧。再次检查时发现左前减振器渗油明显，并且比较松旷。更换该件后，故障仍未排除。再次试车怀疑异响还是来自悬架系统，当拆卸底部平衡杆后试车，异响消除。平衡杆左右胶套与副车架连接，使用频繁，润滑效果逐步消失，可重新上黄油润滑，消除故障。

故障排除 更换平衡杆胶套。

五十七、Q5 车辆行驶在颠簸路面时，车辆左前方有“咯咯”的异响

故障现象 一辆奥迪 Q5，装备 OB5 型变速器，行驶里程不到 8 万 km，车辆行驶在颠簸路面时，车辆左前方有“咯咯”的异响。

故障诊断 车辆只有行驶在极为不平的路况时，车身发生扭曲，从驾驶员侧踏板位置会有“咯咯”的异响，对车身底盘系统进行检查未发现异常，车辆没有碰撞事故。没有相关 TPI。因为无法确定声音的具体发生点，就无法制定维修方案。在思考中想起之前看过的一个类似的案例，通过对比发现有两个其他经销商的案例故障非常接近，对我们下一步查找提供了很大的帮助。

故障排除 参照故障类似案例的解决方法，用锤子敲击异响位置，然后进行路试，异响频率减少了，声音也极轻微。因此确定故障点是脚踏板处的焊接处。维修方案是焊接钣金。客户着急未进行维修就离厂了。

维修总结 处理该类行驶中有异响的故障时，因必须行驶在颠簸路面，技师不易听取响声来源，我站使用听诊器，有助于判断对位置不易进入的故障点的发声。

五十八、Q5 行驶时突然失去制动助力，之后发动机抖动

故障现象 一辆奥迪 Q5，装备 CDN 型发动机，OB5 型变速器，行驶里程不到 8740km，行驶时突然失去制动助力，之后发动机抖动。

故障诊断 经 VAS505X 检查，相关控制单元没有故障码存储。分析导致抖动的可能原因有很多，但客户陈述没有制动助力与发动机抖动几乎同时发生。所以首先从简单入手，检查制动助力。由于本车制动助力不足，考虑到真空泵依靠排气凸轮轴驱动，于是把目标投向此处。对真空泵进行检查，根据 Q5 真空泵工作原理：将 A 处夹紧，如图 3-14 所示，发动机运转，测量通向助力器的真空度，接近于 0，于是将真空泵拆下。拆下真空泵后发现该泵已经完全损坏。

图 3-15 为真空泵的工作原理图：由于机油压力过低或本身质量问题都有可能导致阀片运转不畅而造成运转阻力，阀片弯曲变形所产生的阻力导致相应的驱动部件损坏。阀片的损坏使进入侧与压力侧合二为一，真空必然缺失。

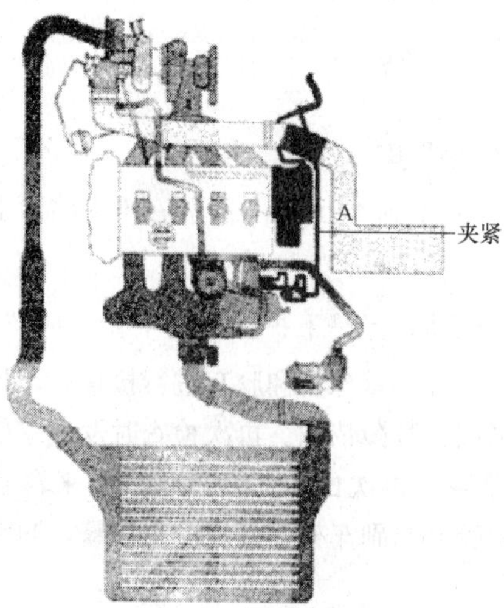

图 3-14 真空泵的结构

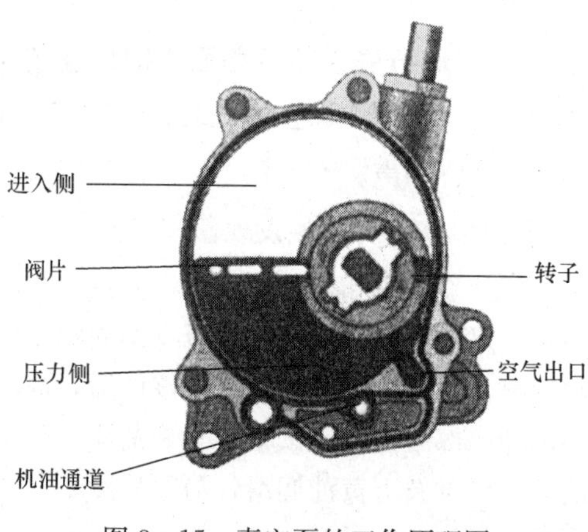

图 3-15 真空泵的工作原理图

更换新真空泵后真空助力正常，抖动现象依然存在。经过其他检查均未发现能够导致抖动的原因，经过认真分析，真空泵由排气分轴驱动，根据真空泵损伤的严重程度，分析驱动机构的链轮或凸轮可能变形引起正时角度错误，于是将分轴拆下与新件对比。将两个分轴驱动真空泵凸轮的一段放于桌面上，比较两个驱动链轮正时点的位置，发现两个齿轮正时点齿数不等。

链轮采用热成型技术压到分轴上，扭转力矩过大时势必导致链轮相对分轴发生转动，导致正时错误。

故障排除　更换真空泵总成和进气凸轮轴。

维修总结　按照维护手册要求对车辆进行定期维护至关重要，有助于有效保证各个部件正常的工作环境。

五十九、Q5 低速过不平路面时右后侧有异响

故障现象　一辆奥迪 Q5，装备 OB5 型变速器，行驶里程 46 000km，低速过不平路面时右后侧有异响。

故障诊断　车速低于 20km/h，过不平路面时可在右后座听到 C 柱附近有“咕噜咕噜”的响声，很像 C6 后减振器发出的声音。

查看 TPI，有 2019855/6 说可能是后减振器缓冲块损坏。将左右减振器连缓冲块一起互换，响声还是来自右侧。底盘上所有可能出现异响的连接部位都排除了，怀疑油箱中发出异响，拆除后座椅坐垫试车，以便听得清楚。按住油箱上的油管时，异响消失了。故确定为油管与油箱摩擦响。

故障排除　用海绵隔离油管。

维修总结　颠簸路面异响不一定是减振器产生，请仔细诊断。

六十、Q5 驻车制动报警，驻车制动器松不掉，右后轮抱死

故障现象　一辆国产奥迪 Q5，装备 CAD 型变速器，行驶里程 1249km，驻车制动报警，驻车制动器松不掉，右后轮抱死。

故障诊断　该车车主反映驻车制动报警，驻车制动器松不掉，右后轮抱死。用 VAS5052 检测 53 有故障码：02433 右同步电动机对正极短路。读取数据流显示获得的切断电流右侧显示错误，最后等专家到现场后经专家同意，对线路和电动机进行了检测。

用 VAS1598/55 检测右侧线路正常，调换左右侧电动机后故障依旧，根据检查结果分析应是 J540 自身问题，调换后故障消失。

分析意见：J540 故障可能是加装倒车影像引起。

故障排除　更换 J540。

六十一、Q5 在 120km/h 行车转向盘抖

故障现象　一辆奥迪 Q5，装备 OB5 型变速器，行驶里程不到 12 300km，在 120km/h 行车转向盘抖。

故障诊断　客户反映 120km/h 左右行车转向盘抖。检查轮胎、轮辋无异常磨损及明显变

形，检查轮胎气压正常，检查悬架未发现松旷及损坏。

使用VAS6230A检查车辆轮胎平衡及振动力情况，轮胎振动力都在10N（1kgf）以下，在检查车轮动平衡时发现左前轮修正铅块的数量总变化，且每次检查的值都不一样。

拆下左前轮胎发现轮胎内部有大约100ml的水，清理轮胎、轮辋，重新做动平衡，路试故障消除。

故障排除 清除左前轮轮胎内的积水，使用VAS6230A重新调整车轮振动力及平衡，故障排除。

维修总结 该车用户在调整车轮气压时使用的压缩空气中的含水量较大，大量水沉积在轮胎中，造成了行车抖动。

六十二、Q5在不平路面行驶时制动踏板下方“嘎嘎”响

故障现象 一辆奥迪Q5，装备2.0T发动机，OB5型变速器，行驶里程367km，行驶不平路面时制动踏板下方“嘎嘎”响。

故障诊断 经过仔细检查发现这种声音像是在地毯下传出来的，试着把地毯拆下，果然声音更加明显，但是无法确定具体部位，趴在制动踏板处，用手来确定部位，最后发现响声来自转向柱万向节左下方。用手砂轮磨开发现有夹层，用电焊焊接后，故障排除。

故障排除 焊接夹层处或用锤子敲击夹层处，故障消失。

维修总结 事后又有了三辆同样故障的车，把地毯掀起后，在大概相同的部位，用锤子敲击夹层处，故障排除。

六十三、Q5仪表显示转向锁止系统故障，无法启动车辆

故障现象 一辆奥迪Q5，装备2.0T发动机，行驶里程1254km，该车仪表显示转向锁止系统故障，无法启动车辆。

故障诊断 用VAS5052A诊断仪进行故障查找，发现驱动总线上所有控制单元无法进入。

首先分析J393是如何接通15号线和转向解锁的过程。如果舒适系统中央控制单元J393接收到“接线端15”的请求信息，那么必须在接通接线端15之前检查转向柱是否成功松开。过程如下：收到接线端15的请求信息后，舒适系统控制单元J393立即通过LIN总线向电子转向柱锁控制单元J764发出询问请求。如果转向柱成功解锁，该信息将通过离散导线将“接线端15接通使能”传递给控制单元J393。在ELV非锁止期间，启动信号导线始终保持激活状态。接收到允许指令后，舒适系统中控制单元J393将控制接线端15的继电器接通。

通过以上分析，随后我们检查J393及J764的供电及搭铁均正常，检查的范围缩小到了J393及J764之间的信号传递，它们之间的信号线有3根线，一根是0.35mm的LIN线，一根是0.35mm的ELV线，一根是0.75mm的15线，检查J393及J764的插头均正常，测量通断正常。这3根线在左右A柱都有插头连接，在检查右侧A柱插头时发现T17g插头有氧化痕迹，故障点找到了。

做淋水实验发现右前线束在进副驾驶舱处密封不好有漏水，处理密封处，该车故障排除。

故障排除 修理线束插头，处理线束密封。

六十四、Q5 在左右打动转向盘时，在驾驶室内出现“吱吱”的异响声，直行时没有任何故障声响

故障现象 一辆奥迪 Q5，装备 CAN 型发动机，OB5 型变速器，行驶里程 6000km，该车用户抱怨车辆在左右转动转向盘时，在驾驶室内出现“吱吱”的异响声，直行时没有任何故障声响。

故障诊断 对此车进行试车检查，发现车辆在直行时一切正常。当向左或向右转向时，在转向盘的下部出现“吱吱”的异响声。最初把连接转向机的转向十字轴断开，故障声依旧。

把转向盘连接随动转向轴处的十字轴断开，故障声消失。

分析故障出现在连接转向盘与转向机之间的随动转向轴上。在拆下随动转向轴后对比其他车辆发现，该随动转向轴外部的一个黑色轴套和与其连接的外部蓝色轴套在安装位置上存在问题。进行重新调整后安装，车辆短时间内没有问题，行驶 1 天左右故障声响重新出现。

初步分析此车的随动转向轴在其两个密封润滑连接件上出现间隙过大，导致车辆出现上述故障。

故障排除 更换随动转向轴。

维修总结 该随动转向轴在安装时应十分注意，如不小心安装导致其变形后，故障无法消除。

六十五、Q5 原地或低速打转向发卡，并发出“咔”的响声

故障现象 一辆奥迪 Q5，原地或低速打转向发卡，并发出“咔”的响声。

故障诊断 原地或低速打转向发卡，并发出“咔”的响声，TPI2022854/1 描述的是转弯或慢速连续转弯时，听到转向柱发出“嘎嘎”声/“咯吱”声，是转向中间轴与胶套产生摩擦发出的声音，而此车发出的是“咔”的响声并伴随转向发卡。拆下转向中间轴与转向柱连接的万向节进行检查，未发现异常，恢复后异响消失，行驶一天后故障再次出现。回厂拆下转向中间轴与转向机连接的万向节进行检查，也未发现异常，恢复后异响减轻。由于两次都只拆下转向中间轴，转向柱和转向机都未动，最后按 TPI 对转向中间轴进行润滑处理，反复试车，故障排除。

故障排除 润滑转向中间轴。

六十六、Q5 仪表提示“请勿驾驶车辆：转向存在故障”

故障现象 一辆奥迪 Q5，装备 CDN 型发动机，行驶里程 3526km，车辆仪表提示“请勿驾驶车辆：转向存在故障”。

故障诊断 车辆难启动，点火开关及智能钥匙也无法打开。车辆仪表提示“请勿驾驶车辆：转向存在故障”。诊断仪读取故障码：端子 15 均无法进入；05 进入启动许可故障显示：ESL 控制单元故障。

更换控制单元匹配后，故障排除。

故障排除 更换 ESL 控制单元。

六十七、Q5 行驶不平路面时天窗右侧有“嘎吱”响声

故障现象 一辆奥迪 Q5，行驶里程 48 000km。行驶不平路面右侧有“嘎吱”声。

故障诊断 进厂试车确定为行驶不平路面时天窗右后侧处发出的异响，将天窗打开试车故障依旧。拆装车顶篷进行试车，发现响声位置出现在车顶右上侧与天窗固定的位置处。检查天窗各紧固螺栓没有松动现象，将天窗拆下试车响声消除。再将天窗重装后试车故障又出现。根据装上天窗后响声就出现的情况，分析可能是由于车顶上的夹层由于天窗的质量出现振动，从而在不平路面时振动发出响声。进行仔细检查右侧车顶上发出响声的位置，发现夹层之间采用的胶粘接工艺，由于胶粘接处承重后发生软化，导致在不平路面产生振动发出异响。对夹层之间重新进行堵塞AB胶处理，等胶干后装上天窗试车，响声排除。

故障排除 对发出响声的夹层之间堵塞AB胶。

维修总结 车顶夹层有一部分是用点焊工艺进行加工的，由于安装了全景天窗，当焊点与焊点之间间隔过大时，容易产生响声，虽中间用胶进行粘接，但是胶粘接后比较软，我站已有多辆车出现相同现象，希望生产时能进行改进。

六十八、Q5行驶中仪表台中部发出“咔咔”的声音

故障现象 一辆奥迪Q5，装备2.0T发动机，行驶里程980km。行驶中仪表台中部发出“咔咔”的声音。

故障诊断 早上启动车辆后，仪表台中部发出“啪”的一声，行驶过程中偶尔也会出现，由于故障为偶发且声音短暂，经过多次试车后才发现响声来源于仪表台中间部位。因为异响声音部位附近有一个扬声器，怀疑是不是扬声器流过异常电流时而发出的声音，就先将J525插头拔掉，试车故障依旧，再将扬声器拆掉，依然有声音传出。

试车的时候，用手触摸已经拆掉扬声器的部位，发现响声出现时下部有明显的振动，其下部的主要部件就是空调蒸发箱和风道，会不会是由于某个翻板电动机发出的声音？于是用VAS5052做空调系统执行元件诊断，在做到右侧出风口翻板电动机时，声音立刻出现并且连续发出。拆检电动机，发现固定支架断开。

故障排除 更换出风口电动机固定架。

维修总结 固定支架损坏，引起此组齿轮啮合错位从而发出声音。

六十九、Q5天窗行驶异响

故障现象 一辆奥迪Q5，装备DSG型变速器，行驶里程14 500km，天窗行驶异响。

故障诊断 路试车辆行驶在不平路面时，左前天窗处“咔咔”异响，响声比较明显，尝试将天窗向后打开一点后响声不再出现，再将天窗开到外翻位置响声也没有出现，判断天窗在关闭位置时车身与天窗之间摩擦造成异响。分析可能是接触面缺少润滑油引起，打开天窗清洁运行滑道和周边接触框架并润滑，试车后现象依旧。多次查找响声故障点及润滑处理，现象还是存在。查询ELSA查找天窗安装及调整规定，调整天窗间隙，将天窗前部与车顶接触密封处间隙调到规定最大，天窗前部a的位置向上调节，如图3-16所示，减

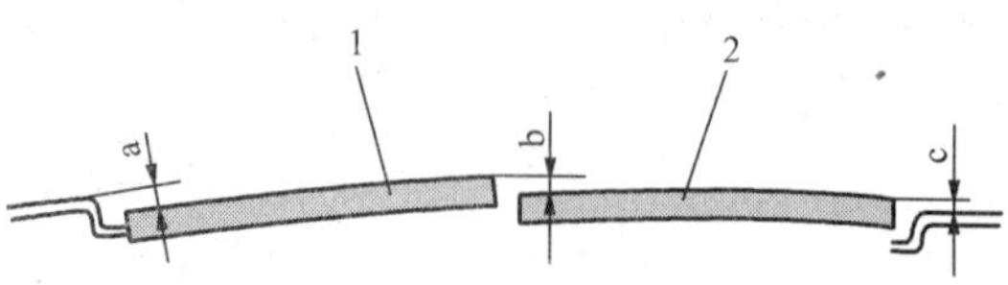

图3-16 调整间隙

a—天窗前部；b—天窗闭合点；c—天窗后部

1—天窗前部；2—天窗后部

少接触间隙，路试故障现象消失。

故障排除 调整天窗前玻璃盖间隙。

七十、Q5 右前门升降器异响

故障现象 一辆奥迪 Q5，装备 OB5 型变速器，行驶里程 1179km，右前门升降器异响。

故障诊断 用 VAS5052 检测，没有故障码。更换玻璃升降器后，故障没有出现。该车使用两天后故障又重现。再次拆检升降器，没有发现升降器有故障。仔细检查，发现固定升降器拉线卡子损毁。

故障排除 更换固定升降器线卡子。

七十一、Q5 玻璃在下降时发出尖锐噪声

故障现象 一辆奥迪 Q5，行驶里程 487km。玻璃在下降时发出尖锐噪声。

故障诊断 左前门玻璃在下降的同时发出刺耳的"吱吱"尖叫声，诊断仪检测没有故障码，拆下门内饰板，检查发现固定玻璃压条的金属片变形，变形的金属片与玻璃摩擦，摩擦时已造成玻璃划痕，并造成异响声音。

故障排除 更换前门玻璃，调节密封条卡片。

维修总结 此种情况已发生于较多车辆，包括 A4L 车型也有同类情况。注意：更换玻璃前一定要调整这个卡片，否则还会造成新换的玻璃损坏。

七十二、Q5 在太阳暴晒后，在不平的路面行驶时天窗有异响，打开天窗正常

故障现象 一辆奥迪 Q5，在太阳暴晒后，在不平的路面行驶时天窗有异响，打开天窗正常。

故障诊断 试车确定故障现象。根据声音的位置确定是前部天窗玻璃与框架之间密封条发出的声音。用润滑剂对天窗进行润滑后声音消除，但过几天后声音又出现了。

对此故障重新检查，对前部天窗玻璃安装位置进行了调整，在把玻璃后部向上调的同时往前调，同时对天窗进行润滑。试车故障现象消失，对用户跟踪一段时间没有反映此故障出现。

故障排除 对天窗玻璃位置进行调整，同时对天窗进行润滑。

维修总结 可能引起天窗异响的常见原因：

(1) 滑动凸块（在滑动天窗的前步盖板上）与导流板之间脱开发出的声音。

(2) 玻璃板 1 与 2 之间的密封件脱开发出的声音。

(3) 玻璃板 1 上的内密封件脱开发出的声音。

(4) 玻璃板断裂。

(5) 玻璃板上的螺栓连接不正常。

(6) 导轨内有异物。

(7) 玻璃板受力。

(8) 玻璃板的调节功能不正常。

(9) 导流板支座内的固定销未对中。

七十三、Q5 天窗异响

故障现象 一辆奥迪 Q5，装备 OB5 型变速器，天窗异响。

故障诊断 客户反映，车辆在太阳暴晒后过崎岖路面时天窗异响。出现异响时，将天窗外翻，就听不到这个噪声。随着里程的增加，声音越来越明显。参见 TPI 文件订购两种润滑膏 G 052 141 A2、G 052 141 A2 对天窗胶条和天窗机构进行润滑，效果不明显。

进一步分析，为车顶铁皮夹层脱胶所致，车辆在过颠簸路时，天窗的质量坠着铁皮来回颤动产生声音。拆除天窗试车，声音消失，装回后故障再现。在车顶夹缝处打几个电焊点或者是在夹缝处打上黑胶，将车顶铁皮撑起，故障现象消除。

故障排除 在夹缝处打上黑胶将车顶铁皮撑起，故障现象消除。

维修总结 目前该车还在观察期间，但是有些个案处理后效果不明显。

七十四、Q5 天窗无法关闭到位

故障现象 一辆奥迪 Q5，装备 OB5 型变速器，行驶里程 7224km，天窗无法关闭到位。

故障诊断 操作天窗开关至关闭位置，但前部天窗玻璃无法关闭到正常位置，重新匹配天窗初始化后现象依旧。

拆下天窗前部玻璃后再次关闭天窗，发现左右天窗玻璃连杆导向件不在同一位置，同时还发现天窗前玻璃的导向滑座的位置不在同一水平线上。

将前部的天窗电动机拆下，观察电动机的齿轮和天窗轨道的齿条，都无磨损或打滑的迹象。

在天窗电动机拆下的状态下，将天窗左右导向滑座调整到相应位置后，重新将电动机装好，再次打开和关闭天窗，发现天窗玻璃连杆导向件可以关闭到位。将天窗玻璃装好，再试发现故障依旧。进一步检查发现关闭时天窗玻璃的前部和车壳挤压得较紧。

故障排除 将天窗微向后调整，故障排除。

维修总结 此车的故障点为天窗玻璃与车体挤压过紧导致天窗无法关闭到位，怀疑客户在天窗无法完全关闭的状态下想强行用天窗开关将其关闭，由于电动机和齿条之间出现打滑，导致最终左右滑块错位，天窗始终无法关闭。

七十五、Q5 挂倒挡右后视镜镜片调整位置不到位

故障现象 一辆进口奥迪 Q5，装备 3.2FSI 型发动机，行驶里程 5436km，挂倒挡右后视镜镜片调整位置不到位。

故障诊断 用 VAS5052 检测无故障码。左前门控制单元编码正常，用开关调整，可以到最高和最低位置，证明电动机和开关正常，怀疑镜片记忆位置发生了变化，重新储存记忆位置，试车故障排除。

故障排除 重新储存记忆位置。

维修总结 有可能在低速行驶时客户调整了右侧镜片的位置，导致记忆位置发生变化，该故障是由于误操作引起的。

七十六、Q5 驾驶员座椅无法调节

故障现象 一辆奥迪 Q5，装备 DSG 型变速器，行驶里程 40 149km，驾驶员座椅无法

调节。

故障诊断 因驾驶员侧座椅的任何位置都无调节功能，意味着只有两个可能：无主电源和地线问题。通过对座椅的线路图进行查找，发现熔丝是正常的。

从座椅底下的插头中找到电源线测量，结果电压正常，但是一动开关，电压就变得很低，说明从熔丝到插头处有接触不良的地方。因座椅无法前后调整，只能外接电源后，拆下座椅检查线路，但是在拆座椅的时候发现座椅底的地毯已经全湿了（有漏水处）。

拆开后发现座椅底下有很多水，并且发现座椅的电源线已经发霉进一步查找发现为驾驶员侧的空调排水管处漏水导致。

故障排除 按 TPI2024376/3 处理好排水管，把电源线重新接好。

七十七、Q5 左前座椅调节功能失效

故障现象 一辆奥迪 Q5，装备 CAD 型发动机，行驶里程 13 682km，左前座椅调节功能失效。

故障诊断 用 VAS5052 检查系统有关供电断路的故障记录，维修人员在检查座椅插头时发现驾驶侧地板是湿的，顺着潮湿地板的痕迹，最后查找到在驾驶侧 A 柱前面一点，有一捆线束上是潮湿的，通过渗水试验很快水流顺着线束滴到地板的海绵上。

拆掉左前翼子板后发现水是从前风窗玻璃左下角顺着线束淋到海绵后，最终进入线束的护套孔，然后到达驾驶室内的。

故障排除 处理线束护套孔和线束的走向，修理座椅调节电动机电源线。

七十八、Q5 左后门升降器没有一键功能

故障现象 一辆奥迪 Q5，左后门升降器没有一键功能，拉往升降器开关左后门、左前门向上或者向下，玻璃只是向上或向下动一下。

故障诊断 用 VAS5052 检测有故障码：左后门升降器电动机基本设置不正确；车窗升降器电动机短路。根据此故障对左后门升降器做基本设置故障依旧。

分析可能是左后门升降器电动机有问题，检查线路正常。更换左后门升降器电动机、左后门升降器开关后故障依旧。

读取左后门控制单元数据流未发现异常。试更换左后门控制单元，一键功能正常了，但是开关却是相反的，向上按玻璃无故障码。最后发现控制单元编码有误，重新编码故障排除。

故障排除 重新编码，故障排除。

维修总结 无论更换什么控制单元，在更换前要把编码及个匹配通道的数值记录，以防止在刚换新的控制单元时出现其他故障。

第四章

奥迪 Q7 维修案例

一、Q7 OBD 报警

故障现象 一辆奥迪 Q7，装备 3.0T 发动机，行驶里程 5000km，OBD 报警。

故障诊断 读取故障码，显示故障码：1 列进气翻板卡滞；2 列进气翻板卡滞。故障码生成的原因：控制单元要求调节的位置，却在电位计数据上不能体现。通过与客户沟通，客户反映由于加油时误加错，将柴油误加到此车，曾经更换过喷油器。拆检进气道，对翻板进行仔细检查，发现了进气翻板被卡滞在空气导流板上面，正确位置应该是安装在导流板下面。

故障排除 重新安装进气翻板。

维修总结 由于工人工作不仔细，没有注意到细节的变化，将翻板装错。

二、Q7 挂挡耸车，挂 D 挡不加油不走

故障现象 一辆奥迪 Q7，挂挡耸车，挂 D 挡不加油不走。

故障诊断 因本车刚做完事故修理，更换过变速器和散热器，怀疑是变速器油缺失引起，加注变速器油，故障依然存在。用诊断仪诊断无故障码，随后怀疑离合器匹配不正确，于是进行匹配，匹配后故障依然存在。之后查询 TPI，说该故障是紧急运行模式启动造成的，以 30～40km/h 的速度，行驶 1000m，紧急运行模式关闭，该故障清除。

故障排除 由于该车是在高速行驶出的故障，造成紧急运行模式启动，以 30～40km/h 的速度匀速行驶 1000m。该模式将关闭紧急运行模式（当车辆高速行驶时，突然换入别的挡位时，就会启动）。

三、Q7 发动机无法启动

故障现象 一辆奥迪 Q7，装备 3.0TDI 型发动机，KMB 型变速器，行驶里程 24 457km，发动机无法启动。

故障诊断 该车辆在行驶中突然熄火，拖到服务站进行检修，发现高压泵损坏，内部存在着大量铁屑，为避免金属屑进入其他部件导致进一步损坏，按照相关 TPI，进行部件更换的同时，将共轨、喷油器也相应更换。但更换后出现车辆无法启动。检查更换的各零件号正常，确认无误后，测量各缸压属正常范围。在检查线路时，发现喷油器无供电，但线路正常无损坏，于是对喷油器进行匹配，控制单元进行升级，但故障依旧。执行元件诊断也无反应，由于该车辆在熄火后曾在外使用过跨接搭电（且有过反接现象，客户认为电压不足，未向我服务站查询），怀疑行车控制单元损坏。在新件更换后，故障依旧。为确定喷油器是否工作，将喷油器拆下进行测试，无喷油反

应，由于旧件已返回索赔库，无其他部件可供替换，经备件部门查询，此车备件可以与 A6L 2.7 TDI 共用，于是逐件更换尝试，更换高压泵、共轨都无法排除故障，当更换六支喷油器时，故障现象消失，车辆启动。为确定新喷油器是否损坏，逐一进行更换，更换后发现四支损坏，故障现象为启动后发动机抖动，剩余两只正常。安装后发动机运转正常。经过相关途径咨询，得知喷油器若想通电喷油，必须有规定的回油压力/蓄压压力（在喷油器内），当压力低于规定值时，便无法得到供电进行工作。进一步检查发现，损坏的喷油器在启动后立即拆下回油管路时，回油管路有大量柴油喷出，无法在喷油器内建立规定压力，相反，正常的喷油器在启动后，拆下喷油器时只有较少的柴油流出，从而保证喷油器内可以建立开启压力，喷油器可以通电进行工作。

故障排除 更换喷油器。

维修总结 不知新件为何损坏，由于旧件不在，只能使用 2.7 TDI 进行尝试。

四、Q7 正常行驶时听到前部发动机异响

故障现象 一辆奥迪 Q7，装备 3.0T 发动机，行驶里程 6020km，正常行驶时听到前部发动机异响。

故障诊断 正常行驶时听到前部发动机异响，车辆熄火后无法着车，救援拖车回厂。经拆解发动机后发现 2 缸侧滚轴牵引杆脱离凸轮轴，造成凸轮轴、气门和活塞损坏。

发动机总成到货，安装后试车正常；准备交车时发现发动机抖动严重，用 VAS5052 检查 1、3 缸不工作，检查缸压分别为：0.6MPa、0.9MPa；拆解发动机发现 1、3 缸侧滚轴牵引杆脱离凸轮轴，造成凸轮轴、气门损坏。

故障排除 更换发动机总成、气缸盖总成。

维修总结 将该车凸轮轴拆下检查，发现凸轮轴上与凸轮轴调节器定位的稳钉发生错位现象，与正常车辆凸轮轴对比错位 120°左右。将该车凸轮轴拆下检查。

解决方案：建议更换损坏的凸轮轴及调节器、气门。

五、Q7 发动机无法启动

故障现象 一辆奥迪 Q7，装备 3.0T 发动机，CJT 型变速器，行驶里程大约 4000km，发动机无法启动。

故障诊断 该车是施救回来的，询问客户故障情况，其表示在倒车的时候突然停住熄火，然后就再也启动不了，了解情况后，进行初步检查发现汽车在转动点火开关时汽车没反应，用智能启动按键也是一样没反应。

用 VAS5052A 进行检测：发现 05 系统均显示无法到达。于是接着找到 J518 的熔丝，发现已熔断了，取一新的装复，点火开关一开马上熔丝就又烧断了，且智能启动按键也不能用，这说明肯定是哪里短路了。

查阅 ELSA 电路图，此熔丝为 J518 及 E415 的供电熔丝，那么就可以认定是 E415 或是 J518 出问题了，再有就是其中间线路短路了。因刚才转动点火开关，熔丝马上就烧断掉，所以先更换一点火开关测试，换完故障还是依旧。排除了 E415 后，可能性就落在了后两者上了。

本着先易后难的原则，我们首先对线路进行了测量，首先对 E415 及 J518 的供电和搭铁线进行分别测量均未发现问题，看了电路图，猜想是它们中间的信号线有问题，一测量，确实发现其

一条信号线一直搭铁了。试着将线路动一动，却未见明显效果，仔细检查当前线束可以看到的部位均没有问题，要继续查看其他部位的话，必须得将仪表台拆下方可检查得到，于是把仪表台给拆了。当拆完要抬下时，就发现接在其上的试灯就灭了，沿着移动仪表台动的方向检查，发现此处的线束被仪表台的固定处座和内骨架夹住了，然后随着汽车走起来晃动，把线束外皮磨破，直接跟内骨架搭铁了。处理修复线束，故障排除。

故障排除 修复线束并重新布置。

六、Q7车跑高速后第2天着车冒白烟，城市公路跑车3天消耗3L防冻液

故障现象 一辆奥迪Q7，装备3.0TDI型发动机，09L型变速器，行驶里程23 481km，车跑高速后第2天着车冒白烟，城市公路跑车3天消耗3L防冻液。

故障诊断 询问用户在冒白烟时发动机无抖动，判断缸内漏防冻液的可能不大。用VAS5052检查无故障码存储，怀疑增压器故障，拆前尾气催化转化器和颗粒过滤器。此时发现左侧排气歧管和右侧排气歧管接口处颜色有，左侧发红；松开左侧排气歧管螺钉有干净的防冻液流出，右侧没有。仔细观察排气流向，断开废气再循环连接管有防冻液流出，初步怀疑废气再循环冷却器故障，将其拆下放在水中有气泡出现，判断确为废气再循环冷却器故障。

故障排除 更换废气再循环冷却器，装复后试车一切正常。

维修总结 柴油发动机的排气结构比汽油车的复杂，在维修过程中要与汽油车区别对待。

七、Q7发动机冷却液液位报警，隔2～3天就要添加冷却液，且冷车启动后，排气管冒白烟

故障现象 一辆奥迪Q7，行驶里程22 675km，发动机冷却液液位报警，隔2～3天就要添加冷却液，且冷车启动后，排气管冒白烟。

故障诊断 发动机冷却液有泄漏现象，给冷却系统加压，发动机外部没有发现有泄漏点，检查发动机油正常，打开机油加油口盖检查也没有水汽，排除了机油散热器泄漏的可能。

发动机运转时，打开副散热器盖，没有冒泡现象，排除冲床的可能。冷车启动时有冒白烟的现象，分析冷却液泄漏到排气管，怀疑废气再循环冷却器可能存在泄漏，将废气再循环冷却器拆下加压，发现有泄漏现象，确定为废气再循环冷却器故障。

故障排除 更换废气再循环冷却器。

八、Q7发动机抖动

故障现象 一辆奥迪Q7，装备BAR型发动机，09D型变速器，行驶18 543km，发动机抖动。

故障诊断 该车之前因两侧三元催化器堵塞，造成发动机拉缸，在我站更换了中缸总成，在行驶一段里程后出现怠速时发动机抖动，排气管有“突突”声，有缺缸的感觉。连接VAS5052检测，发动机有故障码：气缸列1和气缸列2混合气过稀。查看数据流混合气达到了10%～20%，两端的空气流量计数值为2.2～2.4g/s（正常值应为3.0～5.0g/s），于是怀疑发动机有地方漏气。

导致部分空气没有经过空气流量计，直接进入发动机气缸燃烧，经检查发动机外部不存在

有漏气的地方。

为确定漏气点，用两块布团堵住了两侧的进气道，此时从VAS5052上看出两边的空气流量计数据已接近0g/s，而发动机照常运转，几乎没有影响，这就充分说明发动机确实存在漏气。

这时拔下气门室盖连接机油分离器的软管，真空度很大，机油分离器发出“丝丝”的吸气声，用手堵住分离器进气口发动机停止抖动，手离开发动机就抖动，反复试了几次后意外发现发动机下部漏机油了。这时可以确认分离器已经损坏，分离器损坏后所有的真空压力就作用到曲轴箱连接机油分离器的通道内，发动机通过活塞下行吸气，就会一直从曲轴箱内抽气，使曲轴箱内出现很高的真空度，将曲轴油封吸瘪变形，进而导致从油封处漏气漏油。泄漏的气体不经过空气流量计，使混合气变稀，导致发动机抖动。

故障排除　更换曲轴后油封及机油分离器。

九、Q7发动机尾气监控灯报警

故障现象　一辆奥迪Q7，装备4.2L发动机，行驶里程44 000km，发动机尾气监控灯报警。

故障诊断　用VAS505X检测，发动机有偶发故障记忆：08213进气歧管风门位置传感器信号不可靠；08224进气歧管风门2位置传感器信号不可靠。

故障引导，检查进气歧管风门2位置传感器和进气歧管风门电动机各项功能均正常，检查传感器插头及电动机插头，无异常。

根据故障记忆分析：左右进气歧管风门位置传感器信号同时不可靠，说明风门电动机肯定运动但左右风门传感器信号变化不同。必须首先确保风门运动无卡滞，才能确定风门电动机性能，多次进行执行诊断，并仔细观察风门传感器的变化，无异常。

于是拆下进气歧管风门电动机，用手转到左右风门，阻力不同，再拆下进气歧管检查风门进气风门后，发现有一侧风门驱动机构和传感器处有较多污物。将风门驱动机构处的污物清洗装复后试车，并反复生成就绪代码，故障排除。用同样方法又进行相同故障现象的其他车辆的维修并跟踪，故障均排除。

故障排除　清洗风门驱动机构。

十、Q7行驶中熄火

故障现象　一辆奥迪Q7，装备3.6L发动机，行驶里程49 852km，行驶中熄火。

故障诊断　第一次进站检测行驶中熄火，检查油压压力过低，判断为汽油泵故障。因服务站当时无汽油泵备件，用户未更换也未订货就将车开走继续使用。

使用几天后，用户反映行驶中熄火且无法再启动，拖至服务站检查，诊断仪检测有汽油泵电气故障（因该车过质保期，维修人员未保存诊断报告），再次确认为汽油泵损坏，必须更换。订购备件到货后，拆开座椅更换汽油泵时发现油泵线束有问题，该车线束像改装过。拆下油泵后发现油泵插头处被烧穿。

问题

（1）电路图上油泵控制器到插头线束之间没有继电器，为何车上装有，且工艺很差，继电器和线之间用电焊焊在一起后再用胶布缠住。

（2）该车未进行改装过，是否该车生产线上就是如此安装，为何存在此种问题？

（3）我站遇到过两辆汽油泵被烧穿车辆，存在安全隐患是否有其他措施可以补救？分析认为该车故障应该为外部加装引起的。

故障排除 订购法兰后，更换汽油泵及法兰并修复油泵线束，故障排除。

十一、Q7 进气歧管爆裂

故障现象 一辆奥迪 Q7，装备 3.6L 发动机，行驶里程 6000km，进气歧管爆裂。

故障诊断 用 VAS505X 检查发动机系统，发现有氧传感器故障，发动机有燃烧不好的相关故障，更换氧传感器后试车，未发现异常，为了确认故障，将旧的进气歧管粘好装回车上。

车主提车后至加油站加油，加满油后启动瞬间，进气歧管再次爆裂。

这次诊断仪检测无故障码，根据车主反映情况：上次爆裂也是加完油后发生的，从中分析可能的原因是：①燃油品质有问题导致。②油箱蒸气系统循环故障。

但由于两次的加油地点不同，可以先排除燃油品质的原因。炭罐的循环系统通大气的通道堵塞，导致加油过程油蒸气通往发动机进气道了，会引起第一次启动瞬间混合气浓度太大而在进气歧管产生爆燃。

根据 ELSA 资料，检测炭罐的循环系统，查到其排大气的通道是正常的，后发现炭罐电磁阀常开，故障是由于该阀常开导致加油过程中油蒸气大量进入进气歧管内。

故障排除 将电磁阀更换，故障排除。

十二、Q7 维护完之后出现难着车现象

故障现象 一辆奥迪 Q7，行驶里程 9200km，维护完之后出现难着车现象。

故障诊断 该车更换了汽油滤清器，拆洗汽油泵，就出现了难着车现象。先用 VAS5052 检测，发动机出现故障码：燃油压力调节过低，偶尔。

检查：103 组燃油低压数据流怠速时为 0.53MPa；106 组燃油高压数据流怠速时为 4.5MPa。怠速时油压正常，可是熄火后再检查是否能保持油压，3s 就下降到 0.15MPa，卸压不正常。

因为是更换了汽油滤清器，拆洗汽油泵，才出现的故障，所以怀疑油管没连接好。于是检查燃油箱内的油管，全拆检没发现疑点，再重装试车，故障依旧。

怀疑新的汽油滤清器有问题，更换回旧的汽油滤清器，试车，故障依旧。

是否汽油泵有问题呢？只是清洗了而已，汽油泵会卸压得这么快吗？最后找一个汽油泵来研究，汽油泵与上盖密封法兰是可以分开的，先更换汽油泵来尝试，但故障依旧，无法保持燃油压力。

最后只有油泵密封法兰还没试，因为密封法兰带燃油压力调节器和重力阀。

更换了油泵密封法兰，启动车辆熄火后，10min 还可以保持在 0.45MPa，压力正常。

故障排除 更换右侧密封法兰（燃油压力调节器和重力阀）。

十三、Q7 冷车启动时，机油红灯报警

故障现象 一辆奥迪 Q7，装备 4.2L 发动机，行驶里程 18 238km，冷车启动时，机油红灯报警。

故障诊断　车辆在高速行驶后，出现怠速抖动故障，经检查第1缸、第7缸缸壁拉伤。更换缸体、活塞等损坏件。维修后客户反映机油红灯多次报警，重新启动后故障消失。

测量机油压力，怠速时为0.08MPa，测量另一辆无故障车的机油压力为0.22MPa。再次分解发动机，发现有3处油道孔没有堵上。

故障排除　将油道孔堵上后故障消失。

十四、Q7发动机异响

故障现象　一辆奥迪Q7，装备3.0LTFSI型发动机，行驶里程大约2万km，发动机异响。

故障诊断　启动发动机，发动机上部可听到明显的“嗒嗒”声。取下发电机传动带，声音依然存在。用VAS5052检测，01检测到故障码：气缸列1氧传感器1，加热电路对地短路；第2控制组中传感器1，加热电路对地短路；燃油计量阀N290断路；二次空气阀N112短路；二次空气阀2　N320短路；活性炭过滤系统电磁阀1　N80对地短路；进气歧管气流控制风门，对地短路；二次空气泵继电器J299，对地短路等多个故障。初步怀疑异响跟燃油计量阀有关，燃油计量阀处于应急状态。

查询电路图并检测供电，发现所有元件都只有4.5V的电压（正常应大于12V），产生故障的元件都由发动机部件供电继电器J757供电，检测J757的30号和85号供电，发现均只有4.5V，为不正常，怀疑供电线路虚接。经检查发现，发动机左前部供电线束螺栓未拧紧。重新紧固螺栓，异响消失，故障解决。

故障排除　处理线束。

十五、奥迪Q7 3.0T组合仪表上显示废气故障灯亮，加速无力

故障现象　一辆奥迪Q7，装备3.0TFSI型发动机，行驶28 341km，组合仪表上显示废气故障灯亮，加速无力。

故障诊断　用VAS5052检测：01有故障码：01027 P0403 000废气再循环阀V338故障。做导航测试用合适的方式清洁，拆下用清洗剂清洗废气再循环阀伺服电动机V338，清洗后安装试车，故障不会再现。

交车后客户行驶了300多km又出现了此故障现象，再次检测时故障码同上，拆下废气再循环阀伺服电动机，发现翻板又卡死，积炭较多，这次拆下再次清洗，同时对进气管彻底清洗，在循环阀伺服电动机翻板上加注润滑油，在自诊断做基本设定，003、033、044、055、063每次只能做一组匹配，然后熄火后再启动，未显示故障，同时对该车加注柴油添加剂，最后跟踪该车2000km故障没有再现。同样故障的车我站出现过两例。

故障排除　拆下伺服电动机翻板用清洗剂全面清洗，对翻板轴加注润滑油，提醒用户要加清洁柴油同时加注添加剂使用。

十六、Q7怠速着车有“嗡嗡”声

故障现象　一辆奥迪Q7，装备3.0T发动机，行驶里程2783km，怠速着车“嗡嗡”声。

故障诊断　此车怠速时细听车内有“嗡嗡”声，车主反映新车就有，与其他车辆比较噪声

较大。车主要求必须修好。由于声音方向比较模糊，感觉在发动机前部。断掉发电机传动带，声音消失，觉得应是传动带带动的某一零部件发出的，更换传动带所带动的轮系后，声音依旧。当转向盘回正后，声音明显，稍打一点转向，声音变小。

故障排除 更换高压油管，可能在零件加工时，小的误差带来了舒适性的影响。

十七、Q7蓄电池亏电，发动机无法启动

故障现象 一辆奥迪Q7，装备4.2L发动机，09L型变速器，行驶里程3920km，蓄电池亏电，发动机无法启动。

故障诊断 用VAS5052查询，发现网关有故障码：舒适系统有单线运行模式，同时报有内部监控报警，都是偶发的。按正常维修流程，首先检查车辆是否漏电，用电流钳检查多时，确认车辆不漏电。之后通过服务顾问告知用户也许用户车辆亏电，充电后出厂。

过了一个星期后用户反映故障又出现了，检测发现还是先前出现的故障码，再一次测量车辆是否漏电，实测不漏电。进一步检查内部监控报警，发现报警源来自于左后门控制单元。

通过读取数据流，既然数据流显示很清楚，更换完毕后想必解决了，修理完毕等待用户接车，下班发现又无法启动了。

解决措施第一步：①通过反复维修，重新理清思路，详细了解用户发生故障的时间、地点和故障频次。最终得出规律是：发生故障的时间一般在中午到下午，天气很热，总是车辆停在露天2～4h后才发生，而且有一次发现双闪灯亮。②在线查询TPI无相关内容。③了解其他服务站提供一些常见思路，检查没有发现问题所在。④由于客户一定要本次维修解决，故要确诊故障并解决的首要问题是再现故障。⑤问询客户，得出的规律是天气很热，用户总是将车辆停在露天。联想最近上海天气的确非常热，室外温度达到45°以上，一定要高温故障才能再现。⑥最终想到通过上烤房再现故障。

解决措施第二步：①删除所有故障码，车辆上烤房。②设置60℃烤45min。③之后推出车辆，再现网关有故障码：舒适系统有单线运行模式，没有内部监控报警。④进入故障导读，读取数据流。

解决措施第三步：①利用VAS1598/38连接右侧总线分离插头进行插拔处理，刚连好插头，单线故障消失。②大约15min后热量消失后正常，为此反复进出烤房多次，效率很低。最终插拔T46b/141时变成双线运行。③通过插拔相关控制单元：舒适/便利功能系统中央控制器J393、驻车辅助控制器J446、后盖控制器J605、倒车摄像系统控制器J772、舒适/便利功能系统中央控制器2 J773，均无效。④反复确认后，认定是舒适系统L低总线对地短路，用万用表量有2kΩ左右的电阻。⑤对此意味着要更换中央线束，工作量极大，无法及时提供备件，时间只有1天半。

解决措施第四步：反复讨论后，最终确认维修线束，但愿在后部某一个控制单元处，而不是前部。这样工作量相当较少。接下来就是找总线的星型节点，通过思考判断应在最靠近舒适电器的地方，成本最低，运气不错，很快就找到了星型节点。

分离控制单元CAN低线逐个测量，最终确认是接后盖控制器J605的CAN低总线在高温情况下对地有虚搭铁，导致漏电。

故障排除 以前遇到的漏电主要是信息系统控制单元硬件本身缺陷导致。这是第一辆由于

高温导致 CAN 线系统问题造成车辆漏电无法启动。工作量大和偶发性导致排除较为困难。反思 Q7 报警双闪灯亮是提醒车主车辆有问题。但最终电耗尽是否必要，不知其他 A8、C6、A4 等车辆有否功能设置。

十八、Q7 热车后熄火 20min 后启动，转速表有波动

故障现象 一辆奥迪 Q7，装备 3.6L 发动机，行驶里程 25 001km，热车后熄火 20min 后启动，转速表有波动。

故障诊断 该车车主抱怨热车熄火后 20min 再启动转速表有波动。用 VAS5052 进行检查无任何故障码记忆，但现象确实存在。用自家救援 Q7 车进行试验发现无此现象。找来多辆新款 Q7 发现都有不同程度的转速波动，怀疑为发动机控制单元控制问题。

故障排除 更换自家 Q7 车的发动机控制单元到 2010 年款 Q7 车上，故障消失。注意事项：该现象在 2010 款 Q7 中都存在，因该现象属于正常现象，不要尝试维修。

十九、Q7 发动机不着车

故障现象 一辆奥迪 Q7，行驶里程 6000km，发动机不着车。

故障诊断 用 VAS5052 检测舒适系统各控制单元都无法进入，网关内容有舒适总线故障。除驾驶员车门外其他门均无法打开，断开驾驶员车门侧总线故障依旧。

拆装副驾驶员手套箱后，断开副驾驶员总线节点，系统恢复正常。分别断开副驾驶员杂物箱节点，断开后部控制单元节点时，系统恢复正常。

依次检查行李舱总线线路，发现后天窗电动机处线束明显被压，造成系统故障，拆装后天窗电动机，修理后部线束后，故障排除。

故障排除 修理总线线束。

维修总结 同样位置故障点故障我站还遇到两例：①控制单元内记载舒适总线单线模式故障，原因是舒适总线高线搭铁。②行李舱有时无法关闭，是由开关信号线短路造成的。

二十、Q7 怠速时急加速仪表全部黑屏

故障现象 一辆奥迪 Q7，装备 3.6L 发动机，行驶里程 1423km，怠速时急加速仪表全部黑屏。

故障诊断 用 VAS5052 进行检查发现仪表功能受损保护，根据黑屏现象判断是仪表搭铁线松动而引起的，然后用万用表测量急加速功况下仪表板插头到车身的搭铁正常，又测量仪表的供电，在急加速的情况下电压可以达到 18.5V。怀疑故障出在发电机，直接测量发电机电压也是 18.5V，分析是发电机的调节器损坏。

故障排除 更换发电机后，故障排除。

二十一、Q7 仪表中照明在加速时闪烁，怠速正常。偶尔仪表时间恢复为零。发动机加速后收油易熄火

故障现象 一辆奥迪 Q7，装备 3.6L 发动机，0AT 型变速器，行驶 31 209km，仪表中照

明在加速时闪烁，怠速正常。偶尔仪表时间恢复为零。发动机加速后收油易熄火。

故障诊断 用VAS505X检查系统，在控制单元存储故障码为供电电源电压不稳。仪表内故障码亦为供电电压不稳。读取故障单元数据流，怠速供电电压正常，加速时电压时降、时高。

怀疑为搭铁线松动，故拆装驾驶员座椅检查蓄电池接线，搭铁线松动。紧固试车故障没有改变。检查车身搭铁线连接正常。因线路没有问题，蓄电池正常，故检查发电机的发电电流，发现在怠速情况下正常发电，在加速运行时，输出电流过高。怀疑发电机整流设备损坏，导致控制单元供电电压偶尔过高，控制单元保护所致。

故障排除 更换发电机后，故障排除，试车正常。

二十二、Q7行驶熄火

故障现象 一辆奥迪Q7，行驶里程5700km，行驶熄火。

故障诊断 车辆行驶熄火，重新启动，一切正常。用诊断仪检测多个控制单元有故障码：驱动CAN控制单元无信号和端子15断路/对地短路，偶发。

客户反映此车出现过两次故障，熄火时仪表上ABS报警。回厂试车一切正常。从“端子15断路/对地短路”故障入手，检查相关的线路及触点，均正常。

拆下端子15继电器J329测量电阻时，发现继电器电阻值忽高忽低，最高时达500Ω，而正常继电器电阻仅为几欧，用一新继电器连接可调电阻对车辆进行故障再现，当电阻值调到350Ω以上时，车辆熄火，仪表上ABS报警。

故障排除 更换端子15继电器J329。

维修总结 此类故障属于偶发故障，准确排查故障很有难度，而行驶熄火影响行车安全，客户抱怨极大，要慎重处理，避免返修。

二十三、Q7换挡杆无法从P位移出，换挡锁止电磁阀N110以高频率工作并发出“嗒嗒嗒”的声响，踏下制动踏板，动作及声音停止

故障现象 一辆奥迪Q7，装备BHK型发动机，0AT型变速器，行驶45 534km，换挡杆无法从P位移出，换挡锁止电磁阀N110以高频率工作并发出“嗒嗒嗒”的声响，踏下制动踏板，动作及声音停止。

故障诊断 利用VAS5052检测，无相关故障码存储。分析解决该故障首先从N110开始。用VAG1526检测N110电源有12V，利用VAG1527测试N110搭铁，试灯点亮，N110阻值正常。查阅电路图，如图4-1所示。

断开T4c插头，将N110控制线直接搭铁（不受J217控制），故障消失。说明N110供电及其本身正常，问题出在控制端。

读取J217的供电及搭铁状况，发现数据流02-08-17的J217的15号线供电，本应是12V以上的稳定电压，却在0～12V之间高频率跳动。

用VAG1526测量J217的30号线（T16g/14）供电，正常，电路图如图4-2所示。J217的15号线（T16g/9），10V左右。测量T16g/9的SC6/5A，断路。找到连接点，主导线束中（B283）在副驾驶座椅下方，进行测量，去J217方向虚接，将其修复，故障排除。

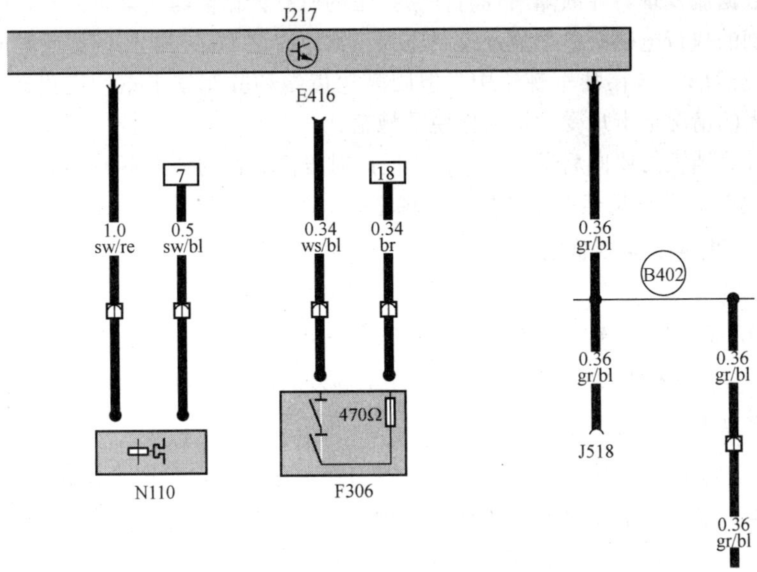

图 4-1 N110 电路图

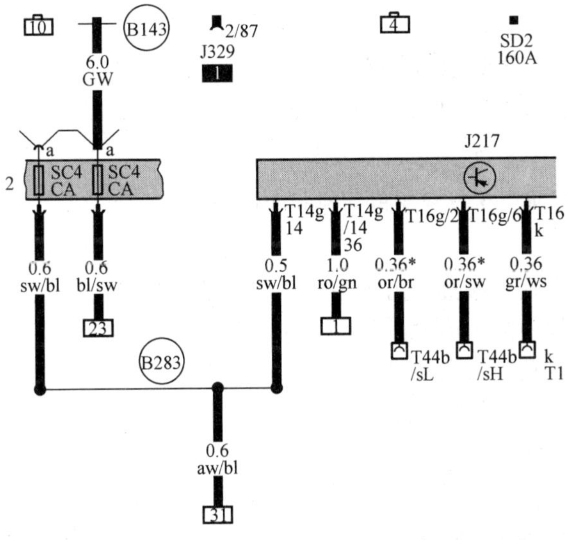

图 4-2 J217 电路图

二十四、Q7 挂 R 挡后挂 P 挡然后再挂 D 挡可能存在不走车现象，加速至 2000r/min 车辆急冲出

故障现象 一辆奥迪 Q7，装备 3.6L 发动机，0AT 型变速器，行驶 2070km，挂 R 挡后挂 P 挡然后再挂 D 挡可能存在不走车现象，加速至 2000r/min 车辆急冲出。

故障诊断 仅在 R 挡后挂 P 挡再挂 D 会存在此现象，故障出现时试车挂 D 挡松制动踏板后有向前行进趋势，但感觉像负载过大无法带动或离合器打滑那样仍保持静止，此时当加速至 2000r/min 时突然向前急冲。此现象和内部压力泄漏或卡滞较类似，根据试车现象，尝试更换整套滑阀箱及控制单元后无效。

对比该车数据流发现，在故障出现时任何挡位的所有数据值与正常车无异，由此说明，从数据流上所能看到的执行电磁阀的电流及控制压力正常，应该不存在液压回路泄漏或发卡情况。

此时P挡仍然部分卡在驻车棘轮中，但因棘轮齿端和驻车锁卡爪均已出现不同程度磨损，在输入扭矩增大的情况下卡爪受力增大挣脱了棘轮。

D挡位置时P挡锁需要向后退2个位移，但此时复位弹簧的弹力不足以使P挡锁退至足够的位移造成在D挡时P挡锁仍然有小部分位于棘轮中。而在R挡时复位弹簧弹力足够达到。

故障排除　更换变速器总成。

二十五、Q7前进挡换倒挡后底盘出现“咔”一声异响

故障现象　一辆奥迪Q7，装备3.0T低功率型发动机，0C8型变速器，行驶15 000km，前进挡换倒挡后底盘出现“咔”一声异响。

故障诊断　此车前进挡切换倒挡或是倒挡切换前进挡后，瞬间会出现明显“咔”一声异响，并且行驶中正常。在车底部听，异响明显出现在分动箱与传动轴之间，查看TPI：2024286/2，进行02A005升级后故障仍然存在。观察挡位变换后，在车轮停止时传动轴会转动一个角度，在停止转动时异响出现。考虑到此情况，与试驾车替换分动箱后故障转移。

故障排除　更换分动箱。

二十六、Q7低速行车时变速器异响

故障现象　一辆奥迪Q7，装备4.2L发动机，09D型变速器，行驶里程12 400km，低速行车时变速器异响。

故障诊断　此车低速行车时减速再加速时变速器部位有明显异响，且响声较大。诊断仪检测无故障码。

将车升起检查底盘无松旷痕迹，由于发生异响时响声位置大概在变速器部分，故检查变速器油，正常无异物，试换两前轮传动轴及前桥差速器后，故障依旧，再次试车时发现当此车转弯时有明显动力分配不均匀现象发生，初步判断为分动箱内部机械故障所致，检查分动箱油液，正常无异物，试换分动箱后异响故障排除。

故障排除　更换分动箱。

二十七、Q7导航偶尔功能失效

故障现象　一辆奥迪Q7，装备3.0TFSI型发动机，0C8型变速器，行驶里程15 800km，导航偶尔功能失效。

故障诊断　客户描述使用导航时开始正常，行驶一段时间导航将功能失效，不再提示路径。陪同客户一同试车，发现确有此情况，导航设置目的地后开始使用正常，行驶一段时间后导航路径指引中断消失，之后导航将无法使用，重新设置目的地后导航又可以使用。

用VAS5052读取整个系统没有任何故障码。试车并引导性故障查询功能部件，读取J533数据流各控制单元通信正常，读取J794所有数据流，显示控制单元供电、温度、风扇均正常，硬盘导航数据库识别正常，卫星接收数据以及GPS导航接收卫星信号正常，转向角传感器信号以及显示的车速信号也正常。

给J794断电重新连接之后再试车，设置好目的地后导航工作正常，并且反复试车导航路径指引显示正常，导航工作正常且故障再也没有再现。于是跟客户商量，客户同意如果有问题再过来。2周之后客户再次到店反映故障又出现。

用VAS5052A读取故障码发现只有03，含义为ABS控制单元中有右后车速传感器不可靠间歇式故障，其他控制单元没有任何故障码。删除故障码后与客户一同试车行驶多次故障没有出现，同时J794中的所有数据都正常。怀疑J794（导航控制单元J401在里边集成）工作不稳定造成的此故障。考虑到J794费用昂贵，于是跟客户商量先把同型号的试乘试驾车上的J794给客户车上使用。换完控制单元J794后系统使用正常，当天下午没有出现异常，于是与客户达成共识，先使用，有问题再联系。

大概一个多月以后客户到店反映导航又不能用了，同时客户描述出现故障时MMI显示屏右侧的车辆速度信息也没有了，之后导航就使用不正常，而且客户说出了之前“右后轮做过事故修理，从那之后导航就不好使了”。

用VAS5052A读取故障显示03，含义为ABS中报右后车速传感器不可靠信号间歇式故障，如图4-3所示，由于J794是新的，结合客户描述，判断故障可能跟右后车速传感器不可靠信号有关系。

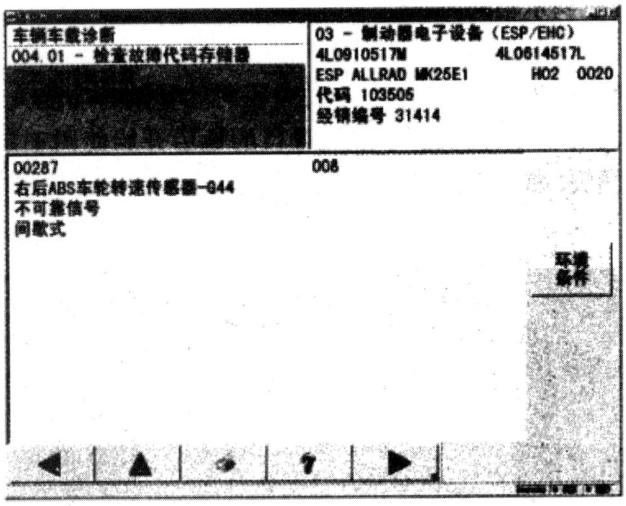

图4-3 故障码

删除故障码重新设定导航目的地，反复试车，当导航失效时确实是MMI显示屏右侧车辆速度信息消失，然后导航不再有路径指引，导航功能失效。但是引导数据J794中的车速以及其他数据都是正常，VAS5052A读取同样导航不报故障码，只有03，含义为ABS中报右侧车速信号不可靠间歇式故障。

删除故障码，重新设置导航目的地，反复试车发现只要导航失效ABS中就报右侧车速信号不可靠间歇式故障码。此时基本判断导航功能失效跟ABS中报的右侧车速信号不可靠有关。

拔下右后轮车速传感器插头测量线路正常，于是拆下传感器发现传感器有些异常。

把试乘试驾车上的右后轮车速传感器与故障车上的调换，看看两个车分别会出现什么情况。结果客户的车怎么试车导航功能也正常了，然而试乘试驾车行驶一段时间后导航路径指引会消失，接着导航功能失效不再导航，同样03-ABS中会报右后轮车速信号不可靠间歇式故障。结合相关资料得知，对于 MM12G（J523）导航仪器利用前桥路程脉冲信号来推算导航仪。前段的路程脉冲信号将带有 EDS J104 的 ABS 控制单元根据转数检测器的信号（根据前面左边的 G47 和前面右边的 G45 算出来），并且向传动装置控制单元数据区域控制网络发送。数据总线诊断面板 J533 读取传动装置控制单元数据区域控制网络上的信息，并且通过媒体系统数据交换总线向导航仪控制器 J401 发送。

故障排除 更换右后轮车速传感器。

维修总结 由于车速传感器异常造成 J794 从 J104 中获取的车辆旋转数据不稳定造成导航路径指引工作不稳定。

二十八、Q7 MMI 系统有时黑屏和播放 CD 或收音机有时发卡

故障现象 一辆奥迪 Q7，装备 0C8K 型变速器，行驶里程 54 000km，MMI 系统有时黑屏和播放 CD 或收音机有时发卡。

故障诊断 检查该车确认有时 MMI 系统有时黑屏和播放 CD 或收音机有时发卡，对该车升级后无效。当出现故障时做回路中断诊断结果为：00000000000000000000000000。可能原因：①在回路中断诊断线路中存在对地短路。②有故障的控制单元导致回路中断诊断线路搭铁。③在回路中断诊断线路中存在对正极短路。

当出现故障时测量回路中断诊断线的电压值为 0V。初步判断为 MOST 控制单元上有短路搭铁现象。断开 MOST 上各控制单元、收音机、电视、J794、J533 电源后测量回路中断诊断线的电压值都为 0V。

当断开控制单元 J525 时测量回路中断诊断线的电压值为 12V（正常值）。在测量时无意中发现控制单元 J525 接口处位置线束中有磨损现象，检查可判断磨损线束就是回路中断诊断线，检查结果为回路中断线位置与车身接触导致回路中断诊断线电压值为 0V。

修复线束后用户行车测试故障排除。

故障排除 修复线束。

维修总结 从故障现象分析一般判断为控制单元 J794 有故障。通过断环诊断或许能够查出故障原因，从该车现象断环诊断线出现故障会导致 MMI 系统不工作。

二十九、Q7 MMI 系统无显示黑屏

故障现象 一辆奥迪 Q7，装备 BHK 型发动机，09D 型变速器，行驶里程 7500km，MMI 系统无显示黑屏。

故障诊断 客户描述车辆在行驶 5000km 时因为屏幕显示导航初始化，更换过一次 J794，初始化问题解决了，但是偶尔显示屏会黑屏，有时是倒车时，有时跑着跑着无端地就黑屏了，关闭点火开关或者是重新启动系统后故障消失。

用诊断仪检测系统内并无故障码，进行 3GHCN348 升级。三日后客户打来电话说故障没有解决，当时怀疑故障原因是 J794 引发。

此类故障其他车型发生频次较多，Q7 也有类似故障，但更换 J794 后故障仍然未能解决，此时故障频次发生的频率较高，连续按 E506 显示单元按钮 20 次左右就有一次故障现象发生。

无意间发现在听广播时有声音但只是显示屏黑了，在拔插 J685 熔丝（SC4）后屏幕有时可以

恢复正常被再次点亮，当时怀疑可能导致故障的原因有以下几种：①E506 显示单元开关；②J685 显示单元；③J794 与 J685 之间的导线。

故障排除 在对 J794 到 J685 之间导线进行检测排查及排除 E506 显示单元按钮等故障后，订购 J685 显示单元，更换后故障排除。

维修总结 在没有再现故障的情况下凭借经验进行维修，有时所得到的结果往往会偏离实际，造成重复维修。

三十、Q7 因故更换前部显示和操作单元 J523 后，播放源中没有 CD

故障现象 一辆奥迪 Q7，装备 BHK 型发动机，0AT 型变速器，行驶里程 125 312km，因故更换前部显示和操作单元 J523 后，播放源中没有 CD。

故障诊断 该车因故更换前部显示和操作单元 J523，在进行对 J523 进行编码、MMI 功能匹配和元件保护释放后，收音机正常，但当按下“Media”按钮时，播放源中只有“TV”，没有“CD 转换器”，检查该车 J523 编码为“2009”，匹配通道 1、2、11 中数值与正常车辆完全一致，新、旧 J523 零件号码完全相同。

使用 VAS5051B 检测到前部显示和操作单元 J523 中记录故障码“控制单元基本设定/匹配未执行”，执行测试计划显示“控制单元中存在一个内部故障码，匹配无法执行”。

尝试进行 SVM 在线比较，从 SVM 服务器返回的信息为“所安装的硬件存在故障”。检查该车 J523 的软件版本为 0860，将“MMICN464”的升级光盘插入故障车 CD 中，尝试进行软件升级时，MMI 显示屏出现提示“CD 不可读”，重新启动 MMI 系统后仍无效。

故障排除 更换前部显示和操作单元 J523 后，故障排除。

三十一、Q7 倒车影像无显示

故障现象 一辆奥迪 Q7，行驶里程 3068km，倒车影像无显示。

故障诊断 挂倒挡时，偶尔没有倒车影像。诊断仪检测无故障，重新启动，故障现象消失，检查控制单元编码及匹配值正常，检查线路也未发现异常，拔下倒车摄像机系统控制单元 J772～J523 的视频线，现象与客户反映的一致，怀疑视频线接触不良。当拍打仪表台时，倒车影像闪烁，拆下 J523，晃动视频线，故障现象再现。

故障排除 固定视频线。

维修总结 J523 视频线插头处产生小于 90°的弯曲，导致插头偶尔接触不良，产生无倒车影像现象。重新固定视频线，反复试车，故障排除。

三十二、Q7 两个尾灯切换功能失效

故障现象 一辆奥迪 Q7，装备 3.6L 发动机，行驶里程 658km，两个尾灯切换功能失效。

故障诊断 故障出现时左边工作正常，右边无法切换。从车主处得到信息，该车加装 GPS 后右后尾灯就无法切换，通过这一信息，检查其加装的线路，但是从控制单元到尾灯处的线路一切正常。

因想到尾灯是 J393 控制的，而且看到控制处的线路被破开过，仔细检查是供电线 30 号端子

被破开加装了 GPS 系统，可能加装的线路造成 J393 的供电电压不足引发故障，于是断开加装线路观察右后尾灯的工作状况，结果一样。

断开 GPS 系统的供电线，右后尾灯依然不能正常转换，J393 发生故障的可能性最大，调换新的 J393 进行编码后右后尾灯工作正常。

故障排除 更换 J393。

维修总结 此故障由于车主自行加装 GPS 系统时破坏了原车线束中 J393 的供电线，加装的系统工作时电流过大或漏电引起 J393 内部损坏，对此类故障进行维修时建议从用户处了解更多车辆信息，以节约诊断维修时间！

三十三、Q7 行驶时组合仪表黑屏，熄火后再启动，启动不着，防盗报警

故障现象 一辆奥迪 Q7，装备 3.6L 发动机，行驶里程 3519km，行驶时组合仪表黑屏，熄火后再启动，启动不着，防盗报警。

故障诊断 把钥匙插入点火锁内，转向柱能解锁，但仪表灯不亮，一启动防盗就报警，这时车门锁不上，右侧车门也打不开。用 VAS5052 检查，自诊断检查，由于没有 15 号电，控制单元无法进入，进入导航检查，整个动力系统显示故障，而整个舒适系统都是无法到达。

尝试更换 J518 和 J533，故障依旧。想用 VAG1598/38 对各控制单元总线进行分析，但由于右侧车门无法打开而无法进一步分析，此时维修不知从哪下手。

在其他经销商技术经理提示下，检查一下后门电动机处线路是否正常（此时后门也打不开）。

故障排除 拆下后顶灯，发现后门电动机在厂内安装时，把该电动机线束压在电动机下面了，造成后盖控制器 J605 两根舒适 CAN 线短路。拆下电动机把线拿出来，把线束包扎处理，故障排除。

三十四、Q7 高级钥匙无法使用

故障现象 一辆奥迪 Q7，装备 4.2L 发动机，02E 型变速器，行驶里程 136 544km，高级钥匙无法使用。

故障诊断 用 VAS5052 检查系统，进入及启动许可控制单元存储有乘客侧进入及启动授权无线故障码。音响系统有后高音扬声器故障码，拆下右后门饰板，检查插头连接正常，无松脱现象。

更换天线后故障依旧，检查天线的插头和扬声器的插头形状一样（颜色不同），联想到有扬声器的故障码，将两个插头调换后故障码变为偶发，删除故障码试车，故障消失。

用户说曾经在外面事故修过右后门，故障由上次维修安装错误引起。

故障排除 调换连接插头。

三十五、Q7 右侧日间行车灯有时不亮

故障现象 一辆奥迪 Q7，行驶里程 8700km，右侧日间行车灯有时不亮。

故障诊断 用 VAS505X 检测故障码为：02746 007 右侧日间行驶灯泡对地短路，偶发。由于奥迪 LED 灯的故障比较多，常规检查后，首先更换右侧前照灯，更换后客户反映有时还是

不亮。

查找ELSA电路图，未能指示出该车型的具体线路，根据实车进行比对，前照灯的插头针脚(图4-4）与实车一致。T14a/10黄蓝线连接至J519的T10a/1插脚、T14a/12连接至J519的T32b/15插脚。

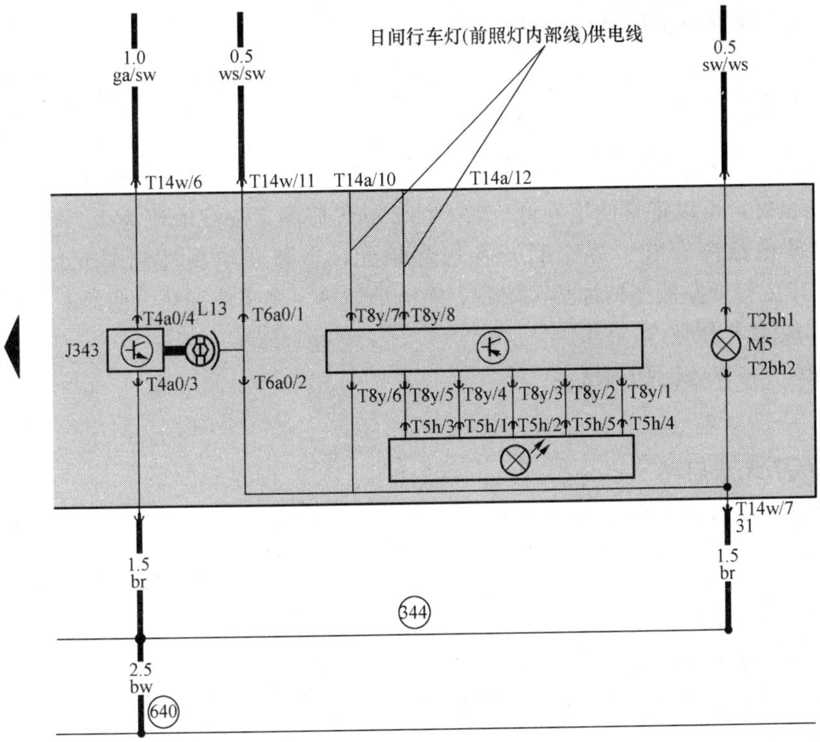

图4-4　电路图

检查该线路的10号插脚和12号插脚与J519控制单元线路正常。检查连接插头时发现12号插脚开度较大，导致虚接。

故障排除　用线束维修包更换右侧12号插脚，故障排除。

三十六、Q7锁车后防盗报警无故触发

故障现象　一辆奥迪Q7，装备BHK型3.6L发动机，09B型变速器，行驶里程68 903km，锁车后防盗报警无故触发。

故障诊断　用VAS5052诊断，各系统内均无故障码。经过实测发现，当锁车后一般在15～30min触发报警，但报警时间没有绝对的规律。通过读取舒适便捷控制单元J393内的数据流第16组2、3、4区，显示“9”表示“智能警报，导线监控”，通过此触发源。

首先怀疑是高级钥匙功能上的某部件或线路出现故障引起，于是对门把手、天线读取控制单元等部件及相应线路进行排查、测试，但故障仍然存在。最后故障部件集中在内部监控传感器、倾斜传感器及防砸后窗玻璃传感器上。

通过编码分别去掉上述三个传感器，取消了其对防盗警报的触发功能，但故障仍然存在，且触发源相同。最后将故障部件集中在防盗报警喇叭上，我们对其进行了更换，结果故障排除。

故障排除 更换防盗报警喇叭。

维修总结 报警喇叭内部有一个处理器，由于处理器内部发生故障，导致报警的触发，同时该触发动作又通过 LIN 总线传回 J393，产生了“智能警报，导线监控”的触发源。

三十七、Q7 放置一夜后无法启动

故障现象 一辆奥迪 Q7，装备 3.6L 发动机，0AT 型变速器，行驶里程 7600km，车辆放置一夜后无法启动。

故障诊断 检查车辆是否加装其他电气设备。车辆没有加装其他设备。将蓄电池充满电后检查工作性能良好，可以正常使用。将车辆上锁 20min 后测量空载电流为 2.7A，远远大于标准 0.07A，车辆放电故障存在。逐个断开各控制单元，当断开空调控制单元后放电电流降到 0.07A。询问车主得知左侧座椅加热关闭后，座椅仍加热。将座椅加热电源线断开，客户将车辆开走行驶一周故障未出现。

故障排除 更换空调控制单元。

三十八、Q7 无法启动

故障现象 一辆奥迪 Q7，装备 BAR 型变速器，行驶里程 27 000km，无法启动。

故障诊断 检查该车是因蓄电池过弱导致车辆无法启动，检查系统各控制单元有故障码存储：00532 电源下限达不到，偶发。

读取控制单元 J644 的历史数据，发现有放电的数据测试计划。用数字万用表监控车辆的过程中没有放电现象，测试正常。建议用户使用车辆，几天后用户又反映车辆无法启动，车辆回到服务站后再次检查，在检查过程中故障现象出现，车辆被放电，放电量为 6A 左右，系统激活。

用诊断仪检查发现驻车辅助系统 J766 的 CAN 总线状态为 0（偶发），测试 MMI 上倒车雷达和图像无法显示。更换驻车辅助系统 J766 后故障排除（截至目前未再出现故障现象）。

故障排除 更换驻车辅助系统 J766。

三十九、Q7 颠簸路面前悬架异响

故障现象 一辆奥迪 Q7，装备 3.6L 发动机，行驶里程 8690km，颠簸路面前悬架异响。

故障诊断 按客户描述进行试车，在颠簸路面上行驶时，发现右前部悬架有“咯噔咯噔”异响。举升车辆检查右前悬架，未发现有老化、松旷的部件。按照维修经验，下部控制臂损坏出现该故障现象的概率较大，则更换了下部三角形控制臂（Q7 是一个整体的三角臂），然后试车，故障仍存在。接着更换右前减振器、上控制臂后试车（因为之前的 Q7 车遇到过该部件损坏引起这种异响的），故障仍未消除。随后检查发动机支撑有无损坏。拆下螺栓，用千斤顶支撑起发动机，未发现有损坏迹象。拆下右侧平衡杠连接杆（即平时所说的平衡杠吊耳）检查仍无异常，不装连接杆进行试车，这时故障现象消失，则判断响声出现在右侧吊耳上，再把两侧互换装上试车，但故障现象还在右侧，这证明响声跟吊耳没有关系。然后拆下平衡杠，也没看出两侧固定处有异常，两侧减振胶块也无不同，触摸感觉材质比别的车上硬，怀疑是摩擦力太大引起。由于减振胶块是由两个半块组成，老化后拆开容易损坏卡子，所以就没有两侧互换，涂抹黄油润滑后装上试车，故障消除。一个月之后，此车故障再现，就给客户订购并更换了两侧胶套（订货需注意：一侧胶套是由两个半块的部件组成的，所以要订四个配件），更换完新的胶套后故障彻底解决。

故障排除 更换平衡杠固定胶套。

维修总结 由于Q7平衡杠胶套的材质结构的原因，老化后平衡杠与胶套的固定位置容易产生位移，这样就导致颠簸路面时，平衡杠受力出现“咯噔咯噔”异响。

四十、Q7反映行驶中车辆无制动

故障现象 一辆奥迪Q7，装备4.2L发动机，行驶里程143 860km，反映行驶中车辆无制动。

故障诊断 该车更换了前后制动片和前后制动盘，两个月后客户反映车辆行驶大概十几千米后停车取东西，取完东西后起步行驶踩制动踏板无制动，制动踏板踩到底，车辆继续向前行驶。随后熄火采用驻车制动车辆才停止。然后打电话救援，把车拖至我站。

首先检查制动油，用专用工具检查含水量合格。试车后发现车辆两前轮抱刹，初步分析有两种可能：轮缸和轮缸之后的元件。等我们拆下两前轮缸的时候，发现轮缸内的活塞有的在自由状态下都没有回位，最终分析为左右前制动轮缸回位不良导致制动片偏磨，制动盘变色，更换一副前制动片和左右前轮制动钳总成。

故障排除 更换一副前制动片和左右前轮制动钳总成。

四十一、Q7方向跑右

故障现象 一辆奥迪Q7，行驶里程63 428km，Q7方向跑右。

故障诊断 ①调换轮胎；②做四轮定位；③位置有偏差，校正大梁，还是跑右。测量四轮空气悬架高度，发现右边比左边低，相差10～15mm，而且是在舒适模式以下才会明显。在越野、高位模式下行驶正常不跑偏。需要解决空气悬架一边高一边低的问题，更换空气悬架主分配阀、控制单元、各个空气悬架高度传感器后问题未解决。拆两前传感器模拟左右水平参数，故障依旧。查找资料，发现每个空气悬架都有一个压力保持阀，更换左前压力保持阀问题解决。

故障排除 更换左前空气悬架压力保持阀。

维修总结 左前压力阀打不进气，也排不出气，造成左前空气悬架一直在越野、高位模式。而车辆处在舒适模式时空气悬架的右前、右后、左后下降，而左前不变，造成左边高右边低，方向跑右。

四十二、Q7打转向时转向盘来回振动

故障现象 一辆奥迪Q7，装备BHK3.6L发动机，0AT型变速器，行驶里程80 823km。打转向时转向盘来回振动。

故障诊断 用诊断仪检测无故障码。读取J520第三组数据流：伺服电子转向阀的预设电流，在打转向时电流持续在0～1.17A范围跳动且变化很大。读取正常伺服电子转向阀的预设电流为0.54A左右。

判断可故障为：电磁阀 N119 故障，供电控制单元 J520 故障。用替换法更换电磁阀 N119 无效，更换供电控制单元 J520 后故障排除。

故障排除 更换供电控制单元 J520。

四十三、Q7 车身不水平，右侧高左侧低，水平悬架系统黄灯报警

故障现象 一辆奥迪 Q7，装备 09D 型变速器，行驶里程 47 500km，车身不水平，右侧高左侧低，水平悬架系统黄灯报警。

故障诊断 用诊断仪检测 34 自适应型悬架装置故障码内容：车身高度默认位置未做基本设定。一般这种故障根据导航测试计划重新匹配默认位置就可以恢复了，但此车在重新充放气第一个过程时，底盘不降低也不升起，功能操作中断不能继续了。

怀疑车身水平高度传感器有故障，导致匹配默认位置不能操作，观察数据流 4、5 组车辆高度绝对值与实际车身高度相符合，说明车身水平高度传感器正常。

怀疑调解压力电磁阀体故障，对其操作执行元件测试，可听到激活动作声音。拆下调解压力电磁阀阀体上连接 4 个气袋的管路接头时，两后轮均能排出气体，但两前轮不能排气，用气枪对 4 个气袋进行充气，同样两前减振器气打不进去也放不出来。

拆下减振器上的余压保持阀，发现内部卡住堵塞，根本不通气。

故障排除 更换两前轮减振器，故障消失。

维修总结 由于余压保持阀配件不单独提供，所以更换减振总成。

四十四、Q7 空气悬架无法调节

故障现象 一辆奥迪 Q7，装备 4.2L 发动机，行驶里程 44 980km，空气悬架无法调节。

故障诊断 用 VAS5051 测试，有故障码：空气压缩机温度传感器对地短路；水平高度信号不可靠；基本设定不正常。

(1) 读取温度传感器数据显示 20℃，正常。在用引导性故障查询进行基本设定时，压缩机不工作，基本设定无法进行。

(2) 将空气悬架控制单元断电 3min 后接通电源，读取故障码变为偶发故障，清除故障码。

(3) 做基本设定，压缩机工作，读取储气罐压力达到 1MPa（10bar）后压缩机停止工作，基本设定显示无法继续进行。同时空气悬架控制单元中显示故障码：空气压缩机温度传感器对地短路；水平高度信号不可靠。读取数据流显示压缩机温度为 120℃，看来是由于高温控制单元为压缩机断电保护。

(4) 据此分析可能是空气压缩机温度传感器故障，但为何会同时出现水平高度信号不可靠的故障码呢？带着疑问找来同型号的压缩机温度传感器替换试验。替换后读取数据流发现空气压缩机的温度从 120℃缓慢下降到 25℃，但是故障码还是清不掉。

(5) 重复步骤（2）后做元件测试，在执行压缩机接通的指令后，压缩机只是工作了 1s 左右就停止，此时读取压缩机温度传感器的数据流发现温度在不断地上升，一直上升到 110℃，由于压缩机在这个时候并没有工作，因此判断该现象是由于信号受到干扰而使控制单元换算出错误的数值。

(6) 重复执行元件测试，压缩机还是工作一下就停止，同时数据流显示压缩机继电器一直在

工作状态，那么继电器工作压缩机不工作是否是压缩机坏了呢？

（7）将万用表并联入压缩机的线路，执行元件测试发现万用表上显示的电压一闪而过，则说明问题出在继电器上，而不是压缩机。

故障排除 将继电器取下，拆开外壳发现触点已经严重烧蚀，更换继电器后重复维修步骤（2），之后做基本设定，故障修复。

维修总结 由于继电器触点烧蚀，所以对空气压缩机的供电处于时有时无状态。烧蚀的触点在回路中产生时大时小的接触电阻和火花，造成继电器线圈产生瞬间电动势，由于继电器线圈受空气悬架控制单元直接控制，因此干扰了该单元对传感器信号的正确计算，以致报出根本不存在故障的故障码。

四十五、Q7 低速转弯时制动效果差

故障现象 一辆奥迪 Q7，装备 4.2L 发动机，09D 型变速器，行驶里程 8790km，车辆低速转弯时制动效果差。

故障诊断 试车发现，每次车辆起步后第一脚制动会出现上述现象（制动踏板踩到底车才会停止），之后行驶中每次制动都正常。

检测 ESP 电控系统无故障码记录，检查制动油位正常，尝试对 ESP 控制单元进行了匹配和断电但也无效。

初步怀疑制动管路里有空气，进一步对制动管路系统进行了油液更换和多次空气排放，但都未能解决故障。

进一步实验更换 ABS 泵、制动主缸、四个制动轮缸，又反复排了几次空气，但故障仍然未排除。

客户接车后使用了 10 天左右，再次反映车辆行驶中前部有“嗡嗡”声异响，经过试车检查确定为左前轮轴承产生的噪声，在拆检旧轴承时发现轴承内部钢珠已经散开了，间隙过大会产生噪声。更换新的轴承试车噪声消失，而且制动也恢复正常。经过反复试车，制动再没有之前的过低和不灵的现象。目前这辆已使用两个多月了，客户没再反映故障出现。

事后分析，这辆车因轴承损坏，造成有时轮速信号不准，特别是拐弯时，左前轮速信号可能没有，造成低速转弯制动不灵。

故障排除 更换左前轮轴承，故障排除。

四十六、Q7 行驶时前部有哨声

故障现象 一辆奥迪 Q7，装备 3.6L 发动机，行驶里程 3700km，车辆行驶时前部有哨声。

故障诊断 经试车，在行驶到 80km/h 以上时，就能听到发动机前部有吹哨一样的声音，分析可能是废气阀产生的声音，更换了废气阀，故障依旧。

将该车发动机罩的前面和两侧连接处分别用宽胶带粘上，进行路试。当把发动机罩前部贴上时，哨声消失。通过试验分析，哨声是从发动机罩前部和发动机压条缝隙处产生的。

故障排除 把机盖锁向下调整，再试车哨声排除。

四十七、Q7 有时天窗不受控制

故障现象 一辆奥迪 Q7，客户抱怨，有时天窗不受控制。

故障诊断 检测后发现有故障码，也不存在故障现象。同客户沟通后，客户反映出问题时天很热，根据这个描述，我们有针对性地对此车进行了试验，在今年最热的一天中午时试天窗，确实不工作。测当时天窗玻璃温度为 70℃，怀疑天窗不工作是因为热保护，把车开到阴凉处 5min 后天窗工作正常。我站已发现多个相同问题，但查技术资料未见有相关说明。

故障排除 和客户解释正常，电动机过热保护。

第五章

速腾轿车维修案例

一、速腾轿车急加速行驶无力

故障现象 一辆速腾 2.0 轿车急加速时行驶无力。

故障诊断 检查发现，发动机系统有 3 个故障码：P2127，含义为加速踏板位置传感器；P0341，含义为凸轮轴位置传感器（G40）不可靠信号（G40 是新换上的，但故障依旧）；P1156，含义为进气歧管绝对压力传感器（G71）断路或对地短路。如果在发动机运转的情况下清除故障码，发动机立即熄火。在无故障码的情况下启动发动机，需要长时间运转启动机才能着机，也就是说必须等到故障码出现后方能着机。分析这 3 个故障码所涉及的传感器故障，其中最可能导致发动机不着机的是 G40，因为在发动机启动初期很多信号是不起作用的，像进气歧管绝对压力信号及加速踏板位置信号等。于是决定从 G40 着手检查。

(1) 脱开 G40 导线侧连接器，接通点火开关。检查 C40 供电电压（将万用表黑表笔接蓄电池负极、红表笔接 G40 导线侧连接器端子 1)，为 5V，正常。

(2) 检查 C40 搭铁情况（将万用表红表笔接蓄电池正极、黑表笔接 G40 导线侧连接器端子 3)，万用表显示蓄电池电压，正常。

(3) 插好 G40 导线侧连接器，检测 G40 信号电压。用探针从 G40 导线侧连接器端子 2 背面顺着导线平行地插到底部，连接示波器信号探头到探针上，并将示波器信号探头负极夹与蓄电池负极连接。启动发动机，将示波器纵坐标的电压调整至 5V/格，横坐标的时间调整至 50ms/格，从测得的信号波形可以看出 G40 是有 5V 方波信号输出的，初步判断 G40 没有故障。

那为什么发动机 ECU 认为 G40 信号有故障呢？且发动机 ECU 在未判定 G40 故障的情况下发动机不能着机，说明 G40 信号确实存在问题。大众车 G40 信号是发动机 ECU 用来判定第 1 缸活塞上止点位置的。它与 G28 的转速信号（信号盘缺齿点的信号缺口）有相互对应的关系，如图 5 - 1 所示。是不是对第 1 缸活塞上止点位置判断存在问题呢？如果真是这样，那就对了，因为如果发动机 ECU 得到 G40 的第 1 缸活塞上止点位置与 G28 对应的位置发生矛盾，则发动机 ECU 就无法确定点火正时和喷油正时，所以发动机不能着机；而发动机 ECU 在判定 G40 信号有故障后，发动机 ECU 即根据 G28 的信号确定点火正时和喷油正时，此时发动机可以着机，但发动机点火提前角控制受到抑制，致使发动机急加速无力。随即作如下检查：检查发动机机械装配正时位置，正确；检测 G28 转速信号波形，也正常。

现在虽然知道故障可能就出现在发动机 ECU 对第 1 缸上止点的判断上，但由于没有双通道示波器，无法将 G40 的信号和 G28 的信号进行对比，再加上又没有好的 G40 或无故障的速腾 2.0 轿车可以用来验证，所以维修一度陷入僵局。最后决定在发动机运行时，将 CA0 传感器所连接的 3 根导线的电压波形，全都检测一遍，看看是否有异常。

启动发动机后进行检测，当检测到 G40 的 5V 供电电压波形时发现有异常波形，正常的波形

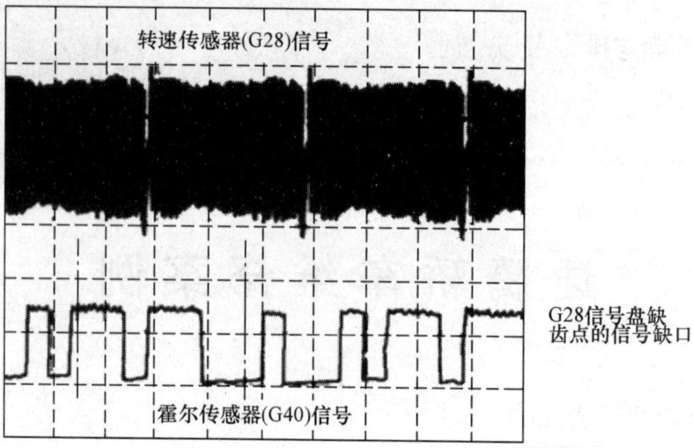

图 5－1　G40 信号与 G28 信号的对应关系

应为水平状态线（竖线是干扰波）。从 5V 供电电压波形来看，存在间歇性断电现象，也就是说 G40 的供电出现了问题。但是为什么刚才万用表检测时没有发现这个问题呢？于是将发动机熄火后重新检测，其供电波形正常，呈一条直线。奇怪了，既然静态供电正常，那么为什么发动机运转后就不正常了呢？

G40 为霍尔传感器，实际上就是个方波信号发生器。但其信号输出级起“开关”作用，将送到该处的 5V 电源与搭铁线进行接通和断开；接通时电压降至 0V，断开时电压保持在 5V，这样便输出一高一低的方波信号。

估计问题出在 G40 上，新换上的 G40 肯定有问题，旧的 G40 也有问题，只不过故障现象一样罢了。从波形来看，C40 在将其信号输出级处的 5V 电源对搭铁线接通时也将自己的供电线一起对搭铁线接通了。G40 的供电线对搭铁线接通后，G40 不工作，其信号输出级处的 5V 电源与搭铁线便断开，G40 的信号又恢复高电位状态，所以信号波形出现异常。而且 G40 的供电还连接了进气歧管绝对压力传感器（G71）的供电端，电路图如图 5－2 所示，这样也就同时造成 G71 供电故障。由于加速踏板位置传感器的供电直接由发动机 ECU 提供，其内部电路走向无法判断，估计产生故障码的道理是一样的。

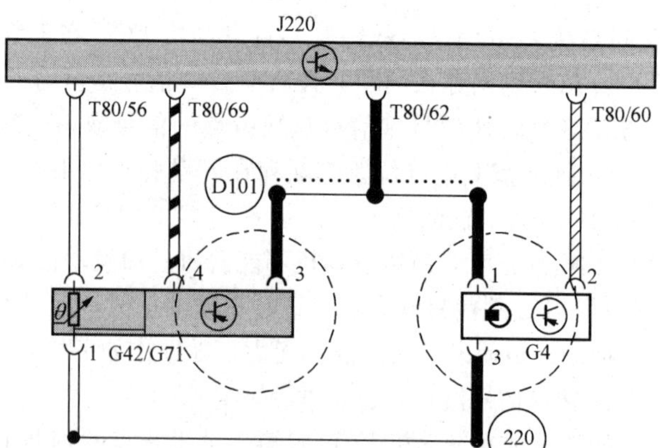

图 5－2　G40 和 G71 的供电电路

故障排除　订购 C40，换上后试车，加速正常，且发动机 ECU 未储存故障码。再检测 G40 信号波形进行比较，发现故障 G40 的信号方波无规律性，而正常 G40 的信号方波有 2 宽方波加 2

窄方波的规律。

总结：当思路陷入僵局的时候，通常是理论上判断的故障点与实际检测结果有矛盾。这时候需要冷静，只存在两种可能性，要么是理论上或经验上存在问题，要么是检测手段或判断方法有问题。本例就是因为最初对 G40 信号波形的规律性认识不足（所有属于周期性元件触发的传感器信号一定都是有规律性的），判断方法有问题，才造成了第一次的判断失误，陷入僵局。另外一点值得注意的是，新的零件不一定都是无故障的。

二、2006 款速腾 1.8T 轿车启动无反应

故障现象 2006 款速腾 1.8T 轿车启动无反应，启动状态下仪表上各报警灯闪亮。

故障诊断 基于先进的 PQ35 技术平台上的速腾轿车，采用中央电器控制单元 1519 对点火开关的各种输出信号进行集成管理。点火开关的 15 号和 50 号电，分别经由转向控制单元通过单线方式传递到中央电器控制单元好 15 号继电器和 50 号继电器。根据该车的故障现象，启动时无任何反应，但仪表灯亮，说明 15 号继电器输出正常，初步分析故障可能在 50 号线路上。连接 vAs5052A 专用测试仪，查询网关各电控单元内无故障存储，J519 的 07 组 1、2、3 区分别代表启动 50 号电挡位、点火 15 号电挡位和卸荷 75 号电挡位，通过数据流监控 J519 的 07 组，发现 1 区在启动时为开，3 区为关，正常，初步分析 J519 内部接收 50 号电信息正常，但并不能说明 J519 发送线路正常。

根据继电器印制电路图，如图 5－3 所示，2006 款的速腾 1.8T 的 50 号继电器共有 4 个插脚，取消了用于监控 50 号继电器输出线路的 D 脚端子，其中 86 脚连接 J519 的 A/11 端子，受控于点火钥匙的 50 信号；85 脚为控制线圈的搭铁；30 脚连接 J519 的 L/2 端子，为执行回路提供 15 号点火正电；87 脚为执行回路控制端子，连接启动机的启动线圈。启动机接收不到 1519 的输出 50 号电，无非包括 6 种可能性：①50 号继电器本身电路故障；②50 号继电器的 86 脚不能接收到 T519 的 A/11 端子的 50 信号电压；③50 号继电器的 30 脚不能接收 L/2 的正电；④50 号继电器的 85 脚不能正常搭铁；⑤50 号继电器的 87 脚至启动机的电磁线圈断路；⑥启动机本身故障。

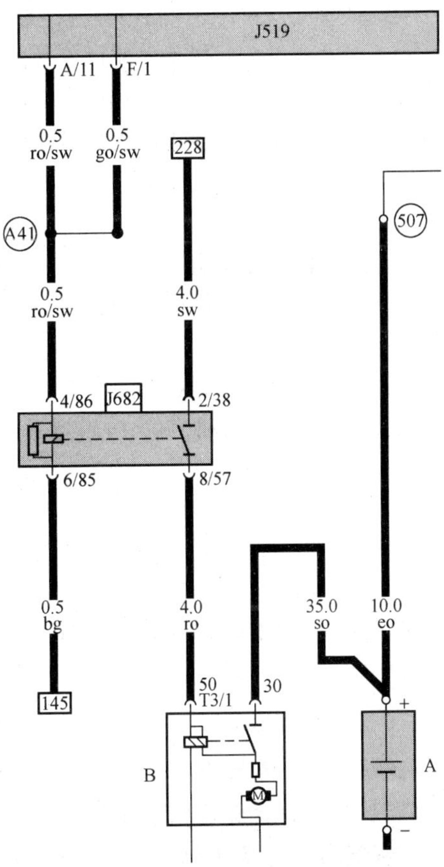

图 5－3 50 号继电器电路

50 号继电器位于附加继电器上，需拆下仪表下护板才能进行相关线路检测，本着维修先易后难的原则，直接拔下启动机插头测量在启动状态时电压，实测有 12V 的工作电压，用试灯验证确认后，再进一步检查启动机吸拉线圈和保持线圈断路，由此故障点锁定在启动机本身。

故障排除 更换启动机，故障排除。值得说明的是，尽管本例故障最终是由启动机本身故障引起，但建议维修人员仍要依照电控系统的思路系统化地

去排除故障，这样才会避免进入盲目检修的误区。

三、速腾轿车夜间行车怠速发抖故障诊断

故障现象 一辆大众1.6L速腾轿车，累计行驶里程4万km。车主反映夜间行车时发动机怠速不稳，转速时而升高后又回落，但白天行驶时怠速正常。

故障诊断 首先冷车启动发动机，怠速正常，为680～720r/min，暖机到发动机正常工作温度后，使用故障诊断仪查询各电控单元，均无故障码。查看发动机电控系统数据流，均在正常范围内。对发动机上各相关传感器进行初步检查，没有发现异常情况。考虑到该车在夜间使用时出现的故障现象，就模拟夜间使用模式打开前照灯，这时发动机怠速仍然正常，但当发动机冷却液温度达到95℃，冷却风扇开始低速运转时，发动机转速出现轻微提升。随着发动机冷却液温度升高达到99℃、冷却风扇全速工作时，突然发动机怠速明显升高（960～1050r/min），但当冷却风扇停止工作后，发动机怠速又回到正常工作状态。这样，只要冷却风扇高速运转，发动机怠速就会明显提升，等到风扇停.LET作后，发动机怠速才正常。由此考虑到电控发动机在供电系统电压不足0V的情况下，特别是夜间前照灯接通用电量增大，电控系统对发动机供油量进行修正，提高怠速以补偿供电系统电压不足。在检查供电系统时，发现蓄电池负极接线柱搭铁线严重氧化、接线柱接触不良。清洁蓄电池接线柱并更换负极搭铁线后再测试发动机，当冷却风扇高速运转，发动机怠速轻微提升后就回到正常转速，故障消除。

故障分析 为了确保蓄电池有足够的电量，使发动机能够顺利启动和正常运转，速腾车上采用用电负载（电能）管理系统即车载电源控制单元，根据蓄电池电压、发动机转速、发电机的DFM信号的相关数据对蓄电池电压进行评估。当蓄电池电压低于一定值时，车载电源控制单元便提高发动机怠速以补偿供电系统电压（该系统也用在一汽大众新车型迈腾上），并适当关闭舒适功能的用电设备。车载电源控制单元按下列3种管理模式对用电系统进行控制。

(1) 模式一。15号线接通，发电机处于工作状态。如果蓄电池电压低于12.7V，则车载电源控制单元要求发动机的怠速提升。如果蓄电池的电压低于12.2V，座椅加热、后窗加热、后视镜加热、转向盘加热、脚部照明和门内把手照明功能被关闭，全自动空调耗能降低或空调关闭，信息娱乐系统被关闭。

(2) 模式二。15号线接通，发电机处于停机状态。如果蓄电池的电压低手12.2V，空调耗能降低或空调关闭，脚部照明、门内把手照明、上/下车灯和离家功能被关闭，信息娱乐系统被关闭。

(3) 模式三。15号线断开，发电机处于停机状态。如果蓄电池的电压低于11.8V，车内灯、脚部照明、门内把手照明、上/下车灯、离家功能被关闭，信息娱乐系统被关闭。

四、速腾1.8T轿车发动机噪声大、加速无力

故障现象 一辆行驶里程为2.8万km的一汽大众速腾1.8T轿车（1.8L带涡轮增压的发动机、6速手动变速器），在加速过程中总感觉到动力不足、噪声大，其他无任何异常。

故障诊断 根据故障现象，用VAS5051专用故障诊断仪进行诊断，发现发动机系统中存在故障码17958，含义为节气门与涡轮增压器间有压力不正常现象。该涡轮增压系统的工作原理是通过废气的节流带动泵轮来增加进气压力提高进气量的，该系统在超速和急减速时会有附加的超速切断和急减速切断装置有效保护涡轮增压器。故障码17958的故障描述是节气门和涡轮增

压器之间存在压力下降，在两者之间恰好存在超速切断、急减速切断装置和中冷器。根据故障现象，首先带上 VAS5051 专用故障诊断仪进行路试，通过功能引导进入系统，将关于此故障的所有相关数据挑选在一个显示屏上进行观测，目的是在急加速时观测涡轮增压状态下的进气压力信号、节气门开度信号、超速切断电磁阀和急减速切断电磁阀的工作状态。经过测试，增压压力峰值达到 1.5bar（1bar=10^5Pa）以上，节气门开度可以达到最大值，超速切断阀和急减速切断阀在节气门开度较大时都不动作（正常）。在急减速时，节气门关闭。车速较高时，急减速电磁阀工作，开始进入正常的进气压力卸压状态。以上数据中，只是增压压力信号偏低，正常的峰值应为 1.7～1.9bar，但不能超过 2.2bar。

对于这种故障显示为节气门和涡轮增压器之间存在压力下降，而急减速和超速装置工作正常但压力偏低的现象，我们分析故障可能在增压器增压效果差，否则是增压系统存在泄漏。

速腾 1.8T 轿车发动机装配的涡轮增压器为改型后的增压器，且该车的行驶里程数并不高，磨损腐蚀损坏的可能性应很小。笔者决定检查系统漏气，并把所有的诊断检测集中在进气管与中冷器这一段，发现中冷器的下支架断裂损坏导致中冷器下气室产生裂纹漏气，从而影响进气量减少，发动机功率下降，且该处泄漏又导致了进气啸叫产生。经询问车主，了解到该车左前方曾发生过局部的碰撞，当时没做过细的检查。

故障排除 更换中冷器，用 VAS5051 专用故障诊断仪检测增压数据，正常，故障排除。

五、速腾轿车 ESP 灯点亮及加速无力

故障现象 一辆 2006 年款的速腾轿车，行驶里程 5.2 万 km，搭载 1.6L BWG 型发动机。用户反映车辆行驶中仪表上的 ESP 报警灯突然点亮，“ESP OFF” 开关指示灯闪亮不熄，出现故障时发动机加速无力。

检查分析 ESF 是一个主动安全系统，是建立在其他牵引控制系统之上的一个非独立的系统。它通过有选择性地分缸制动及发动机管理系统干预，防止车辆滑移。只要 ESP 识别出驾驶员的输入与车辆的实际运动不一致，它就马上通过有选择地进行制动或发动机干预来稳定车辆。装备 ESP 的车型，将同时具有 TCS（ASR）、EDL、ABS 功能，它是金字塔的顶端。

了解上述控制原理，诊断故障就有了大致的思路。笔者连接故障诊断仪 VAS5051 进入网关列表检查，查询到发动机控制单元及电子制动系统有故障。查询发动机电子控制系统故障码为 16719，含义为曲轴位置传感器 G28 故障，清除故障码后又会重现。进入 03 制动电子系统，查询故障码为 01314，含义为“发动机控制单元检查 DTC 存储器”，提醒维修人员检查发动机控制单元 DTC 存储器的故障码。检查网关列表时发现，其他电控系统均无故障。由此看来，发动机控制单元和制动电子系统控制单元有关联。在检查过程中笔者还发现一个有趣现象：发动机怠速运转时，冷却液温度为 96℃，电子风扇却常转不停。检查发动机数据流没有异常情况。

分析“曲轴位置传感器 G28 故障”故障码含义，从故障码内容分析应是传感器本身故障，难道它是导致车辆加速无力及 ESP 亮灯的故障的直接原因吗？遂检查传感器的工作电压及搭铁，均正常，试换一个新的曲轴位置传感器，故障依旧。对于宝来及捷达轿车，如果曲轴位置传感器出现故障，发动机则不能启动。对于速腾轿车发动机转速传感器 G28 出现故障，发动机能否正常启动，我们也没有做过试验。

笔者找来一辆同型号速腾车，拔下发动机转速传感器 G28，此时也能启动发动机，只是启动时间过长，启动后发动机工作不稳。此后进行故障码查询，在发动机控制单元存储中多了 1 个

167C6 的故障码，含义为“点火/分配器，发动机转速输入电路 G28 无信号”，由此分析曲轴位置传感器 G28 本身损坏的可能性不大。

笔者继续分析，虽然 G28 曲轴位置传感器能传递信号，但传递的是失真的信号，发动机控制单元将其与空气流量信号、节气门开度信号比较后，发现它是错误的，于是进入应急模式，导致发动机加速无力，电子风扇常转的故障发生。从上述分析思路，可以假设它成立。但它是否会影响到 ESP 灯点亮呢？是否为 ESP 灯点亮的直接原因呢？ESP 灯点亮及加速无力这两个故障现象，是一个部件引起的，还是另有原因呢？带着这些疑问，有必要了解电子稳定系统（ESP）的基本工作原理。

首先，ESP 是指通过制动各个单缸车轮及干预发动机管理系统，避免车辆出现滑移，从而达到稳定车辆的目的。干预发动机管理系统指的是调整点火正时及喷油器的喷油时间来降低发动机的输出转矩。G28 曲轴位置传感器是控制喷油时间及发动机输出转矩的重要依据，如果 G28 信号失真，必然导致行驶中发动机转矩的错误控制，错误的发动机转矩控制与实际的 ESP 电子稳定程序不一致时，也必然点亮 ESP 故障灯。

了解了 ESP 工作原理，故障也就浮出了水面。若 G28 信号失真，将导致电子制动力控制单元得不到正常的发动机转速信号。因为 ESP 要工作时，必须有 G28 曲轴位置传感器的正常信号输入，如果电子制动系统检测到信号不真实后，便不能正常识别，于是进入故障模式，点亮 ESP 报警灯。那么在电子制动系统中为什么会有相关的故障码呢？这是因为在带有网关的 CAN－BUS 系统中，要实现信息共享，一个传感器的信号可被多个系统共享，当某个电控单元需要该信息时，同时又接收不到或接收的是错误的信息，便会储存相应的故障码。

故障排除 是什么原因导致曲轴位置传感器 G28 信号失真呢？因已拔下 G28 传感器做过验证，并且出现了新的故障码，因此 G28 本身损坏的可能不存在。笔者怀疑曲轴位置传感器 G28 线路及发动机控制单元有问题。于是顺藤摸瓜，拆下发动机控制单元检查，发现控制单元插头内部有大量水珠，此时故障原因真相大白，控制单元插头浸水导致了曲轴位置传感器 G28 线路短路、信号错误。后询问用户得知，几天前车辆在很深的积水路上行驶过。用压缩空气吹干发动机控制单元插头内部的水珠，清除故障码后试车，ESP 报警灯熄灭，路试加速性能良好，故障彻底排除。

六、1.8T 速腾轿车加速无力

一辆速腾 1.8T 轿车（装配 BPL 型发动机），累计行驶里程 3.2 万 km。客户反映，该车是 2007 年从北京购买的，发动机故障灯时常亮起，同时发动机加速无力，有时加速时发动机提速缓慢。曾在当地服务站维修了 3 次，故障一直没有彻底解决。每次修好后，行驶几百千米，故障又会再现。同时发现以 120km/h 以上速度行驶时噪声很大。

根据客户的描述，观察到仪表板上有故障指示灯亮起。经过确认，是发动机尾气排放报警灯，这是装载 OBD 系统车型的报警灯。从 2007 年开始一汽大众投放到北京的车型带有 OBD 系统。OBD 是一种车用故障现象标准，监控与排放质量相关的零部件和子系统。OBD 系统要求车辆在使用期内必须满足相应的排放标准，同时对由于失效或老化而导致排放恶化的零部件进行监控。

OBD 系统必须具有识别可能存在故障区域的功能，并以故障码的方式将该信息存储在计算机存储器内。当它检测到与排放相关故障时，OBD 系统用仪表板上的发动机尾气排放报警灯向驾驶员报警，使得故障车可以及时得到修理，使车辆排放达标。OBD 系统储存有识别故障件、故障系统和故障原因的重要信息，有助于技师迅速诊断，对症修理，可以降低车主维修成本，并在第一时间使车辆得到正确维修。

通过对 OBD 系统的了解，首先利用 VAS5051 查询发动机系统的故障码。发动机系统有 5 个故障码，关于混合气的故障码都是偶发性故障，当时没能全部记录下来，清除所有故障码后试车，发现发动机怠速不稳，同时一急加速，就出现故障码 17705，含义为增压器与节气门连接压力下降。

根据故障现象，初步确定发动机尾气排放系统（如氧传感器、三元催化转化器故障）和涡轮增压系统故障。在怠速无负荷状态下读取发动机数据流，发现的异常数据见表 5-1。

对以上数据分析得出如下结论：空气流量传感器信号不正确；节气门开度大，需要清洗；点火提前角变化过大，按经验需要更换火花塞：根据前氧传感器的信号及调节情况，可以判定发动机混合气过浓：后氧传感器的信号变化过大，会损坏三元催化转化器，在正常无负荷状态下，后氧传感器不参与工作，其信号电压保持在 0.4～0.5V。

表 5-1　检测值与正常值对比列表

项目	实测值	正常值
进气量/(g/s)	5.5～6.1	3.1～3.4
喷油时间/ms	3.1～3.3	2.6
节气门开度(%)	4.9	0.2～4
点火提前角(°)	2～21	5.15
前氧传感器信号电压/V	0.21～2.34	1.520
前氧传感器调节(%)	−21	0
后氧传感器信号电压/V	0.1～0.8	0.45 左右

清洗节气门后检查火花塞，发现是新换上的，更换空气流量传感器后试车，故障依旧。检查进气系统，未发现有漏气的地方，清洗喷油器，故障症状无丝毫改变。根据过去维修宝来 1.8T 轿车的经验，初步判定前氧传感器有故障。但因我厂没有氧传感器，没能进行更换。

造成增压器与节气门连接压力下降的主要原因是增压器与节气门体间有连接不良的地方。仔细检查各连接部位，没发现问题。全面检查增压系统各部件，各部件功能也正常。在检查的过程中，发现该车有被撞击的迹象。询问车主得知，该车出现过交通事故，前部被撞击过。是否中冷器有问题呢？拆下中冷器检查，心中豁然开朗，中冷器固定处被撞坏。

利用热风枪，将废保险杠皮剪成细条状，加热熔化焊接好中冷器，经加压试验正常，然后装复，清除故障码后试车，发动机运转正常，加速有力，再次读取数据流，完全恢复正常。上述故障彻底排除。

原来由于中冷器漏气，进气少，造成混合气过浓，前氧传感器将该情况反馈给发动机电控单元，让电控单元加大进气量，造成进气量信号加大，喷油量加大，形成恶性循环，混合气进一步加浓，造成发动机控制失调，怠速不稳，尾气排放报警灯点亮，急加速无力等症状。

七、速腾轿车无法启动

故障现象　一辆 2007 年产速腾 2.0 轿车，装配 09G 型自动变速器，行驶里程为 2.3 万 km，车主反映之前感觉车辆启动吃力，而此时车辆彻底无法启动，于是将车拖回站内检修。

检查分析 维修人员对车辆进行检查，发现在启动时能听到启动机吸合开关处有“哒哒”声音，但启动机不能运转。根据车主反映的启动吃力现象，又考虑到气温较低时蓄电池故障多发的情况，笔者首先怀疑蓄电池故障。利用蓄电池检测仪 VAS5097 对该车蓄电池进行测试，发现其启动电压为 107V，高于启动电压的最低值 9.5V，因此排除蓄电池故障的可能。之后对车身主搭铁线以及启动机正极线进行检查，未发现异常。使用故障诊断仪 V. A. G5052 对车辆的电气系统进行检测，发现故障码 01049（供电端子 50 故障）。于是重点对该车的供电端子 50 相关线路（启动供电电路）进行检查分析。此车供电端子 50 的电压由点火开关 D 通过单线模式经过转向柱控制单元 J527 传递给中央电器控制单元 J519，之后再由 J519 控制启动电机继电器 J682 将 15 号电压传递给启动机 B。供电端子 50 的相关电路如图 5-4 所示。

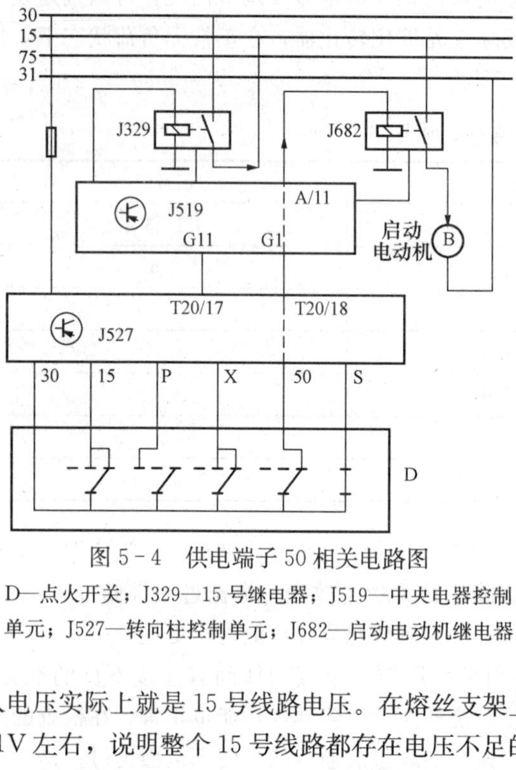

图 5-4　供电端子 50 相关电路图

D—点火开关；J329—15 号继电器；J519—中央电器控制单元；J527—转向柱控制单元；J682—启动电动机继电器

利用故障诊断仪 V. A. G5052 读取中央电器控制单元 J519 内供电端子 50 的电压输入信号。将点火开关置于启动挡，能够读取到点火开关输入的供电端子 50 启动电压信号，说明点火开关和 J527 都是正常的。拆下位于中央电器控制单元侧上方的启动机继电器 J682。测量其内部电阻，结果正常。因为启动时启动机继电器内部也有“哒哒”跳动声，所以怀疑可能是内部触点或其他部分故障。对启动机继电器进行更换。

实验后故障依旧。测量启动机继电器 1/30 号插座的输入电压，测得静态电压为 11V 左右，但此时蓄电池的静态电压为 12.3V，此插脚上的电压明显偏低。打开启动开关后测量此插脚上的电压瞬间变为 0V。很明显该车无法启动的故障是由此插脚虚接引起的。

根据电路图得知，启动机继电器 J682 的输入电压实际上就是 15 号线路电压。在熔丝支架上测量任意与 15 号线路连接的熔丝上的电压都在 11V 左右，说明整个 15 号线路都存在电压不足的故障，因此笔者将目标锁定在 15 号继电器 J329 上。分别测量 15 号继电器 J329 的输入和输出电压，分别为 12.3V 和 11V，输出电压明显低于输入电压，很显然故障就在 15 号继电器内部，拔下 15 号继电器并打开外壳。发现其内部的触点和接线有明显烧灼和氧化的现象，至此故障原因终于找到。

故障排除 更换位于中央电器控制单元 J519 上的 15 号继电器 J329，排除系统故障码，试车故障彻底排除。

回顾总结 此车的故障现象为启动时启动机有“哒哒”响声但无法运转，类似于蓄电池亏电的故障现象。找到故障原因之后进行分析，发现当启动机吸合开关通电后，因为 15 号线路虚接，使得线路上的电流迅速减弱。当 15 号电流减弱后，启动机继电器被迫断开，吸合开关也就随之断开，15 号线路电压又随即恢复。如此反复，就形成了启动机发出“哒哒”响声但无法运转的现象。虽然本车最终的故障原因较为隐蔽，而诊断时因电路上的虚电引发的假象使得最初的诊断方向发生失误，但在查阅相关资料仔细分析了启动电路的控制原理，并利用专用工具进行检测之后，依然快速准确地锁定故障的最终所在。

八、速腾轿车怠速时电子扇常转不停

故障现象　一辆速腾1.6MT轿车，行驶里程2.29万km，领证日期2007年1月29日。客户反映发动机怠速时电子散热风扇工作时间过长不停，高速时风扇启动频繁，而冷却液温度正常。

故障诊断与维修

(1) 冷却液温度检查：目测散热器中冷却液液位正常，目测仪表板冷却液温度表显示正常。

(2) 散热器检查：更换同一型号的散热器并清洗冷凝器外部，保持散热良好，试车故障依旧。

(3) 冷却液循环检查：拆下节温器用水煮法检查正常，拆下水泵进行基本检查正常，检查各冷却液散热管连接处无渗漏现象，用打压法检查散热器盖能正常开启或关闭，用吹气法检查散热器放气小水管正常。

(4) 连接诊断仪VAS5052，进入发动机系统，查询无散热控制器故障记录。速腾1.6发动机装有两个冷却液温度传感器。在气缸盖出水口装有G62，在散热器下方出水口装有G83。原地启动发动机怠速试验，读取08数据块131组第1区缸盖出水口G62温度为94.5℃时，电子扇开始运转，而这时131组第3区散热器出水口G83温度不到20℃。继续怠速运转，缸盖出水口G62温度已经达到了99℃，而G83的温度还不足25℃。从这个可疑点说明由于G62温度偏高，因此发动机控制单元要不间断地指令散热器风扇进行降温，从而造成电子扇常转的故障现象。

(5) 怠速时，电子散热风扇工作时间过长现象最为严重，而加速到2000r/min时故障现象好转。

(6) 利用红外测温检测仪测量G62和G83的温度，与VAS5052检测到的G62和G83温度对比，结果证明传感器工作正常，排除了传感器失效或误报数值造成的故障假象。

(7) 利用G62和G83的数值进行分析，根据发动机冷却液循环原理，G62温度应该随着散热风扇的运转而下降，可是此车恰恰相反。怀疑冷却液循环失常，为了慎重起见通过拆除节温器，用透明水管连接发动机上、下水管，分别进行怠速与高怠速试验，通过透明水管观察到怠速时无循环，高怠速时循环正常，通过上述试验说明怠速冷却液循环不足是故障根源。

(8) 根据冷却系统工作原理对故障根源进行分析，以及对其他相关部件的排查情况，怠速与高怠速的区别就是循环流量与压力的差别，流量与压力是由水泵在缸体里产生的离心力形成的。再一次拆检水泵，分析水泵结构，因为泵轮的长短、泵轮与缸体的配合间隙都会影响到冷却液循环流量。怀疑水泵有故障，在水泵排查过程中发现同一备件号为L06A1210110而不同批次的水泵有不同之处。以红色线为基准，原车水泵叶轮比新水泵叶轮低2mm，并且原车水泵的叶轮有7个叶片，新水泵的叶轮有8个叶片。

故障排除　将新水泵换上，发动机怠速运转，接通VAS5052读取数据块131组第1区G62为94.5℃；第三区G83为79.5℃，电子扇开始运转。读第1区G62为93℃，第3区G83为61.5℃，电子扇停转，故障现象消除。

九、速腾1.6L轿车为何不着车

故障现象　一辆2009年产速腾轿车，搭载1.6LBWH发动机和09G型自动变速器，行驶里程6万km。用户反映该车不着车。

检查分析　维修人员检查蓄电池发现电量不足。对蓄电池充电后，检查发现蓄电池本身及

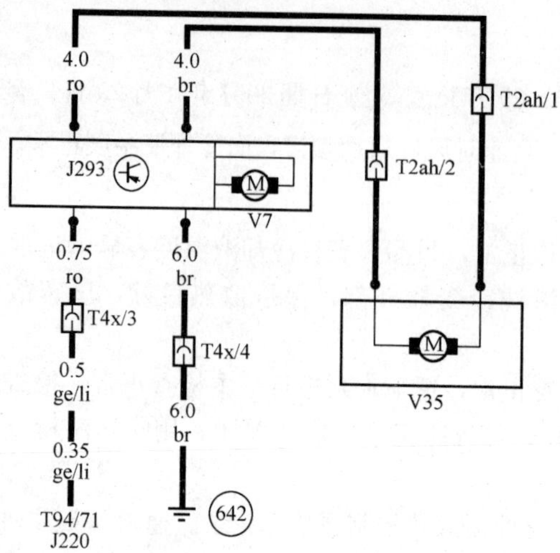

图 5-5　冷却风扇电路图

J220—发动机控制单元；J293—冷却风扇控制单元；T2ah—2 芯插头连接（在散热器风扇上）；T4x—4 芯插头（在散热器风扇左下侧）；T94—94 芯插头连接；V7—冷却风扇；V35—右侧冷却风扇；642—EC 风扇搭铁点

发电机均正常。检测发现发动机控制单元有故障码 17075，含义为冷却风扇控制电路故障，各系统中普遍有供电电压过低的故障码。清除故障码后，用钳形电流表测得车辆的休眠电流为 28mA，正常。为使故障重现，维修人员进行了较长时间的试车行驶。试车发现，当车辆熄火一段时间后冷却风扇仍在高速运转。读取数据流，冷却风扇控制信号占空比为 9.8%，而占空比低于 10%时，冷却风扇应停转。

冷却风扇电路如图 5-5 所示。用示波器测量冷却风扇控制单元 J293 T4x/3 端子的波形，发现脉宽调制（PWM）信号消失，波形为低电压直流信号。为划分故障范围，将 J293 T4x 插接器断开。从线束侧测量 T4x/3 端子的波形。此时波形变为正常，这说明 J293 失效。

故障排除　更换 J293，故障排除。

回顾总结　对于控制单元的偶发性故障，应尽量创造符合其实际使用条件的工作状况，以便使故障尽快能够重现。

十、速腾轿车离合器打滑故障排除

故障现象　一辆速腾 2.0L 轿车，行驶里程为 5000km，底盘号为 LFV3A11 K363020680，发动机号为 BJZ009698。该车离合器打滑，当转速到达 3000r/min 时 5 挡车速仅能达到 45km/h。

客户强调离合器一直有打滑的迹象。平时该车行驶距离短、速度低，又是新车，以为磨合磨合就会好了。今天跑高速，发现离合器打滑非常严重才来报修。

检修过程　离合器打滑的检验方法：采用驻车制动使车辆处于完全制动状态，踏下离合器踏板，然后在一挡启动，再放开离合器踏板。此时如果发动机能够熄火，说明离合器无故障；反之，离合器有打滑，需拆卸、检查离台器。

试车确定离合器打滑，同时能闻到离合器打滑的煳味。更换离合器片、压盘后行驶了两天，高速时离合器又出现打滑现象。

对造成离合器片打滑的原因通常从两个方面分析：

(1) 离合器无自由行程。分离机构顶死分离指，造成离合器分离指没有复位空间，压盘压紧力降低，离合器传递转矩变小，严重时不能传递转矩，造成离合器打滑。

(2) 驾驶员操作问题。行驶中没有完全放开离合器踏板，过多使用半脚离合状态，超载运行，爬陡坡，使离合器磨损严重。

造成离合器打滑的具体原因有以下几个方面：

(1) 从动盘摩擦片磨损过度或铆钉外露，摩擦片粘油、碳化、烧损、破损。

(2) 离合器压盘弹簧过软或折断，膜片弹簧破损，压盘工作端面磨损超过 0.3mm、变形，安装螺钉松动。分离指端跳超过 1mm。

(3) 离合器踏板自由行程过小。

(4) 飞轮工作面磨损大，超过 0.5mm。

(5) 分离拨叉或分离轴承无游动余量。

(6) 离合器主缸回油孔堵塞。

(7) 离合器工作缸不回位。

上述的 (1)、(2)、(4) 点经检查确认正常。检查离合器踏板自由行程太小。同时离合器踏到底再松到很高程度，才能起步。拆下离合器工作缸，轻轻按压离合器工作缸的推杆，能按压到底，并能复位。轻踏离合器踏板，工作缸推杆能伸出，放松离合器踏板，工作缸推杆能复位。这与新车对比相同，大致判定离合液压系统正常。这时用手晃动分离拨叉，发现拨叉没有游动余量，同时拨叉烫手，不能复位。在大多数情况下，离合器片、压盘与飞轮都是处于接合的状态，以保证动力的最大传递。此时，分离拨叉与分离轴承处于自由状态，不参与工作。当踩下离合器踏板时，离合器工作缸的推杆推动分离拨叉，分离拨叉推动分离轴承，分离轴承前移克服压盘弹簧的压紧力推动从动盘移动，使从动盘逐渐和飞轮分离，达到切断动力传输的目的。此时，分离拨叉，分离轴承处于工作状态。当需要重新恢复动力传递时，为使汽车速度和发动机转速变化比较平稳，应该适当控制离合器踏板回升的速度，使从动盘在压紧弹簧压力作用下，向接合的方向移动与飞轮恢复接触。两者接触面间的压力逐渐增加，相应的摩擦力矩也逐渐增加。当飞轮和从动盘接合还不紧密，两者之间摩擦力矩比较小时，二者可以不同步旋转，即离合器处于打滑状态。随着飞轮和从动盘接合紧密程度的逐步增大，两者转速也渐趋相等，直到离合器完全接合而停止打滑时，汽车速度方能与发动机转速成正比。只有当离合器打滑时，离合器片才摩擦生热，产生的热量通过压盘、分离轴承，才能传到分离拨叉，造成分离拨叉温度异常。分离拨叉为什么没有一定的间隙？带着这个疑问，通过仔细检查，发现固定换挡支架的固定螺栓拧入变速器壳体过多，正好挡住分离拨叉，致使分离拨叉不能复位。这是造成离合器打滑的根本原因。通过与新车对比，发现固定支架橡胶内应有一个铁套，所修的车没有铁套，造成螺栓拧入过多，挡住分离拨叉，致使分离拨叉不能复位，导致离合器打滑。

故障排除 装上相同规格的铁套，故障排除。

维修总结 根据故障现象，加强修车前的检查和诊断工作，才能提高解决问题的能力。别让经验主义占据我们的大脑。在我们的维修工作中，有着太多的经验教条。这些经验扼杀了我们发现问题、处理问题、解决问题的能力。我们要加强分析思考诊断能力，才能适应现代汽车维修的需要。

十一、速腾轿车 09G 变速器入挡冲击

故障现象 一辆 2009 年产一汽大众速腾 1.6L 轿车，搭载日本爱信公司生产的 09G 型自动变速器。据用户反映，该车的挡位指示灯变成红色，变速器入挡冲击，车辆无法高速行驶。

检查分析 维修人员检查后确定变速器已经锁挡，进入了失效保护模式。使用故障诊断仪 VAS5052A 检查变速器系统，存储故障码 00262，含义为“电磁阀 3 - N90 断路/对地短路”。读取动态数据，在 02 - 08 - 007 组读取 N90 电磁阀工作电流，发现各电磁阀工作电流都是 0A（各电磁阀均处于断电状态）。挂入其他挡位时电流没有变化，这就确定了变速器控制单元识别出存在硬性故障，从而进入了失效保护模式。

根据故障码的提示，笔者分析故障点包括：N90 电磁阀故障、N90 到变速器控制单元之间的

线路故障、变速器控制单元故障以及阀体内 N90 电磁阀的机械滑阀故障等。对以上可能的故障点，采取从简到繁的顺序进行排除：变速器控制单元的故障可能性最低，最后排除；如果检查阀体内 N90 电磁阀的机械滑阀，需要放出变速器油，拆卸油底壳和阀体，所以此步检查也可以放在后面；检查 N90 到变速器控制单元之间的线路，考虑到其工作量。也可以稍后检查；而检查电磁阀 N90 的方法最简单，可以首先进行。找到电磁阀电路图如图 5-6 所示，可以看到 N90 通过 T14 插头的 7 脚和 8 脚直接与变速器控制单元 J217 相连，找到 T14 插头中对应的线脚来测量 N90 的电阻，N90 为脉宽调制电磁阀，电阻应为 5～7Ω，实测电阻为 6.3Ω，符合标准。N90 到变速器控制单元的 2 条线路，T14/7 到 T52/30 的线路为黄/紫色，T14/8 到 T52/18 的线路为黄/绿色，测量这 2 根线路均不导通，难道 2 根线都断了？首先检查 T14/7 到 T52/30 的线路，发现 T14/7 这端的线颜色是黄/紫色，而 T52/30 这端不是黄/紫色，T52/29 脚线路是黄/紫色，于是测量 T14/7 到 T52/29 脚之间的电阻。结果线路导通，原来是电路图上的线脚标错了。再检查 T14/8 到 T52/18 的线路，两端的线色一致。这说明应该是这根线存在问题。经过仔细检查，发现 T14/8 脚连接的线路从根部断掉，看来故障点找到了。

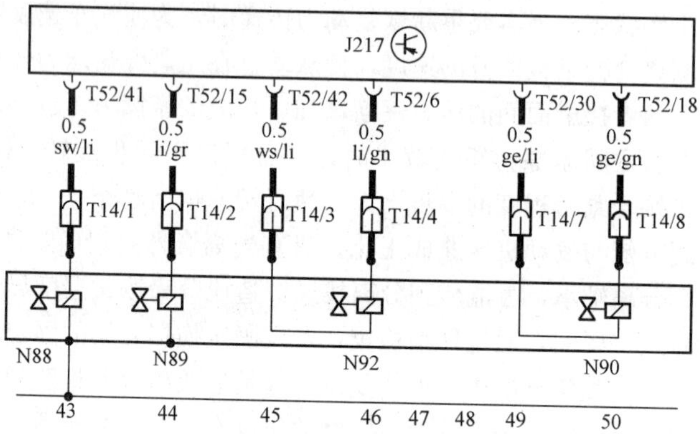

图 5-6　电磁阀电路

故障排除　将断掉的线路用同色线重新连接并包扎好，清除故障码，可以看到变速器电磁阀的数据也恢复正常。试车确定变速器升挡正常。

回顾总结　09G 型自动变速器的电磁阀的 T14 插头从接脚根部断线是比较常见的问题，因为 T14 插头线束的走向很紧凑。而且弯度几乎达到 360°，所以容易断线。如果 09G 型变速器出现电磁阀断路/对地短路等故障，应该首先检查 T14 插头的线束。另外，由于车型的变更频繁。对于原厂电路图也不能完全依赖，需要灵活运用。

十二、速腾 1.6L 轿车 ABS、ESP 灯常亮后不升挡

故障现象　一辆 2006 年生产的一汽大众速腾 16L 自动挡轿车，行驶里程约 63 万 km，车主来站报修，称该车在行驶中 ABS 灯、ESP 灯和制动警告灯同时亮起，仪表板上自动变速器挡位固定在 3 挡，要求给检修一下。

检查分析　接车后进行基本检查。启动发动机，仪表板上 ABS 灯、ESP 灯和制动警告灯常亮，把换挡杆置于 D 挡和手动换挡区，挡位显示均在 3 挡位置，而正常时应显示 1 挡或 2 挡。路试时观察仪表上的挡位显示，也始终处于 3 挡，车速上不去。

连接 VAS5052 故障诊断仪进入 ABS 控制单元 J104 查询故障储存，有 2 个故障码存在：01314，

含义为发动机控制单元失去通信，偶发；01130，含义为ABS不可操作，当前存在。记录后尝试着清除故障码，01130故障码不能被清除。进入自动变速器控制单元J217，查询无故障。进入数据总线控制单元J533查询，有2个故障码：01315，含义为自动变速器控制单元无法通信，偶发；01309，含义为转向助力控制单元无法通信，偶发。根据VAS5052的故障提示，分析自动变速器不升挡的故障原因可能是ABS控制单元J104损坏，导致自动变速器控制单元J217受到干扰。用隔离的方法脱开ABS控制单元J104的接线插头，以验证自动变速器控制单元J217是否受到了J104的干扰。启动发动机，将换挡杆置入D挡，仪表显示在1挡位置；将换挡杆置于手动换挡区，仪表显示为1挡，向上加挡显示2挡。路试过程中发现，自动变速器可以正常升挡了，但仪表上转向助力系统故障指示灯的黄灯亮起。停车后用故障诊断仪读取故障码，转向助力控制单元J500存储有一个故障码00652，含义为无车速信号。究其原因，是因为断开ABS控制单元J104的接线插头后行驶，J104经动力系统CAN数据总线传输给转向助力控制单元J500所需的车速信号中断的缘故。

经过上述隔离对比试验证明，不升挡故障确实出在ABS控制单元。更换新的ABS控制单元，将点火开关置于ON，仪表板上ABS灯、制动警告灯和转向助力黄灯常亮。连接VAS5052对ABS控制单元进行检测，发现故障存储器内有转向角传感器G85、侧向加速传感器G200以及制动压力传感器G201未进行基本设定的故障记忆，这个提示表明更换新的ABS控制单元后需对上述传感器做学习设定工作。具体学习设定的操作程序如下。

将车停放在平坦地面上，转向盘居正中位置。用VAS5052进入自诊断选项，进入地址03制动器电子装置，功能15安全访问（相当于V. A. G1552的登录功能），选择编码2，一出现软键盘，输入40168，显示安全访问成功。进入功能06基本设定，出现软键盘，输入通道号60，确定。

完成设定后再次查询故障记忆，发现G85未基本设定的故障码已自动清除。对G200、G201的基本设定与上述程序相同，基本设定时输入的通道号为63和66，确定后查询故障记忆，G200、G201未基本设定的故障码也自动清除。退出功能06基本设定，此时仪表板上ABS灯、制动警告灯熄灭，ESP灯常亮。

故障排除 启动车辆，在平坦道路上以20km/h速度路试一段距离，进行ESP传感器信号可靠性检测。行驶中转弯时转向盘转角应大于90°，约1km后ABS灯、ESP灯和制动警告灯同时闪烁，用VAS5052退出自诊断时上述3个警告灯均熄灭。此时仪表板上转向助力警告黄灯还常亮。VAS5052进入转向助力控制单元J500查询，发现故障码02564，含义为转向极限位置未设定。启动发动机，在车辆停止时向左转动转向盘到底停留15min然后回正，右转动转向盘至极限位置停留15min回正，转向助力警告黄灯自动熄灭。维修到此结束交车。

维修总结 近几年生产的新款轿车中，电子控制装置的数量越来越多，功能日趋复杂繁多。在维修中由于拆装零件后需要做的学习设定项目较多，了解和掌握这些相应的设定程序也就成为维修技能的一部分。正确的维修思路和适宜的检查方法可以较快地找出故障原因。熟练地掌握设定程序和操作则可以帮助我们全面完成维修工作。

十三、速腾2.0轿车挡位显示区红屏

故障现象 一辆2009年款速腾2.0轿车，搭载09G型自动变速器，行驶里程6559km。用户反映该车行驶中突然出现仪表挡位显示区显示红屏的故障，并且近期油耗异常增大。

检查分析 笔者检查发现，车辆的仪表板上挡位指示呈红色，由此说明变速器进入了故障应急模式。对于09G型自动变速器，进入应急状态时仅能在3挡及R挡工作。因此车主反映油耗近

期异常加大的现象也就不难理解了。连接故障诊断仪 VAS5052A，进入网关列表，在 02 变速器电子系统中检查到“数据总线传动系统 J527 信号缺失”的故障码，并且不能清除，如图 5 - 7 所示。

在速腾车系电气控制系统中。运用了 CAN-BUS 数据总线来传递信息，不同总线系统的控制单元通过网关汇总来进行信息的译制、交换与接收。如果任意控制单元信号出现异常，在相关的控制单元中也会储存相关的故障码。数据总线传动系统中转向盘电子控制单元 J527 信号缺失，由此说明转向盘电子控制单元中的某些信息无法与变速器电子控制单元进行传递交换。

根据故障现象，有必要进入 19 网关系统，检查各控制单元的总线传输情况。笔者使用 VAS5052A 进入 19 - 08 - 132 组，如图 5 - 8 所示，发现 J527 转向盘电子系统状态为“1”，由此说明了转向盘电子系统与网关总线系统数据交换的 CAN - BUS 总线通信正常。

车辆车载诊断(OBD) 004-01-检查故障码存储器 成功执行该功能 是否检测到故障码?	02-变速器电子设备 09692775048　　09692775048 AQ250 6F　　H81　　—1977 编码 72 经销商编号 36110		
18275　　P1867 数据总线传动系 -J527-信号系统	000		环境 条件
◀ ▲ ? ▶		02.12.2009 05.13	

图 5 - 7　故障存储器的故障码

引导性功能 功能检查 读取J527-转向盘电子设备控制单元的测量值		FAW-VW V15 01 00 02/10/2009 迈腾 2009(9) 豪华轿车 BJZ 2.0L motronjec/85kW		
读取测量值 测量值	结果	规定值		
接线销状态P/S/75/15/50	01110	0/1		
喇叭	未操作	—		
多功能指示器	未操作	—		
定速巡航装置主开关	未操作	—		
定速巡航装置条件		—		
变速杆中P上锁的开关	档位啮合	—		
通过CAN的变速杆信息　位置P	档位啮合	—		
ZSS 磁铁	接通	—		
ZSS 磁铁状态	正常	1.0		
◀ ▲ 工作模式	▶ ? ⚠	02.12.2009 05.30		

图 5 - 8　转向盘电子设备控制单元测量值

接下来，笔者开始分析为何存储“数据总线传动系统 J527 信号缺失”的故障码。在网关系统中没有报此故障码，由此，说明 J527 与网关通信正常，那为什么仅在变速器控制单元中会报此故障码呢？车辆最近做过哪些维修内容？带着这样的疑问，笔者与客户进行了沟通。客户反映此故障好像是近期加装了 DVD 导航才出现的，当时对蓄电池进行了断电，笔者此时豁然开朗。对蓄电池进行了非法断电，导致了变速器基本设定程序中识别数据的丢失，其中就包括了转向盘电子系统控制单元 J527 在变速器控制单元中储存的识别数据。所谓做变速器基本设定，也就是让自动变速器自己搜索所需要的信号源。

故障排除　运用 VAS5052A 的引导性功能、对变速器进行了基本设定，至此挡位红屏故障排除。

回顾总结　随着现代汽车技术日新月异的发展，网络技术在汽车上的广泛应用对维修诊断技术提出了新的要求。在维修诊断中如何理解软件程序在车辆控制单元中的关系，这是诊断中特别要注意的问题，若是忽略此方面的问题，在维修诊断中就会走许多弯路，甚至于走入维修诊断工作的误区。

十四、速腾轿车怠速时电子扇常转不停

故障现象　一辆速腾 1.6MT 轿车，行驶里程 229 万 km，领证日期 2007 年 1 月 29 日。客户反映发动机怠速时电子散热风扇工作时间过长不停，高速时风扇启动频繁。而冷却液温度正常。

故障诊断与维修

(1) 冷却液温度检查：目测散热器中冷却液位正常，目测仪表板冷却液温度表显示正常。

(2) 散热器检查：更换同一型号的散热器并清洗冷凝器外部。保持散热良好。试车故障依旧。

(3) 冷却液循环检查：拆下节温器用水煮法检查正常，拆下水泵进行基本检查正常，检查各冷却液散热管连接处无渗漏现象，用打压法检查散热器盖能正常开启或关闭，用吹气法检查散热器放气小水管正常。

(4) 连接诊断仪 VAS5052，进入发动机系统。查询无散热控制器故障记录。速腾 1.6 发动机装有两个冷却液温度传感器，在气缸盖出水口装有 G62，在散热器下方出水口装有 G83，如图 5－9 所示。原地启动发动机怠速试验，读取 08 数据块 131 组第 1 区缸盖出水口 G62 温度为 94.5℃时，电子扇开始运转，而这时 131 组第 3 区散热器出水口 G83 温度不到 20℃。继续怠速运转，缸盖出水口 G62 温度已经达到了 99℃，而 G83 的温度还不足 25℃。从这个可疑点说明由于 G62 温度偏高，因此发动机控制单元要不间断地指令散热器风扇进行降温。从而造成电子扇常转的故障现象。

(5) 怠速时，电子散热风扇工作时间过长现象最为严重，而加速到 2000r/min 时故障现象好转。

(6) 利用红外测温检测仪测量 G62 和 G83 的温度，与 VAS5052 检测到的 G62 和 G83 温度对比，结果证明传感器工作正常。排除了传感器失效或误报数值造成的故障假象。

(7) 利用 G62 和 G83 的数值进行分析。根据发动机冷却液循环原理，G62 温度应该随着散热风扇的运转而下降，可是此车恰恰相反。怀疑冷却液循环失常，为了慎重起见，拆除节温器，用透明水管连接发动机上、下水管，分别进行怠速与高怠速试验，通过透明水管观察到怠速时无循环，高怠速时循环正常，通过上述试验说明怠速冷却液循环不足是故障根源。

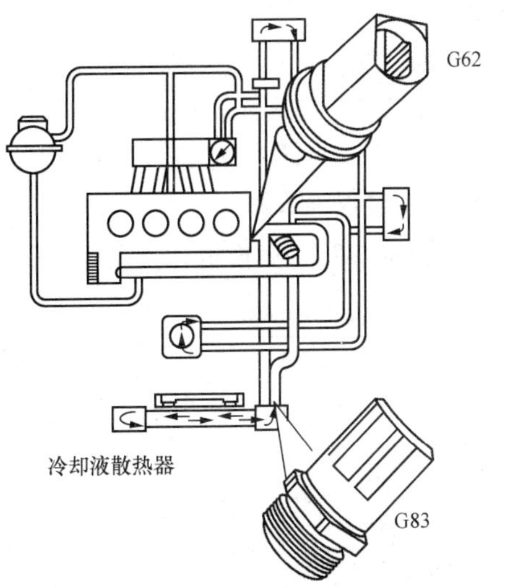

图 5－9　冷却液温度传感器 G62 与 G83 的安装位置

(8) 根据冷却系统工作原理对故障根源进行分析，

以及对其他相关部件的排查情况，怠速与高怠速的区别就是循环流量与压力的差别，流量与压力是由水泵在缸体里产生的离心力形成的。再一次拆检水泵，分析水泵结构，因为泵轮的长短、泵轮与缸体的配合间隙都会影响到冷却液循环流量。怀疑水泵有故障，在水泵排查过程中发现同一备件号为L06A121011Q而不同批次的水泵有不同之处。以红色线为基准，原车水泵A叶轮比新水泵B叶轮低2mm，并且原车水泵A的叶轮有7个叶片，新水泵B的叶轮有8个叶片。

故障排除 将新水泵换上，发动机怠速运转，接通VAS5052读取数据块131组第1区G62为94.5℃；第三区G83为79.5℃，散热风扇开始运转。读第1区G62为93℃，第3区G83为61℃，散热风扇停转。故障现象消除。

维修小结

(1) 造成本故障的原因是：由于水泵叶轮结构不同，造成原车水泵怠速时循环能力不足，产生回流，不能进行有效的大循环，从而散热能力不足。正是由于速腾冷却液温度控制系统的独特控制方式，发动机控制单元识别G62的温度高，启动高温应急模式，散热风扇常转，从而防止了冷却液温度上升，这是速腾冷却液温度控制系统的一个特点。

(2) 同一备件号的水泵产生不同程度的冷却效果，应是产品质量问题，有必要上报生产厂商。

十五、速腾轿车燃油表冷机时工作失常

故障现象 一辆一汽大众速腾轿车，出现燃油表在冷机时无指示的现象，但当发动机工作到正常工作温度时，使发动机熄火并重新启动后。燃油表指示又能恢复正常。

故障诊断 该车刚来我公司检查时，上述故障现象已不存在。用VAS5051检测，仪表17中存有故障码，其含义是燃油表传感器机械故障，偶发，如图5－10所示。根据故障码的提示，怀疑燃油表传感器在冷机对信号失真，于是便更换了燃油表传感器。但是第二天早晨车主反映上述故障依旧。于是建议客户在出现上述故障时，不要将发动机熄火而直接来我公司，以保证在故障存在时进行检查。客户再次来公司时，在发动机不熄火状态下，燃油表一直显示零。用VAS5051检测，仪表内同样存在上述偶发性故障码。

通过分析电路图得知，燃油表指示原理为燃油表传感器将燃油量信号传递给组合仪表。怀疑燃油表传感器没有把燃油量信号传送到组合仪表，于是读取17数据块第2组，其2区显示40L，如图5－11所示，此时可以说明燃油表传感器已经把燃油量信号传到组合仪表，只是燃油表指针没有动，此时忽然发现，尽管燃油表指针在零位，但是油量报警灯并没有报警，由此确认故障为组合仪表故障。

故障排除 更换组合仪表后试车，上述故障排除。

车辆车载诊断(OBD)	
02–查询故障码	
1检测到故障码说明	
00771 燃油表传感器 机械故障 偶然	003

图5－10 仪表内储存的故障信息（截屏）

	17 仪表板 1KMD920853 KOMBIINSTRUMENT 5GS 编码 19107 经销商编号 00079
	1830km 401 1170hm 21.0℃

图5－11 仪表数据块显示的油量数值（截屏）

十六、速腾 2.0 轿车仪表故障

故障现象　一辆速腾 2.0 轿车，手动挡，行驶里程 15km。该车为商品车，维修人员用 V. A. S5052 对该车电控系统检查时发现，仪表控制单元无法进入，但是对仪表重新编码后故障仍然不能消除。于是维修人员从备件库领来备件号相同的仪表装车后，虽然仪表系统可以进入，但是多功能组合仪表上的 ESP 灯常亮，仪表显示检查机油温度传感器故障，前照灯指示灯不停闪烁，同时中央显示屏上的里程数显示区出现 PRO 字样。

故障诊断　笔者听了维修人员的描述后，打开了点火开关，正如维修人员反映的那样，仪表上出现机油油温检查图标，同时前照灯指示灯不停的闪烁，而且 ESP 灯常亮。大众速腾车型 1.6L、1.8L、2.0L 没有配置机油油温传感器，1.8T 车型配有油温传感器，难道该车是仪表编码错误才出现了前照灯指示灯闪烁和油温报警提示。笔者使用 V. A. S5052 进入网关系统，系统显示 03（变速器）、17（仪表）有故障。首先进入仪表系统对编码进行了检查，编码为 19103，正确。随后笔者对故障码进行了调取，故障码显示机油油位温度传感器 G266X 对地短路，这与仪表显示的提示相吻合，笔者还是认为仪表的编码有问题，随后根据仪表编码的方法又进行了几次编码，但均无效。针对仪表前照灯指示灯常亮的问题，打开前照灯开关，但闪烁依旧。笔者想从 V. A. S5052 的功能引导系统进入仪表，然后进行功能触发，但是仪表中并没有前照灯指示灯触发功能，至此维修陷入僵局。对于前照灯指示灯常亮，分析有两种可能：

（1）仪表损坏，前照灯指示灯可能受到某一触发信号后而不停的闪烁。

（2）报警说明，可能是由于仪表某一功能没有匹配好，所以仪表系统发出警报信号，同时利用前照灯指示灯的闪烁来表达。

带着两种疑问，维修人员与一汽大众技术组取得了联系，维修人员将故障现象描述后，得到的答案是仪表匹配有问题，需要使用 V. A. S5052 对仪表做如下匹配：

（1）仪表的前照灯指示灯不停闪烁，同时显示 PR0，处理方法 17(仪表)-10(匹配)-22。

（2）机油油位温度传感器 G266，处理方法：17(仪表)-10(匹配)-39。对于 ESP 灯常亮，按下面的方法对 ESP 系统的传感器做如下设定：

（1）G85 的初始化标定。

注意：G85 无初始化时，电子助力转向不起作用。

方法一：车辆以 15～20km/h 的速度行驶，向左打转向盘 90°，再向右打转向盘 90°，然后，将转向盘回正，车辆直线行驶。

方法二：初始化标定可以通过车辆的短距离行驶进行（J104 会根据轮速传感器提供的信息自动对 G85 进行初始化标定）。

（2）ESP 传感器的测试方法如下（使用 V. A. S5052）：

① 03(ABS)-16(允许进入系统)-40168(登录密码)；

② 03(ABS)-04(基本设定)-060；03(ABS)-04(基本设定)-063；03(ABS)-04(基本设定)-066，分别激活功能。

按照上述方法进行了仪表匹配后，故障排除。

故障总结　该故障并不是什么疑难故障，只是我们对多功能仪表匹配不熟悉而致。其实在汽车维修过程中有许多所谓的“疑难故障”都是我们对系统功能不了解所引起。由于目前车辆上的 CAN-BUS 数据总线，电控单元应用较多，它涉及编码、匹配等许多复杂的过程，这都给我们维修增加了难度。对于维修者来讲维修经验固然重要，但仪器、资料、理论知识、诊断思路更重要。所以我们维修人员要充分利用业余时间为自己“充电”，以便适应高端的汽车维修时代。

十七、速腾轿车仪表显示异常

故障现象 一辆速腾 2.0 轿车（采用手动变速器），该车为待售的新车，维修人员使用 V. AS5052 对该车电控系统检查时发现，VAS5052 显示“仪表控制单元无法达到”，但是对仪表重新编码后，还是如此，于是维修人员从备件库领来配件号相同的组合仪表装车，而后发现虽然 VAS5052 可以进入仪表系统，但是多功能组合仪表上的 ESP 指示灯常亮，前照灯指示灯不停闪烁，同时中央显示屏上的里程数显示区出现“PRO”字样，而且出现检查机油温度的图标。

故障诊断 笔者听了维修人员的描述后，接通点火开关，发现确如维修人员反映那样，仪表上出现检查机油温度图标，同时前照灯指示灯不停地闪烁，而且 ESP 灯常亮。大众速腾车型配置的 1.6L、1.8L 和 2.0L 发动机没有配置机油温度传感器，而采用 1L 发动机的车才配有机油温度传感器，难道该车是仪表编码错误才出现了前照灯指示灯闪烁和机油温度报警提示的？笔者使用 VAS5052 进入网关系统，系统显示 03（变速器）、17（组合仪表）有故障。首先进入仪表系统对编码进行检查，编码为 19103，正确。随后调取故障码，故障码显示机油油位/温度传感器（G266）对地短路，这与仪表上的提示相吻合，笔者认为仪表的编码有问题。随后根据仪表编码的方法又重新进行了几次编码，但均无效果。针对仪表上前照灯指示灯闪烁的情况。接通前照灯开关，该指示灯依旧闪烁。笔者准备从 VAS5052 的功能引导系统进入仪表，然后进行功能触发，但是仪器中并没有前照灯指示灯触发功能，至此维修进入僵局。分析前照灯指示灯不停闪烁的原因，笔者认为有两种可能：一是仪表损坏，前照灯指示灯可能受到某一触发信号影响而不停地闪烁；二是报警提示，可能是仪表某功能没有匹配好，利用前照灯指示灯闪烁发出警报信号。

故障排除 带着这两种疑问与一汽大众技术组取得了联系，维修人员将故障现象描述后，得到的答案是仪表匹配有问题，需要使用 VAS5052 对仪表做如下匹配：

对于仪表上前照灯指示灯不停闪烁，同时里程数显示区显示“PRO”的处理方法是，进入 17(仪表)-10(匹配)-22。

对机油油位/温度传感器（G266）提示的处理方法是，进入 17(仪表)-10(匹配)-39。

十八、速腾轿车遥控钥匙有时失效

故障现象 一辆一汽大众速腾轿车（VIN：LFV3A21K863002195，发动机号为 BJZ000642），行驶里程 7460km，遥控钥匙有时会失效，发动机熄火后使用遥控钥匙，需 10s 后才能正常工作。拔出点火钥匙时断开收音机电源，不能立即断开，需等到 10s 后才能断开。

检查分析 从故障现象分析，怀疑点火开关上 S 触点信号传输延时。造成点火开关上 S 触点信号传输延时的可能原因有：一是点火开关故障；二是点火开关座机械复位部分发卡；三是相关线束连接不良；四是控制单元有故障，如转向柱电子控制单元（J527）和车载网络控制单元（J519）。

用 VAS5051 检测，无故障记录，读取数据流 16-08-003，发现当点火钥匙拔出后，触点 S 信号没有中断，当信号中断后，遥控钥匙就能正常使用，同时收音机也能正常关闭。看来就是触点 S 问题，使用万用表测得触点 S 的电阻为 64Ω，正常应为 45Ω。

排除方法 更换点火开关，并对转向角度传感器（G85）作基础设定。

十九、速腾轿车燃油泵熔丝频繁烧断

故障现象 一辆一汽大众速腾轿车（采用1.6LBWH型发动机和手动变速器），累计行驶里程4.23万km，在行驶中突然出现不能加速，接着发动机熄火，熄火后无法着机的故障。检查发现燃油泵熔丝（SC27 15A）熔断，将该熔丝更换后发动机工作恢复正常，但该车行驶一段时间后，会再次出现上述故障现象。在维修站先后更换了6次燃油泵熔丝，但问题并没有彻底解决。

检查分析 根据用户描述的故障现象，做了初步检查。发现仪表板左侧的熔丝盒内SC27位置熔丝座已被烧得严重变形，熔丝外面的塑料罩已经脱落，只剩下金属部分。据车主反映，刚开始的时候换上新熔丝后能行驶近1万km，但后来更换熔丝的频率越来越高，最后服务站干脆把熔丝换成20A的，坚持的时间方能稍长些。

根据上述情况分析认为，车辆可能存在超负荷用电的情况，致使SC27 15A熔丝经常性熔断。查阅电路图得知，SC27 15A熔丝单独给燃油泵供电。导致该熔丝频繁熔断的可能原因有：熔丝质量问题；熔丝插接处松动；燃油泵搭铁不良；燃油泵内部短路；燃油泵负荷过大。

检查熔丝座上燃油泵熔丝插接处，没有松动感。将燃油泵搭铁点打磨处理后试车，故障依旧。利用VAS5051测量燃油泵工作电流，燃油泵工作电流竟高达22.7A，远远超过15A。分析认为，应该是燃油泵内部短路造成其电阻过小（编者注：此处是否应该测量一下燃油泵的电阻到底是多少呢?），使通过的电流变大，燃油泵熔丝频繁熔断。查询维修手册得知，燃油泵工作电流最大不超过9A。

排除方法 更换燃油泵后，再次读取燃油泵工作电流，发现为7.22A，上述故障现象消失。

维修总结 在维修中如果遇到经常性熔丝熔断的故障时，一定要用测量工具单独测量其耗电（工作）电流，如果用电器的耗电电流过大说明用电器自身有故障，如果其耗电电流正常，说明其线路中有过大的电流通过。特别是当遇到一些轿车容易熔断鼓风机熔丝，如捷达轿车，如果其鼓风机熔丝（30A）经常熔断，则应该着重检查鼓风机工作电流，一挡时其鼓风机工作电流约为3A，二挡时约为6A，三挡时约为12A，四挡时约为17A。

二十、一汽大众速腾轿车关闭点火开关后发动机不能熄火

故障现象 关闭点火开关后发动机不能熄火。

故障诊断 此车是来我站做维护的，试车检查结束后，车主准备出站结算时，将点火开关关闭并拔出钥匙后，发动机没有熄火，于是将车辆开回维修中心检查。

在查询故障时，发现网关安装列表内09-车辆电气系统控制单元中记录了1个故障码：端子15内部对正极短路。是此故障导致15号正电常有而使此车不能熄火。为了能清晰理解和排除故障，先描述一下速腾轿车中点火电源15号正电的形成。点火开关底座只是一个信号发生器，它并不像以往点火开关一样能接通较大的电流。打开点火开关时，通过触点接通30号正电将电压信号传递给转向柱控制单元，而后由转向柱控制单元传递给车辆电气系统控制单元，再由车辆电气系统控制单元接通内部的电路发出控制信号给15号供电继电器使之吸合，于是产生的15号正电被传输到车内的用电设备。15号供电继电器电路如图5-12所示。

明白了原理后就按信号传递的顺序检查了。第一步读取转向柱控制单元数据流16-08-003

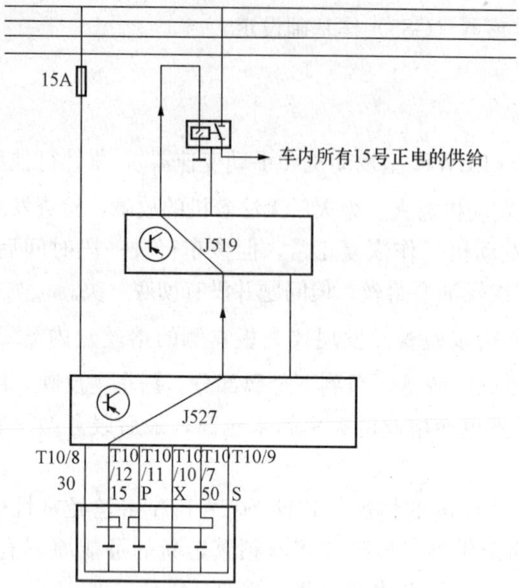

图 5－12　15 号供电继电器电路

第一区的各端子状态，在点火开关打开和关闭时分别是：1 为接通，0 为断开。说明点火开关在钥匙关闭时已断开信号，转向柱控制单元收到了钥匙关闭的信号；第二步读取电气中央电子设备控制单元数据流 09－08－007 第一、二、三区的各继电器在点火开关打开和关闭时激活状态，说明车辆电气系统控制单元接收到了从转向柱控制单元传来的信号并断开了继电器的控制电路，再依据 15 号正电形成原理，判断是 15 号正电的执行端继电器有故障。由于遇到过继电器触点烧蚀情况，所以将车发动后关闭点火开关并取出钥匙，发动机还在运转，这时轻轻敲 15 号供电继电器后发动机熄火了。将继电器的外壳取下，发现继电器的开关触点已经烧蚀。更换一新的继电器后故障排除。

故障总结　由于继电器在吸合或是断开时，触点间会产生电火花，会将触点烧蚀。本故障就是 15 号供电继电器开关触点烧蚀后不能正常断开 15 号供电电路造成的。

二十一、速腾轿车仪表板上 ESP 报警灯常亮

故障现象　速腾仪表板上 ESP 报警灯常亮

故障诊断　ESP 功能为速腾车系 ABS 的标配，ESP 通过转向盘转角传感器及各车轮转速传感器了解驾驶员的意愿，同时 ABS 控制单元采集横向偏摆和加速度传感器的数据进行计算分析是否需要 ESP 介入，ESP 电控系统存在电路故障或在内部逻辑分析过程中出现校验错误，ESP 控制单元会激活仪表板上 ESP 报警灯常亮报警（与 ESP 起作用时报警灯闪亮是不同的）。

用 VASS051 检查故障码：03 制动控制单元有一故障码存储，含义为转向角度传感器 G85 机械故障。此时，在 03 通道中读取数据流 08－04 组第 1 区 G85 角度能随转向盘转动正常显示，说明 ABS 能收到 G85 信号。又因 44 转向辅助装置控制单元中无故障，可排除 G85 部件电气故障和动力总线传递信号不良的可能性。分析为 ABS 控制单元内部分析处理电路故障或因转向角度传感器 G85 反馈值与实际转向角度不匹配。

接下来监控 G85 传感器反馈值的准确性，在前轮打正，前后行驶一小段距离使车辆处于直行状态，此时的状态应为实际方向零点位置，此时通过 03-08-04 组查询数据为 9°，说明 G85 反馈值相对实际角度偏差相差了 9°。

此时，在车辆左转向时，如果向左转向角度为 40°，实际上诊断仪显示为 49°，而向右转向 40°，诊断仪识别为 31°。在一定速度下，同 ESP 控制单元接收到的纵向加速度和横摆角速度所传来的信息进行分析处理，如此 ESP 控制单元便能识别收到了非正常的 G85 信号（转向角度偏离目标值过大），使 ESP 报警。行驶基准应为 0°，而 G85 传感器发出的信息为 94，这就需要通过 04－060 将 ABS 与 G85 的对应基准关系进行重新标定。因 G85 的对应数据更新，44 内对应关系也改变，电动转向助力控制单元也识别到了 G85 的故障（G85 信号作为电控助力调节信号，本

身对 G85 信号识别能力较弱不报警，但如果识别到不匹配便会报警），从而使助力转向指示灯 K161 点亮报警，同时出现相应故障码。

故障排除　在 03 制动控制单元中将角度标定为 0°，执行 11－40168－04－060 功能，ABS 控带 0 单元内故障消失，然而 44 转向辅助装置控制单元中开始出现一个新故障码存储：转向角度传感器 G85 有故障。这是因为在 J527 转向柱控制单元内作了有关 G85 信息的更新需进行重新识别，进入 44 再进行与 G85 通信的标定 44－11－31 857－04－060；最后进行转向初始化 44－10－00，左右打转向盘到止点再回到转向盘中心位，报警灯熄灭，故障码自行清除，故障彻底解决。

二十二、速腾轿车仪表警告灯常亮

故障现象　一辆 2008 年产一汽大众速腾 1.6L 手动挡轿车，行驶里程 3000km。据用户反映，仪表上的电子动力转向警告灯和 ESP 行驶稳定系统警告灯常亮。

检查分析　笔者分析，这 2 个警告灯同时点亮的原因可能是由同一个故障原因引起的，也可能是由于不同的故障原因引起的。首先使用故障诊断仪 VAS5051 进行系统检测，发现很多系统内存在故障码，询问用户后得知，该车曾经因为检修警告灯点亮的故障而拆检过转向盘，这应该是导致很多系统存储了故障码的原因。

清除存储的故障码后再次进行系统检测，发现两个系统内的故障无法清除。制动系统和电子动力转向系统内均存储有故障码 00778，含义是转向角度传感器 G85 故障、未进行基础设定/匹配或执行不正确。两个系统内存储了相同的故障码。可能的原因就是两个系统共用的元件或线路损坏。那么转向角度传感器 G85 在这两个系统内各起什么作用呢？为了进一步检查故障原因，下面对转向角度传感器 G85 在制动系统和电子动力转向系统中的功能进行简要介绍。

（1）G85 在制动系统中的作用。速腾轿车配置的是带有 ESP 系统的 MK60 电子制动系统，ESP 作为主动安全系统，接收来自转向角度传感器、车轮转速传感器以及横摆率和横向加速度传感器的信号，从而识别出车辆行驶的不稳定状态，并通过对制动系统、发动机控制系统以及变速器系统实施控制，从而有针对性地修正车辆滑动，例如对不足转向和过度转向的修正。

（2）G85 在电子动力转向系统中的作用。速腾轿车配置的是带双小齿轮的电子动力转向系统，与液压转向系统相比，电子动力转向系统有很多优点，例如只有在需要提供助力时电动机才会工作。电子动力转向系统控制单元 J500 接收来自转向角度传感器 G85 和转向扭矩传感器 J269 的信号以及发动机转速和车速信号，从而驱动转向电机 V187 工作。

从以上分析可以看出，转向角度传感器 G85 的信号对于电子制动系统和电子动力转向系统都很重要。而且当 G85 或其线路损坏时都会使系统警告灯点亮。为了确定 G85 或其线路是否存在故障，下面根据转向柱电控系统电路图 5－13 所示检查线路。速腾轿车采用了光栅感应式转向角度传感器 G85，安装在转向管柱上的转向开关与转向盘之间，与安全气囊的时钟弹簧集成为一体。需要注意的是，G85 是唯一一个与 CAN 总线相连的传感器，它的信号通过 CAN 总线传给转向柱电控单元 J527，再通过总线 B390（CAN－1）和 B383（CAN－h）把信息传给 ESP 控制单元。从电路图里可以看出，G85 的信号也是由 J527 经过 CAN 总线送到电子动力转向系统控制单元 J500。既然到达两个控制单元的信号都来自 CAN 总线，那么就可以使用示波器来检测 CAN 总线。这是检测总线的较好方法。

从示波器的显示可以看出，CAN 总线的通信正常，但转动转向盘时波形无变化。这说明无

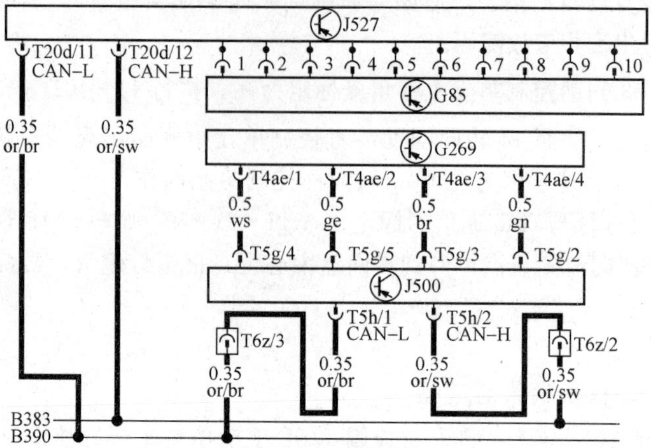

图 5－13　转向柱控制系统电路

数据信号传递。接下来检查传感器 G85，但 G85 无法直接检测，所以只能利用故障诊断仪读取数据流。从 CAN 总线数据流可以看出，CAN 数据通信的数值为 1（1 为正常，0 为 CAN 通信故障），而 G85 显示“内部状态不正常”。从以上检查可以看出，线路没有问题，因此可以确定是 G85 损坏。

故障排除 更换 G85，并根据故障诊断仪的引导进行了零点平衡，之后读取数据流。数据流显示 G85 状态正常，但是两个系统警告灯仍然点亮。于是笔者进行手动匹配，匹配完成后系统警告灯常亮的现象消失，确定故障排除。

回顾总结 因为 G85 损坏的概率很小，而且该车是新车，所以笔者将 G85 打开查看内部究竟有什么问题。拆开后。可以看到内部电路板上有不同程度的锈迹，这很难解释。怀疑是用户将湿毛巾放在了转向盘上，或是贴膜时导致了转向盘进水。更换 G85 需要进行零点平衡，在此介绍手动操作步骤：

（1）连接故障诊断仪 VAS5051 进入地址码 03。输入功能码 11，输入编码 40168。

（2）将转向盘置于正前方居中位置，输入功能码 08；查看下 004 通道第一显示区是否为 0°（规定范围±10°）。

（3）输入功能码 04→060，此时 ABS、ESP、EPS 警告灯点亮。

（4）输入功能码 06 退出，启动发动机并在平坦路面以 15～20km/h 车速行驶。左右转动转向盘到极限位置，行驶一段距离后匹配即完成。

二十三、速腾轿车天窗开启后不能正常关闭

故障现象 速腾轿车天窗开启后不能正常关闭。

故障诊断 经测试，天窗有时无法关闭（开关放到关闭挡时，天窗在关闭一半时自动再打开），如果分级关闭可以半闭，说明天窗电动机正常，分析为天窗防夹功能所致。因为多数情况下天窗受阻过大都因为尘土或异物或润滑不良引起，先对天窗导轨处进行清理，用专用润滑脂润滑，清理润滑后，故障现象仍存在，那么就要对天窗进行初始化。只有让电动机记忆现在状态下天窗所受到的阻力，天窗才不会启动防夹功能，将顶篷灯总成拆下，对搭铁点进行清理后，把电动机上的线束插头从电动机上拔出，约 5s 后将此插头重新插入，将天窗的开关由零位迅速向

天窗开启的位置旋转一点，然后迅速的返回初始位置，此时没有听见电动机有“咯哒”的响声，相应天窗也没有自动打开关闭完成，说明天窗复位功能失效。

由电路图 5-14 所示可知，天窗复位是通过天窗控制单元 J245 接收到复位开关接通请求信号后实现的，拔下 V 天窗调整开关（1KD 959613），直接测量复位机械开关 E325 的通断状态，发现在按下 E325 时，E325 的 5 脚与 6 脚之间仍为断路状态，说明 E325 内部损坏。

故障排除 更换天窗调整开关（1KD 959 613），重新进行复位，可以听见电机有“咯哒”的响声，向下按住按钮开关，天窗将自动完成（打开、起翘、下降、关闭）一套完整的循环过程，说明天窗初始化完成，此时操作天窗开关能正常一次性关闭，故障排除。

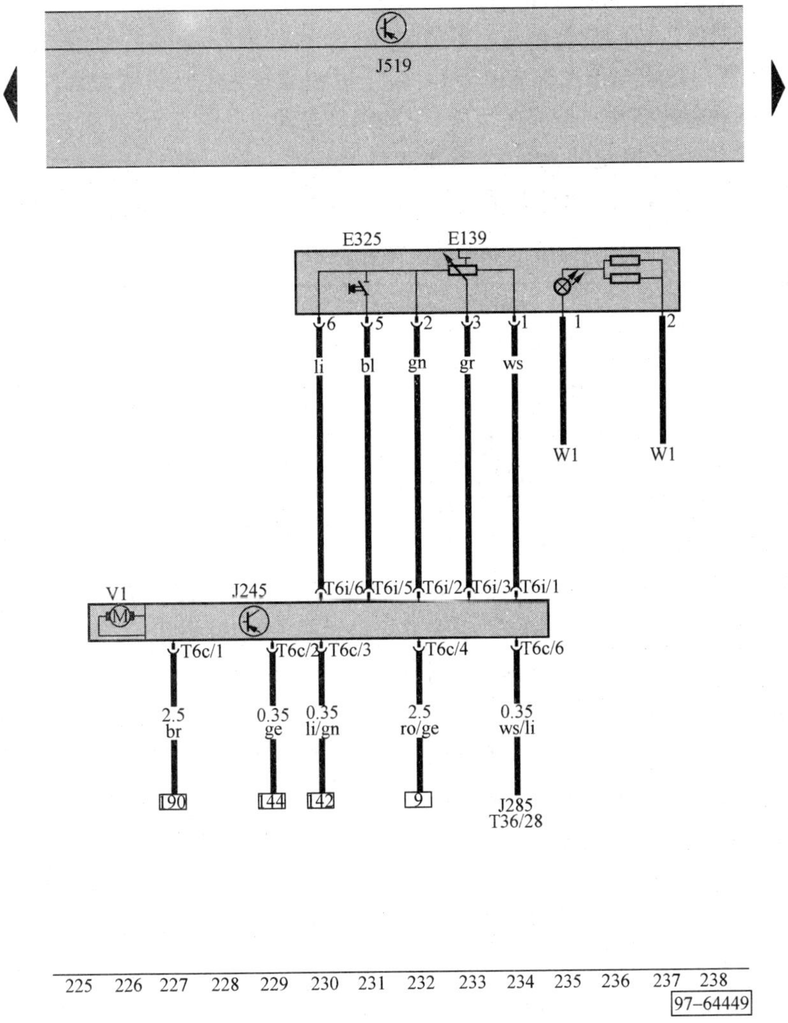

图 5-14 复位机械开关 E325 电路

二十四、速腾轿车空调右侧温度风门失效

故障现象 速腾轿车舒适型，打开空调暖风挡位时右侧出风口出冷风。

故障检修 速腾车舒适型采用全自动分区空调，操作空调面板可对车内前排左右区设置不同的目标温度，全自动空调控制单元接收各温度传感器的反馈值，通过控制温度翻板位置及鼓风机转速等执行元件来实现目标温度。实操发现，在将左右区设置为高温挡时，右侧出风口仍出冷风，说明右侧温度风门自动调整响应失效：用 VAS5051 查询发现在 08 空调电控单元内有一个故障码存储，"01810 右温度风门定位电动机- V159"，由此可将故障点缩小为：①自动空调控制单元故障：②右侧温度风门电控电动机- V159 电路故障：③空调电控单元至 V159 线路故障；④右侧温度风板机械卡死或脱开故障（风板的工作位置异常反馈也会引起 V159 报警）。

读取数据流 08 - 08 - 13 组，第 1 区显示为 38，第 2、3、4 区皆显示为零，调整右侧温度开关旋钮至不同设定温度值，数据流都无变化。对于 13 组，1 区为右侧温度风门当前值，2 区代表空调控制单元对右侧温度风门规定值进行设置状态，3 区代表右侧温度风门冷止动位置标准值，4 区代表右侧温度风门热止动位置标准值。2、3、4 区皆显示为零，说明空调控制单元不能正常显示控制目标值所对应数据块，集成在 V159 上的伺服电动机电位计 G221 的反馈值一直为 38 也说明，右侧温度风门实际风板位置在冷风温度位置未作调整，而对比观察 12 组的数据流在 HIGH 挡数据流和在 LOW 挡数据流都能按所设定 3 区或 4 区设定的目标值变化，见表 5 - 2。

表 5 - 2　HIGH 挡数据流和 LOW 挡数据流

设置	数据组	1 区	2 区	3 区	4 区
设置右侧 LOW 挡	013 组	38	0	0	0
设置右侧温度 HIGH 挡	013 组	38	0	0	0
设置左侧 LOW 挡	012 组	29	25	25	231
设置左侧 HIGH 挡	012 组	225	231	25	231

检测至此，似乎可推论为空调电控单元控制元件损坏引起了不能控制对右温度风门伺服电动机 V159 的调节。为此要先对空调电控单元是否对 V159 发出了控制指令进行验证。由右侧温度风门伺服电动机及电位计线路图可知，空调电控单元的 16 芯插头 T16f 的 11 端子和 12 端子分别连接 V159 的两端子，将空调电控单元向外拉出，以电控单元的 T16f/11 和 T16f/12 为测量点，在空调工作状态下，测量 11 端子和 12 端子的输出波形，在将右温度设置旋钮设在高温挡时，波形为正向脉宽控制。当将旋钮设置在低温挡时，波形为负向触发脉宽控制，符合直流电动机的控制模式，由此可初步排除自动空调控制单元的故障。接下来断开空调电控单元的 T16f 插头连接，测量与 11 端子和 12 端子相连接的线束插脚之间的电阻为无穷大，说明 V159 电动机线路断路：拆下杂物箱和右侧空间出风口，断开伺服电动机 V159 的插头连接，分别测量 V159 电动机的 6 孔插头的 5 脚和 6 脚至空调电控单元的 11 端子和 12 端子之间的电阻皆小于 0.5Ω，说明断路发生在 V159 内部，实测也说明了这一点。

故障排除　更换集成有右侧温度风板位置传感器的 V159 电动机，风门当即能自由调整，说明风门的机械调整机构也正常，观察 13 区数据流全部恢复正常，最后应用 VAS5051 的引导功能做基本设定成功，由此，故障彻底排除。此时，再测试空调电控单元的 16 插孔的 11 端子和 12 端子的输出波形较之前有了一定的变化。波形显示在空调电控单元发出相应工作指令后便处于待工作状态，直至 V159 电动机实际调整到规定位置，而且在正常工作状态时的波形所含的信息也有所不同。由此，可分析，空调电控单元在识别到执行元件电路故障时，报故障码的同时，也进行故障应急工作模式：一方面控制数据流的非正常显示，另一方面是以规定的脉宽控制执行元件 V159 做重复再工作的尝试。

二十五、速腾轿车空调不工作

故障现象　一辆 2008 年产速腾 2.0L 轿车，行驶里程 6 万 km。用户反映该车空调不工作。

检查分析　维修人员首先进行基本检查，操作空调控制面板，功能正常，开启空调系统，出风口吹出的是自然风，用压力表检查系统压力为 500kPa，高低压力一致，说明空调压缩机没有工作。

为了找到压缩机不工作的原因，维修人员启动发动机并开启空调，使用故障诊断仪检测空调单元，控制单元中没有故障码存储。读取数据流，进入 08-001，可以看到压缩机的停机状态显示“1”，查看相关资料，见表 5 - 3，此数据表明制冷剂压力过高，进一步查看 08-003 组数据流，发现高压传感器检测到的制冷剂压力达到了极限压力 3900kPa，然而实际压力只有 500kPa，说明高压传感器 G65 自身损坏或其线路有故障。维修人员试更换一个正常的压力传感器后，数据流显示系统压力为 500kPa，据此可知原车高压传感器自身损坏。

表 5 - 3　空调压缩机停机状态细分

状态字	原　因
0	压缩机开启（为检测到关闭条件）
1	制冷剂管路压力过高，空调压力开关 F129 切断压缩机电磁离合器 N25
2	新鲜空气鼓风机 V2 或鼓风机控制单元 J216 损坏
3	制冷管路压力过低，空调系统压力开关 F129 切断 N25
4	未用
5	N25 断开 4s（非故障），代码 5 仅显示 5s。若持续显示，检查车速信号
6	压缩机被 ECON 功能关闭
8	环境温度低于 3℃（避免结冰，非故障），检查温度传感器 G17 和 G89
9	未用
10	供电电压低于 9.5V
11	空调控制单元 J255 指示“过热”警报灯亮
12	自动变速器控制单元或发动机控制单元通过 J255 切断 N25

维修人员更换新的高压传感器后再次开启空调，发现空调仍然不工作。用压力表测量系统高低压力，仍然没有压力差。传感器的故障已经排除。故障存储中也没有其他元件的故障记录，所以维修人员认为问题应该在压缩机自身或其线路上。

该车压缩机是变排量压缩机，压缩机后端安装有调节电磁阀，空调控制单元通过该调节电磁阀来控制压缩机排量。给压缩机后的调节电磁阀 N280 接上常电源线，压缩机开始工作，空调恢复正常，说明压缩机正常，于是将检查重点放在线路上。根据电路图（见图 5 - 15），对调节电磁阀 N280 相关线路进行了仔细的检查。首先启动车辆并开启空调，然后拔下 N280 的双线插头，用万用表测量插头 1 号端子（搭铁端）与搭铁之间的导通情况，结果是导通的；测量插头 2 号端子（由空调控制单元 J255 提供电源）的对地电压，结果电压为零，说明控制线路有断路情况。

继续查看电路图，发现在空调控制单元 J255 与压缩机调节阀 N280 之间有一个 4 针的插头

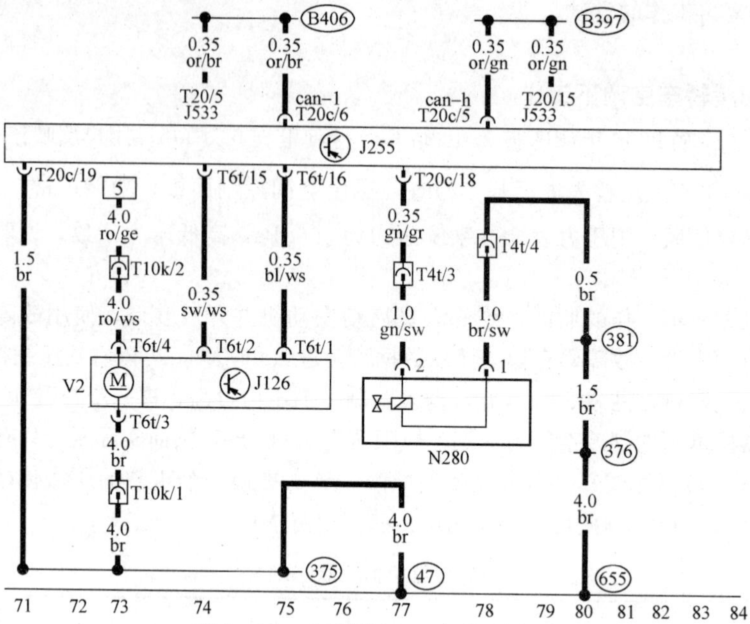

图 5 - 15　电磁阀 N280 相关电路图

J255—空调控制单元；J533—网关控制单元；J126—鼓风机控制单元；

N280—压缩机调节电磁阀；V2—鼓风机

T4t（位于蓄电池附近线路中）。找到该插头，测量其 3 号端子 T4t/3（由 J255 提供电源）对地电压为零，说明断路点在此插头之前，仔细检查后发现距插头不远处的导线断路。将该线路接好并包扎，再次开空调试验，发现空调压缩机制冷正常。

故障排除 更换高压传感器 G65，连接并包扎断路线路，故障彻底排除。

二十六、速腾轿车车门开启警报显示异常

故障现象 一辆速腾 1.6L 轿车。在车门关闭状态下，仪表上显示车门开启状态报警。

故障检修 速腾轿车的舒适系统采用了先进的网络集成控制模式，车门开启状态正常报警的机理为：某一车门开启时，集成在各车门锁块内的接触开关将线路闭合的信号传递给各车门控制单元，各车门控制单元通过总线（后门需要先通过 LIN 线再通过总线）将信息传至仪表相应模块用于车门开启报警。分析本车出现非正常状态下车门开启报警的可能原因有：某个车门接触开关处于常短路状态；车门接触开关至车门控制单元的正极连接线对地短路：某车门控制单元内部逻辑电路错误；组合仪表报警模块错误触发等。

首先用 VAS5051 进入 46 舒适系统进行故障查询，无故障码存储：读取数据流 46 - 08 - 01 组第 2 区，在右前车门关闭状态下仍显示“车门开启”状态，说明舒适系统电控单元识别到了右前车门接触开关信号失真，操作中控钥匙和车内中控开关；观察 46 - 08 - 02 组时显示各门中控正常，说明总线能正常传递中控信息，也基本说明右前车门控制单元（J387）的供电和搭铁均为正常，由此可锁定故障原因可能为前三种，即右前门锁内车门接触开关、右前车门控制单元、或锁块至车门控制单元的连接线路有故障。

该款基本型速腾轿车取消了车门门控灯报警灯，因此无法通过开、关车门时门灯是否亮的简易方法，来识别车门接触开关的状态，为此先对各车门的开启状态识别作一确认，实测显示，

在左前门打开状态下，VAS5051 仍显示“车门关闭”。打开小灯或转向灯，拔出点火钥匙，并开启车门时仪表无“嘟嘟”报警声音提示，说明左前车门触点开关线路也处于异常状态，而且，颇为巧合的是，右前门锁的控制线路竟出现了与右前门锁故障机理相反的故障。

先拆装右前门内护板，断开右前门锁块（F221）的 10 端子导线侧连接器，根据速腾车舒适电气系统线路图，端子 4 和端子 8 为右前门锁块中车门接触开关（F3）之间的电阻，打开车门，使右前门处于开启状态，实测这两个端子间的电阻，为 0Ω，说明接通：人为将锁块置于锁止状态时，实测这两者之间的电阻为∞，符合电路图所示的正常工作模式，说明右前锁块内车门接触开关正常，因为事先测出的中控功能正常，只能说明该门接触开关线至 J387 间的导线出现短路或 J387 内部逻辑电路错误，拔下 J387 导线侧连接器与右前门锁块（F221）的导线侧连接器，测量前者的端子 7 与后者的端子 4 间的电阻，小于 0.5Ω，测量该导线的对地电阻为∞，数据正常，因此故障点可确定为右前车门控制单元自身故障。

对左前门锁块采用同样的检修方法，断开左前门锁块 10 端子导线侧连接器进行测量，无论在锁止或开锁状态下，其端子 4 和端子 8 间的电阻均为∞，而事实上车门在关闭状态下该数值才为∞，显然是门锁内车门接触开关触点电路常断开了，拆解左前门锁块，发现车门触点头部偏磨，在开门状态下，锁舌下压开关，达不到开关电路闭合的条件，因此会被舒适控制单元识别为左前门常关状态。

故障排除 更换左前门锁和右前车门控制单元后，读取数据流，一切显示正常，上述故障彻底排除。

二十七、速腾轿车门控制单元故障

故障现象 速腾 1.6L 自动挡轿车，行驶里程 12814km，没有加装过任何辅助部件，没有发生过事故，维护手续齐全，驾驶状况良好。用户反映前天开始右前门、右后门的升降器、中控锁均不受中控开关控制，且独立操作也无法实现功能。

故障诊断与排除 连接诊断仪 VAS5052A 进行检测。发现无法进入右前门、右后门地址，且网关、中央电器控制单元中均有右前门、右后门无信号的常发故障码。

显然，这两个控制单元根本没有工作，完全失效，原因在控制单元无供电、无搭铁、总线故障、控制单元本身故障这三方面。

维修思路如下 无供电、无搭铁的原因在熔丝、线路、连接件、搭铁本身这几方面，要依据电路图和维修手册逐一进行排查；控制单元本身故障完全失效的可能性很小，排除上述问题后才能确定。

速腾车型的舒适系统结构和控制较复杂，不同车型的车型结构和部件本身区别很大，在检查之前要认真回顾相关内容，具体如下。

生产日期在 2006 年 7 月 31 日之前速腾轿车的网络拓扑情况上可以看到，J386 驾驶员倒车门控制单元、J387 副驾驶员侧车门控制单元、J388 左后车门控制单元、J389 右后车门控制单元均是通过舒适 CAN 总线进行的连接，直接通过 J533 网关进行通信和信息交换。生产日期在 2006 年 7 月 31 日之后的速腾车的网络拓扑结构可以看到（G85 转向角度位置传感器除外），J388 左后车门控制单元通过 LIN 总线与 J386 驾驶员侧车门控制单元连接和受控，J389 右后车门控制单元通过 L1N 总线与 J387 副驾驶员侧车门控制单元连接和受控。

同时在相关零件方面分为 3 种（以右后车门控制单元为例），如图 5－16 所示。

L1K5839402B:至2006年7月31日止，CAN传输
L1K5839402G:2006年8月1日至2007年12月3日，LAN传输
L1K5839402L:2007年12月3日，LIN传输
G和L可以互换

图 5 - 16　零件显示种类状态

在上述两种情况中，此车属于第二种车型，即 J388 左后车门控制单元通过 LIN 总线与 J386 驾驶员侧车门控制单元连接和受控，J389 右后车门控制单元通过 LIN 总线与 J387 副驾驶员侧车门控制单元连接和受控。

一汽大众将其改为 LIN 总线连接的主要目的是减少布线，降低成本，提高系统稳定性。

根据对此车型电气设备方面的维修经验，此类问题主要集中在控制单元或者模块本身的内部结构和软件上，且此故障非偶发故障，无论从便捷性还是故障原因可能性上综合考虑，还是要从线束侧检查起。

从其构成出发。在检查的时候要从副驾驶员侧车门控制单元相关部位查起，即使右后车门控制单元完好，也会因为副驾驶员侧车门控制单元不工作而没有信号。即使右后车门控制单元完全损坏，也不会造成副驾驶员侧车门控制单元不工作（特殊情况除外，如火灾车或者进水车）。这也就是 LIN 总线与 CAN 总线的一种连接上的区别，前者为串联，后者为并联，其他区别不再赘述。

检查 J387 副驾驶员侧车门控制单元的相关熔丝，正常；检查 J389 右后车门控制单元与 J387 副驾驶员侧车门控制单元共同经过的熔丝，正常；测量熔丝侧的各电源线，正常；检查 J387 副驾驶员侧车门控制单元相关搭铁点，正常；检查相关可视插头并测量，正常。

查阅电路图，准备检查线路，在检查线路的时候，同时还包括了对总线的检查。

在查阅电路图时要注意针对舒适系统选择不同的年型，如图 5 - 17 所示。

舒适/便利功能系统，左置转向盘车辆
→ 中央门锁
→ 电动车窗升降器
→ 防盗报警装置
→ 滑动/外翻式天窗
→ 带折叠功能的电动外后视镜
→ 油箱盖的解锁
自2005年5月起
说明:
关于
◆ 继电器位置分配和熔丝位置分配
◆ 多脚插头连接
◆ 控制单元和继电器
◆ 搭铁连接
→ 安装位置一览!
关于
◆ 故障查询程序
→ 引导型故障查询

舒适系统，左置转向盘汽车
★ 中控锁
★ 电动车窗升降器
★ 防盗报警装置
★ 滑动/外翻式天窗
★ 带折叠功能的电动车外后视镜
★ 油箱盖解锁装置
自2006年8月起
提示:
相关信息:
◆ 继电器位置分配和熔丝位置分配
◆ 多芯插头连接
◆ 控制单元和继电器
◆ 搭铁连接
★ 安装位置一览!
相关信息:
◆ 故障查询程序
★ 引导型故障查询

图 5 - 17　选择显示截屏

J387 副驾驶员侧车门控制单元具体电路图如图 5 - 18 所示。

分别测量连接器 T28a 的线束侧 22、19、18 脚，状态正常，测量总线端子的电压，均存在，证明线路连通。至此，相关线路检测完毕，均无异常。拆下右前门控制单元检查外观，无异常，更换后，故障排除。

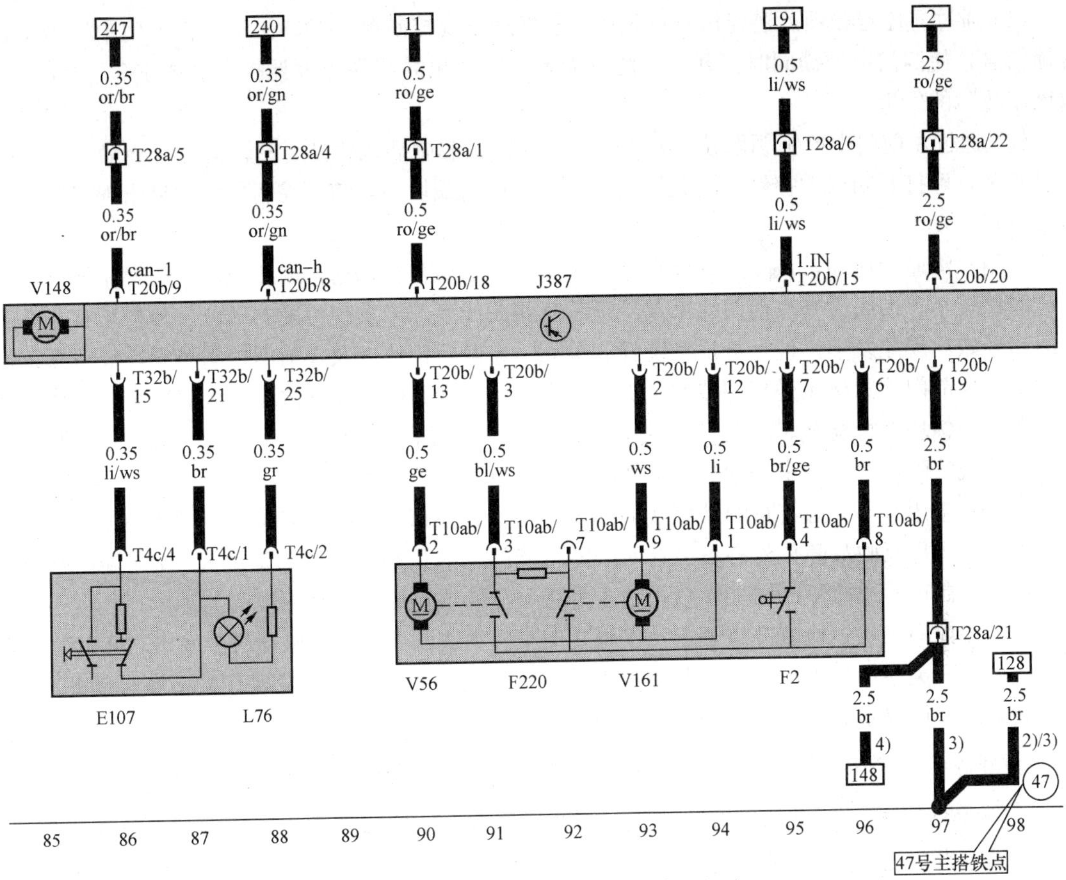

图 5－18　副驾驶员侧车门控制单元电路

F2—驾驶员侧车门接触开关；F220—驾驶员侧车门中央门锁闭锁单元；
J386—驾驶员侧车门控制单元；T10ab—10 芯插头连接；T20b—20 芯插头连接；
V56—驾驶员车门的中央锁电动机；V161—驾驶员车门中央门锁电动机（safe）；
2)—从 2007 年 7 月起；3)—从 2008 年 10 月止；4)—从 2008 年 10 月起

二十八、速腾轿车门锁自动开启

故障现象　一辆一汽大众速腾 1.8T 轿车，行驶里程 3 万 km。据用户反映，该车最近会出现晚上遥控锁车后，第二天不按遥控器就可以打开车门的现象。

检查分析　笔者分析，这种情况的出现是因为在遥控锁车后，出现了四门车锁又自动打开的情况。此故障对用户的财产安全带来了很大的威胁，用户抱怨很大，但由于故障出现的频率较低，使用故障诊断仪查看舒适系统控制单元又没有故障记忆，所以维修起来很棘手。

车辆进厂几次均未能排除故障，维修人员认为是左前门中控锁开关接触不良，但更换中控锁开关后故障并没有排除。笔者接手后，首先对故障的可能原因进行了分析。对于 2007 年 10 月份之后生产的速腾轿车，舒适系统中各车门锁控制单元与舒适系统控制单元通过 CAN 线和 LIN 线进行通信如图 5－19所示，通过两种途径可以将四门中控锁同时打开。

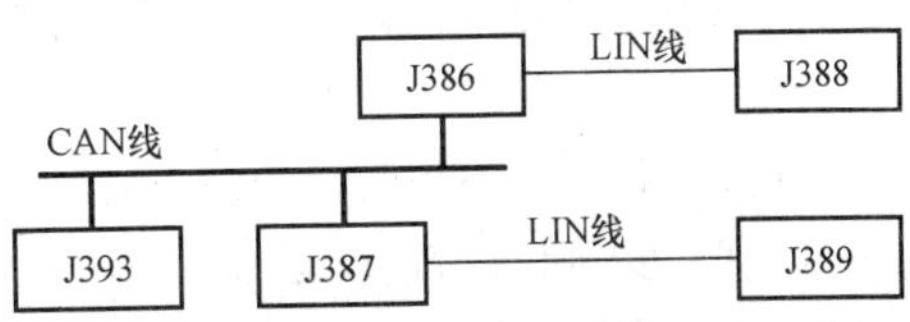

图 5－19　各车门锁控制单元之间的通信

J393—舒适系统控制单元；
J386、J387、J388、J389—车门锁控制单元

(1) 通过遥控器开锁。遥控信号首先传送至舒适系统控制单元J393。J393向四门中控锁发送开锁信号，使四门中控锁同时打开。从此方面考虑，如果客户误触发遥控器，或J393损坏会导致该车故障的发生。

(2) 通过左前门中控锁钥匙锁芯开锁。在左前门锁芯中插入钥匙。左转钥匙时会触动左前门开启开关，可打开四门中控锁。从此情况分析。左前门锁块和左前门控制单元如果出现问题均会导致故障的发生。

与用户沟通后得知，该车经常停在外边，家与车距离几百米远，因此用户误触发而开启车门的可能性较小。彻底检查左前门线束及舒适系统相关线束，未发现可疑的部位。分析还有3个部件能够导致此现象发生，包括舒适系统控制单元、左前门锁块以及左前门控制单元，舒适系统控制单元和左前门控制单元是控制器件，拆装检查没有发现其电路存在故障，无法判定其好坏。然后对左前门锁块进行检查。左前门锁块造成此故障只与左前门锁开启触点有关系，采用振动法观察未发现故障，且门锁采用的是微动触点，出现故障的概率较低，于是排除左前门锁的故障。因为用户着急用车，只好将最容易更换的部件进行了替换试验，首先替换了舒适系统控制单元，几天后用户进厂反映故障依然存在。这时故障可能的原因只剩下左前门锁块和左前门控制单元。而左前门控制单元出故障的可能性较小，于是将关注的重点放在左前门锁块上。

解体左前门锁块。检查开启触点，发现其他车门锁块的微动开关触动后会发出“咔哒”的声音，此微动开关触动后无声音。用万用表测量微动开关的2个触点，发现只要稍微触动此触点，万用表就会立即显示导通。

故障排除 看来故障找到了，更换左前门锁块，跟踪回访半个月，确定故障再未出现。

回顾总结 左前门锁块内的微动开关的回位是靠其后面的橡胶，此微动开关橡胶层断裂，受温度影响出现热胀冷缩现象较明显，在较冷的时候收缩就会出现触点闭合的情况，从而造成四门锁自动打开的故障。维修该车时，维修工首先更换了左前门中控锁开关。这一步是没必要走的弯路，如果我们了解当点火开关关闭一段时间后左前门中控锁开关根本不起作用这一点后，这一步就可以完全不考虑。在了解此车的可能故障原因后，未对此车门锁块细心地检查导致误换舒适系统控制单元．这是没必要走的第二步弯路。在维修一些疑难故障时，要求对发生故障的部件的工作原理很了解，大概判定出能够引起故障的最可能原因，同时要尽可能细地对可能发生故障的部件进行检查，这样才能少走弯路。

二十九、速腾轿车安全气囊故障灯报警

故障现象 速腾舒适型（配备四气囊）安全气囊故障灯报警，副驾驶员侧坐人，安全带扣不插合，车速超过15km/h时，仪表没有安全带未系的提示音。

故障诊断过程

(1) VAS5052读取故障码：00592前座乘客侧安全带开关E25对地短路，偶然。

(2) 数据流分析：15－08－03组时：第4区显示为“未安装”，第4区显示的是副驾驶员侧安全带开关的状态，不正常；第3区驾驶员侧安全带开关插上时和断开时分别先后显示为“安全带：是”和“安全带：否”；正常。

(3) 电路测量：

1) 测量副驾驶员侧安全带开关E25，电阻为2Ω，插上开关时电阻为无穷大，可排除E25损坏的可能性。

2）通过 E25 插头的 2 号脚测量其搭铁电阻小于 0.5Ω，排除线路搭铁问题。

3）对来自气囊电控单元的供电线（紫色）测量参考电压为 5V，说明供电线路正常。

4）检测至此，与 E25 线路相关的似乎只有占位传感器 G128 未排除了，测量占位传感器在坐人时电阻为 300Ω，推测在特定的压力下，占位传感器所产生的相应阻值偏差可能会引起气囊检测点电压的识别错误。于是更换了占位传感器（零件号：1K0953553），但更换后故障依然。

（4）电控单元编码与索引码分析：此时用户才告之因泡水事故，近期在某维修店刚更换过气囊电控单元，并强调备件为原厂备件，零件号和原车电控单元一样。事实上，对于气囊电控单元来讲，相同零件号的控制单元对应的索引码可能是不同的，而不同的索引码对应不同的电控单元编码。观察另一辆与该车配置相同的速腾气囊电控单元相关索引码为 48，编码为 13368，而此车更换过的电控单元为的索引码为 47，编码为 13367，分析是因为编码的不同，气囊电控单元对 T50/32 脚的故障识别标准的不同。对于编码 13367 的气囊电控单元不支持监控副驾驶座坐人后未系安全带报警提示功能。

故障分析

（1）控制逻辑分析：舒适型速腾轿车气囊电控系统功能，当车辆车速超过一设定目标值，气囊电控单元监控在乘客侧座位处于占位状态（由占位传感器 G128 识别），且副驾驶员侧安全带开关不插合时，仪表将发出安全带未系提示音报警。

（2）电路图分析：根据图 5－20 所示的电路图，电控单元供 5V 电→占位传感器 G128→副驾驶员侧安全带开关 E25→搭铁。

当无乘客时，整个回路是闭合的，G128 和 E25 产生电压降，电控单元通过 T50/32 的电位变化进行监测（实际上电控单元通过内部分压电阻器的电压变化进行监测）。

当有乘客未系上安全带时（E25 闭合），G128 阻抗发生变化，电压降发生变化，电控单元通过 T50/32 的电位变化进行监测，此时乘客未系安全带，则系统发出报警提示音。

当有乘客系上安全带时，安全带开关 E25 将断开回路，无电压降，电位约 5V，电控单元通过 T50/32 进行监测。

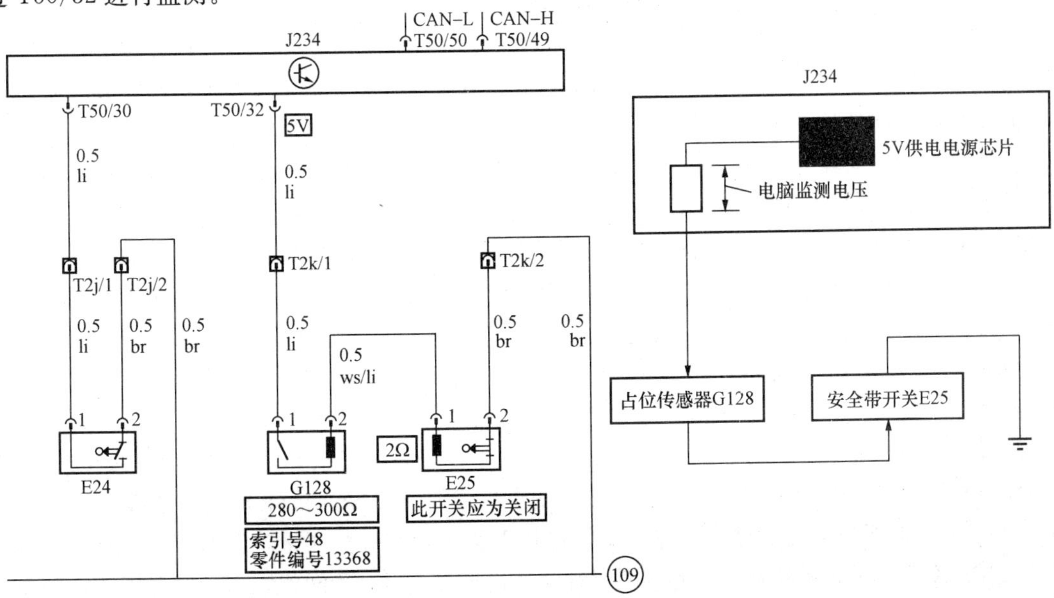

图 5－20　安全气囊电控系统电路图

故障排除　更换安全气囊电控单元。

三十、速腾轿车喇叭不响及多功能显示器无显示

故障现象　一辆 2008 年产一汽大众速腾 1.6L 轿车，行驶里程 3.6 万 km。该车突然出现喇叭不响，按压多功能转向盘按钮，仪表上的多功能显示器无反应的故障。

检查分析　笔者连接故障诊断仪 VAS5051 对车辆进行检查，读取到含义为多功能转向盘 E221 无通信的故障码，并且故障码不能被清除。依据由简入繁的诊断思路，笔者首先对与故障码相关的部件进行基本检查。在此，有必要对 E221 多功能转向盘的信号传输原理进行简单介绍。

喇叭信号首先进入多功能转向盘控制单元 J453，J453 收到此信号后再通过 LIN 线传送到转向柱控制单元 J527，然后通过 CAN－BUS 数据总线传输到中央电器控制单元 J519，最后通过 J519 上的 449 号喇叭继电器控制喇叭发出声响。

考虑到控制单元编码错误也会导致一些奇特故障的产生，例如带多功能转向盘的车型若编码为非多功能转向盘的车型，会导致转向柱控制单元 J527 不能识别，进而出现喇叭不响、多功能显示器无显示等故障。于是笔者检查了该车的控制单元编码，发现编码没有错误。

又考虑到如果 J527 没有在网关 J533 中注册也会导致多功能转向盘控制单元，J453 与网关无法通信，从而出现上述故障现象，于是进入网关地址 19 的 08－132 组查看舒适系统 CAN 总线数据，发现转向柱控制单元 J527 显示为“1”，此数值说明 J527 与网关能够进行通信。

通过上述分析，排除了以上两种可能导致此故障的原因。笔者决定首先判断是执行器还是传感器部分的故障，通过运用 VAS5051 进行执行元件自诊断可以达到目的。首先使用 VAS5051 进 2，09－03 执行喇叭促动器自诊断，此时喇叭发出了“叭”的声响，由此说明终端执行控制器及执行线路部分没有故障，那么问题肯定出在终端执行部分之前。

于是检查喇叭按钮信号是否进入了转向柱控制单元 J527，进入 VAS5051 的引导性功能查询喇叭信号数据流，此时按压转向盘上的喇叭按钮，观察到屏幕上的数据流显示“未操作”。正常情况下，应显示“已操作”，由此说明喇叭信号没有进入 J527：喇叭信号没有进入 J527 的原因通常有以下几种：转向柱控制单元 J527 故障、多功能转向盘控制单元 J453 及其相关线路故障。

首先可以排除 J527 存在故障的可能，因为 J527 有故障时会伴随更多其他故障出现。根据上述检查结果及当前的故障现象，笔者判断是多功能转向盘控制单元 J453 不工作导致上述故障。

检查多功能转向盘控制单元 J453 的供电情况。分析图 5－21 所示的电路图可知，J453 是由 J527 提供 15 号电源的，中间经过了安全气囊时钟弹簧 F138，用万用表测量 T5K/2 端子（J453 电源端）有 12V 电压。接着检查 J453 的搭铁情况，使用万用表测量发现 T5k/1 端子（J453 搭铁端）与搭铁之间断路，由此说明故障的真正原因是 J453 没有搭铁信号。根据电路图可知，J453 的搭铁线是由转向柱控制单元 J527 控制的，中间经过了安全气囊时钟弹簧连接件 F138，转向柱控制单元 J527 上的 10 孔插头的 7 号端子（T10x/7）为 J453 及喇叭提供搭铁信号，使用万用表电阻挡测量 J527 的 T10x/7 端子搭铁正常。

J527 中的 T10x/7 端子能够提供搭铁信号，而 J453 却无法搭铁，由此说明此部分的中间连接线路有故障，由电路图可知，搭铁线通过了安全气囊时钟弹簧连接件 F138，故障点应该就在 F138 上。笔者拆下安全气囊时钟弹簧 F138，使用万用表对其进行测量，发现 F138 中的 T10x/7 端子与 T12K/7 端子之间断路，由此说明时钟弹簧连接件 F138 断路导致 J453 没有搭铁，进而导致了该车的一系列故障。

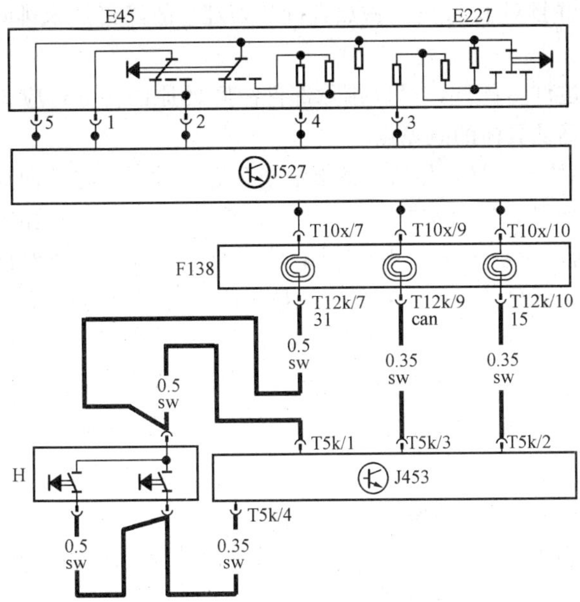

图 5 - 21　多功能转向盘电路图

故障排除　更换安全气囊时钟弹簧连接件 F138，故障彻底排除。

回顾总结　通过上述故障检查方法及诊断思路，给了维修人员一个启发，利用汽车诊断仪中的数据流分析传感器信号的接收状态，以及利用终端执行器自诊断快速准确地查找故障可以有效提高故障排除效率。

三十一、一汽大众速腾轿车室内顶灯常亮

故障现象　一汽大众 2007 年款速腾行驶里程 7583km，室内顶灯有时常亮。

故障诊断分析　首先用VAS5051 检查（J519 中央电能控制单元）09 - 02，无故障码，然后进入（舒适系统）46 - 08 - 01，查看 1 - 4 区车门检查 4 个车门门锁开关，无问题。

检查中发现，行李舱灯进水导致线路短路，修复后室内顶灯还是常亮。

查看电路图并检查触发信号线及 K/10 线未见异常，经更换 J519 中央电能控制单元后，故障消除，但交车给用户使用几日后再次出现室内顶灯常亮问题。

再次用 VAS5051 检查 J519。无故障码，初步怀疑线束存在问题。经仔细检查，发现顶灯线束由于左侧驾驶员遮阳板固定螺钉安装不良，导致线束短路。将线束分开并经绝缘包裹处理后试车，故障排除。

故障排除　将线束分开并经绝缘包裹处理。

三十二、速腾轿车安全气囊报警灯亮

故障现象　一汽大众速腾行驶里程 28 248 km，安全气囊报警灯偶尔亮起。用 VAS5051 读取故障码为：“00588，驾驶员安全气囊引爆装置－N95 超过上限，偶发”。清除故障后报警灯熄灭，不过车辆行驶一段路程后，安全气囊报警灯重新点亮，读取故障码仍然是 00588。

故障诊断分析　该车曾在服务站维修过数次，修理了很长时间，更换过 N95、

F138J527J234 等部件，并且对 J234 的搭铁点进行了处理。故障仍然未排除，车辆跑一段时间后安全气囊报警灯仍亮起。

因服务站已经更换过许多部件，可以排除部件故障的原因。分析应该是线路虚接导致的故障，关键问题在于如何确认具体的故障点。

使用 VAS5051 清除故障记忆，然后将蓄电池断开数分钟后，将转向盘下面的气囊线束插头 T4K 脱开，用一短接线跨接，接通蓄电池，试车，读取故障码，发现故障码 00588，而且读取 01 组数据块的第一区数据，显示太大，由此断定是 J234 到 T4K 的线路断路。可以排除 J527、F138、N95 以及相关连接部分的问题。判断应该是电控单元 J234 处的插针接触不良导致故障。

安全气囊控制单元 J234 处插针和线束插头接触不良，在拔插后偶尔能正常，但在行驶过程中由于振动等因素导致松动，电控单元检测到电阻过大后存储故障码，点亮报警灯。

故障排除 更换 J234 线束端插头相应的插针（非标准作业），这时故障码相应地变为“00588 驾驶员安全气囊引爆装置—N95 最低值未达到”，01 组数据块的第一区数据从太大变为太低，去掉跨接线，复装车辆，故障排除。

提示：要善于利用控制单元的自诊断功能以及数据流功能，改变相应终端的状态并查看控制单元对这种改变的反应，快速确定故障点。

三十三、速腾轿车空调偶尔不制冷

故障现象 一汽大众速腾行驶里程 23 987km，空调有时失效。

故障诊断过程 用 VAS5051 对各控制单元进行故障查询，J519 中存有两个故障码：①“01333车门控制单元-左后-J388 无信号/通信（偶发）”；②“01598 驱动蓄电池电压（偶发）”。而空调和其他控制单元无故障码。由此说明，此车曾经进行过用电负荷管理。

检查 01-08-53，第三区为 13.7V；第四区为 45.1%；测量蓄电池电压为 13.7V，正常。检查 01-08-50，第三区显示关闭；第四区显示压缩机切断。

用功能导航检查空调系统数据流：当空调不制冷时，压缩机额定电流为 0.000A；压缩机转速为 0；压缩机负荷为 0；冷却液压力为 7bar。当空调工作正常时，压缩机额定电流为 0.685A；压缩机转速为 1100r/min；压缩机负荷为 5N·m；冷却液压力为 11bar。

由此说明故障应该发生在控制部分，将发动机转速提升至 2000r/min，松开加速踏板时，偶尔发现最低电压为 112V，怠速或偶尔松开加速踏板后，电压在 13.3～14.1V 之间变化。从而可以确定故障点为汽车电源。

检查全车正极和负极连接点。发现蓄电池与车身搭铁的固定螺栓松动。显然，当中央电器系统控制单元检测到蓄电池电压低于 12.2V 时，关闭空调系统，由此导致空调不工作。

故障排除 紧固蓄电池与车身搭铁螺栓。

第六章

迈腾轿车维修案例

一、迈腾轿车无法启动

故障现象 一辆一汽大众迈腾 2.0T SI 自动挡轿车，配备了无钥匙进入系统。据用户反映，插入按钮钥匙，车辆无法启动，仪表出现“未找到钥匙”的提示，只要插入主钥匙车辆就能正常启动，而且无钥匙进入系统在车外无法正常启用，但遥控功能正常。

检查分析 使用故障诊断仪进行车辆诊断，防盗系统存储故障码 01176（钥匙不可靠信号），其他系统一切正常。读取数据流，防盗数据一切正常，从而确定故障范围是无钥匙进入系统故障。分析故障码的生成原因。是由于插入副钥匙后（副钥匙不带 ID 芯片，相当于 1 个按钮），车内天线搜索不到车内的主钥匙，造成防盗器防盗锁死。所以再插入主钥匙接通 15 号电源时，防盗系统存储了“钥匙信号不可靠”的故障码，而读取数据流则显示一切正常。迈腾是一汽大众公司首款安装无钥匙进入系统的车辆，无钥匙进入系统由舒适系统控制单元 J393、各车门以及保险杠等部位的天线等部件组成。下面我们简要了解无钥匙进入系统的工作过程。

（1）车门开启过程：主钥匙中的 ID 芯片必须位于车门外拉手附近的区域（约 1.5m）。通过接触门把手的接触传感器，电容的介质改变，舒适控制单元通过门把手内的登车及启动许可天线搜索钥匙 ID，通过验证，舒适系统开启门锁，拉动把手开启车门。

（2）点火启动：如果用副钥匙启动发动机，则主钥匙的 ID 芯片必须位于汽车内部（就是说当打开车门后。车内的天线就开始搜索车内部的钥匙 ID）。如果在车内搜索到主钥匙的 ID 芯片，则进行解锁启动；如果车内天线搜索不到正确的钥匙 ID，车辆将不会解锁，也无法启动。

了解完迈腾无钥匙进入系统的工作原理，我们开始检查故障车辆的状态。虽然没有数据流，但我们可以通过故障诊断仪的执行功能对无钥匙进入系统各部件进行检查。使用 VAS5052A 进入引导性故障查询，检查车门把手的工作状态。可以看出舒适系统控制单元可以识别到车门把手上的接触传感器，这时天线应该搜索到钥匙的 ID 并指令解锁，但是在解锁状态下门锁却没有动作，而正常情况下车门应该有解锁动作。该车的遥控功能正常，说明舒适系统到门锁控制单元的线路没有问题，至此只能怀疑舒适系统 J393 损坏。为了确定 J393 是否真正损坏，继续使用故障诊断仪检查车内天线 R138，可以看到 R138 正常，至此判断舒适系统控制单元 J393 确实损坏。

检查分析 拆下 J393，拆开控制单元外壳，可以看到内部明显有进水痕迹。更换 J393 并在线匹配，试车故障排除。

回顾总结 在未完全了解系统工作原理时，最好先找到相关资料加以研究，这样会得到事半功倍的效果。值得注意的是，在线匹配时应注意诊断插头的连接不要松脱以及不要转动点火钥匙，否则不小心就会造成 J393 的锁死，从而造成返修。

二、迈腾 1.8T SI 轿车偶尔无法启动

故障现象 一辆行驶里程为 46km 的迈腾 1.8T SI 轿车，用户购车后将车开回家便出现了发动机不能启动的现象。救援人员到现场后，发动机又能正常启动，故障没有再现。第 2 天用户再次抱怨发动机无法启动。

故障诊断 当故障再现时，启动发动机，发动机无法启动着机。首先检查蓄电池，电压正常，蓄电池电极无松动，蓄电池搭铁良好。直接短接启动机继电器（J682）的端子 30 和端子 87，启动机控制电路如图 6－1 所示，启动机能正常运转。

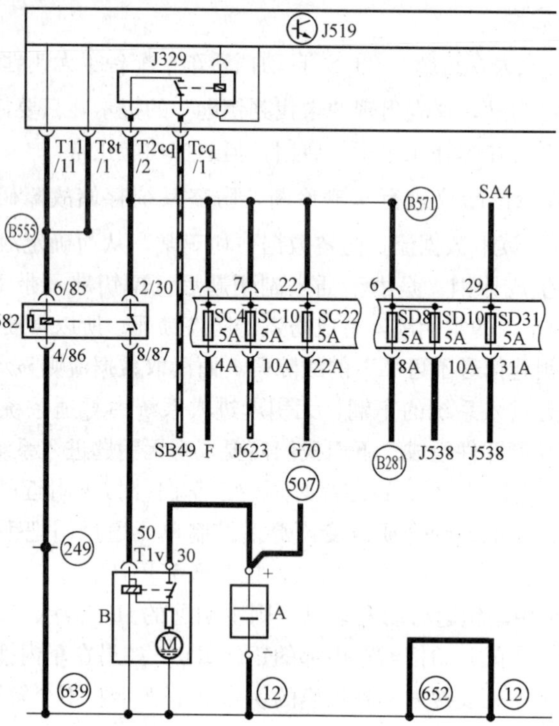

图 6－1 启动机控制电路

A—蓄电池；B—启动机；F—制动灯信号开关；G70—空气流量传感器；J519—车载电网控制单元；J329—15 号电源供电继电器；J623—发动机控制单元；J538—燃油泵控制单元；J682—启动继电器（也称 50 号电源供电继电器，在仪表板下左侧的继电器板 E，433 号继电器）SA4—熔丝架 A 上的熔丝 4；SB49—熔丝架 B 上的熔丝 49；SC4—熔丝架 C 上的熔丝 4；SC10—熔丝架 C 上的熔丝 10；SC22—熔丝架 C 上的熔丝 22；SD8—熔丝架 D 上的熔丝 8；SD10—熔丝架 D 上的熔丝 10；SD31—熔丝架 D 上的熔丝 31；T1v、T2eq、T8t、T11—导线连接器；(12)—发动机舱内左侧搭铁点；(249)—车身线束中搭铁连接点；(507)—蓄电池熔丝架上的螺栓连接（30）；(639)—左侧 A 柱上的搭铁点；(652)—变速器和发动机搭铁的搭铁点；(B281)—主线束中正极连接 5（15a）；(B555)—主线束中的正极连接 2（30）；(571)—主线束中的连接 38

使用 VAS5052A 查询故障存储器，发现车载电源控制单元（J519）中存储有故障码 02389，其含义是变速器停用信号，挡位 P/N 不可靠信号。根据 J519 的故障码及启动的相关控制原理简图（见图 6－2），分析导致启动机不能正常工作的原因主要有以下几个方面：

（1）变速杆（E313）的实际位置不正常。

（2）自动变速器控制单元（J743）实际收到的信号和对外输出的信号不可靠。

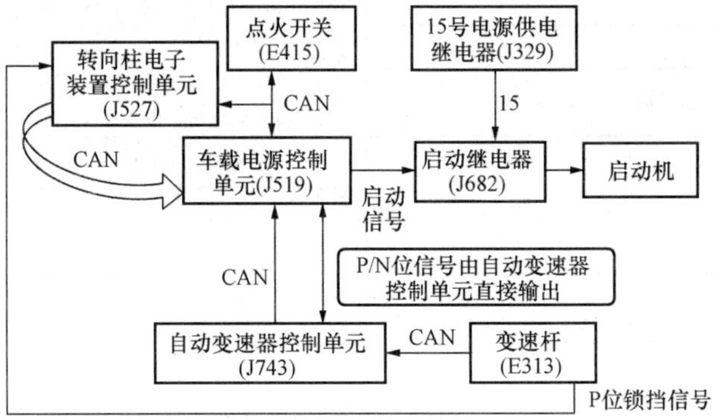

图 6－2　启动相关控制原理简图

(3) 点火开关（E415）的信号不可靠。

(4) 转向柱电子装置控制单元（J527）接收到点火开关的信号和对外输出的信号不可靠。

(5) J519 接收和对外输出的信号不可靠。

故障再现时，直接短接启动机继电器（J682）的端子 30 和端子 87，启动机能正常运转。在启动时测量启动机继电器（J682）的端子 85 与搭铁线之间的电压，为 0V；检查 J682 的端子 85 与 J519 的 T11/11 之间的线路，正常；检查 J682 的端子 86 搭铁状况，良好。因此，可排除启动机及启动机继电器之间的线路故障。

使用 VAS5052 读取 J519 的数据组中的 P/N 挡信号及启动信号，当接通点火开关，将变速杆置于 P 位时，正常情况下，“启用 P/N” 会显示 “接通”，但故障车却显示 “关闭”，如图 6－3 左侧所示，此时 J519 所接收的启动信号不能满足启动条件，所以不会控制 J682 继电器动作。

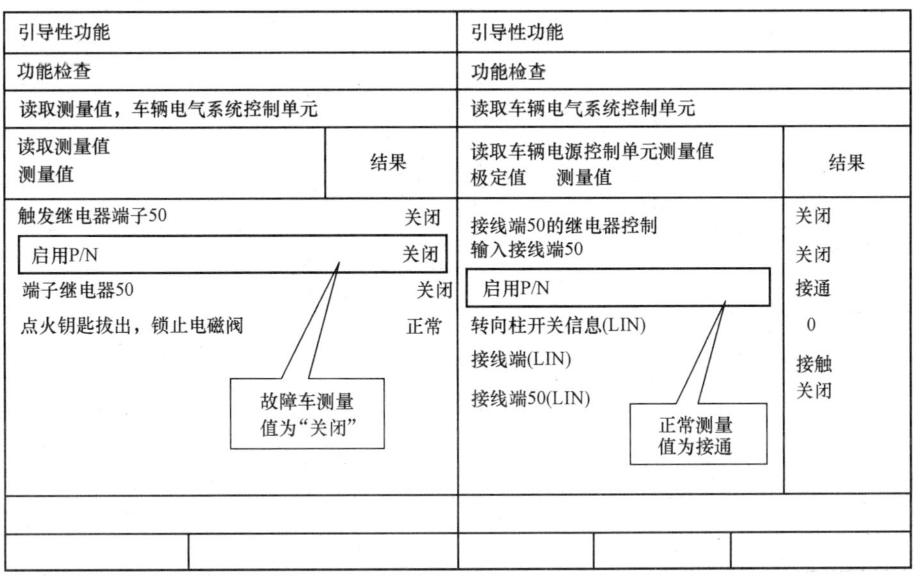

图 6－3　J519 数据（截屏）

读取 J527 数据组，如图 6－4 所示，可看出点火开关信号正常；当变速杆位于 P 位时，J527 能识别 P 位信号（见图 6－4 左侧）；当变速杆在 P 位时，显示 “挡位啮合”（见图 6－4 右侧），因此可以确定挡位开关正常，且挡位信号已输入到 J527。

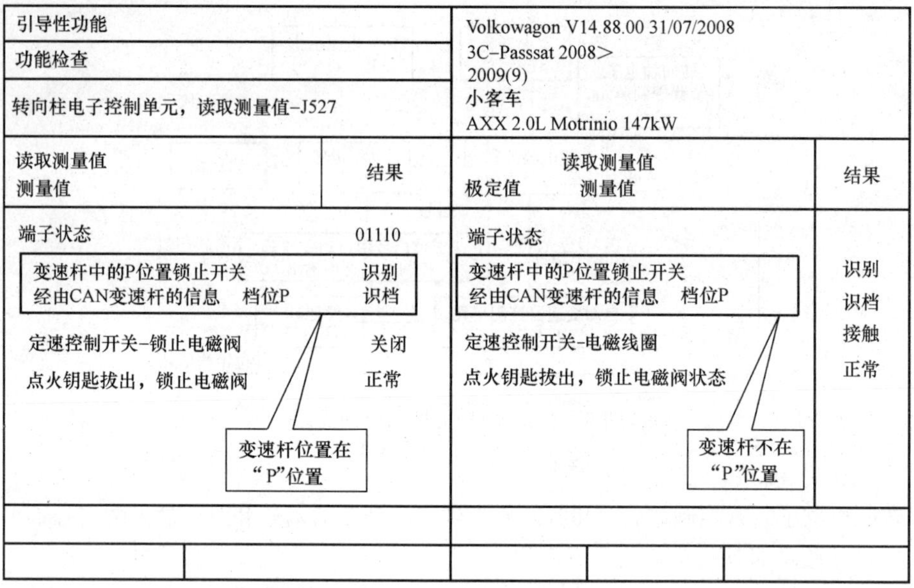

图 6-4　J527 数据（截屏）

采用替代法更换 J519，结果故障依旧，问题只剩下变速器控制单元未检查了。仔细查阅电路图，如图 6-5 所示，变速器控制单元的 T20/17 和 J519 的 T169/7 之间有一信号线，对该线路进行仔细检查发现这根紫/黑线虚接。

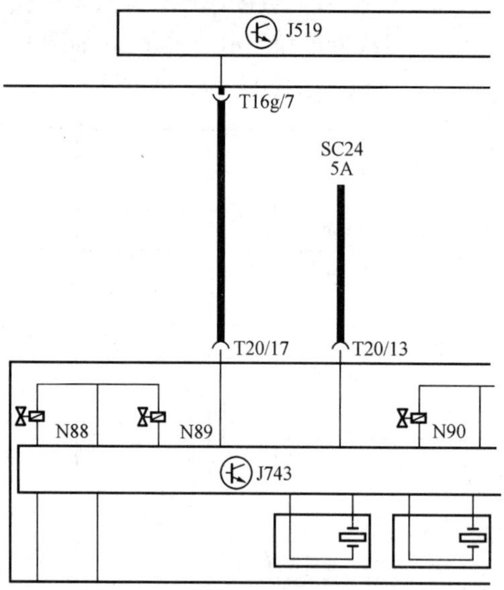

图 6-5　J519 与 J743 连接电路

J519—车载电网控制单元；J743—变速器控制单元；N88、N89、N90—换挡电磁阀；SC24—熔丝架 C 上的熔丝 4

故障排除　重新处理变速器控制单元（J743）的 T20/17 端子，确保连接可靠后故障消失。

故障分析　此故障为一典型的启动控制线路故障，由于 J743 到 J519 的 P/N 挡信号线接触不良，而造成不能正常启动。另外，对于 09C 变速器的 PIN 挡信号线，在 J519 上也是此端子，但是对于其他变速器来说，它和 J519 之间的信号传递是通过多功能开关（F125）传递的。

案例点评及建议

（1）对于 DSG 变速器的启动控制电路，涉及的相关系统较多，需要综合分析，本案例通过简化的工作原理图帮助分析故障，把复杂的问题简单化，从而利于排查故障原因。

（2）对于 J743 到 J519 的 P/N 挡信号线，也可以通过测量该信号线的波形来判断信号是否正常。

三、迈腾 1.8T SI 轿车发动机偶尔熄火故障诊断

故障现象　一辆行驶里程为 2.2 万 km 的迈腾 1.8T SI 轿车（发动机型号为 BYJ，VIN 为

LF1V3A23C883007518)，在车辆行驶或发动机怠速运转的情况下，发动机会偶尔熄火，但停放几分钟后车辆又可以启动。该车出现故障的频率并不高，有时2个月才出现1次。该车曾多次维修过，清洗过节气门体、更换过燃油泵和燃油泵控制单元等部件，但问题一直没有解决。

故障检测 在车辆故障再现时，用VAS5051查询发动机系统，有故障码12425，含义为燃油泵电子信号电器故障（偶然）。根据读取的故障码信息与燃油泵控制电路分析，燃油泵控制电路如图6-6所示。可能原因有：燃油泵控制单元（J538）及其电路故障；燃油泵及其电路故障；发动机控制单元故障。

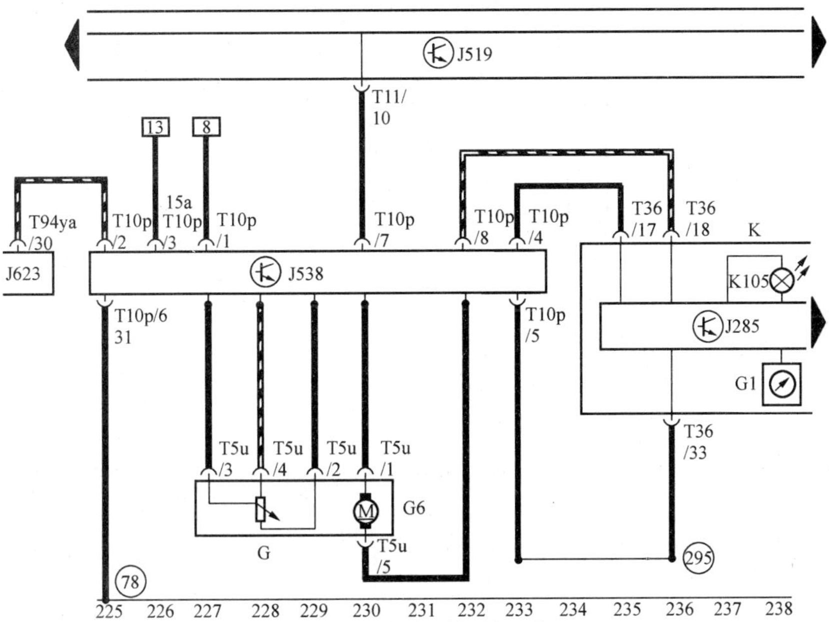

图6-6 燃油泵控制电路

G—燃油存量显示传感器；G1—燃油存量表；G6—预供给燃油泵；J285—组合仪表控制单元；J519—车载电网控制单元；J538—燃油泵控制单元（在坐垫右侧下方）；J623—发动机控制单元；K—组合仪表；K105—燃油存量指示灯；SC31—熔丝架C上的熔丝31；SD10—熔丝架D上的熔丝10；T5u—5针导线连接器；T10p—10针导线连接器；T11—11针导线连接器；T36—36针导线连接器；T94ya—94针导线连接器；8—接至熔丝架C上的熔丝31（SC31）；13—接至熔丝架D上的熔丝10（SD10）；(78)—右侧B柱下部搭铁点；(295)—在主线束内的搭铁连接10

检查燃油泵控制单元搭铁线（T10p/6端子）与车身搭铁的电阻，正常；测量燃油泵控制单元的工作电压，T1%/1端子为正常的电源电压，T1%/3端子无工作电压（正常情况下，接通点火开关后T10p/3端子应有电源电压）。

查阅电路图发现SD熔丝盒中的10号熔丝给T1%/3端子供电。供电电路如图6-7所示。检查该熔丝，未发现异常。当晃动该熔丝时，T10p/3偶尔供电不正常，经仔细检查发现SD10熔丝插座已变形。

故障排除 修复SD熔丝盒的10号熔丝插座后，故障排除。

故障分析 该车由于SD10熔丝插座接触不良，使燃油泵控制单元的供电电源不正常，导致燃油泵控制单元出现偶发故障。

故障点评 本案例中车辆的故障并不复杂，但却在服务站维修了多次。主要原因就是服务站对于车辆出现的故障，往往采用更换部件或总成试验的方法排除故障，没有结合故障码与电

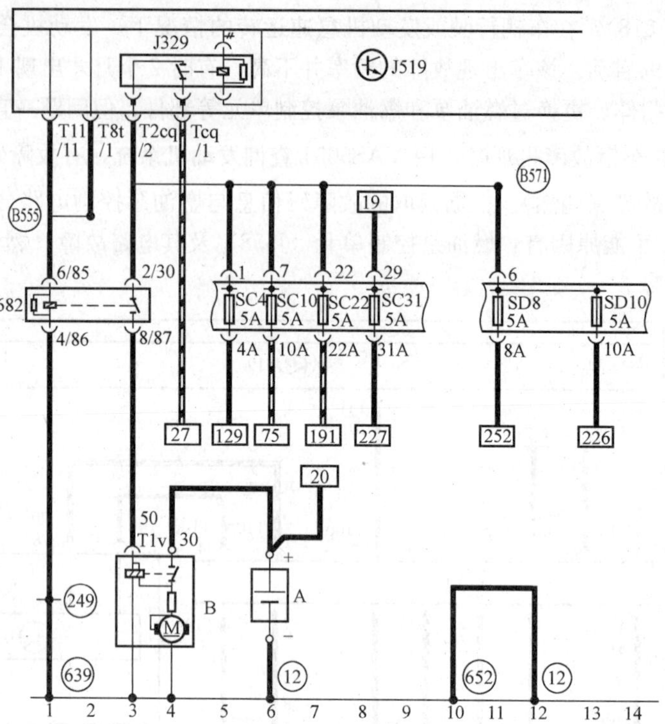

图 6-7　供电线路

A—蓄电池；B—启动机；J329—总线端；15—供电继电器（在车载电网控制单元继电器支架上）；
J519—车载电网控制单元；J682—接线端 50 供电继电器（在仪表板下左侧的继电器板上 5 号位，53 继电器）；
SC4—熔丝架 C 上的熔丝 4；SC10—熔丝架 C 上的熔丝 10；SC22—熔丝架 C 上的熔丝 22；SC31—熔丝架 C 上的熔丝 31；
SD8—熔丝架 D 上的熔丝 8；SD10—熔丝架 D 上的熔丝；10T1V—1 针黑色导线连接器；T2eq—2 针黑色导线连接器；
T8t—8 针黑色导线连接器；T11—11 针黑色导线连接器；19—接至熔丝架 A 上的熔丝 4（SA4）；20—接至蓄电池熔丝架上的螺栓连接 30；27—接至熔丝架 B 上的熔丝 30（SB30）；75—接发动机控制单元（J623）的 T94ya87 端子；
129—接制动灯开关的 T40/4 端子；191—接空气流量传感器的 T5h/3 端子；226—J538 的 T10p/3 端子；
227—接 J538 的 T10p/1 端子；252—接主线束中正极连接 5（15a）；⑫—发动机舱内左侧搭铁点（在前纵梁上）；
249—主线束中的搭铁连接 2；652—在左侧 A 柱上的搭铁点；639—变速器和发动机搭铁的搭铁点；
B555—正极连接 2（50，在主线束中）；B571—连接 38（在主线束中）

路图分析故障原因。对于类似本例中的电气线路出现的偶发性故障，在故障排除时，应充分利用 VAS5051 所检测的故障信息，并结合电路图来系统地分析故障原因。该车就是因为未对其故障进行系统分析和检查而出现了重复维修。

四、迈腾轿车偶发性冷却液温度高故障的排除

故障现象　一辆 2009 年产迈腾轿车，行驶里程 6830km，用户反映该车冷却液温度有时高。

检查分析　维修人员接车后并未发现故障现象，用 VAS5052A 检测发动机控制单元。有故障码 06468 P1944，含义为冷却风扇控制单元 1 温度过高。此时检查散热风扇运转正常，冷却液温度表指示也正常。为使故障重现，对此车进行了长时间的原地试车。到第三天故障终于出现了，观察发现小散热风扇不转，大散热风扇运转也不正常，冷却液温度升高。将车举升。观察风扇插头未发现异常。将插头拨下，发现 4 号脚松动。将插头处理好后。散热风扇运转正常，冷却液温度也正常。

路试，故障再次出现。此时拔下小散热风扇插头，用试灯代替风扇接入，试灯不亮，说明风扇控制单元没有输出电源。

故障排除　更换风扇控制单元，故障彻底排除。按规定时间回访用户，用户反映故障未再出现。

回顾总结　对于偶发性故障要坚信故障的存在，一定要让故障重现。本案例中虽然用了很长时间试车，却准确找到故障点，避免了遇到这类故障时常出现的返修，赢得了用户的信任。此外，由于插头松动，造成风扇控制单元早期损坏。如不仔细试车，也有可能放过故障点。

五、迈腾轿车启动困难故障

故障现象　一辆 2008 年产国产迈腾 1.8TSI 轿车，行驶里程 21 万 km。用户反映该车有时启动困难，故障出现无规律性。

检查分析　由于能够造成启动困难的原因很多，检查起来比较繁琐，多次启动发动机，希望能使故障重现以简化诊断过程，未能如愿，于是只能先对车辆进行常规检查。

依据由简入繁的诊断思路，笔者首先检查发动机电控系统，使用检测仪对车辆进行检测，发现在发动机控制单元中存储了 1 个故障码 08851，含义为燃油压力调节阀 N276 机械故障。由于此故障码为偶发故障，清除故障码后试车，此故障码没有再出现。

究竟是不是燃油压力调节阀 N276 出现问题导致发动机启动困难？为了更清楚地阐述诊断思路，此处有必要简单介绍一下迈腾 1.8TSI 轿车的发动机燃油系统的工作原理。如图 6－8 所示，该款发动机采用汽油缸内直喷技术，燃油系统通过燃油高压泵（由凸轮轴驱动）把低压燃油系统内 50～700kPa 的低压燃油转化为 3～1.1MPa 的高压燃油，以满足不同工况的需求。燃油压力调节阀 N276 装在燃油高压泵上，属高频电磁阀（不能进行通电测试），发动机控制单元根据装在高压油轨上的高压燃油压力传感器 G247 所监测到的信号，控制 N276 以精确调整占空比，从而得到所需的燃油压力。低压燃油系统的压力是由燃油箱中的电动燃油泵提供的。装在燃油箱上部的燃油泵控制单元 J538 根据 PWM（脉宽调制信号），控制电动燃油泵工作，使低压燃油系统压力维持在 50～500kPa。在发动机启动时，低压燃油系统的压力能达到 600kPa 以上，用以保证发动机的正常启动及工作。

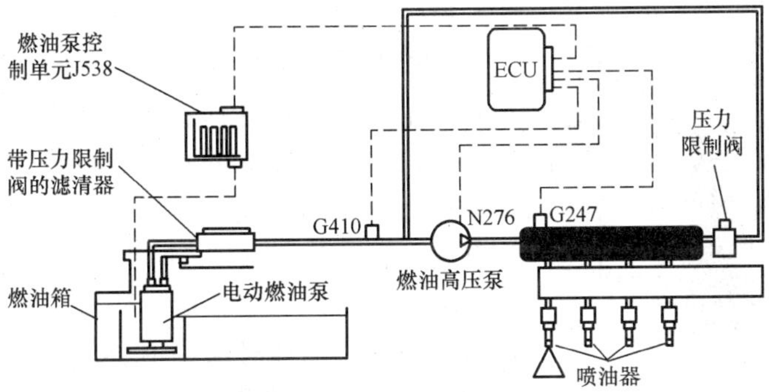

图 6－8　燃油泵示意图

G410—低压燃油压力传感器；G247—高压燃油压力传感器；N276—燃油原理调节阀

根据上述工作原理，可知发动机正常启动的燃油压力是由低压燃油系统提供的，所以如果高压燃油系统发生故障，一般不会影响发动机的启动。笔者曾经对正常车辆做过试验，即使拔下

N276 的插头，使高压燃油系统的压力接近于低压燃油系统的压力，也不会导致发动机启动困难，并且可以维持发动机运转，只是此时电子节气门（EPC）灯会点亮，车辆加速缓慢，加速踏板踩到底，发动机转速也才 3000r/min 左右。但车辆可以“跛行回家”。据此，笔者分析该车故障与燃油压力调节阀 N276 以及高压燃油系统无关，认为是低压燃油系统存在问题。

为进一步验证低压燃油系统是否存在故障，在发动机怠速状态下，笔者拔下 N276 的插头，此时发动机立刻熄火。分析熄火的原因是：低压燃油系统不能建立发动机正常启动及工作油压，由此说明低压燃油系统确实存在故障。笔者将 N276 的插头插好。再尝试多次启动和熄火，终于使发动机不能启动的故障重现。此时在低压系统中连接 VAG1318 燃油压力测试仪，多次打开点火开关以建立工作油压，笔者发现燃油压力仅为 150kPa。而正常情况下，发动机启动时，燃油压力应被控制在 650kPa 左右，以保证发动机的顺利启动。笔者分析，造成低压燃油系统压力过低的原因，应该是燃油泵控制单元 J538 或燃油箱内的电动燃油泵有故障。如果 J538 有故障，一般情况下会有相关故障码被存储。之前的检查中未发现此类故障码，因此初步判断为电动燃油泵故障。

故障排除 更换电动燃油泵后，发动机能够顺利启动，此时测量低压燃油系统的压力为 600kPa，交车至今，该车没有再发生过此故障，故障彻底排除。

回顾总结 通过排除这例故障，笔者总结经验如下。

（1）检查迈腾 TS1 发动机低压燃油系统时，可拔下 N276 的插头，然后观察发动机是否熄火，如果熄火则说明低压燃油系统压力过低，不能维持发动机正常启动及运转，应检查电动燃油泵是否正常；如果不熄火，则查看数据流 01－08－106 组的 1 区数值（高压燃油系统的压力值），若数值在 650kPa 左右，则证明低压燃油系统没有故障。

（2）在维修诊断时勿被故障码所迷惑，笔者虽然在该车的发动机系统检查到了燃油压力调节阀 N276 的故障码，但实质上并非 N276 自身的故障，它是由于电动燃油泵出现故障而导致了低压燃油系统压力异常，以致 N276 调节到极限也无法使压力正常，此时发动机控制单元便会存储有关 N276 的故障码。

六、迈腾轿车加速无力

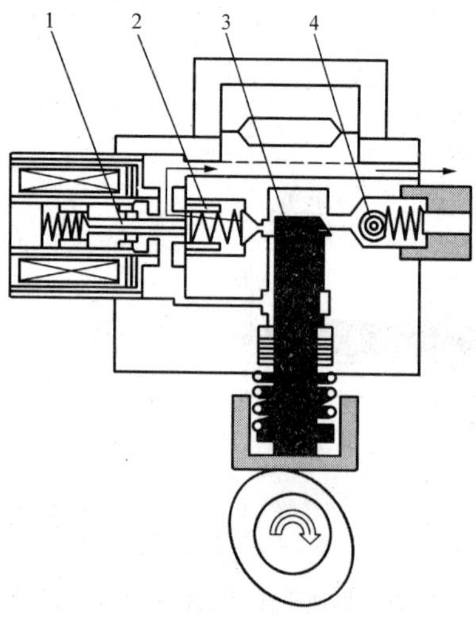

图 6－9　燃油泵上的压力调节阀

1—针阀；2—进油阀；3—泵活塞；4—出油阀

故障现象 一辆 2008 年产一汽大众迈腾 1.8TFSI 轿车，据用户反映，车辆行驶中加速无力，而且油耗高。

检查分析 首先使用故障诊断仪 VAS5051 进行系统检查，在发动机系统内存有 2 个故障码，分别是 00369（气缸列 1 系统过稀）和 08851（燃油压力调节阀 N276 机械故障）。查询数据流 01－08－140 组，其中 2 区油轨压力调整规定值为为－59.2°，加油时达到 70°，松开加速踏板，2 区短时数值为 0，然后又变为－59.2°。3 区油轨压力当前值为 700kPa，加油时保持不变，而油轨的正常压力应为 4MPa 左右，这个检测结果说明油轨的高压没有建立。

基于 PQ46 平台的迈腾轿车采用了先进的电控燃油直喷技术，燃油高压通过安装在燃油泵上的压力调节阀 N276 调节，如图 6－9 所示。在喷油过程中，发动机控制单元根据计算出的供油始点向燃油压力控制阀 N276 发送指令使其吸合，此时针阀将克服针阀弹簧的作用力向左运动。同时进油阀在弹簧作用力下被关闭。随着泵活塞向上运动，在泵腔内建立起油压，当泵腔内的油压高于油轨内的油压时，出油阀便被强制开启，燃油便被泵入油轨内。根据压力调节阀 N276 的工作过程，笔者分析该车燃油高压不能建立的可能原因包括：凸轮轴驱动装置损坏，压力调节阀故障，压力调节阀控制线路故障，发动机控制单元故障。

对于压力调节阀线路的检查，我们不必采用传统的测量线路两端通断的方法来检查，可以使用故障诊断仪 VAS5051 的测试功能，进入发动机系统对 N276 执行元件自诊断。如果可以听到 N276 按照一定的吸合频率动作的“咔哒”声，则说明发动机控制单元至压力调节阀的线路无断路现象。同时，根据维修经验。在此线路断路时，一般会存储故障码 08852（燃油压力调节阀 N276 断路），而该车只有压力调节阀 N276 机械故障的故障码，这从另一方面说明了线路是正常的。

检测至此，笔者分析故障诊断仪 VAS5051 提示的故障码是准确的，应为压力调节阀内部机械故障，或是由凸轮轴驱动装置损坏而产生的机械故障。尽管该车无燃油高压，但出于安全的考虑（如避免高压信号失准因素等），在维修高压系统管路时仍要根据维修规范来操作：拆卸活性炭罐的连接插头，拔掉燃油泵熔丝 SC27，启动发动机，使用故障诊断仪在发动机数据流中 140 组的第三区观察燃油压力，以确认系统压力下降至 600kPa 时，关闭点火开关，再开始对高压系统进行检查。

拆下燃油压力调节阀，与新件对比发现调节阀的压缩弹簧始终处于压缩状态，这说明泵活塞被卡滞在下止点位置，不能被凸轮轴通过圆柱挺杆进行有效行程的驱动，当然就不能建立相应的直喷所需油压。由于燃油压力低，使发动机高速运转无力。发动机控制单元监控到工作油压值范围超差，再综合对压力调节阀无电控断路故障码识别的逻辑分析，因此就存储了“燃油压力调节阀 N276 机械故障”的故障码。

故障排除 更换燃油压力调节阀，并清除故障码。使用故障诊断仪读取数据流 01 - 08 - 140 组。2 区油轨压力规定调节值为 0，加油时可以达到 －22°。3 区油轨压力当前值为 39～40MPa，空挡加油时变为 10MPa。进行路试。车辆加速性能良好，确定故障排除。

七、迈腾轿车发动机严重抖动

故障现象 一辆 2007 年款迈腾 1.8TFSI 轿车，发动机型号为 BY，J，行驶里程 16.2 万 km。用户反映该车发动机严重抖动，加速无力。

检查分析 维修人员启动发动机后，用 VAS5052 故障诊断仪读取发动机故障码，发现有多缸失火，故障码为：P030G（识别到燃烧断火）、P0301（气缸 1 燃烧断火）、P0302（气缸 2 燃烧断火）、P0303（气缸 3 燃烧断火）、P0304（气缸 4 燃烧断火）。

做断缸试验，效果不明显，表明不是单个气缸燃烧不良。检查所有火花塞，发现电极都有些发黑，更换火花塞和点火线圈，故障依旧。检查冷车怠速状态下的数据流，并与正常车进行对比，见表 6 - 1 和表 6 - 2。

故障车的第 1 组第 3 区为催化转化器前 λ 调节值，故障车为 22.7％（标准值为 －10％～＋10％），正常车为 －4.7％，表明故障车发动机混合气偏稀。第 2 组第 2 区为发动机负荷率，故障车为 55.6％（标准值为 10％～25％），正常车为 24.1％；第 3 区为喷油脉宽，故障车为 4.59ms，正常车为 255ms；第 4 区为发动机进气量，故障车为 8.72g/s，正常车为 3.64g/s。第 3 组第 3 区为节气门开度，故障车为 10.20％，正常车为 3.1％。

表 6-1 故障车冷车怠速时数据流

数据组号	每组数据各区的数值			
01	720r/min（发动机转速）	49.00℃（冷却液温度）	22.70%（催化转化器前 λ 调节）	11111010（基本设定调节状态）
02	720r/min（发动机转速）	55.60%（发动机负荷率）	4.59ms（喷油脉宽）	8.71g/s（进气量）
03	680r/min（发动机转速）	8.86g/s（进气量）	10.20%（节气门开度）	6.80°（点火提前角）
04	760r/min（发动机转速）	14.38V（ECM电压）	49.00℃（冷却液温度）	29.00℃（进气温度）
32	0.00%（空燃比自学值）	0.00%（空燃比学习值）		
33	22.70%（催化转化器前 λ 调节器）	0.02V（前 λ 电压值）		

表 6-2 正常车冷车怠速时数据流

数据组号	每组数据各区的数值			
01	760r/min	51.00℃	−4.70%	11111110
02	760r/min	24.60%	2.55ms	3.64g/s
03	760r/min	3.67g/s	3.10%	3.80°
04	760r/min	14.38V	51.00℃	27.00℃
32	0.00%	−8.20%		
33	−5.90%	−0.76V		

数据显示故障车与正常车相比，发动机在同等负荷及转速下负荷率偏高，表明其功率输出能力已降低，控制策略为维持发动机平稳运行，开大了节气门，加大进气量，并增加喷油脉宽以加浓混合气，从而增大发动机的实际输出功率。此外，第32组数据第1区和第2区均为0，说明发动机已进入开环控制。不再使用氧传感器信号对喷油脉宽进行实时修正。

接下来又对比了热车的数据流，表6-3、表6-4所示情况没有质的变化。

表 6-3 故障车热车怠速时数据流

数据组号	每组数据各区的数值			
01	760r/min	101.00℃	22.70%	11111011
02	760r/min	36.10%	3.06ms	5.69g/s
03	760r/min	5.03g/s	5.90%	8.30°
04	760r/min	13.63V	101.10℃	45.00℃
32	0.00%	0.00%		
33	27.70%	0.02V		

表 6-4 正常车热车怠速时数据流

数据组号	每组数据各区的数值			
01	760r/min	100.10℃	6.60%	11111111
02	760r/min	16.50%	1.57ms	2.44g/s
03	760r/min	2.44g/s	3.90%	8.30°
04	760r/min	13.63V	82.00℃	27.00℃
32	2.30%	−7.00%		
33	8.20%	0.14V		

通过数据流分析得出结论，故障原因为混合气偏稀。通过发动机转速、进气量和节气门开度等数据与正常车的对比，可以看出故障车进气歧管中没有漏气现象，因为进气量与节气门开度相符，造成混合气偏稀的原因应为喷油量不足。既然喷油脉宽已增加，喷油量仍然不足，那么有可能是油路出现问题。为证明这一点，笔者拔下了曲轴箱通风系统油雾分离器通向进气歧管的真空管，向管中喷入化油器清洗剂，发动机抖动明显减轻，怠速也有变稳的趋势，而且第 1 区第 3 组的数值由 22.7%下降到 10%左右。这样决定先检查燃油系统。

首先检查高压部分油压，第 140 组第 3 区为高压油压，数据为 4MPa，属于正常值。然后连接油压表，按照维修手册测量熄火后的低压部分燃油压力。测量值为 0.64MPa（正常值为 0.6～0.8MPa），10min 后的保持压力为 0.44MPa（标准值为 0.37MPa 以上），也都正常。

既然油压正常，那么喷油量不足应该是喷油器存在堵塞现象。查询该车维护记录，均按时使用燃油添加剂。先用免拆清洗设备清洗喷油器 1h 后试车，故障依旧（以前有其他同类型车辆因喷油器堵塞导致发动机抖动，用免拆清洗设备清洗 1h 后，均能排除故障）。因问题焦点已集中在喷油器上，所以决定解体清洗。

故障排除 拆下喷油器，用超声波清洗机清洗 20min 后装复试车，故障消失，数据流与正常车一致。试车一切正常，故障排除。

回顾总结 为何使用免拆清洗方法未能排除故障呢？与用户沟通得知，该车经常使用乙醇汽油。乙醇汽油含有 10%的无水酒精。溶解性强，会将普通汽油附着在油箱和油管壁上的污垢溶解下来，造成喷油器严重堵塞。采用免拆清洗时，因喷油器流量过小，已不能起到清洗作用，所以第一次清洗未达到预期的目的。因 FSI 轿车的发动机对于喷油器雾化的要求比缸外喷射发动机高得多，如果不能保证燃油的清洁，就会导致此类故障的发生。

根据笔者经验，迈腾 1.8T FSI 轿车的发动机喷油器堵塞一般情况下可以根据第 32 组 2 区的数值是否大于 15%来判断，但是对于堵塞严重的车辆，由于发动机已进入开环控制状态，32 组数据变 0。无法根据同样方法来判断，但是通过其他数据流分析的方法也可以进行判断。本故障案例中在热车状态下，正常车与故障车发动机转速是一样的，故障车进气量是正常车的 2 倍，喷油脉宽也应为正常车的 2 倍，即 1.27ms×2＝2.54ms。但故障车的喷油脉宽却为 3.06ms，这说明要有更大的喷油脉宽，才能达到需要的空燃比，如果油压正常，就应是喷油器堵塞。通过数据流分析，能够为定位故障点提供有效帮助。

八、迈腾 1.8T SI 轿车加速不良故障

故障现象 行驶里程为 3.9 万 km 的迈腾 1.8TSI 轿车（装备手自一体变速器）。发动机加速不良，耗油高。最高时速只能达到 140km/h，此时自动变速器始终在 5 挡和 6 挡之间换挡。

故障诊断过程 用故障检测仪读取故障码，故障码为 00665/P0299，其含义为增压器增压传感器 A 电路控制极限未达到。故障码能够清除，试车后故障再现，更换增压器增压传感器 A，故障依然出现。

用故障检测仪读取动态数据流。

(1) 空燃比数据。氧传感器的值变化，指示混合气浓度在浓稀之间变化，但调节值为＋8.2%，始终指令增浓，空燃比长效修正失效。此工况潜在失效模式的主要原因是空气质量相对偏小。

(2) 空气相对质量数据。空气相对质量是 ECU 计算的发动机负荷值，也是涡轮增压、可变

正时调整、可变进气管等空气填充控制效果的反应参数，此车空气相对质量为15%，和正常车的空气相对质量（40.6%）相比偏小。表示该车涡轮增压、可变正时调整、可变进气管等某一系统空气填充控制效果差。

(3) 涡轮增压组数据。正常情况下，怠速增压值为1010mbar（1bar=10^5Pa），原地急加速时增压值最高达到1800mbar左右；空气流量在正常怠速时为2.3～2.5g/s，原地急加速时空气流量最大达到65g/s左右。实测该车数据，增压压力实际值为1000mbar，最大达到1200mbar左右，说明实际增压数值偏低：空气流量在怠速时为2.0～2.1g/s，原地急加速时空气流量最大达到50 g/s左右，说明空气流量传感器信号偏小。引起该车空气填充控制效果差的主要原因来自涡轮增压系统增压器旁通开度。进行执行元件测试，增压器旁通开度压力调节电磁阀（N75）工作正常。增压器旁通开度靠自身进气增压调节，增压压力实际值偏小（1000mbar），使之怠速工况下增压器旁通开度偏大。

综合分析认为，该车故障是排气系统阻塞，废气推动泵轮的动力不足，导致涡轮动能不足，增压压力实际值偏小。解体该车排气管发现前三元催化转化器严重堵塞，表层颜色为红褐色，为燃油中含硫过多所致，底层颜色为灰白色，为燃油中含铅过多所致。

故障原因分析 该车排气管堵塞故障原因是燃油品质低劣所致。用户忽视燃油品质差的事实，仅在车辆维护时加过3次指定的燃油添加剂，并承认在长途高速公路驾驶时，因加油站无优质97号油，加过4箱93号劣质汽油行驶。

故障处理方法：除去堵塞物后，用压缩空气干洗前三元催化转化器，试车加速良好，时速可达220km/h，但怠速数据流与下值有偏差。然后更换排气管总成，怠速数据流正常，耗油正常，试车正常。

九、迈腾轿车高速加速不良

故障现象 一辆一汽大众迈腾1.8T FSI轿车，据用户反映，该车中高速行驶时急加速无力，车速达到120km/h以上时，再加速时发动机就会因动力不足而出现抖动现象。

检查分析 首先使用故障诊断仪VAS5052A进行检测，发动机控制单元内存储故障码08213，含义是“进气歧管流道位置传感器/开关电路范围/性能”。迈腾轿车进气歧管内设置了由真空机械阀调节的进气歧管风板，风板在进气歧管内偏心布置，发动机控制单元通过电磁阀N316实现对真空机械阀开或关两种位置的调节。在发动机怠速和中小负荷时风板关闭，在加速工况中转速升高到设定值时，进气风板受控完全打开，由此改善了气体流动性，以适应高速功率需求。与大众系列其他带有进气风板调节功能的发动机不同，迈腾轿车的进气风板的位置还可以通过与风板轴另一端连动的位置传感器G233识别。用于向发动机控制单元反馈进气风板的执行状态。

结合该车存储的故障码，笔者分析可能存在的故障点包括：进气歧管风板控制线路故障（包括N316和发动机控制单元之间的线路）、进气歧管风板操纵执行机构故障（包括真空膜盒、真空源）以及风板拉杆机械机构、进气歧管风板位置传感器G233本身信号不稳定故障。鉴于风板位置传感器G233位于进气歧管的左下方，不易拆装，本着由简到繁的原则，首先对进气风板的控制执行部件电磁阀N316进行测量，实测其电阻为31.3Ω。根据电磁阀N316的控制电路图（见图6-10），N316的连接插头共有2个端子，其中端子2（紫/红色线）连接发动机控制单元J623的T60ya20脚，是N316的控制端子；端子1（白/红色线）连接主继电器，是N316的供电端子。通过 VAS5051 的执行元件自诊断功能驱动 N316，可以听到 N316 发出一定频率的正常响应的“咔嗒”声，这说明 N316 和其控制线路正常。

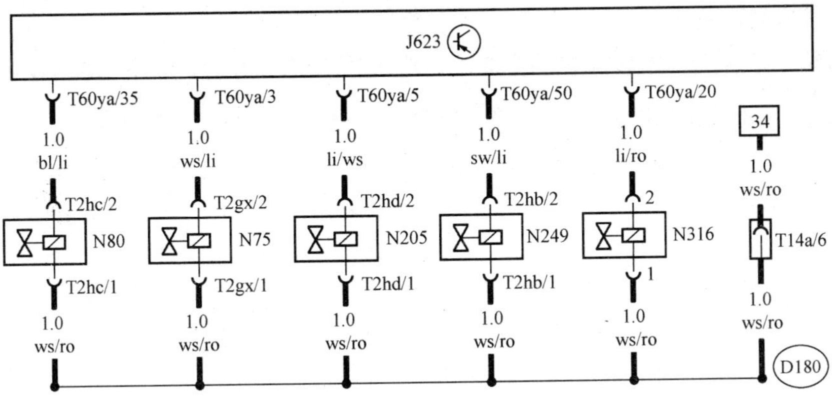

图 6－10　电磁阀 N316 控制电路图

接下来测试进气歧管风板机械结构的执行状态。使发动机原地急加速到 3000r/min 以上，观察进气歧管风板机械操纵杆并无明显拉伸动作，这说明真空膜盒没有响应。真空膜盒的真空源取自凸轮轴驱动的机械真空泵，检查确定真空管有稳定的真空源供给，将真空源连接管直接引至真空膜盒的接入口，操纵拉杆产生了回拉动作，这说明风板机械操纵机构也无异常状态，通过以上测试，可以将故障点集中在电磁阀 N316 的控制信号上，为此需要进一步对发动机控制单元的控制特性进行验证，因为之前用故障诊断仪的执行元件自诊断功能确定了 N316 的控制线路正常，但并不能说明发动机控制单元发出的控制指令信号是正常的。正如前面所讲，发动机控制单元的 T60ya/20 脚接 N316 的控制端子。在加速工况下控制电磁阀 N316 的 2 号脚在发动机控制单元内部搭铁，以此来满足采用短进气道适应功率的需求。实测 N316 的控制波形，怠速时为 14V 的直线波，轻踩加速踏板时波形无明显变化，但急加速到一定转速时开始变为搭铁状态的工作波形。检测至此。说明发动机控制单元的控制信号也是正常的，所以问题又转向 N316 的执行元件或风门机械机构上来。

尽管之前执行元件自诊断功能时听到 N316 电磁阀有正常的工作声音，但还是不能排除 N316 的内部真空控制存在真空损失问题的可能性，于是更换了电磁阀 N316，但是故障依旧。此时笔者注意到风板机械操纵杆的位置有些异样，似乎在怠速工况下也有一定程度的拉伸，通过与另一辆正常的车比较证实了这一点，对比的同时也证实了另外一个事实，电磁阀 N316 上的 2 根真空管竟然插反了！这时用户告知之前曾在某修理厂拆洗过喷油器，这应该是真空管插错的原因。正常情况下，与带有过滤装置的空气吸入口垂直的连接口应接入真空膜盒，与空气吸入口平行的连接口应接入真空源。在工作状态时，真空源与真空膜盒导通，同时膜盒与外空气入口切断；在进行完高速功率调整之后的非工作状态。真空膜盒通过单向阀与空气入口连通，以使膜盒内的真空卸压。如果 2 根真空管接反，电磁阀 N316 工作时，真空源的真空就会直接抽取用于膜片卸压的空气，膜盒得不到有效真空而使拉杆不动作或动作微小；另一方面，膜盒由于接入真空源接口，在非工作状态时内部相当于一个封闭室，这样在工作状态下室内会有一定的真空残留，因其真空得不到释放自然会使拉杆处在小行程作用状态，而又因为残留真空与电磁阀接通后产生的经过一定卸压的真空度接近，便自然导致加速工况时风板拉杆动作不明显。如此在转速达到相应值需进行进气风板调节时，而进气风板位置却没有相应改变，必然被发动机控制单元作为一个不合理的控制范围信息所识别，在监控转换电磁阀 N316 无电路故障的前提下。认为进气歧管流道位置传感器出现了工作范围性能不良故障而报出08213故障码。而加速工况因得不到足量的空气也使发动机功率大打折扣，在急加速工况更会因混合气不匹配而引发发动机抖动现象。

故障排除 对调进气板转换电磁阀N316两端真空管至正确位置，清除故障码后路试一切正常。

回顾总结 针对发动机控制单元对进气歧管风板的位置故障识别，笔者又做了2项附加测试。

测试1：将真空源的真空直接引入进气风板真空膜片控制盒，启动发动机后，通过VAS5052自诊测试仪同样在发动机电控单元内查询到08213故障码，原理其实是一样的，即发动机控制单元识别到真空风板位置处于功率调整状态与当前的怠速发动机工况不符因此报出故障。

测试2：断开进气歧管风门轴连动的传感器G233，实测系统报出的故障码为08212，含义是“进气歧管流道位置传感器/开关电路”。对于进气歧管风板的位置传感器的电路故障（例如断路或短路），电控系统故障识别为直接的电路故障，而不是范围性能，如果控制系统组成部件出现信号超过规定值极限，但和实际工况逻辑分析不符，且系统不能精确地识别出是何原因所导致，系统便会报出性能/范围类的故障码，这一点在维修电控单元系统时会时有发生的。

十、迈腾轿车怠速抖动

故障现象 一辆一汽大众迈腾轿车，发动机怠速时抖动明显。且在700～1800r/min“游车”。

故障诊断 据车主反映，该车在行驶时一切正常，但在行驶中等信号灯或发动机回到怠速状态时，发动机工作明显抖动。

首先试车确认了故障现象。发现在冷机时发动机怠速基本正常，但热机后故障现象明显。对该车路试，一切正常，发动机动力没有明显变化。连接VAS5051读取控制单元内的故障存储，发动机电控单元内有1个故障存储：00022-CMP Sensor（G40）/Engine Speed Sensor（G28）：Incorrect Correlation，中文意思是凸轮轴位置传感器（C40）和发动机转速传感器（G28）位置关系错误。在ABS控制单元内有1个故障存储：01314 013 - Engine Control Module Check DTC-Memory Intermittent（检查发动机故障存储器，偶发）。在自动变速器控制单元内也有和ABS控制单元内一样的故障存储。

其次，检查火花塞和气缸压力。火花塞无异常。使用专用工具VAG1763测量气缸压力，测量气缸压力均超过正常值（1.1～1.4MPa）。分析造成该情况的原因有以下两个方面：一是燃烧室内积炭过多导致燃烧室容积变小；二是配气相位或增压等原因导致进气量过大。

结合第一步调取的发动机电控单元内的故障码含义（G40或G28位置关系错误），认为故障是配气相位错误所导致的，于是使用VAS5051的示波器功能分别测试了G28和G40的信号波形，结果发现故障车在怠速时配气相位提前角调整太大，从而导致故障车进气波动及气缸压力高的故障。

根据故障波形分析，故障点应该出现在进气凸轮轴调整上，用VAS5051执行元件诊断功能测试正时调节电磁阀（N205），电磁阀动作正常。进一步拆解进气凸轮轴内部的液压调节阀时发现其滑阀有轻微拉伤，至此，确定了故障点。由于液压调节阀的滑阀卡滞引起进气凸轮轴角度提前，进而导致进气门提前开启，进气量增大，气缸压力过高，进气波动，以致发动机怠速抖动。

故障处理方法 更换液压调节阀。

维修注意事项 正时调节电磁阀（N205的）的螺纹是反向的，拆装时要注意螺纹旋向；可以通过读取发动机系统数据块第091组和第093组数据来分析配气相位调整关系是否正常。

十一、迈腾轿车 EPC 灯亮，加速无力且换挡冲击大

故障现象 行驶里程为 200km 的迈腾 1.8T SIAT 轿车 EPC 灯亮，加速无力且换挡冲击大。

故障诊断 用 VAS5052 检测。进自诊断网关列表，出现 3 个系统故障，分别是发动机电子系统故障、自动变速器电子系统故障、电子驻车系统故障。再分别进入上述 3 个系统，均显示故障码 00545，其含义是节气门/加速踏板位置传感器，开关 B 电路故障。清除故障码，重新对节气门进行基本设定后试车，故障暂时排除。稍后进行第 2 次试车，故障重现。故障现象如初，为偶发故障。进入“环境要求”诊断提示，数值 2 显示怠速时发动机负荷为 14%（正常值应为 18%～19%）。由于节气门开度低于怠速时节气门开度值，因此发动机电控单元（ECU）会将车辆设定为跛行状态。

故障处理方法 根据故障提示，由浅入深，先更换加速踏板开关，路试故障依旧；对加速踏板开关线路进行排查，分别测量加速踏板开关至 ECU 的 6 根线路的电阻，正常。根据电子节气门系统电路图，加速踏板连接线有 6 根，分别为 2 个霍尔传感器（G185 和 G79）信号，连接至 ECU；节气门连接线有 6 根，分别是节气门控制电动机（G186）和 2 个节气门位置传感器（G187 和 G188）信号，也连接至 ECU。在测量节气门位置传感器至 ECU 的线路时，发现 ECU 的 41 号端子有松动现象，处理连接器后故障排除。

十二、迈腾轿车 KSP 和 ASR 指示灯（K155）在车辆行驶中点亮，车辆无法加速，P、R、D 位转换时冲击非常大

故障现象 行驶里程为 3000km 的迈腾 1.8T SAT 轿车，发生事故修复后，KSP 和 ASR 指示灯（K155）在车辆行驶中点亮，车辆无法加速，P、R、D 位转换时冲击非常大。

故障诊断 连接 VAS5051 检查全车故障码，发动机电子系统、自动变速器电子系统和制动电子系统的控制单元有故障记忆。自动变速器电子系统和制动电子系统的控制单元中均有故障码 01314，其含义是发动机电控单元/检查 DTC 存储器；发动机电子系统的控制单元中有故障码 16485/P0101，其含义是空气流量传感器（G70）信号不可靠。产生故障码 16485/P0101 的可能原因有空气滤清器脏污或堵塞、搭铁电阻过大、空气流量传感器故障、空气流量传感器连接线束与连接器有故障、空气流量传感器之后的进气系统有漏气、排气系统堵塞。

清除故障码后试车，ESP 和 ASR 指示灯（K155）在行驶中点亮后，车辆无法加速，再次读取故障码，与上次记忆的故障码一致。

接通点火开关，但不启动发动机，测量蓄电池电压为 12.75V。正常。检查空气滤清器，为新件，无脏污和堵塞情况。断开空气流量传感器导线连接器，如图 6－11 所示，测量 T5h/3 端子处有 12.20V 的电压，正常；测量 T5h/2 端子与搭铁之间电阻，为 1.2Ω，正常；用 VAS5051 读取怠速时的空气流量，与正常车辆一致。

将“645”搭铁点重新处理后装复；将空气流量传感器的导线连接器端子重新处理，并用扎带将空气流量传感器导线连接器与进气管固定在一起以防止松动影响信号。试车发现 ESP 和 ASR 指示灯（K155）再次点亮，车辆无法加速，读取故障码，依旧。

检查空气流量传感器之后的进气系统漏气情况。检查进气系统相关元件安装位置正常，未见松动或损坏。在安静的环境下仔细听，检查进气系统是否有漏气的“嘶、嘶”声，怠速时一切正常。按照急加速试验试车，在节气门控制单元与增压空气冷却器之间的软管靠冷却器端有类似漏气的“嘶、嘶”声音。将此连接软管打开，发现缺少密封圈而造成漏气。安装密封圈后，试

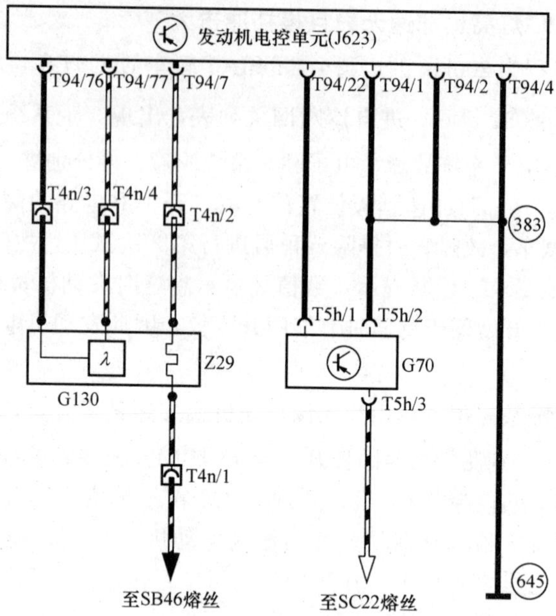

图 6-11　迈腾轿车空气流量传感器电路图

车一切正常，故障排除。

故障分析：由于漏装密封圈，在加速的情况下，涡轮增压效果增强，空气压力增大导致漏气，ECU 将空气流量传感器的实际信号与存储器中的 MAP 理论值比较，判断空气流量传感器信号不可靠而存储故障码。ESP 正常工作的前提之一是发动机没有与负荷有关的故障（例如空气流量传感器、节气门体等）。因为发动机存储与负荷相关的故障码，制动电子系统便点亮 ESP 和 ASR 指示灯（K155）并存储相应故障码。

十三、迈腾轿车上线检测后 EPB 故障报警灯（K214）报警

故障现象　一辆迈腾 1.8T SI 车（新车，手动挡），上线检测后 EPB 故障报警灯（K214）报警。

故障诊断　进行初步检查，发现驻车制动的基本功能是正常的，只是 EPB 故障报警灯（K214）报警。用 VAS5051 查询故障码，发现有故障码 03182（没有中英文说明），用 VAS5051 的故障引导功能检查，发现左后和右后制动电动机运转困难；用功能引导做了制动电动机的伸缩功能，并进行了基本设定，但故障依然存在。由于是新车，于是咨询一汽大众技术组，一汽大众技术组表示在北京也出现过一例此类故障，也是上检测线后出现的。一汽大众技术组给出的解决方案如下。

(1) 用 VAS5051 进行删除学习值（53-10-04）。如果故障现象不能消除，进行下述（2）、(3)、(4) 步骤。

(2) 拔下左后驻车制动电动机和右后驻车制动电动机的导线连接器，15s 后重新连接好上述导线连接器。

(3) 把 J540 导线连接器拔下，然后重新连接好。

(4) 更换 J540（应该说是调换）。

经过上述处理后试车，驾驶人说定速巡行功能也丧失了，不用踩离合器踏板也可以启动发动机。用 VAS5051 查询，发现定速巡行系统内没有存储故障码；读取发动机数据流的 66 组，发现定速巡行开关是好的，但是离合器开关没有反应，正常情况下踩下离合器踏板后 66 组数值应

由 0 变为 1。如图 6-12 所示，迈腾车的离合器踏板位置传感器比较特殊，它有 3 个输出信号，第 1 个信号输出给发动机控制单元，用于功率控制、定速巡行控制和启动控制；第 2 个信号输出给车载电源控制单元（J519），用途不详；第 3 个信号输出给电子驻车控制单元（J540），用于动态启动辅助功能和坡道起步（用于检测离合器踏板的精确位置）。进入 J540 读取数据流 08 组第 1 区离合器轨迹，数值在 256 步，没有变化正常情况下应在 30～256 步，未踩下离合器踏板时为 30 步，将离合器踏板踩到底时为 256 步。由此可见，故障原因应该是离合器踏板位置传感器有问题。

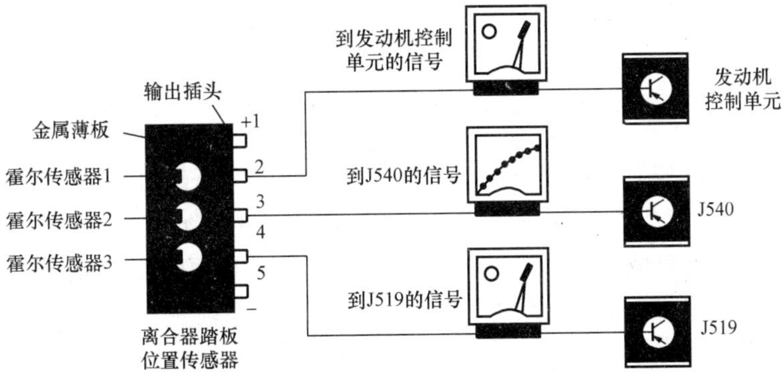

图 6-12 迈腾 1.8T SI 轿车离合器踏板位置传感器的信号输出

故障排除：更换 J540 和离合器踏板位置传感器后，故障排除。

十四、迈腾轿车电子驻车制动器无紧急制动

故障现象 一辆迈腾（1.8T 自动挡）车，当车速提高到一定值，按住 EPB（电子驻车制动器）开关时，车速没有明显下降，只有顿挫感。

故障诊断 使用 VAS5051 对系统进行检测。没有发现问题（故障存储器没有记录故障码），考虑到各个有关部件都是新件，不应该有问题，对匹配通道 10 做了更改。更改情况如下：02 组把 1 改为 0 之后，正常。把 0 改为 1，紧急制动消失；04 组把 1 改为 0 之后，无反应；05 组把 6 改为 5 之后，无反应，改为 2 之后也无反应，但改为 8 之后制动压力变大，使紧急制动更灵敏；10 组把 0 改为 1 之后会有 03182 的故障记录（无解释）。

故障排除 把 05 组改为 8 之后，故障现象排除，试车正常。

十五、迈腾轿车行驶中 EPB 故障报警灯有时会亮

故障现象 一辆迈腾（1.8T 手自一体自动变速器）车，行驶中 EPB 故障报警灯有时会亮。

故障诊断 用 VAS5051 进行检测，有 03200 12 1 的故障码，但无故障含义，用 VAS5051 引导型故障查询也没有查询到故障意义，而且故障码不能清除。但用 VAS5051 引导型功能对 EPB 系统做了基本设定后，故障码便自行清除了，试车时故障没再出现，就把车交给了客户。没想到第 2 天客户又把车开回来了，EPB 故障警报灯又亮了，而且故障出现得比较频繁，每次多按几下 E538（电子驻车制动按钮），EPB 故障警报灯就会亮起，并伴随着警报声提示。试着更换了电子驻车制动控制单元（J540），更换 J540 后故障消失，但只要多按几下 E538，故障就又会出现。分析后认为故障应该是 E538 本身损坏导致的，从其他车上拆了 1 个 E538 换上后试车，故障不再出现。

特别提醒 换了电子驻车制动控制单元（J540）后需对 ABS 和 J540 重新编码（ABS 系统

编码为03－07－318，J540编码为53－07－57），并对制动压力传感器（G251、G200、G202、G85）进行基本设定。

故障排除 更换E538。

十六、迈腾轿车DSG型变速器偶发性故障的排除

故障现象 一辆2009年款一汽大众迈腾2.0TSI轿车，装有直接换挡DSG型变速器。据用户反映，该车起步时偶尔会出现加油发动机空转不走车的现象。在等待交通信号灯之后起步时有时故障会出现，有时在正常行驶中加速时出现，故障出现得没有规律，出现故障时仪表上的挡位指示灯全部变红且闪烁报警。

检查分析 首先使用故障诊断仪VAS5052A进入网关检查，各控制单元均无故障码存储。结合该车的故障现象，鉴于发动机响应性良好的事实，可以初步判断发动机工作正常。因为该车行驶里程很短，如果假定变速器机械传动部分无异常，发动机失速的原因则可以基本归结为变速器离合器进行了保护性切断，或离合器本身有机械故障。变速器电控系统通过数据流02－08－64组1区提供了对离合器切断数据的监控，读取离合器切断动力传递次数为63次，而正常值应为0，这显然说明离合器进行了保护性切断。

根据DSG变速器的控制原理，离合器油路的切断一般由以下原因引起：电控系统直接性的电路故障被识别或触发保护切断功能；油温传感器在温度超过工作极限值时触发保护切断：离合器工作油压过高时由电子机械压力控制阀N233（N371）与联合安全滑阀切断相应的动力传输组件。鉴于实测无明确的故障码显示，电控元件或线路直接性的断路/短路原因导致故障的可能性首先可以排除。对于安全控制电磁阀N233和N317来说，它们是调节阀，各控制变速器机械部分的一半（变速器传动部分1和传动部分2），当出现影响安全的故障或离合器工作压力过大时，允许安全阀迅速地切断各自控制的离合器，但值得注意的是，此两种状态下的油压切断一般情况下是针对传动部分1或传动部分2的其中一项，此时即使切断部分传动，也不会引起发动机类似于在N挡的空转失速状态，况且在很多实际情况下还会触发应急功能的激活，因此和本例的故障现象不太吻合。

分析至此，故障入手点自然集中在了油温传感器的信号上。对DSG型变速器而言，共有3个油温传感器：变速器油温度传感器G93和控制单元温度传感器G510内置在变速器控制单元中，当其感应的油温超过145℃时，电控系统会停止向离合器供油，使离合器处于断开位置；离合器温度传感器G509（与离合器转速传感器一体）位于离合器壳体内，信号超差时也会触发变速器保护功能以切断离合器的供油，但资料对油温切断保护的极限值未给出明确的定义。那么究竟是哪个传感器产生了切断离合器油路的信号呢？因为失速故障是偶尔出现，为了比较准确地监控油温各信号的状态，采用故障诊断仪VAG5053对油温变化数据进行动态跟踪。在动态数据中，在2801个连接起来的测量点的样本中（约1s内3.57个样本），变速器油温度传感器G93（系列1）和控制单元温度传感器G510采集的温度值（系列2）变化曲线基本保持一致，而离合器温度传感器G509采集的温度值（系列3）的动态变化曲线明显地高于其他2个油温的变化，在某些动态采集点，G509采集的油温较其他2个油温居然高出40℃左右。此时进一步对离合器安全控制电磁阀N233和N317的工作状态进行监控，数据显示其电控占空比控制符合换挡的工作特性需要，对比离合器K1和K2的实际工作油压，监控离合器油压控制阀N215和N216也能正常按正比例变化曲线对K1和K2分别进行适时的特性控制。综合以上测试，说明离合器K1和K2相关电磁阀控制的工作状态均未出现异常，尽管在测试期间未出现失速的故障（测试后读取

02－08－64 组 1 区仍显示为离合器切断动力传递次数为 63 次，未有增加)。但足以说明离合器温度传感器 G509 传感特性变化异常的事实，笔者分析是 G509 温度感应电气元件工作特性不稳定引起的。因为 G509 的故障特性表现为信号失准，感应温度未超出极限值情况下，发动机控制单元不会存储 G509 信号失准的故障记忆，但是一旦超过保护切断界限，系统就会立即产生中断离合器电磁阀 N215 和 N216 的工作指令，从而切断变速器与发动机的动力传递，此时便会产生失速现象和仪表挡位显示异常闪烁现象，为监控便利的需要，系统对切断次数进行相应的计数和存储。

离合器温度传感器 G509 安装在变速器阀体底座的壳体上，更换时需要拆下液压控制阀体。在拆装液压控制阀体电控单元总成时，一定要注意避免输出轴 2 转速传感器支架的断裂，务必要按照维修手册要求拆掉油泵后端盖，在确保传感器支架不被干涉的前提下小心地拆下液压控制阀体总成。

故障排除 更换离合器温度传感器 G509 后，反复路试，监控 3 个油温传感器数值基本趋向一致，至此故障彻底排除。

回顾总结 故障排除后，笔者又对 DSG 报警模式进行了对比分析。测试发现，本例的故障源：离合器温度传感器 G509 的电气性能失效属于过载保护的范畴，对离合器过载保护激活时，挡位显示会以 1Hz 频率交替变化显示，而对于油压过高或某些传感器或执行元件电路故障，挡位显示则表现为全亮持续显示，此时说明系统进入了应急模式或替代模式激活。

十七、迈腾轿车自动挡不能挂挡

故障现象 一辆迈腾 1.8T 车，装备 DSG 型自动变速器。客户反映车辆有时在早上发动机启动后挂不了挡（无法移动变速杆进行挂挡，跟没踩制动踏板一样），仪表板上挡位指示灯全亮并且闪烁。该车是去年 7 月份购买的新车，去年 11 月份便开始出现该故障，曾更换过变速杆总成，升级过自动变速器控制单元，但故障依然存在。

故障诊断 连接 VAS 5051 进行检查。在自动变速器系统中有两个故障码（见图 6－13），即 28775（U0103）：失去与换挡模块的通信（偶尔发生）；00194：点火钥匙开锁不可靠信号（偶尔发生）。在转向盘电子系统中有 1 个故障码 02413：变速杆停车位置锁止开关（F319）不可靠信号（偶尔发生），如图 6－14 所示。

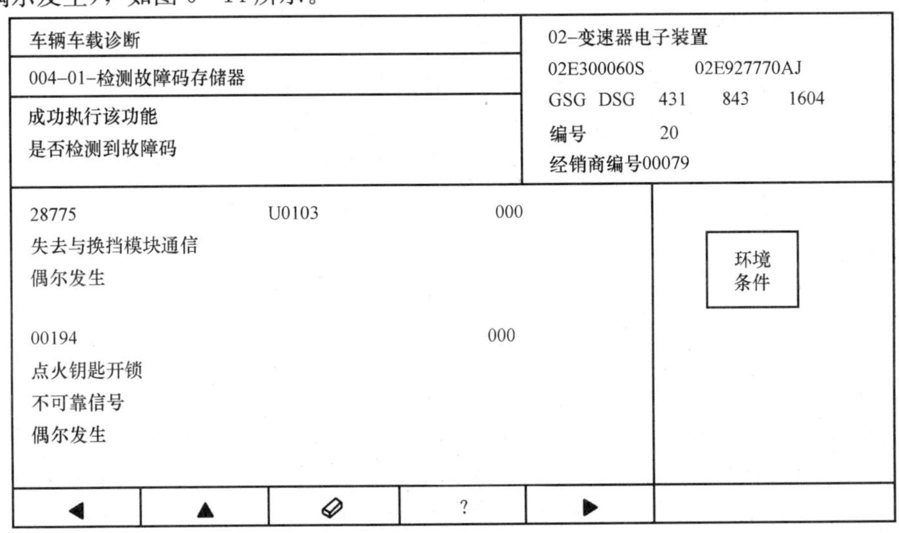

图 6－13 自动变速器系统中故障码存储

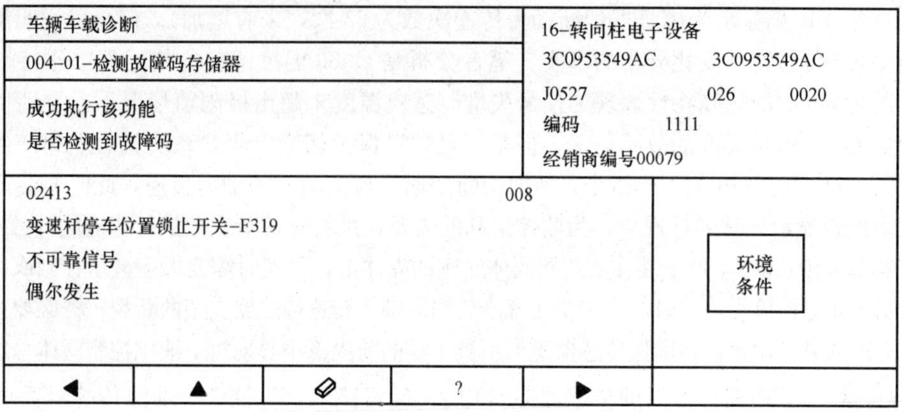

图 6-14 转向盘电子系统中的故障存储

根据自动变速器系统存储的故障码，并结合电路图（见图 6-15）分析，认为可能的原因有：Tiptronic 开关本身故障（因之前更换过，出现同样的故障可能性比较小）；Tiptronic 开关与自动变速器控制单元 CAN 线传输问题；TiptroniC 开关电源或搭铁不良。

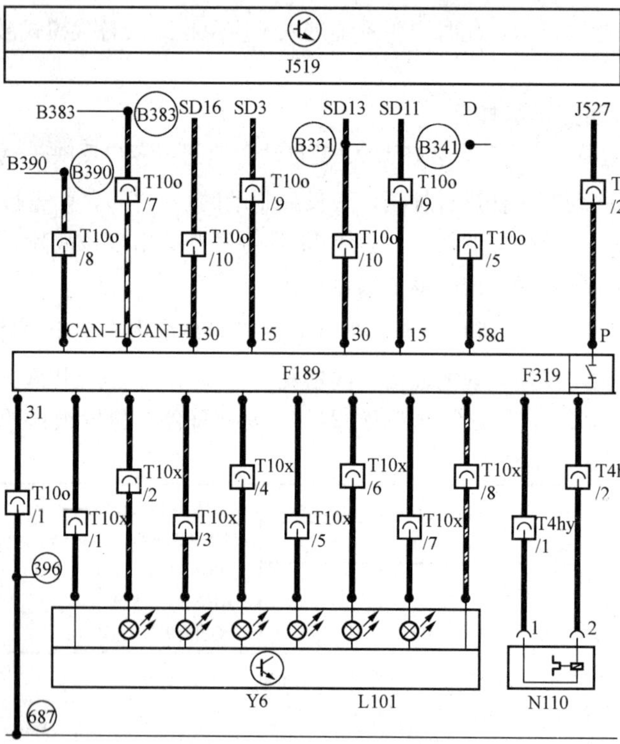

图 6-15 Tiptronlc 开关电路

D—点火开关；F189—Tiptronic 开关；F319—变速杆位置锁止开关；J519—车载电源控制单元；J527—转向柱电子装置控制单元；L101—变速杆刻度盘照明灯泡；N110—变速杆锁止磁铁；SC11—熔丝架 C 上的熔丝 11；SC13—熔丝架 C 上的熔丝 13；SD6—熔丝架 D 上的熔丝 6；SD16—熔丝架 D 上的熔丝 16；T4hy—4 端子连接器；T100—位于自动变速器上的 10 端子连接器；T10x—位于变速杆附近的 10 端子连接器（黑色）；Y6—变速杆挡位显示面板；(396)—搭铁连接点 31（在主线束中）；(687)—位于中间通道上的搭铁点 1；(B331)—在主线束中的正极连接点 17（30a）；(B341)—在主线束中的连接点 2（58d）；(B383)—CAN-H；(B390)—CAN-L

按照由简到繁的故障诊断原则，重点检查了 Tiptronic 开关上的 T100 连接器，正常；

Tiptronic 开关本身的搭铁，无虚接现象；检查熔丝 SC11 和熔丝 SC13 时，发现电路图与车上不符（无此熔丝），试着检查熔丝 SD6 和熔丝 SD16，发现熔丝 SD6 端子松旷。试着分别拔掉熔丝 SD6 和熔丝 SD16 来模拟故障，发现只要拔掉其中一个熔丝，就会产生客户描述的故障现象，而且还伴随有发动机不能启动的故障。

故障排除 处理熔丝 SD6 的端子后，故障排除。

故障总结 由于熔丝 SD16 是 Tiptronic 开关的 30 号常供电熔丝，熔丝 SD6 是 Tiptronic 开关的 15 号供电熔丝，当点火开关接通时，由于熔丝 SD6 接触不良，造成 Tiptronic 开关不能正常工作，与自动变速器控制单元失去通信，如果其中一个电源永久断开，会造成发动机识别不到 P 挡信号，以致车辆无法启动。

十八、迈腾轿车 D 挡、S 挡起步耸车

故障现象 一辆 2009 年产一汽大众迈腾 2.0L 轿车，搭载 02E 型 6 前速 DSG 双离合器机械式自动变速器，行驶里程 43 万 km。据用户反映，该车 D 挡起步耸车，只要起步后行驶一切正常。在 S 挡也是同样起步耸车。

检查分析 使用故障诊断仪 VAS5052A 检查变速器系统和发动机系统，无故障码存储。进行路试，D 挡起步后感觉车辆耸动几下才能升到 2 挡，变速器升到 2 挡后车辆行驶正常，继续在 D 挡加速，偶尔车辆还会出现严重耸动，但是只要变速器升挡后一切就正常了。

因为系统无故障码存储，于是笔者决定查看数据流中是否能发现问题。在 02E 变速器中，变速器电磁阀 N215 控制离合器 K1，电磁阀 N216 控制离合器 K2（K1 离合器控制输入轴 1 与发动机的连接，K2 离合器控制输入轴 2 与发动机的连接），电磁阀 N217 控制主油压。查看 P 挡的数据流，N215 和 N216 的电流都是 0A。将变速杆置于 D 挡，同时踩住制动踏板，从 D 挡的数据流可以看到 N215 的电流逐渐升高（0.504A→0.486A→0.492A→0.510A），在电流达到 0.492A 时变速器升到 2 挡；N216 的电流逐渐升高（0.00A→0.00A→0.456A→0.506A），在电流达到 0.456A 时变速器升到 2 挡。观察 G501 和 G502 的数值都是 0r/min（G501 监测输入轴 1 的转速，G502 监测输入轴 2 的转速），抬起制动踏板，G501 的数值从 0→60→480→600→570→640r/min，在 600r/min 时变速器升到 2 挡；G502 的数值从 0→60→250→320→440→510r/min，在 320r/min 时变速器升到 2 挡。从以上数据可以看出，N215 和 G501 的数据变化总是先上升再下降然后再上升，这种变化规律符合车辆在 D 挡起步耸车的规律。分析可能的故障原因，包括：变速器阀体上的电磁阀 N215 损坏、电磁阀线束接触不良（线束的布置采用阀体上的线路板形式，不易损坏）以及变速器控制单元损坏（控制程序问题）。检查以上部件都需要拆开变速器阀体盖，所以首先检查线路板，结果线路板导通状况很好，没有问题。

测量电磁阀 N215 的电阻为 4.8Ω，N216 的电阻同样为 4.8Ω，符合标准。因为这 2 个电磁阀的电阻、性能以及工作状态都相同，可以互换，于是将 N216 与 N215 对调，装车后进行设置匹配。试车故障依旧，变速器 P 挡的数据也没有变化，至此只能怀疑变速器控制单元有问题。

故障排除 更换带控制单元的变速器阀体总成，匹配并编码后试车，确定故障排除。

回顾总结 查看更换变速器阀体总成后的数据流，N215 的电流从 0.456→0.486→0.468→0.450A，在 0.486A 时变速器升到 2 挡：N216 的电流从 0.0→0.456→0.86→0.510A，在 0.456A 时变速器升到 2 挡。可以看出，以上两组数据中电磁阀的工作电流变化平稳，没有下降

后再上升的趋势。在检修02E型变速器的故障时，我们不能只是查看电磁阀N216和N215的数据变化，同样也可以从离合器K1和K2的油压变化来看出离合器工作好坏与切换的状态。在没有故障码的情况下，一定要掌握部件的工作原理并结合数据流的变化进行仔细分析，这样才能准确地找到故障点。

十九、迈腾轿车多功能转向盘信息菜单故障

故障现象 一辆迈腾1.8TSI使用中发现，组合仪表显示屏上的多功能转向盘信息菜单无法通过按钮进行选择和设置。

故障诊断过程

(1) 故障确认：操作转向盘多功能按钮，组合仪表多功能信息菜单无法显示和设置，但操作其他系统仪表显示正常。

(2) 利用VAS5052进行网关列表故障查询，无故障存储。

(3) 根据故障现象分析，多功能仪表设置信息传递过程如图6-16所示。

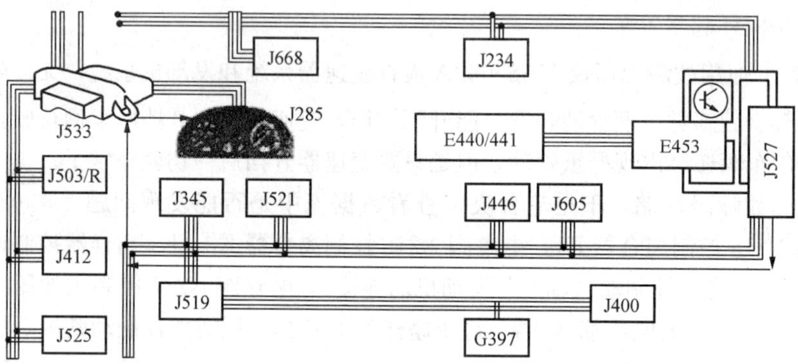

图6-16 多功能仪表设置信息传递过程

E440/441多功能按钮操作信号→J453多功能控制单元Lin→J527转向盘控制单元Can→J533网关Can→J285组合仪表。

(4) 由于操作其他系统仪表显示正常，说明组合仪表J285及其多功能显示器J119、网关J533工作正常。

进一步反向分析转向柱电子装置控制单元J527。使用VAS5052，进入地址码16转向盘电子控制装置，进入011测量组，09数据组，查看多功能按钮操作信号是否被传递到转向柱电子装置控制单元J527。

如果正常，09数据应显示表6-5所示状态。

表6-5 **09数据显示状态**

按钮名称	操作时09组状态	按钮名称	操作时09组状态
菜单	10	静音/PTT	43
确认	40	电话免提	26
向上翻页	34	音量+	6
向下翻页	35	音量-	7

检测数据如下：多功能按钮信息信息为 0，说明多功能按钮信息没有传递到转向柱电子装置控制单元 J527，如图 6－17 所示。

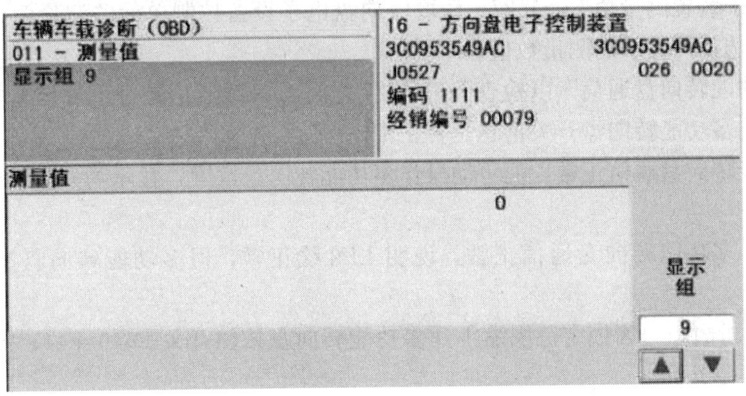

图 6－17　多功能按钮信息没有传递到转向柱电子装置控制单元

分析：操作多功能转向盘按键，正常状态应随多功能按钮操作变化，该车数据组状态没有变化，说明故障发生在卷簧 F350J453 多功能方向控制单元、多功能按钮 E440/E441 线束上。

（5）从图 6－18 所示电路图上分析，确认电源：测量多功能转向盘控制单元 J453－T6x/3 脚 15 电源正常；T6x/4 脚搭铁线正常。通过检查，卷簧 F350、线路无断路。

因为多功能按钮开关 E440/E441 的动作信息是经 J453 处理后经 LIN 线传递给 J527 的，所以需进一步确定 LIN 线 J453 多功能转向盘控制单元和按钮开关 E440/E441 及其线束。

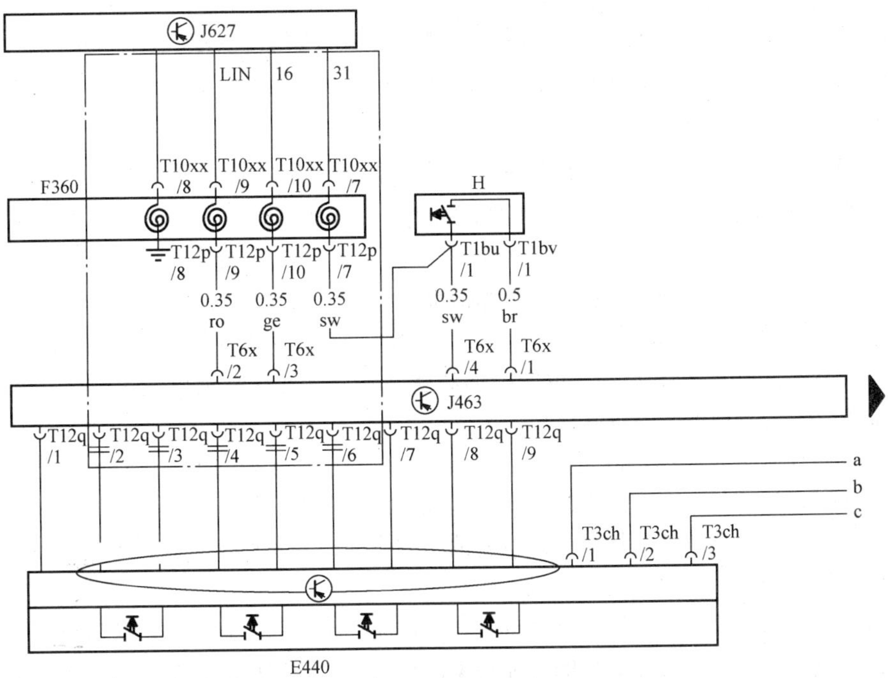

图 6－18　多功能转向盘电路

（6）使用 VAS5052 选择→“引导性功能”→选择。

“Faw-vw”→选择“车型”→3CX→迈腾 2006→选择年款 2007（7）–选择“版本”→高级轿车

→选择“发动机代码”-BPL1.8IMotronic/110kW→点击“下一步”按钮→确定车辆标识→选择系统或功能选择→选择“转向盘电子设备”→选择“读取转向盘电子装置测量值”→“下一步”→“读取转向盘电子装置测量值”→J527—读取转向盘电子设备控制单元的测量值，读出测量值—“完成”按钮→选择可显示的测量数值。

选择“多功能转向盘通信”以检查J453-J527之间LIN线通信是否正常。选择“多功能转向盘按键”以检查多功能转向盘开关信息是否正常。

如果多功能转向盘通信正常，但手动操作多功能转向盘按键，显示为0，按键信息未传递到J527，不正常。

可以看出，多功能转向盘通信正常，说明LIN线正常，但多功能转向盘按键信息未传递到J527。

(7) 继续分析故障原因锁定范围缩小到多功能转向盘按钮开关E440/E441及线路和J453多功能转向盘控制单元。

用万用表检查多功能转向盘按键到J453的线路连接正常，接口接触良好。按键开关E440/E441是否正常呢？由于线路正常，推断分析不可能存在E440/E441所有8个按钮同时损坏的情况，由此判断E440/E441不是故障原因。

由于已通过电路检测多功能转向盘按钮线路正常，所以最后故障原因确定在J453多功能转向盘控制单元。更换后正常。

故障排除方法 更换J453多功能转向盘控制单元。

二十、迈腾1.8T轿车自动挡加速无力

故障现象 一辆2008年产迈腾1.8T自动挡轿车，行驶里程约为4万km。车辆高速行驶时发动机发喘，加速无力。偶尔车辆不易启动。但车辆停放一晚后，次日早晨容易启动，行驶一切正常，但热车后易出现故障。

诊断分析 接车时，发现发动机抖动非常严重，而且排气管冒黑烟，能够确定发动机缺缸，工作不良。连接故障诊断仪VAS5051进行检测。发现如下故障码：00768（任意，多个缸检测到不发火）、00769（1缸检测到不发火）、00770（2缸检测到不发火）、00771（3缸检测到不发火）以及00772（4缸检测到不发火）。根据故障现象进入数据流读取08-15数据，1区显示为192，2区显示为80，3区显示为0.08-16，数据块显示为0。说明1、2缸失火严重。读取32数据组，喷油器状态为-18%和13%，说明喷油器状态不良。准备测量机油压力时，发现机油液面高出最高线2cm，且散发着汽油味。

怀疑发动机控制单元损坏，造成喷油器持续供油。对发动机控制单元进行替换试验，但故障依旧。再度怀疑机油被稀释是由于机油压力低造成气门行程不足导致的。更换了机油。启动了几次后观察机油又有所变化。于是怀疑炭罐或者油箱的汽油进入发动机所致。取下炭罐的管路，故障依旧，但是取下曲轴箱通风管后发动机工作正常。

经过分析，认为应该是曲轴箱的汽油蒸气，通过曲轴箱通风装置进入发动机进气管，造成各缸工作时混合气过浓，排气管冒黑烟的故障现象。根据迈腾轿车供油系统的原理，由于高压油泵是受凸轮轴驱动的，是燃油系统唯一与曲轴箱相连的地方。于是拆下高压油泵，发现其内部破裂，存有大量的汽油。汽油便是由此处进入曲轴箱的。

故障排除 更换高压油泵后，故障排除。

二十一、迈腾轿车自动驻车系统的故障检修

故障现象　一辆2007年产一汽大众迈腾1.8T轿车，行驶里程3.7万km。用户抱怨前照灯开关左侧的EPB电子机械式驻车系统按键E538按下不起作用，而且变速杆旁的AUTO HOLD、E540按键按下也没有反应，同时仪表上的黄色驻车灯K213点亮。此故障偶尔会出现，故障出现后，车辆行驶一段距离故障一般会消失，当EPB按键恢复正常时，AUTOHOLD按键也恢复正常。

检查分析　连接故障诊断仪VAS5052进行诊断，输入地址码53进入EPB系统，系统内存储2个故障码，分别是02434（左侧通道供电控制单元断路，对地短路）和02435（右侧通道供电控制单元断路，对地短路）。简单地讲，EPB系统的控制程序是由E538按键发出请求信号，信号传递到电子机械式驻车制动控制单元J540，再由J540发出执行信号到左后轮驻车制动电动机V282和右后轮驻车制动电动机V283，整个控制过程比较简单。AUTO HOLD自动驻车功能作为EPB系统的一个强化功能，首先由J540通过CAN总线收集满足AUTOHOLD工作的条件，当按下按键E540时，信号传递到J540，由J540通过ABS控制单元J104对左、右制动器执行控制。

由后轮驻车制动电动机电路图（见图6－19）可以看出，故障码应与熔丝SC29和SC30供电的2条线路有关，还与后轮驻车制动电动机V283和V282以及相关线路有关。如果将熔丝SC29和SC30同时断开，EPB控制单元J540无法通信，而且ESP警告灯亮起，断开其中任意一个熔丝，相应一侧的电动机不工作。首先检查2个熔丝供电（正常，均为12V），再检查J540的T30/13脚与T30/15脚的供电（正常，均为12V），这说明线束无断路，线路阻值小于1.5Ω。再检查V282与V283的线路情况，T30/14脚与T2an1脚、T30/29脚与T2an2脚、T30/12脚与T2ao1脚、T30/27脚与T2a02脚之间电阻值均小于1.5Ω，而且无短路或断路现象。检查至此，电动机V282与V283的电源线路确定没有问题。读取数据流，数据流显示EPB按键E538状态错误，于是维修人员决定按照电路图检查按键E538与J540之间线路。

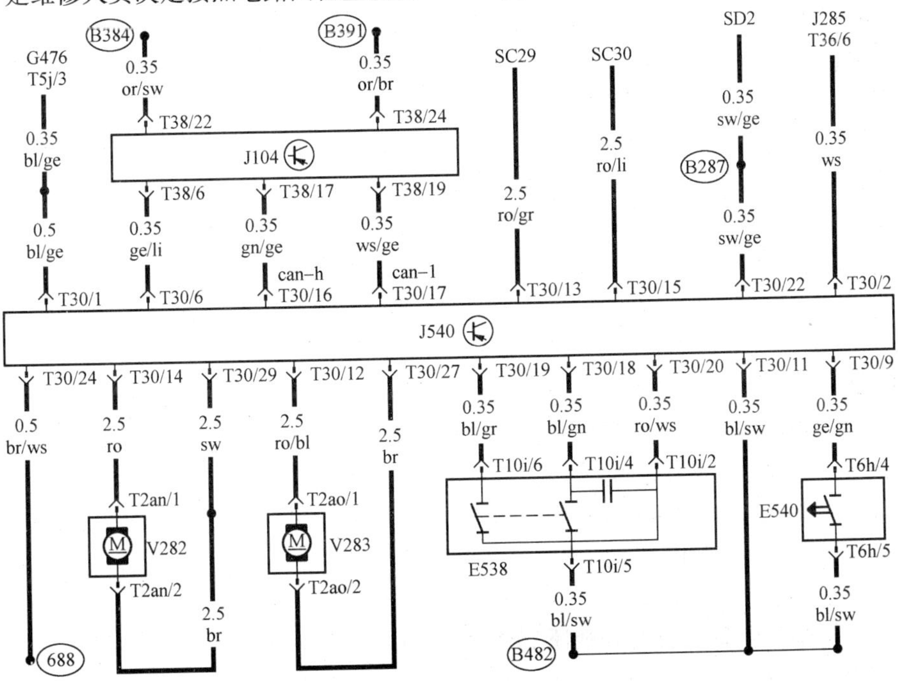

图6－19　后轮驻车制动电动机电路图

测量，J540 的 T30/20 脚与按键 E538 的 T10i/2 脚之间导通，J540 的 T30/11 脚与 E538 的 T10i/5 脚之间导通。对于按键 E538，释放开关时电路走向：T30/19→T10i/6→T10i/2→T30/20。按下开关时电路走向：T30/18→T10i/4→T10i/5→T3a/11。AUTOHOLD 按键 E540 按下时，电路走向：T30/11→T6h/6→T6h/4→T30/9。经过检查 E540 与 E538 开关线路均正常，于是决定更换 J5400。

故障排除 更换 J540 后，需要进行多项设定，设定完成后故障排除。

回顾总结 下面对更换 J540 后需要进行的设定进行介绍。

更换 J540 后首先需要对 ABS 系统和 EPB 系统进行编码，查看 2 个控制单元内存储有多个未进行设定的故障码，故障码无法清除，这是因为 J540 内部集成了横向加速度与纵向加速度传感器，于是先进行传感器的基本设定。执行 03－11－40 168－04－60 对 G85 进行设定，03－11－40168－04－61 对纵向加速度传感器进行基本设定，03－11－40168－04－66 对制动压力传感器进行设定。进行完上述设定后，在存储器里还有仪表的 K213 与驱动防滑灯亮 03－10－61－0 进行设定后，驱动防滑灯熄灭，而且 ABS 控制单元内无故障存储。仪表的 K213 还是点亮，查看 EPB 系统里面有 01087 故障码（未执行基础设定），于是对 EPB 系统进行功能引导基本设定。以上设定完成后，车辆一切恢复正常。

二十二、一汽大众迈腾轿车仪表板上的 EPB 系统故障警告灯 K214 点亮

故障现象 一辆 2008 年产一汽大众迈腾 1.8T SI 轿车，仪表板上的 EPB 系统故障警告灯 K214 点亮。

故障诊断 连接故障诊断仪 VAS5051 对电子驻车制动系统进行检测，EPB 控制单元 J540 中存储了含义为 AUTOHOLD 开关对地短路的故障码。维修人员根据故障码的提示，更换了该开关，但试车故障依旧。我们怀疑控制单元相关线路存在问题，于是准备拆下控制单元 J540 进行检查。在拆下 J540 检查线路时发现，扶手箱前端的一段线束有个地方搭铁了，于是我们对损坏的线路进行了处理。

重新安装后试车发现，EPB 故障警告灯点亮。连接故障诊断仪对 EPB 系统进行检测，笔者发现 ABS 控制单元 J104 的编码变为 1000，EPB 控制单元 J540 中存在了多个故障码："00778（转向角度传感器 G85 未进行基本设定/匹配或执行不正常），01279（纵向加速度传感器 G251 未进行基本设定，匹配或执行不正常），03288（没有解释）"。再将 ABS 控制单元的编码改正后，按照以往的方法进行基本设定时发现，纵向加速度传感器 G251 基本设定就是不能完成。考虑到迈腾是新车型，基本设定的通道可能有所改动，于是向厂家售后部门求助得知，该车的通道为 60、61 及 66。

故障排除 在将该车的通道改正后，设定完成，试车前 2 个故障码消失。现在只剩下 03288 这个无含义故障码，但是不能清除，且故障警告灯 K214 依然点亮。

利用故障诊断仪进入制动系统，执行 03－04－07、04－06、04－10 进行基本设定后，故障码 03288 变成偶发故障。清除故障码后，故障警告灯 K214 灯熄灭。

最后，经反复试车，故障彻底排除。

二十三、迈腾轿车自动驻车功能不起作用

故障现象 一辆一汽大众迈腾轿车，搭载 1.8TSI 发动机，用户反映车辆的自动驻车功能

(AUTOHOLD) 不起作用，变速杆旁的 AUTOHOLD 按键 E540 上的指示灯不亮。

检查分析　在进行故障检修之前，我们有必要先简要了解迈腾轿车的自动驻车功能。

(1) 迈腾轿车不再使用传统的机械驻车系统，而是配置了 EPB 电子机械式驻车系统，通过电信号驱动左后轮和右后轮驻车制动电动机进行制动。停车后，按下仪表板上前照灯开关旁的 EPB 系统按键即可实现驻车制动。EPB 系统控制单元 J540 位于中控台附近，通过专用 CAN 总线与 ESP 系统控制单元通信。

(2) AUTOHOLD 自动驻车功能是 EPB 系统的一个强化功能。只要按下 AUTO HOLD 按键，在走走停停的行驶中就无须再反复按 EPB 按键，驻车行为将会自动完成。这是因为车辆一旦达到静止状态，AUTOHOLD 功能就会保持或升高制动系统压力来维持车辆的静止状态，直到踩下加速踏板。

根据维修资料，AUTOHOLD 自动驻车功能的 3 个激活条件是驾驶员的安全带必须系上，发动机启动，左前门处于关闭状态。一般来说，造成 AUTOHOLD 功能不起作用的原因包括：AUTOHOLD 功能按键 E540、EPB 系统控制单元 J540、ABS 控制单元 J104 以及 EPB 系统按键 E538 等部件出现故障，或相关线路出现故障。首先使用故障诊断仪 VAS5051 检查 EPB 系统控制单元 J540 中是否有故障码存储（地址码为 53），结果没有任何记录，查看数据流中的 008 组，可以看到前面所讲的 AUTOHOLD 功能的 3 个激活条件全部正常。根据电路图（见图 6-20）测量 AUTOHOLD 功能按键 E540 的 T6h/4 脚与 T6h/5 脚之间的导通状态，按下按键时为导通状态，再按一下为断开状态，这说明 E540 正常。测量 EPB 系统按键 E538 的 T10i/4 脚与 T10i/5 脚，以及 T10i/6 脚与 T10i/2 脚之间的导通状态，按下按键时为导通，这说明 E538 正常。

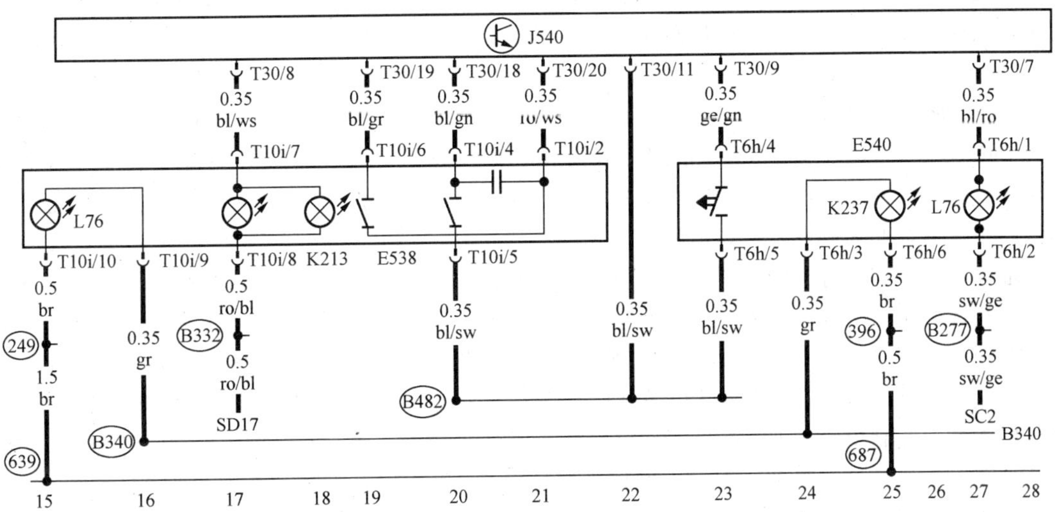

图 6-20　驻车功能电路

E538—EPB 按键；E540—AUTO HOLD 按键；J540—EPB 系统控制单元；K213—EPB 指示灯；K237—AUTO HOLD 指示灯；L76—按键照明灯泡；249—搭铁连接 2(车内线束中)；396—搭铁连接 31(在主线束中)；639—搭铁点(在左侧 A 柱上)；687—中间通道上的搭铁点；B277—正极连接 1 (15a)（在主线束中）；B332—正极连接 18、30a（在主线束中）；B340—连接 1 (58d)（在主线束中）；B482—连接 18（在主线束中）

检查 E540 按键处 T6h/5 脚处没有信号通过。根据电路图并结合维修经验，笔者怀疑是 EPB 系统控制单元 J540 或相关线路有问题，因为曾经遇到过因为 J540 的搭铁线路出现问题而造成

AUTOHOLD 功能不起作用的故障。但经过仔细检查并没有发现问题，试车更换 J540 并进行匹配后，故障仍然没有排除。

问题究竟出在哪里呢？为什么按下 E540 按键后 J540 没有提供信号呢？这时笔者想到会不会是控制单元编码错误导致其功能失效呢？于是笔者找到了一辆不具有 AUTOHOLD 自动驻车功能的车辆，使用 VAS5051 读取了 EPB 系统控制单元 J540 的信息，发现控制单元编码与笔者维修的故障车的控制单元 J540 的编码一样，都是 56。不应该是这样的。大众车系的控制单元编码是可以通过故障诊断仪来更改的，同样的控制单元硬件可以通过不同的编码来实现不同的功能。对于带有 AUTO HOLD 自动驻车功能的车辆，EPB 系统控制单元 J540 的编码应该是 57。

故障排除 使用故障诊断仪 VAS5051 将控制单元 J540 的编码更改为 57，试车确认 AUTOHOLD 自动驻车功能恢复正常。

回顾总结 通过对该车故障的维修，笔者认为在日常维修工作中，应该将一些重要的数据（例如控制单元编码）随时进行记录，例如同款车中不同型号的车辆的控制单元编码很可能不同，如果记录下来就会方便我们在维修中进行查阅，就会节省维修时间。

二十四、迈腾轿车仪表灯光故障警告灯点亮

故障现象 一辆 2008 年产一汽大众迈腾 2.0TSI 轿车，行驶里程 42 万 km。据用户反映，该车仪表上的灯光故障警告灯有时点亮。

检查分析 首先验证故障现象。正如用户所述，发动机启动后约 3min，仪表上的灯光故障警告灯闪烁几次后就会常亮不熄，此时检查前照灯灯光一切正常，没有影响到前照灯功能。约启动 3 次发动机，此故障现象就会出现 1 次。

使用故障诊断仪 VAS5052A 进行检测，系统内存储多个与左前照灯有关的故障码，分别是 02233（左前照灯电源模块 J667 无信号通信）、01042（控制单元未编码）、02656（左前照灯电源模块 J667 未编码），以及 01539（前照灯未调节，基本设定/匹配没有或不正确），这些故障码无法清除。进一步检测发现左前照灯电源模块的编码的确不正确，正确的编码应该是 35。进行编码后，故障信息变为偶发，可以清除。

难道只是左前照灯电源模块 J667 编码错误导致的故障吗？从存储的这些故障码来看，维修人员有些怀疑。为了确定故障确实已经排除，维修人员又对相关电路进行了基本检查。参考左前照灯控制电路图（见图 6－21），通过加载检测左前照灯供电线路，SC5 熔丝加载为正常的 12V 电源，左前照灯 T14d/5、T14d/7 以及 T14d/14 搭铁线正常且无虚接的现象。打开前照灯开关，测量车载电源控制单元 J519 的输出脚 T11a/4、T11a/6 以及 T11a/7 为 12V 正常电源电压，分别驱动左侧气体放电灯控制单元 J343、左侧近光灯挡板 V294 以及左侧停车灯灯泡 M1。经过反复检查，前照灯系统（地址码 55）中再没有故障码出现，测试左前照灯电源模块的 CAN－H 波形正常。

反复启动发动机并开启前照灯开关，终于发现左前照灯电源模块输出 CAN－H 和 CAN－L 的波形存在异常，系统内再次出现之前的故障信息，由此可以断定是左前照灯电源模块 J667 存在偶发性数据传输故障，此偶发性故障促使仪表上的灯光故障警告灯点亮。

故障排除 更换包括左前灯电源模块 J667 在内的左前照灯总成，跟踪回访确认故障未再出现。

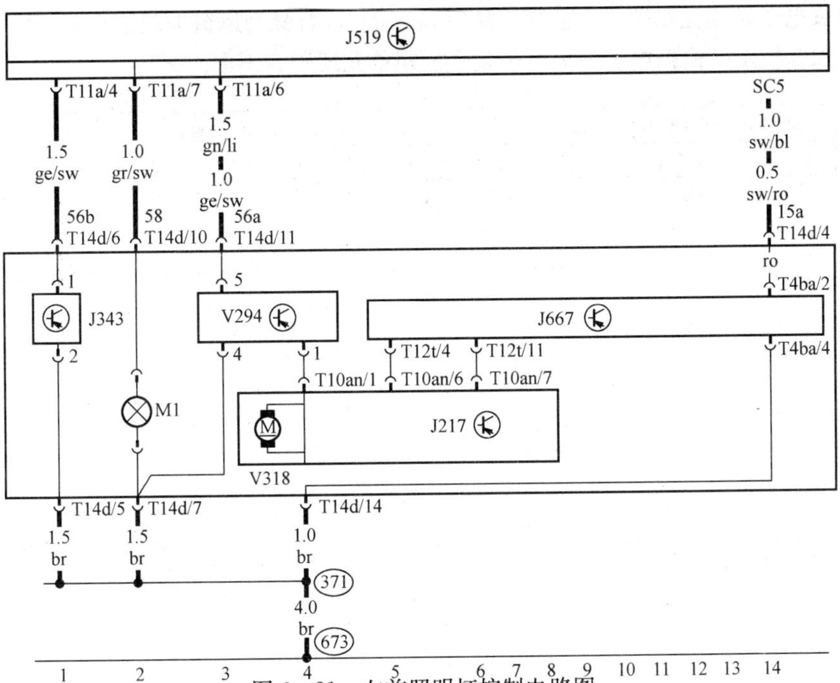

图 6－21　左前照明灯控制电路图

J343—左侧气体放电灯控制单元；J519—车载电源控制单元；J667—左侧照明灯电源模块；M1—左侧停车灯灯泡；V294—左侧近光灯挡板；V318—左侧动态随动转向前照灯伺服电动机

二十五、迈腾轿车风窗玻璃清洗泵不工作

故障现象　一辆 2009 年 3 月出厂的迈腾 1.8TSIDSG 轿车（VIN 为 LFV3A23G493005752，发动机型号为 BPL），仅行驶了 23km 便出现风窗玻璃清洗泵（喷水电动机）不工作的故障现象。

故障诊断与排除　首先确认故障现象。在使用刮水器清洗挡时，刮水器电动机工作，刮水片能左右摆动，但风窗玻璃清洗泵不工作。刮水器其他功能正常。利用 VAS5052A 进行网关列表故障查询时发现。电子中央电子装置控制单元（J519）中存有故障，如图 6－22 所示。进一步

车辆车载诊断 (OBD) 1000- 读取网关安装列表	LEV3A23C493005752	
44- 动力转向	正常	0000
15- 安全气囊	正常	0000
25- 防启动锁	正常	0000
55- 前照灯自动垂直对光控制系统	正常	0000
18- 转向盘电子控制装置	正常	0000
38- 驾驶人侧座椅调整装置	正常	0000
46- 舒适系统中央模块	正常	0000
56- 收音机	正常	0000
76- 停车辅助设备	正常	0000
08- 空调 / 暖风电子设备	正常	0000
09- 电子中央电子装置	故障	0010
19- 数据总线诊断接口	正常	0000

◄　▲　?　►

图 6－22　网关列表显示的电子中央电子装置控制单元故障

查询电子中央电子装置控制单元，储存有故障码 00897，含义为风窗玻璃清洗泵（V5）对正极短路，如图 6－23 所示。检查电子中央电子装置控制单元编码，正常。

车辆车载诊断 (OBD)
004-01- 检测故障码存储器
成功执行该功能
是否检测到故障码？

09- 中央电子装置
3C8937049E 3C8937049E
Bordnetz-S6 H54 H54 2602
编码 长
经销商编号 00079

00897 P0006
风窗玻璃清洗泵 V5
对正极短路

环境
条件

◄ ▲ ? ►

图 6－23 电子中央电子装置控制单元中的故障码

如图 6－24 所示，分析风窗玻璃清洗泵（V5）的电路可知，风窗玻璃清洗泵（V5）的供电为：X 触点卸荷继电器（J59）的输出端→SC42 熔丝→V5→J519 中的风窗玻璃清洗泵继电器（J729），由 J519 控制清洗泵继电器（J729）搭铁，使 V5 工作。

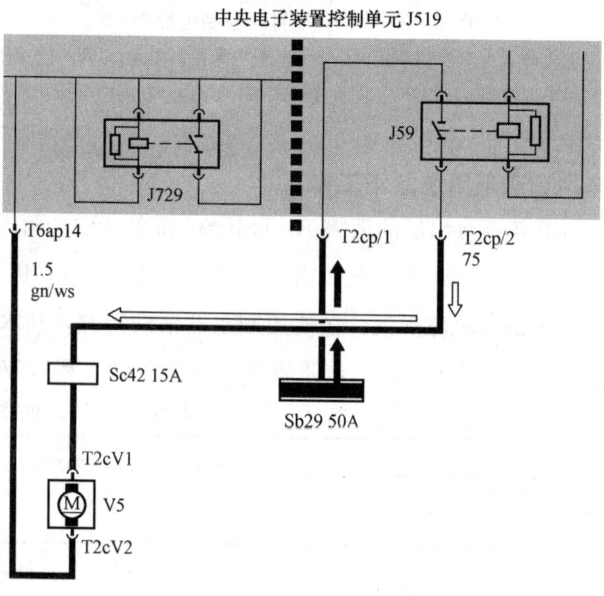

图 6－24 V5 的电路图

J59—X 触点卸荷继电器；J729—风窗玻璃清洗泵继电器

根据上述故障码提示，以及 V5 的电路，首先断开 J519 的 T6ap/4、T2cp/2 两连接器端子，用万用表电压挡测量导线侧连接器端子对蓄电池负极的电压，为 0V，测量熔丝 SC42 对蓄电池负极的电压，也为 0V，说明风窗玻璃清洗泵两端的导线并没有对正极短路；对风窗玻璃清洗泵两连接器端子分别短接电池正、负极时，该泵能正常工作，说明 V5 能正常工作。

由此分析问题可能出现在以下几个方面：一是 J519 中的 J729；二是 J519 的控制部分；三是刮水器清洗挡至 J519 间的信号传递故障。为了进一步缩小故障范围，读取转向盘电子控制单元（J527）的数据流，如图 6－25 所示。发现当使用刮水器清洗挡位时，J527 中显示已接收到刮水器开关传递过来的请求信号，并“已操作”。

引导性功能 功能检查 J527– 读取转向盘电子设备控制单元的测量值		FAW–VW V14 03 00 26/08/2008 3CY– 迈腾轿车　2006 2008(8) 高级轿车 BYL 1.8L Mot ronic/118kW
读取测量值 测量值	结果	规定值
前部刮水器	未操作	
前窗清洗	已操作	
接线状态 P/S/75/15/50	01110	
◀　▲　工作模式		?　⚠　06.04.2009 10.8

图 6－25　J527 的数据流

接着读取 J519 的数据流，如图 6－26 所示。从中可以看出，在操作刮水器清洗挡位时 J519 通过 CAN 总线也已经接收到 J527 的请求信号。

引导性功能 功能检查 读取车载电源控制单元测量值		FAW–VW V14 03 00 26/08/2008 3CY– 迈腾轿车　2006 2008(8) 高级轿车 BYL 1.8L Mot ronic/118kW
读取测量值 测量值	结果	规定值
驾驶人舱 / 发动机接线端 18 的继电器控制	接通	
接线端 75 的继电器控制	接通	
反双清洗泵	接通	
前双清洗泵		
前照灯清洗装置继电器	关闭	
前风窗玻璃刮水器打开	接通	
◀　▲　工作模式		?　⚠　06.04.2009 10.08

图 6－26　电子中央电子装置控制单元的数据流

从刮水器清洗挡位开关→J527→J519 均接收到了清洗泵 V5 工作的请求信号，说明问题出现在 J519 的控制输出及 J729。

做 J519 的输出诊断模式时发现。VAS5052A 显示“风窗玻璃清洗泵启动已开”，如图 6－27 所示，但 V5 并未工作。

结合 V5 的电路图分析。认为 J519 控制 J729 出现问题。拔下 J729，进一步检查和测量 J729 座侧端子情况，并与正常车的参数进行了比较，没有发现问题。J729 端子含义如图 6－28 所示。测量 J729 端子 1 和端子 2 之间的电阻，约为 0.56kΩ，而正常情况下，这 2 个端子间的电阻应为 70～85kΩ，说明该继电器存在问题。拆开 J729 检查，发现在端子 12 焊接处出现焊点脱落。

对 J729 内部脱落的焊接点重新焊接后试验，上述故障排除。

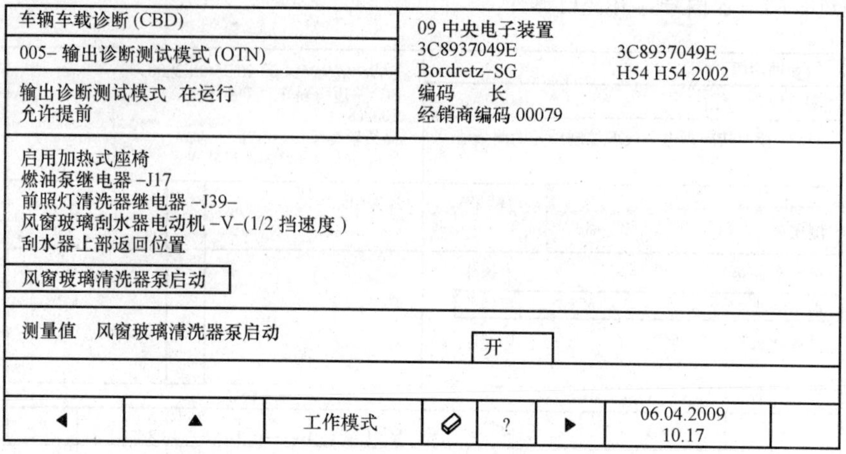

图 6-27 运行电子中央电子装置输出诊断模式

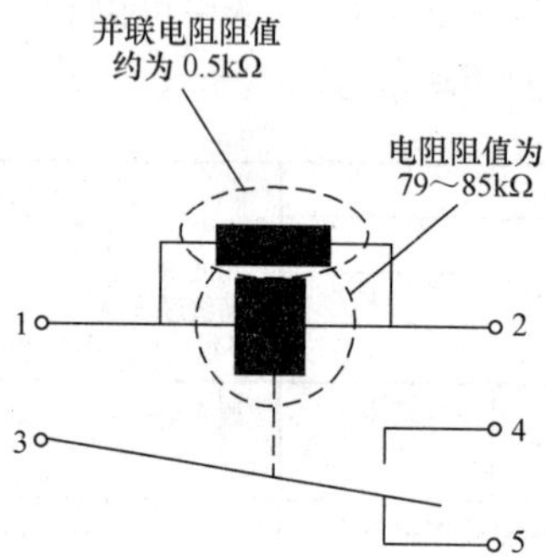

图 6-28 J729 的端子含义

1—接 12V 正电的端子；2—由 J519 控制搭铁的端子；3—接经过熔丝、V5 的 12V 正电的端子；4—接 SC42（12V 正电）的端子；5—接 J519 内部搭铁的端子

二十六、迈腾 1.8T SI 轿车行驶中仪表板上显示“发动机故障维修站”

故障现象 一辆行驶里程为 1 万 km 的一汽大众迈腾 1.8T SI 轿车（发动机型号为 BYJ，VIN 为 LFV3A23C983016826），在正常行驶过程中仪表板上突然显示“发动机故障维修站”（故障偶尔发生），发动机控制系统有故障码 00833（偶然）。

故障检测 利用 VAS 5051 检测发现发动机控制系统中有故障码 00833，含义为凸轮轴位置传感器（G40）电路范围/性能（偶然）。该故障码产生条件为：在发动机运转或启动过程中，发动机控制单元得到 G40 相位信号的有效边沿，但在 2 个相邻信号采样窗口一直处于不稳定的变化中。产生该故障码的条件具体含义如图 6-29 所示，发动机转速传感器（G28）缺齿信号的下降沿和 G40 信号高低电位之间存在固定的对应关系，以判断 1 缸上止点的位置，如果发动机控制单元检测到 2 个信号之间不符合该固定的对应关系，则出现故障码 00833。根据该故障码产生条件推断出现该故障码产生可能原因有：G40 线路故障；G40 故障；凸轮轴可变正时调整部分故障；发动机正时故障；G40 靶轮故障或者间隙不正常；发动机转速传感器（G28）故障；发动机控制单元故障。

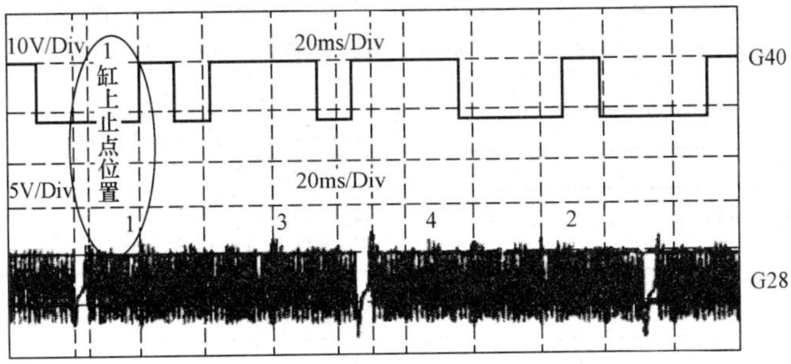

(a)

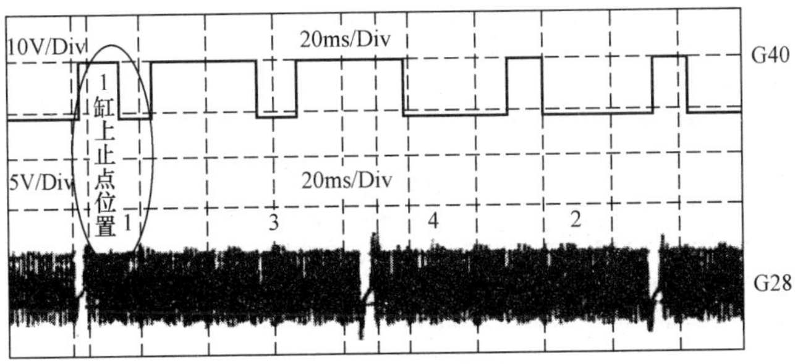

(b)

图 6-29 G28 和 G40 间正常异常信号波形的对应关系

(a) G28 和 G40 间正常信号波形的对应关系；(b) G28 和 G40 间异常信号波形的对应关系

检查 G40 线路如图 6-30 所示，G40 连接器端子 T3ci/1 的电压为 5V，端子 T3ci/3 的电压为 0V；端子 T3cj/1、端子 T3ci/2、端子 T3ci/3 的线路无短路和断路现象。检查 G40 与发动机控制单元相连接的导线连接器，没有发现异常。

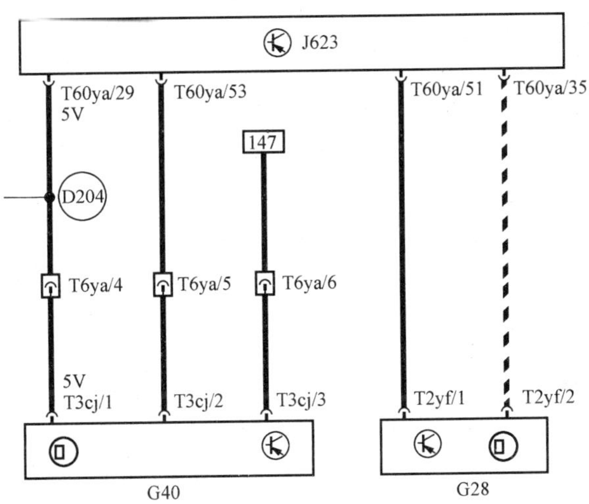

图 6-30 G28 和 G40 连接线路

G28—发动机转速传感器（在进气歧管下方变速器附近）；G40—凸轮轴位置传感器（在气缸盖罩中部）；J623—发动机控制单元；T2yf—2 针黑色导线连接器；T3cj—3 针黑色导线连接器；T6ya—6 针黑色导线连接器（在进气歧管下方导线连接器支座上）；T60ya—60 针黑色导线连接器；(D204)—在发动机预接线线束中的连接；147—在发动机预接线线束中的连接

考虑该故障为偶发故障，试着更换 G40，试车，故障现象依旧，怀疑凸轮轴可变正时调整有问题。读取数据流，如图 6－31～图 6－33 所示，对比正常车数据流，数据无明显差异。

引导性功能 功能检查 读取发动机测量值		FAW-VW V08 01 00 26/08/2008 3CY-迈腾轿车 2006＞ 2007(7) 高级轿车 BYL1.8L Mot ronic/118kW		
读取测量值 测量值	结果	规定值		
发动机转速，气缸1进气凸轮轴调节 填空系数进气凸轮轴 调节装置，打开 凸轮轴调节额定值 凸轮轴调节实际值 额定值与实际值角度差 进气凸轮轴	0/min 29.5% 38.0kW 38.8kW 8.0°			

图 6－31　不启动发动机时的数据

引导性功能 功能检查 读取发动机测量值		FAW-VW V08 01 00 26/08/2008 3CY-迈腾轿车 2006＞ 2007(7) 高级轿车 BYL1.8L Mot ronic/118kW		
读取测量值 测量值	结果	规定值		
发动机转速，气缸1进气凸轮轴调节 填空系数进气凸轮轴 调节装置，打开 凸轮轴调节额定值 凸轮轴调节实际值 额定值与实际值角度差 进气凸轮轴	760/min 40.8% 34.0kW 33.5kW 0.74°			

图 6－32　发动机怠速运转时的数据

引导性功能 功能检查 读取发动机测量值		FAW-VW V08 01 00 26/08/2008 3CY-迈腾轿车 2006＞ 2007(7) 高级轿车 BYL1.8L Mot ronic/118kW		
读取测量值 测量值	结果	规定值		
发动机转速，气缸1进气凸轮轴调节 填空系数进气凸轮轴 调节装置，打开 凸轮轴调节额定值 凸轮轴调节实际值 额定值与实际值角度差，进气凸轮轴	2000/min 41.2% 1.5kW 1.5kW 0.74°			

图 6－33　发动机转速为 2000r/min 时的数据

将发动机熄火后拆下 G40，转动曲轴带轮使 1 缸处于上止点位置，对比该车的靶轮位置和正常车的靶轮位置相同，说明 G40 的靶轮位置无问题。连接机油压力表，检测机油压力，发动机怠速运转时机油压力为 2.8bar（1bar＝100kPa），发动机转速为 2000r/min 时机油压力为 4bar，均在正常范围内。更换凸轮轴调整电磁阀（N205）及其调整柱塞后试车，故障依旧。拆下正时链盖板检查发动机正时，1 缸活塞在上止点时各对应记号正常。换上正常车辆发动机控制单元试验，故障依旧。反复试车，对比模拟故障发生时的情况，发现车辆在较大角度转弯时容易出现故障，而且其中一次故障发生时仪表板上出现了“油压”2个字。据此判断该车润滑系统可能存在故障。举升车辆检查，发现油底壳有轻微碰撞过的痕迹。拆油底壳检查，发现机油泵被撞裂。

故障排除 更换机油泵和油底壳。

故障分析 由于机油泵被轻微撞裂，车辆静止、发动机无负荷时测得的机油压力正常，不会产生上述故障码。但是车辆在发动机部分负荷以上行驶时发动机润滑系统油压不稳定，导致凸轮轴正时调整机构偶发性调整异常，发动机控制单元接收到错误的凸轮轴位置信号，记录故障码00833，并在仪表板上显示“发动机故障维修站”。

发动机控制系统出现故障码00833，只是说明故障发生的可能范围是在与G40有关系的系统，并非是G40本身。由于故障属于偶发性的，只有尽量模拟故障发生的情况，仔细进行观察和分析，才能够准确地找到故障点。

二十七、迈腾轿车多功能转向盘上的喇叭按钮和其他按钮都失去了功能

故障现象 一辆2008年产一汽大众迈腾2.0TSI轿车，行驶里程2.3万km。据用户反映，在正常使用过程中，多功能转向盘上的喇叭按钮和其他按钮都失去了功能。

检查分析 维修人员打开点火开关进行故障测试，发现多功能转向盘上的喇叭和收音机调频等控制按钮均已经失效。连接故障诊断仪VAS5052A进行测试，进入地址码16（转向盘电子控制装置），系统内存储故障码01426004，含义是转向盘内的操作单元E221无信号/通信。多功能转向盘电路图如图6-34所示，喇叭按钮H通过卷簧F350的T10xx/7号脚搭铁，导通信号通过多功能转向盘控制单元J453的LIN线传输到转向柱电子装置控制单元J527，再到车载电源控制单元，使喇叭继电器工作。而多功能转向盘控制单元J453的搭铁与喇叭搭铁都通过时钟弹簧F350的T10xx/7号脚，所以应该重点检查时钟弹簧的工作性能。经过拆检，发现时钟弹簧F350的T10xx/7号脚断路，看来这就是故障所在。

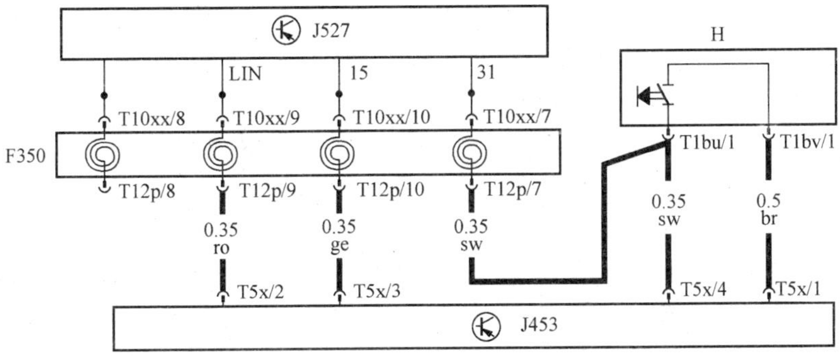

图6-34　多功能转向盘电路

J453—多功能转向盘控制单元；J527—转向柱电子装置控制单元；F350—时钟弹簧；H—喇叭按钮

故障排除 更换损坏的时钟弹簧，试车故障排除。

二十八、迈腾轿车OBD灯点亮

故障现象 一辆2008年产一汽大众迈腾轿车，搭载1.8LT SI发动机，行驶里程1800km。据用户反映，正常行驶过程中，仪表上的OBD灯点亮。

检查分析 使用故障诊断仪 VAS5051 进入发动机控制单元，显示存储的故障码为 08213，含义为进气翻板电位计 G336 范围/性能。故障码能够清除，但急踩两脚加速踏板后故障码又会立即出现。出现故障码后，仪表上的 OBD 灯当时不报警，车辆行驶两天后 OBD 灯开始报警。但车辆正常行驶中无其他异常现象。

既然存储了进气翻板电位计的故障码，我们就有必要简单了解一下相关知识。迈腾 1.8LTSI 发动机装备了可变进气歧管，当发动机转速为 3500r/min 以上时，发动机控制单元控制进气翻板动作来改变进气道的形状，以达到低速增扭和高速时提高输出功率的目的。发动机转速达到 3500r/min 时，发动机控制单元向可变进气道电磁阀 N156 供电，N156 供电后电磁阀打开，为进气翻板真空单元提供真空。真空单元在真空的控制下将翻板转到全开位置，进气翻板位置的变化由进气翻板电位计 G336 将信号反馈给发动机控制单元。

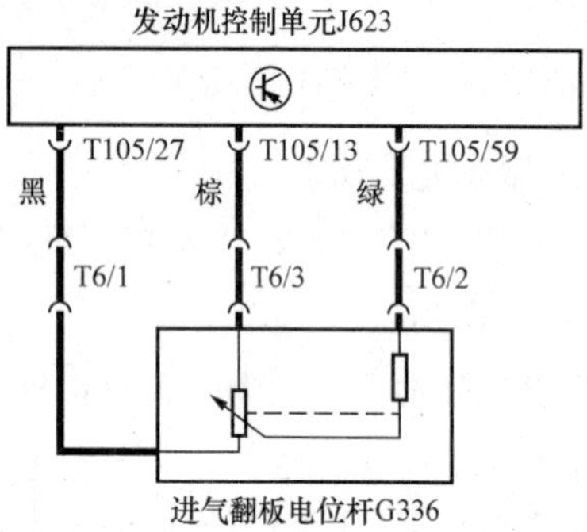

图 6-35 进气翻板电位计电路

根据存储的进气翻板电位计故障码，使用专用工具 V. A. G1594 线束诊断盒检查翻板电位计线路（见图 6-35），测量进气歧管下的进气翻板电位计线束插头 T6 与发动机控制单元 J623 之间的线路，发现 T6/2 线路断路。检查 T6 插头，发现此条线路松脱，本以为故障找到了，但处理完此条线路后发现故障依旧。测量 T6 线路上的电压为 5V，T6/3线路对地电阻为零。当进气翻板在关闭位置时，测量 T6/2 线路上的电压为 3.7V，当进气翻板完全打开时，T6/2线路上的电压为 1.3V，这些数据都是正常的。

既然进气翻板电位计 G336 的相关线路没有问题，那么 G336 出现故障的可能性很大，但是将 G336 更换后故障依旧。因为进气翻板电位计 G336 是将进气翻板的状态反映给发动机控制单元的，如果与其关联的部件（例如真空单元）出现故障导致翻板不能正常开启，也有可能存储 G336 的故障码。仔细观察此车发动机在各工况下的状态，笔者又发现了另一个故障现象：正常车辆只要急踩加速踏板，进气翻板真空单元立即动作，进气翻板立即完全打开。而此车稍为迟钝一下才能打开，有时还不能完全打开，只有踩住加速踏板不动时才能完全打开。观察到此现象，笔者意识到这才是真正的故障点。当发动机转速达到 3500r/min 时，发动机控制单元向进气翻板电磁阀供电，目的是使进气翻板完全打开，但此车的进气翻板并没有完全打开，于是进气翻板电位计向发动机控制单元传递了一个翻板未完全打开的信号，所以发动机控制单元认为是进气翻板电位计出现了故障，就存储了进气翻板电位计故障码。

那么是什么原因导致真空单元反应迟缓呢？进气翻板的真空单元能够动作，这说明进气翻板电磁阀控制线路无故障，那么故障原因可能与以下几种情况有关：进气系统真空度过低；真空管路存在漏气现象；进气翻板真空单元存在漏气现象；进气翻板电磁阀开启角度过小；进气翻板运动阻力过大。使用专用工具 VAG1368 真空表检查进气系统真空度，显示数值与正常车辆相同。这就奇怪了！是不是进气翻板阻力过大呢？用手拨动进气翻板。感觉阻力并不大，为了可靠，还是将进气歧管与正常车辆互换，故障还是不能排除。真空度测量没问题，进气歧管没有问题，那么问题会在哪呢？启动发动机，用手感觉一下真空单元上连接的管路内的真空，总是感觉没有其他车的真空吸手的力度大。

此车的真空由真空泵产生，主要供给制动真空助力器和进气翻板真空单元。制动真空助力器真空管内有 2 个单向阀，检查真空管内的单向阀正常，试着更换真空管，试车发现故障消失。仔细观察真空管，发现此管到进气翻板真空单元的出口处的管内径过小，管内的橡胶有粘连的情况。

故障排除　用细针将粘连处的真空管内径捅大，再装复试车。故障彻底排除。

回顾总结　由于真空管出口过小，导致急加速时真空单元得不到足够的真空，因此出现了进气翻板动作缓慢的故障现象。此车测量的真空度虽然正常，但进气翻板打开时所需要的阻力很大，如果真空管出口稍小就不能提供打开瞬间所需要的动力。

二十九、一汽大众迈腾轿车熄火后钥匙不能拔出

故障现象　一汽大众迈腾 1.8T FSI 轿车，熄火后钥匙不能拔出。

故障诊断　迈腾 1.8T FSI 轿车用的是插卡式钥匙，分析不能拔出的原因：一是 J527 识别非 P 挡不能拔出；二是卡式钥匙座舱机械装置卡滞。根据以往维修宝来自动变速器的经验，前后移进移出 P 挡，无论仪表还是诊断仪，自动变速器控制单元数据流，都能正确显示 P 挡，但有时仍不能拔出。

难道真是钥匙座舱机械装置问题？找来迈腾 06A 自动变速器的电路图进行分析，在 TIPTRoNIC 开关 F189 控制单元内集成有 F319（变速杆 P 挡锁止开关），该开关为一机械装置开关，通过 10 针的连接插头连接到 J527 的 T20d/1 端子。在 P 挡锁止上位状态时电路图显示该开关断开，由此可得出结论：J527 是在同时识别到 P 挡和锁止按钮自由状态才允许钥匙拔出，这一点是 09G 手自一体变速器电控系统与 01M 变速器不同的新特点，来回移进移出 P 挡显示虽都为正常，但如果变速杆锁止开关按钮未能完全释放，J527 仍会对钥匙进行锁止处理，往外轻拔锁止弹出按钮开关，果然还可以再往外移 2～3mm，此时再试钥匙能正常拔出了。拆下变速杆（3C1 713 203 BQ LIN）仔细检查，发现锁止开关弹出部分与支座内层之间有时有干涉现象，分析为加工面的材质毛刺现象，从而导致开关不能正常弹出。另外，需要说明的是，不同于宝来 01M 自动变速器的换挡控制机械变速杆的原理，迈腾的变速杆向里侧按压时，锁止开关内的钩形装置带动锁止联动杆向上移动使 F319（变速杆锁止升关）闭合。

故障排除　更换变速杆（3c1 713 203 B QLIN），故障排除。

三十、迈腾轿车 EPC 灯报警

故障现象　迈腾 18T SI 轿车手自一体变速器，EPC 电子节气门警告灯报警，发动机熄火。

故障诊断与排除：用 VAS5051 检查发动机控制单元故障码为：000400，G247 电器故障：000835，G40 超出范围。据车主叙述这是第二次出现故障，第一次出现是在外地，当时给当地的服务站打电话救援回去后，维修人员将故障码清除后，故障便消除了。

这次又出现故障后我们对电路图进行分析，得知 G247 燃油高压传感器与 G40 凸轮轴位置传感器共用一根供电线，这根供电线是来自发动机控制单元的第 T60ya/29 号脚。这两个传感器唯一的联系就在这根供电线路上，只有这根供电线路出问题，才会导致两个传感器同时报故障码。相关的电路图如图 6－36 所示。

根据以上分析，进行了如下的检查：

(1) 检查两个传感器的插头均未发现腐蚀及进水现象，检查线束的短路与断路情况也都正常。

(2) 检查发动机控制单元插头及传感器均未发现异常。

(3) 按常规先检查处理搭铁线，处理发动机线束的插头连接处。为了更好地连接可靠性。将

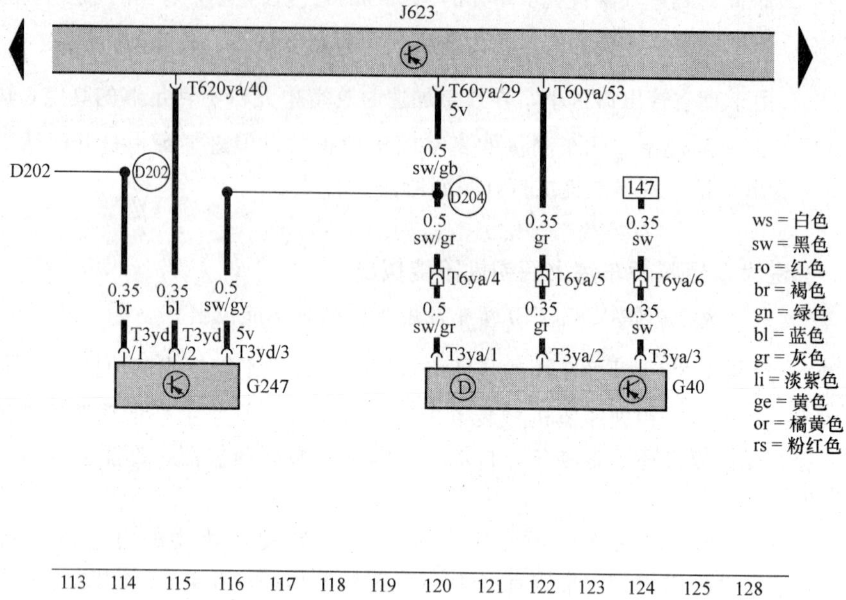

图 6-36 燃油压力传感器、凸轮轴位置传感器连接线路图

G40—霍尔传感器；G247—燃油高压传感器；J623—fdj 控制单元；T3ya—3 芯插头连接；T3yd—3 芯插头连接；T6ya—6 芯插头连接；T60ya—60 芯插头连接；D202—连接（在发动机预接线线束中）；D204—连接（在发动机线束中）

发动机控制单元插头处用电烙铁进行焊接。大众车系控制单元的插头几乎都是压接连接，有时会出现虚接现象。

（4）在拆装发动机线束插头 60ya/29 后，发现发动机进入了防盗状态，此时无法启动车辆，但是在停放一会儿后又恢复正常，这是不正常的现象。

（5）为了验证是否每次拔插头都会出现此故障，多次拔下插头试验均未发现故障出现，我们怀疑是不是要等一段时间才会出现，然后就等了一段时间，可是也没发现故障出现。

（6）根据以上情况分析，我们怀疑应该是发动机控制单元内部有问题，所以决定更换发动机控制单元进行试验。更换发动机控制单元匹配完毕后，经过多次试车后没发现有故障出现，确定为发动机控制单元内部问题。

维修小结 通过对本车维修做出总结，我们维修车辆时应该注意在维修过程中的每一个细节变化，这样会更有利于判断故障点及发现一些我们想不到问题。

第七章

宝来轿车故障维修案例

一、宝来 1.6L 轿车怠速“喘气”故障排除

故障现象 一辆宝来 1.6L AT 轿车，怠速时“喘气”，且频率很快，尤其是冷车时特别严重，完全热车后故障现象消失，中、高速和急加速时也一切正常。

故障诊断 根据故障现象分析，很像是混合气稀，排气不均匀。用 431 电眼睛查询故障码，系统显示一切正常。测试发动机数据流如下：发动机转速在 650～850r/min 之间变动：冷却液温度正常；节气门角度为 3.6°；怠速空气测量值为 127；混合气成分控制值在 124～134 之间变动；发动机每循环喷油时间为 3.4ms 左右；进入空气质量为 2.70～2.90g/s；怠速控制值为 −0.7%～0.0%；混合气氧控制值为 −0.7%～0.0%，有时变动到 1.5%；氧传感器电压在 0.14～0.79V 之间变动：爆燃传感器电压信号 1～3 缸为 0.68～0.76V。

通常，引起发动机抖动发喘的原因主要有：①点火能量低，尤其是冷车时：②混合气比例不合适；③节气门或进气道积炭：④各缸工况不一致。通过分析数据流，感觉问题可能是由于进气系统漏气所致，但经过仔细检查没有发现问题。对点火线圈、高压线、火花塞、电子节气门进行换件对比，也没有发现问题。后来又检查了油压，清洗了喷油器（积炭并不严重），但故障现象依旧。

至此，该检查的好像都检查到了，正在一筹莫展的时候，笔者突然想到该车采用了 VTEC 技术。会不会是它出了问题呢？VTEC 即可变进气门控制技术，它通过改变进气门开度来改变进气量，从而提高发动机转矩。整个 VTEC 系统由发动机控制单元（ECU）控制，ECU 接收发动机各传感器（包括转速、进气压力、车速、冷却液温度等）的参数并进行处理，输出相应的控制信号，通过电磁阀调节摇臂活塞液压系统，使发动机在不同转速工况下由不同的凸轮控制，从而影响进气门的开度和开启时间。

对配气系统进行检查，当检查到正时带时，发现正时带磨损严重且非常松弛。经询问车主得知，该车已行驶了 10 万 km，其间没有更换过正时带和张紧轮。于是灵光一现：发动机“喘气”会不会与它们有关系呢？更换正时带和张紧轮后试车，一切恢复正常。

故障分析 由于正时带和张紧轮使用时间过长，其效能降低，从而用起进气相位发生变化，造成进、排气不畅，使发动机出现“喘气”现象。

二、新款宝来轿车主继电器故障导致不能熄火

故障现象 一辆新宝来轿车，配置 1.6L BJH 型发动机，手动变速器。关闭点火开关后发动机不能熄火。

故障诊断 用 VAS5051 查询各控制单元无故障码存储，在发动机不能熄火的状态下，拔

掉 S229 号熔丝后熄火，说明 S229 控制的线路上存在 15 号电和 30 号电短路的情况。

由 BJH 发动机电路图可知，S229 接收来自于点火开关的 D/15 脚供电，一方面作为控制燃油泵继电器的主要输入控制信号，使点火开关打开或启动状态时，J17 获得相应工作信号；另一方面为主继电器提供 15 号电控制信号，使主继电器在 15 号电状态下接通为点火线圈、二次空气泵等供电，同时为发动机控制单元的 T121/62 脚提供 15 号电。

由此分析，故障点可能为：燃油泵继电器、控制单元主继电器 J271、熔丝盒、继电器盒、S229 所控制的各电器元件之间的线路。在准备对各故障点进行验证时，该车自行熄火，打开点火开关到点火挡，再关闭点火开关后测量 S229 仍有电压，拔掉主继电器后，S229 上的电压消失，说明在主继电器内部存在 15 号电和 30 号电串联现象。

拆开主继电器 J271，测量 D/87 脚间二极管为正反向导通，说明其内部二极管击穿，关闭点火开关后，S229 的 15 号电断电，但此时发动机控制单元仍会通过 T121/23 脚向主继电器提供约 60s 的 12V 供电延迟，此电流经由主继电器已反向导通的二极管，再经过熔丝盒上的 S229 号熔丝，使点火开关 15 号线在熄火挡仍保持有电，如图 7-1 所示，同时使燃油泵继电器 J17 吸合，导致燃油泵、喷油器、点火线圈正常工作。

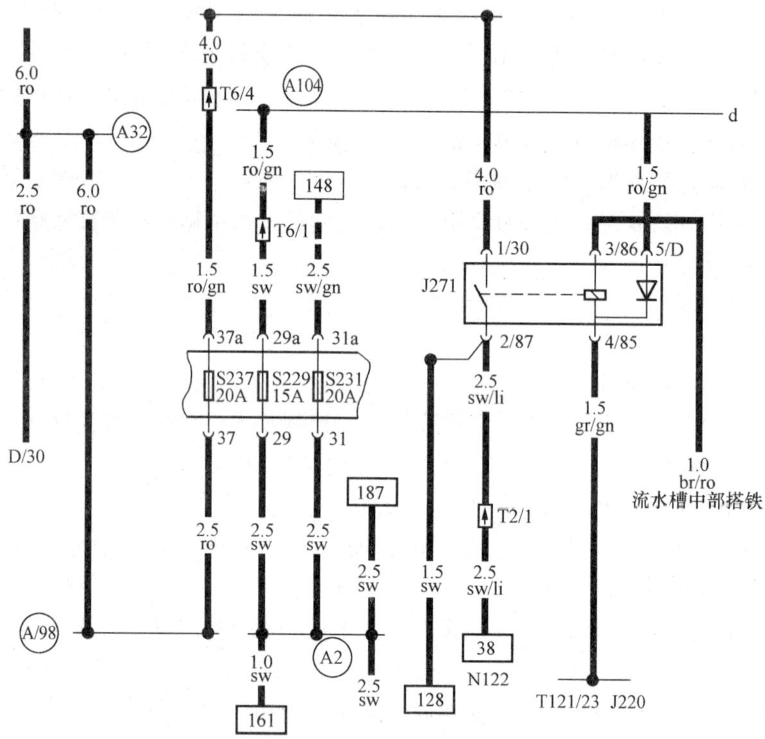

图 7-1 主继电器 J271 电路

根据维修经验，主继电器二极管 D/87 脚间因受外力常发生脱焊现象较常见，二极管 D/87 脚间脱焊虚接，会使发动机热车难启动，对于其短路现象却显得比较特殊。再次询问驾驶员得知，此车曾因开刮水器后熄火，烧掉 S229 熔丝，更换熔丝后才出现了不能熄火的故障现象。由此分析，应该为线束某处偶发搭铁引起，尽管熄火故障没再现，但始终是个隐患，仔细检查主继电器的 4/85 脚至发动机控制单元 T121/23 脚的线路，发现在前流水槽处发动机控制单元线束与刮水器连杆干涉有局部破皮现象，由此真相大白了，连接发动机控制单元 T121/23 脚的线被刮水器连杆磨破并导致 S229 号熔丝熔断，致使主继电器 J271 内部二极管因瞬间大电流击穿。

故障排除　更换主继电器 J271。

三、宝来轿车发动机冷车怠速不稳，加速无力，热车正常

故障现象　一辆宝来轿车配置 1.6L 发动机，自动变速器。发动机冷车怠速不稳，加速无力，热车正常。

故障诊断　用 VAG1551 检测，存在节气门故障。经检查，发动机线束在装防盗器喇叭时被破坏（发动机后围板）。更换发动机线束后，故障码清除，但故障现象依旧。更换点火线圈无效果，测气缸压力为 1310～1360kPa，正常。

故障排除　建议客户添加燃油清洗剂，加质量好的燃油，两个星期后回访客户，故障有所改善。

四、宝来轿车松开加速踏板后行驶发冲

故障现象　一辆宝来 1.8 轿车，采用手动变速器，行驶里程 2.5 万 km。

在行驶过程中松开加速踏板时有轻微的发冲现象，而且该故障出现得很频繁。

故障诊断　根据客户所反映的情况进行了试车。试车中发现该车加速性能良好，当慢慢松开加速踏板时感觉车身稍微有点发冲，随着松加速踏板速度的加快，发冲现象更加明显，每次都连冲多次后才能恢复平稳。根据维修经验，这种现象是由于燃油喷射系统瞬间波动所引起，考虑到宝来轿车的几款发动机有两种断油情况，即急减速断油和超速断油。为了快速确定是否为断油所导致的故障，连接 VAS5052 进行了试车。在试车过程中读取了加速、减速两种工况下的发动机数据块，结果没发现异常的数据。但是有一种现象引起了笔者的注意，即在故障出现的瞬间喷油脉宽在 3～6ms 之间波动。

怀疑在故障出现的瞬间发动机电控单元接到一个信号，而正是这个信号影响了喷油。对于手动挡宝来轿车发动机来说，发动机电控单元根据空气流量传感器信号来确定主喷油量，然后根据发动机转速、节气门位置、冷却液温度传感器和氧传感器等信号，以及空调等附加信号对喷油量进行修正。同时发动机还有急减速和超速断油功能，而且在换挡时也减少喷油量，使得换挡平顺。经过认真分析，怀疑发动机电控单元接收到错误的换挡信号而对喷油进行了错误控制导致的。宝来轿车的换挡是通过一个离合器踏板开关（F36）控制的，发动机电控单元接到离合器踏板开关闭合信号和加速踏板开关信号后，判断是换挡，便发出信号控制喷油器缩短喷油脉宽。按照这个分析思路将该车的离合器踏板开关拆下。发现离合器踏板开关的活动按钮部分比新的短了许多，换上新的离合器踏板开关后试车，上述故障现象消失。

故障总结　由于离合器踏板开关的活动部分向里缩短了，导致离合器踏板自由状态时离合器踏板接触不到离合器踏板开关，离合器踏板开关一直处于常闭状态，此时如果松开加速踏板，发动机电控单元误判该车将要换挡，发动机电控单元对喷油量进行修正，从而引发了上述故障。

五、大众宝来轿车 38 号熔丝频繁熔断，导致加油口盖无法开起，行李舱无法正常电动开启

故障现象　宝来 1.8T 豪华型轿车，驾驶员反映 38 号熔丝频繁熔断，导致加油口盖无法开

启，行李舱无法正常电动开启等故障，每次加油都要换上一个新的熔丝，为此他买了一盒熔丝。

检查分析 首先，考虑熔丝熔断的原因是电路短路或用电器内部损坏，导致电流超过熔丝的熔断电流，查阅电路图发现，38号熔丝控制以下电路：行李舱灯、舒适系统、中央门锁、加油口盖开起装置和行李舱盖开起装置。更换一个新的熔丝，逐一重复使用以上各用电器，发现各用电器均能正常工作，这说明各用电器本身工作正常，故障原因肯定是电路的某处有时短路搭铁。为了使故障再现以便进行下一步的检查，决定试车，结果没跑几米就发现熔丝熔断了，于是马上停车检查，用万用表测量38号熔丝插座，一端为12V正电，而另一端与车身之间的阻值为零，说明与38号熔丝相连的电源线与车身处于搭铁短路状态。下面的工作就是要找到这个短路的故障点并将其修复。

再次分析电路图发现，在左侧C柱上设有行李舱灯的黑色5孔分线器T5和行李舱开起装置的棕色5孔分线器T5d，在左侧A柱上设有舒适系统驾驶员一侧车门控制单元的黑色10孔分线器T10i，在右侧A柱上设有副驾驶员一侧车门控制单元的黑色10孔分线器T10k，在左侧B柱上设有左后车门控制单元的黑色10孔分线器T10i，在右侧B柱上设有右后车门控制单元的分线器T10m，这就给电路的检查带来了很大的方便。因为可以通过断开各分线器同时观察38号熔丝插座与车身之间的阻值是否变化来判断该部分电路是否正常，不断缩小包围圈而不用拆开4个车门和行李舱检查线路。

经过检查发现，断开这几个分线器后万用表仍显示对地短路，说明这几部分电路都正常，剩下的就是检查加油口盖开起装置这部分电路了，因为这部分电路中间没有分线器或插头，所以决定拆检，拆下储物架和盖板及中央副仪表板延长部分后，发现加油口盖遥控开起开关的电源线与驻车制动手柄挨在一起，而此时驻车制动是在松开的位置上，拉起驻车制动手柄使其与线束分离，万用表马上显示无穷大，仔细观察红黄线发现，该线与驻车制动手柄挨着的地方绝缘层已磨损。询问驾驶员得知，前不久刚装了地板革，至此，故障原因便水落石出了，原来是在安装地板革时工人没有将加油口盖开起开关的线束固定到合适，致使该线束与驻车制动手柄相互干涉、摩擦，最终磨透绝缘层使加油口盖遥控开起开关的电源线有时与驻车制动手柄搭铁，导致38号熔丝频繁熔断。

故障排除 包扎并重新固定好线束，故障排除。

六、宝来轿车打开空调鼓风机后有“扑拉、扑拉”的异响，转速越高，异响的频率也随之加快

故障现象 宝来1.6L基本型轿车，打开空调鼓风机后有“扑拉、扑拉”的异响，鼓风机的转速越高，异响的频率也随之加快。

检查分析 根据异响的特点分析，可能有两种故障原因：第一，可能是鼓风机叶片拍打杂物产生异响；第二，因为异响很像是旗帜在风中飘动的声音，所以怀疑可能是鼓风机工作时产生的气流吹动某种柔软轻薄的物体产生的。首先拆下流水槽盖板上的灰尘滤清器盖，拆下灰尘滤清器，便可以看到鼓风机的叶片轮，打开鼓风机开关使其转动，发现鼓风机叶片轮周围没有什么杂物，这说明异响不是第一种原因产生的。决定进行下一步拆检，拆下中央出风口后，再听感觉异响是从内部发出的，拆下整个仪表台，再拆下空调风道的中间连接件，发现调整温度翻板上贴有一层海绵，海绵上粘着一层黑色的塑料膜，而该车的这层塑料膜已有一半与海绵脱开，在鼓风机工作时这层黑色塑料膜在气流中飘荡产生异响。

故障排除　扯下这层塑料膜后，故障排除。

七、一汽大众宝来 GP 轿车车速表为何无指示

故障现象　一辆 2008 年产一汽大众宝来 GP1.6 L 轿车，搭载 BJH 型发动机，匹配 01M 型自动变速器。用户反映车辆行驶中车速表无指示，行驶过程中若不释放驻车制动器，仪表不会蜂鸣报警。

故障诊断与排除　首先连接故障诊断仪 VAS5051 对车辆进行检测，读取各控制单元故障存储器，没有任何故障码。利用故障诊断仪执行元件自诊断，仪表各项功能正常，说明仪表的执行部分功能无故障。根据该车相关系统的控制原理，笔者判定车辆行驶过程中不释放驻车制动器，仪表没有蜂鸣报警的原因是，仪表没有收到车速信号不能判断车辆处于行驶状态，所以没有报警。一般导致车辆仪表不工作的原因包括：转速传感器损坏、线路故障及仪表损坏。

车速信号来自车速传感器 G22，车速表指示的控制路径是：差速器驱动轮→车速传感器 G22→仪表信号处理→指针指示。对于这种情况，首先应检查车速传感器。因为此车装配的是 01M 型自动变速器，为车速表提供信号的传感器是位于差速器位置的 G22 车速传感器，为此我们先对 G22 的供电进行测量。根据相关电路图（见图 7－2）可知，传感器插头 1 号脚为传感器供电，经测量供电正常（熔丝 S7 10A）；2 号脚信号线连接仪表 t32/28 号脚，利用万用表测量其导通性良好；3 号脚为传感器搭铁，搭铁点在流水槽中部，经测量搭铁正常。之后，决定利用故障诊断仪 VASS5051 的示波器功能观察传感器 G22 的波形。首先进入测量仪器模式的 DSO 功能。需要将测量线红色表笔与传感器 2 号脚相连，黑色表笔接蓄电池负极。启动发动机后。将自动变速器变速杆置于 D 位，让车轮自动旋转。正常情况下。示波器会随车轮的速度出现有规律的方波信号，但该车没有检测到任何输出信号。因此，笔者初步判定传感器损坏，于是先替换了车速传感器 G22。在替换传感器 G22 后，再次测量传感器的信号输出波形，发现还是没有信号输出。难道是新的传感器存在问题？于是拆下车速传感器用手转动，发现仪表指针出现偏转现象，传感器工作正常。查到这里故障点可以确认为位于差速器法兰轴上的传感器驱动轮损坏。

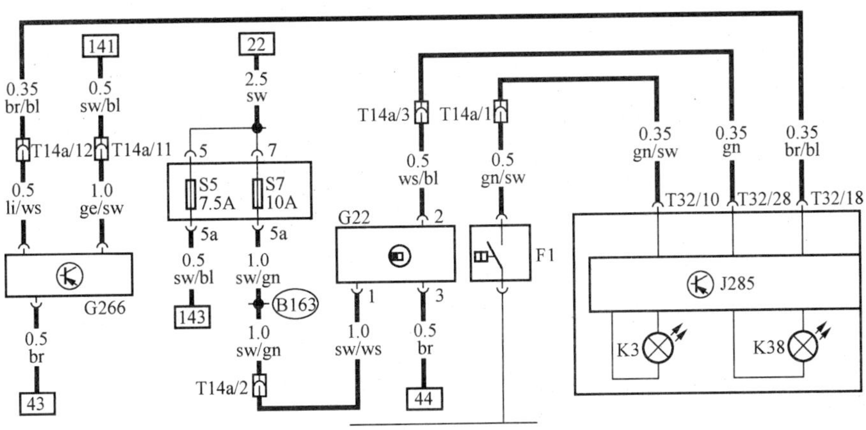

图 7－2　输出转速传感器电路图

在拆解变速器后，发现位于差速器一侧的车速传感器主动齿轮脱落。维修后故障排除。

宝来轿车在变速器上设有专门的车速传感器，为仪表提供车速信号，高尔夫和捷达也是同样的结构。自动变速器和手动变速器的结构都是传感器信号直接传递给仪表。另外，01M 型自动变速器还有

2 个变速器转速传感器 G38 和 G68，它们位于变速器顶部。G38 的作用是记录行星齿轮系中大太阳齿轮的转速，并把信号传送给自动变速器控制单元 J217；G68 的作用是记录输出齿轮转速，并把信号传送给自动变速器控制单元 J217。在维修过程中，广大维修人员一定要引起注意，不要混淆。

另外，一汽大众速腾、迈腾轿车的车速信号是通过 ABS 前轮轮速传感器提供的，由 ABS 控制单元 J104 接收信号之后通过 CAN 总线将信号传送给其他控制单元，连接在动力总线上的控制单元只要有需求，就可以从 CAN 总线获取该信号。

八、一汽大众宝来轿车四门玻璃升降器不工作，遥控器也不起作用

故障现象 一辆 2006 年产宝来 GP 轿车，装备 BJH 型 1.6L 发动机。行驶里程 1000 多 km。用户反映只要遇到下雨天，四门玻璃升降器就不工作，遥控器也不起作用。

检查分析 首先确认该车的故障。发现存在以下故障现象。

(1) 玻璃升降器不工作。遥控器不起作用，不能进行车门的开锁和闭锁。

(2) 仪表上的车门未关提示灯不起作用，但门控灯工作正常。

(3) 故障属于舒适系统范围，但使用故障诊断仪 VAS5051 无法进入舒适系统（地址码 46）。

从故障诊断仪无法进入舒适系统来判断，初步怀疑舒适系统控制单元损坏，或舒适系统控制单元的电源线和搭铁线存在故障。从电路图（见图 7-3）上可以看出熔丝 S14 为舒适系统控制单元 J393 提供 30 号电，检查熔丝 S14 没有熔断。熔丝 S111 和 S144（位于附加继电器支架上方）也为舒适系统控制单元 J393 提供电源，检查发现也都没有熔断。拔下舒适系统控制单元的 2 个插头 T23 和 T15，测量 T23/22 脚、T15/12 脚以及 T15/13 均为蓄电池电压（T23/22 由熔丝 S14 供电，T15/12 由熔丝 S111 供电。T15/13 由熔丝 S144 供电），T23/23 脚为搭铁，对地电阻为 0.9Ω。在此需要提醒维修人员注意，如果拔下熔丝 S14，舒适系统无法进入，仪表上的车门未关提示灯常亮。遥控器功能失效，各车门玻璃升降器无法动作，左右前车门的门灯不亮。

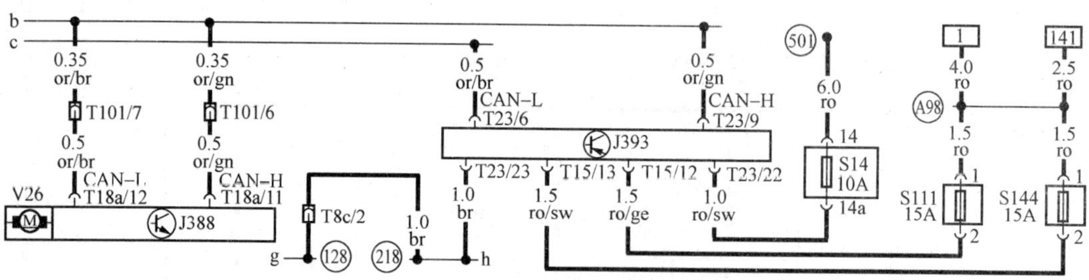

图 7-3　舒适系统供电电路图

以上检查说明舒适系统控制单元 J393 的电源线和搭铁线均正常，当故障出现时，试着更换位于仪表板左后部的舒适系统控制单元，但故障依旧。因为舒适系统无法进入，所以无法根据故障记忆确定大致的故障点，这对检修工作造成了一定的困难。那么能否从其他控制单元中了解一些关于舒适系统的信息呢？该车使用了 CAN 总线系统，采用星形连接形式，因此可以从网关控制单元中找到与舒适系统有关的信息。连接 VAS5051 进入网关控制单元（地址码 19），读取数据流，其中 130 组数据为：1—单导线；2—中央 0；3—驾驶员车门 0；4—乘客车门 0。131 组数据为：1—左后车门 0；2—右后车门 0。从以上数据可以看出，故障出现时，舒适系统总线通信处于单线模式，舒适系统控制单元和 4 个车门的控制单元均未向 CAN 总线发出信息（发出信息为 1，未发信息为 0）。

由于 CAN 总线中连接有多个控制单元，出现舒适系统总线通信处于单线模式的故障可能是某个控制单元内部短路或总线线路短路所致。由于该车是新车，线路出现故障的可能性较低，暂不考虑，于是先检查各控制单元。之前已经更换过舒适系统控制单元，但没有排除故障，所以维修人员将检查重点放在了 4 个车门控制单元上。根据电路图，首先断开左前 A 柱附近的黑色 T10i 插头，舒适系统仍无法进入，再拔下后 B 柱附近的黑色 T101 插头，此时仪表上的车门未关提示灯点亮了，除了左后门之外的其他车门的玻璃升降器也可以动作，舒适系统也可以进入。再次进入网关控制单元读取数据流，其中 130 组数据为：1—双导线；2—中央 1；3—驾驶员车门 1；4—乘客车门 1。131 组数据为：1—左后车门 0；2—右后车门 1。从以上数据可以看出，舒适系统已经恢复正常，但插上 T10i 插头后，故障再次出现。拆下左后车门内饰板。找到左后车门控单元 J388，拔下控制单元上的 T18a 插头，故障再次消失，这样就可以将故障点锁定在左后车门控制单元或插头 T10l 与 T18a 之间的 CAN 线路上。

检查线路，插头 T18a 中的 T18a/12 脚与插头 T10i 中的 T10i/7 脚之间的线路（CANL）和 T18a/11 脚与 T101/6 脚之间的线路（DAN H）均无断路或短路。

故障排除 更换左后车门控制单元 J388，经过跟踪回访，确定故障排除。

回顾总结 连接在 CAN 总线上的各控制单元通过 CAN 总线进行信息传递，但其中某个控制单元出现问题时，可能会导致其他控制单元或整个系统出现问题，这还要看控制单元之间的连接方式采用星形连接还是环形连接。因此在维修此类故障时需要将思维从一个点扩展到一个面，才能准确地找到故障点。

九、新宝来轿车防盗系统为何莫名其妙报警

故障现象 一辆 2009 年产一汽大众新宝来 1.6L 轿车，车辆行驶里程不足 1000km，用户反映该车防盗喇叭有时自己莫名其妙地报警，两侧转向灯也随之闪烁。

故障诊断 根据用户反映的情况，我们首先连接故障诊断仪对车辆进行检测，但故障诊断仪显示全车各控制单元均无故障码。随后我们又对相关线路进行了检查，但也未发现异常。根据该车防盗系统的控制原理，我们怀疑某些传感器工作不正常，导致防盗系统被误触发，从而造成车辆声光报警。为此，我们决定利用故障诊断仪观察相关数据流，以便进一步确认。相关检测数据如图 7-4 和图 7-5 所示，相关数据流说明见表 7-1～表 7-7。

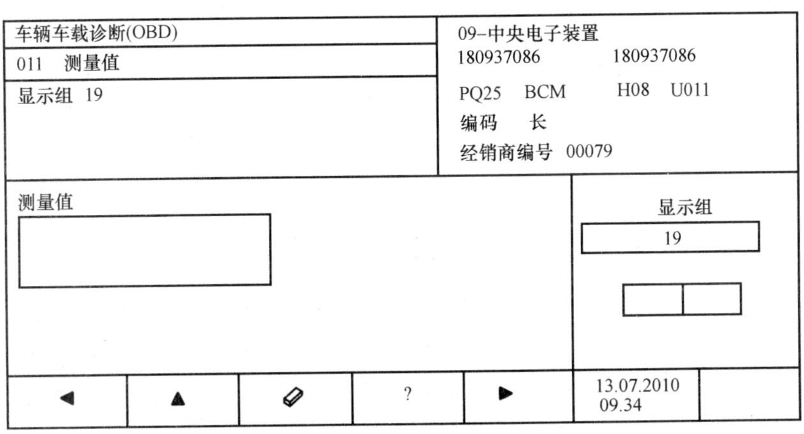

图 7-4 第 19 数据组

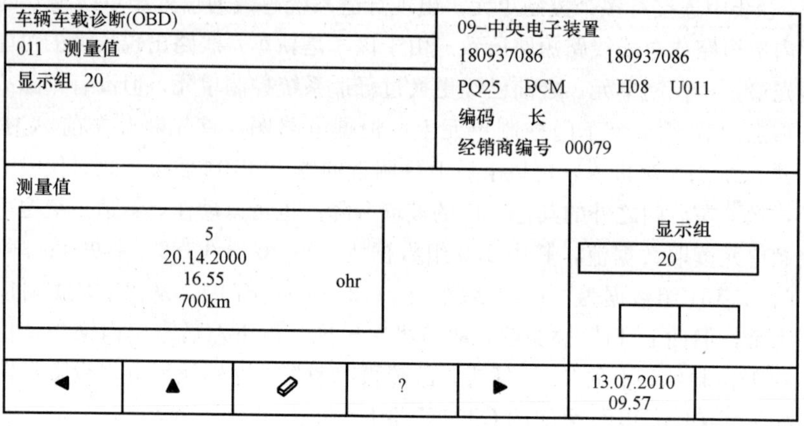

图 7－5 第 20 数据组

表 7－1 **显 示 组 19 数 据**

显示区	规定值
1 最后报警的报警源	0. 2
2 倒数第 2 个报警的报警源	0. 2
3 倒数第 3 个报警的报警源	0. 2
4 倒数第 4 个报警的报警源	0. 2

表 7－2 **显示组 19 显示区 4 的说明**

无授权
1 在关闭汽车和关闭折叠式车顶（如果存在）报警
2. 5 在打开车窗和关闭折叠式车顶（如果存在）报警
3. 6 在风扇运行和关闭折叠式车顶（如果存在）报警
4 在关闭车窗和关闭折叠式车顶（如果存在）报警

表 7－3 **显 示 组 20 数 据**

显示区	规定值
1 最后防盗的报触发状态	0
2 最后 1 次得报警日期	DD，MM，YYYY
3 最后防盗报警时间	000 000 163
4 最后防盗报警里程	0km

表 7－4 **显示组 20 显示区 1 的说明**

0	左前门 FA
1	右前门 BF
2	左后门 HL
3	右后门 HR
4	后行李舱盖

续表

5	发动机舱盖
7	挂车
9	非钥匙打开点火开关报警（KL15）
10	IRU
11	NGS
12	特殊情况
19	断电装置
21	左前门延迟报警
255	无报警

表 7-5　　显 示 组 21 数 据

显示区	规定值
1	
2 倒数第 2 次防盗报警触发日期	DD，MM，YYYY
3 倒数第 2 次防盗报警日期	000 000 163
4	

表 7-6　　显 示 组 22 数 据

显示区	规定值
1	
2 倒数第 3 次防盗报警触发日期	DD，MM，YYYY
3 倒数第 3 次防盗报警日期	000 000 163
4	

表 7-7　　显 示 组 23 数 据

显示区	规定值
1	
2 倒数第 4 次防盗报警触发日期	DD，MM，YYYY
3 倒数第 4 次防盗报警日期	000 000 163
4	

根据上述数据流我们可以看出，数据流 19 组中显示报警发生在车门和车窗关闭状态，数据流 20 组据显示最后防盗触发部位为发动机舱盖，且能显示报警的日期、时间及里程，数据流 21 组显示倒数第 2 次防盗触发部位为发动机舱盖，且显示了报警日期、时间及里程，数据流 22 组显示倒数第 3 次防盗触发部位亦为发机舱盖，也能显示报警日期、时间及里程，数据流 23 组显示倒数第 4 次防盗触发部位仍为发动机舱盖，且能显示报警日期、时间及里程。根据上述检测结果，我们初步判定故障点出在发动机舱盖开关上。

经测量发动机舱盖开关正常，重新调整发动机舱盖锁舌位置故障排除。

为了确定故障是否排除，我们做了报警触发试验，锁车后待仪表指示灯熄灭后将 4 门 2 盖任何1个开关触发均会有声光报警。不过与宝来经典轿车不同的是，锁车后必须等1min左右系统才能进入防盗状态并对所有开关进行监控。而宝来经典轿车则不需要等，锁车后系统便能监控门锁开关。

在19：45我们通过左前门开关触发了防盗报警（倒数第4次），19：47我们通过左前门开关触发了防盗报警（倒数第3次），19：48我们通过发动机舱盖开关触发了防盗报警（倒数第2次），19：50我们通过左后门开关触发了防盗报警（最后1次）。

经过上述测试系统恢复正常，故障彻底排除。

十、新宝来轿车电动车窗用遥控器无法控制

故障现象 一辆2009年产一汽大众新宝来轿车，搭载BWH型1.6L发动机，行驶里程3000km。据用户反映，用遥控器不能控制电动车窗的升降。

检查分析 首先验证故障现象，将电动车窗降下，关闭全部车门后长时间按住遥控器的闭锁键。车窗不能自动升起，按住遥控器的开锁键时车窗也不能自动降下，这与用户描述的故障现象一致。该车的电动车窗开关有两种升降方式，即自动升降（一键式升降）和手动升降，检查时还发现了另外1个故障现象。就是按住左前门上的电动车窗组合开关手动挡时，正常情况下车窗应无间断地上升或下降，但是该车的车窗只能断断续续地升或降，中途会停顿1～2s后继续动作。检查车窗的自动升降功能，也不能实现。

从故障现象来看，笔者认为是电动车窗的自动升降功能失效导致了遥控器不能控制车窗的升降，可能的故障点包括：车窗初始化不良、左前门电动车窗组合开关故障、车身控制单元BCM损坏或编码错误、相关线路问题（包括LIN线）、车门控制单元损坏。查询车身控制单元BCM，没有发现故障码存储，于是读取BCM数据流来检查车窗的初始化状态。从数据流中可以看出，只有“已初始化的驾驶员车门车窗升降器”状态显示为“否”，其他3个车门车窗升降器的状态均显示为“是”，于是对驾驶侧的车窗进行初始化，但发现初始化无法完成。

初始化无法完成并不能说明驾驶侧车门控制单元J386损坏，车窗电动机的正常工作流程是车窗升降开关信号→J386→BCM→J386控制升降电动机工作（BCM到J386之间通过LIN线传递信号），如果信号在传递过程中中断，也将导致初始化不能完成。接下来检查车窗升降开关信号到BCM的传递是否正常，于是在按住车窗升降开关的同时读取数据流，可以看到虽然车窗的升降过程断断续续，但BCM接收到的升降开关信号并没有中断，这说明组合开关没问题。检查BCM的编码为“S62 99 CA 2A18 130D00 0030000034 1A00 8000 80 00 E0 60 02 00 00 3000”，编码正确，至此怀疑是否BCM之后的信号传递有问题？因为BCM到J386之间通过LIN线传递信号，而使用示波器检查LIN线最为直观，于是通过示波器观察LIN线的波形。

从LIN线的波形图上可以看出。LIN线的工作电压不到9V，这不正常，正常工作电压为12V，这说明数据的传递不完整。分析导致LIN线波形不正常的原因包括：LIN线本身故障（包括节点）、LIN线上连接的控制单元中有损坏而导致LIN信号失真，当然包含J386损坏的可能性。接下来检查LIN线本身是否正常，从LIN线电路图（见图7-6）可以看出，只要测量BCM（J519）的TZ3a/17脚到J386的T10L/3脚之间的LJN线的通断与搭铁情况就可以看出LIN线的连接是否正常，用万用表测量LIN线的电阻与搭铁都正常，于是排除LIN线本身的故障可能性（实际上，如果能够熟练运用示波器，就可以直接看出不是L | N线本身的问题）。下面确定LIN线上连接的控制单元是否有故障，如果逐个拔掉.J386、J387、J388以及J389，则工作量很大，

我们可以先进行分析。从数据流中可以看到只有J386的初始化状态显示为“否”。因此故障可能性最大的部件是J386。于是首先拔掉J386，观察LIN线波形恢复正常，这说明确实是J386出了问题。

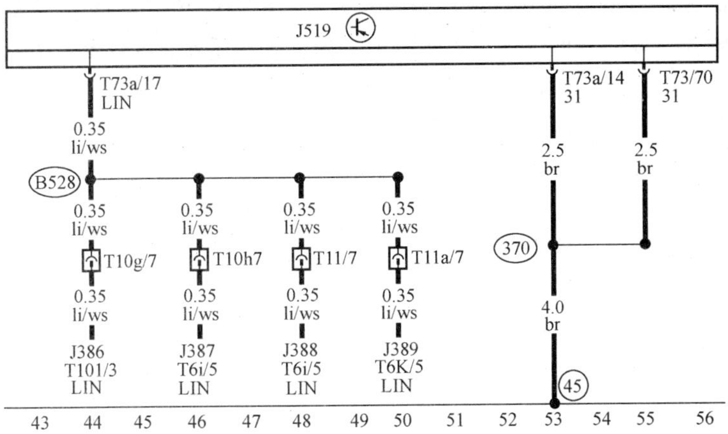

图 7-6　LIN线电路图

J386—驾驶员侧车门控制单元；J387—前排乘客侧车门控制单元；
J388—左后车门控制单元；J389—右后车门控制单元；J519—车身控制单元

故障排除　更换驾驶侧车门控制单元J386，使用遥控器可以控制电动车窗的升降。确定故障排除。拆开J386的外壳，可以看到内部进水，这是导致J386损坏的原因。分析J386进水的原因，应该是不久前贴膜时操作不当所致。

回顾总结　随着车型的不断改进，维修人员在不断丰富自我知识的同时应该学会运用数据流帮助诊断，加上与故障现象对比可以达到事半功倍的效果。

十一、一汽大众新宝来轿车空调制冷不足

故障现象　一辆一汽大众新宝来轿车，行驶里程3万km。据车主反映，该车空调制冷不足，且随着鼓风机风速的提高，出风口的温度也会有所升高。

故障检查及排除　用手触摸空调系统的高、低压管路，温度均正常。之后，将诊断重点集中在冷气系统的气流通道部分。如果风门拉线松弛或脱落，造成风门关闭不严，则必然会使出风口的温度升高。但经检查，排除了此种故障的可能性，看来问题在空调制冷系统。

新宝来轿车采用变排量压缩机空调制冷系统，空调制冷系统主要由空调压缩机、冷凝器、膨胀阀、蒸发器及储液干燥器等组成。首先检查压缩机，看压缩机是否因液击现象内部被击穿而不制冷。用歧管压力表组测量制冷系统压力，当发动机怠速运转、鼓风机为1挡时，低压端压力为0.17MPa，高压端压力为1.32MPa；当发动机转速为2000r/min、鼓风机为1挡时，低压端压力为0.17kPa，高压端压力为1.37MPa；当发动机转速为2000r/min、鼓风机为4挡时，低压端压力为0.15MPa，高压端压力为1.72MPa。上述检测数据表明，制冷系统压力正常，压缩机不存在液击现象。

进一步分析，如果系统过脏导致压缩机脏堵，制冷剂不足或过量，压缩机压力调节阀损坏，使压缩机不能变排量，均可能导致上述故障现象。于是。更换压缩机总成进行试验。为了检查系

统管路是否堵塞，在更换压缩机之前用压缩空气进行吹冲，然后用清洁汽油进行清洗，同时还将膨胀阀拆下来进行了检查，并对其滤网进行了清理，但故障仍未排除。

在排除了压缩机、膨胀阀及管路故障的可能性后，蒸发器便成了最可疑的对象。通常，蒸发器结霜也是导致制冷能力不足的一个重要原因。于是，拆下暖风空调调节装置面板及右侧杂物箱，将手伸进去触摸蒸发器表面，感觉只有右侧大约1/4的部分温度较低，由右至左逐渐由凉变温，且节流阀到蒸发箱之间的管路有结霜现象。

为了进一步判断蒸发器内是否出现堵塞，我们进行了如下试验：用一只普通家用热水袋装满开水，将其敷在膨胀阀到蒸发箱之间的管路上，用温度计检测出风口的温度。如果出风口的温度能够下降，根据能量守恒定律，说明蒸发箱是畅通的，反之则说明蒸发箱内部堵塞。经测量，在敷上热水袋后，出风口的温度未发生变化，由此可以判定故障就在蒸发箱。更换了蒸发箱后，该车故障排除。

故障总结 变排量压缩机空调系统随着压缩机排量的改变，不会出现明显的系统高压侧压力过高、低压侧压力过低的现象，从而使因蒸发器堵塞造成的故障不能很容易地判断出来，这是由变排量压缩机空调系统的结构特点所决定的。

十二、一汽大众宝来轿车EPC灯点亮，踩加速踏板无反应

故障现象 该车仪表上EPC灯点亮，发动机怠速始终在1000r/min以上，踩加速踏板时发动机转速无任何变化。

故障诊断 询问得知，该车在另一个修理厂更换了三元催化器后，原来行驶正常的车就出现这个故障，已分别试换了加速踏板总成及发动机控制单元，故障没能排除，所以到我站请求帮助。

用诊断仪读取故障码，显示有4个故障码：

(1) 1 8039 P1631，节气门/踏板位置传感器/开关-C-电路高。

(2) 18042 P1634，加速踏板位置传感器2—G185信号过高。

(3) 17513 P1105，三元催化器前氧传感器加热器正极短路。

(4) 17581 P1173，节气门驱动角度传感器2—G188信号过高。

清除故障码后，再读取故障码，发现18039、18042两个故障码始终无法清除。

读取数据流08-062显示：1区16.41%，2区83.59%，3区15.23%，4区7.42%。

慢慢地踩下加速踏板，3区及4区数据能随着加速踏板的踩下而慢慢变大，且3区始终为4区的两倍，从数据流上看不出加速踏板传感器G185有任何故障。这就奇怪了，控制单元明明显示故障码而数据流却反应正常。

连接大众专用线路检测盒V. A. G1598/31，根据线路图（见图7-7），在打开点火开关的状态下测量加速踏板上对应发动机控制元J220各端子电压，33脚：0.02V，34脚：0.35V，35脚：0.72V，36脚：0.02V，72脚：4.97V，73脚：4.97V。

慢慢地踩加速踏板时，发动机控制单元J220的34和35脚电压能平稳的上升，同时35脚为34脚的两倍电压，说明加速踏板传感器G79和G185及其线路正常。难道是发动机控制单元J220本身损坏了？为谨慎起见，决定再次对加速踏板传感器及其线路进行复检，打开点火开关读取数据流，突然发现062组3区和4区都显示为99.9%，这时再次用万用表检测发动机控制单元J220的36和34脚电压都为4.97V，36脚应是搭铁线。有4.97V的电压，说明发动机控制单

元 J220 内部已断路。用导线直接把 36 脚搭铁后，34 脚电压马上降到 0.32V 电压，证明发动机控制单元 J220 内部确实损坏。换个三元催化器为什么会损坏发动机控制单元呢？把汽车举升起来检查，发现三元催化器后氧传感器早已因高温融化，四根线全裸露后绞在一起。这样加热线的正极 12V 电压与两根信号线和搭铁回路线短路，将发动机控制单元烧坏。更换发动控制单元和后氧传感器后故障排除。

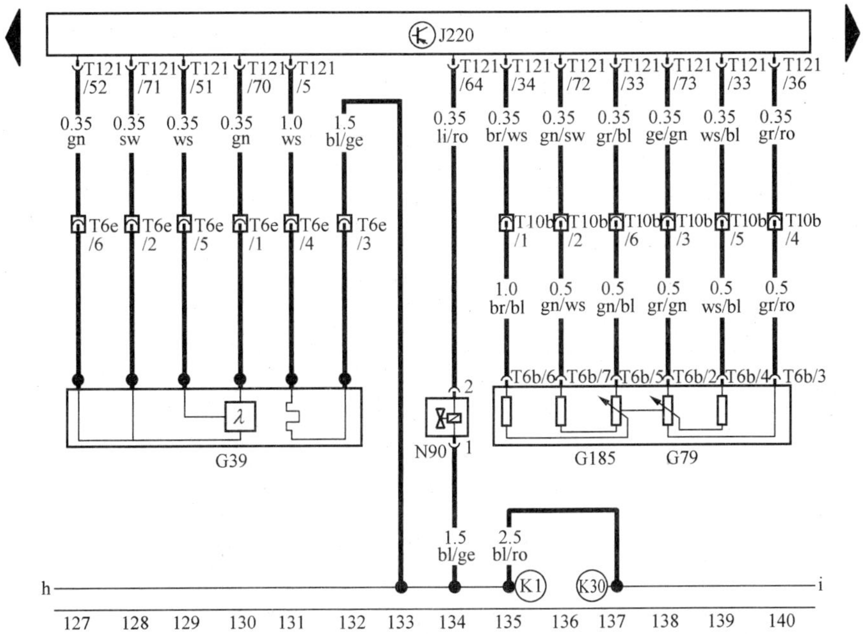

图 7－7　发动机控制系统电路

G39—氧传感器；G79—加速踏板位置传感器；G185—加速踏板位置传感器 2；
J220—duodian 喷射控制单元（在流水槽中部）；N90—活性炭罐电磁阀 1；
T6b—6 脚插头；T6e—6 脚插头（在催化器附近）；T10 b—10
脚插头（蓝色，在插头保护客体内，流水槽左侧）；
T121—121 脚插头

故障总结　该车曾因点火线圈损坏造成缺缸，使燃油在三元催化器中燃烧，高温把三元催化器和氧传感器融化掉了，修理厂在更换三元催化器时，把已烧掉的氧传感器四根线全搅在一块，从而产生了该故障。

十三、2007 款宝来轿车 GP 无转向灯提醒

故障现象　遥控锁门或开门时，有喇叭音提醒，但无左右侧转向灯提醒。

故障过程

(1) 操作左、右转向灯开关，左右转向灯正常点亮；按危险警告灯，左右转向灯也正常闪烁。

(2) 用 VAS5052A 对各控制单元检测，无故障；查看 J393 控制单元编码，与正常车对比也无异常。

(3) 分析遥控锁门或开门时，喇叭和左右侧转向灯提醒的工作原理，如图 7－8 所示，按遥

控，J393 接收到遥控信号后，通过 J393 和左右转向电路图中同时出现接点（A5）和（A6）得知，J393 是通过 T24/18 和 T24/24 这两根线给左右转向灯供电。测量这两根电线，无断路和短路故障。

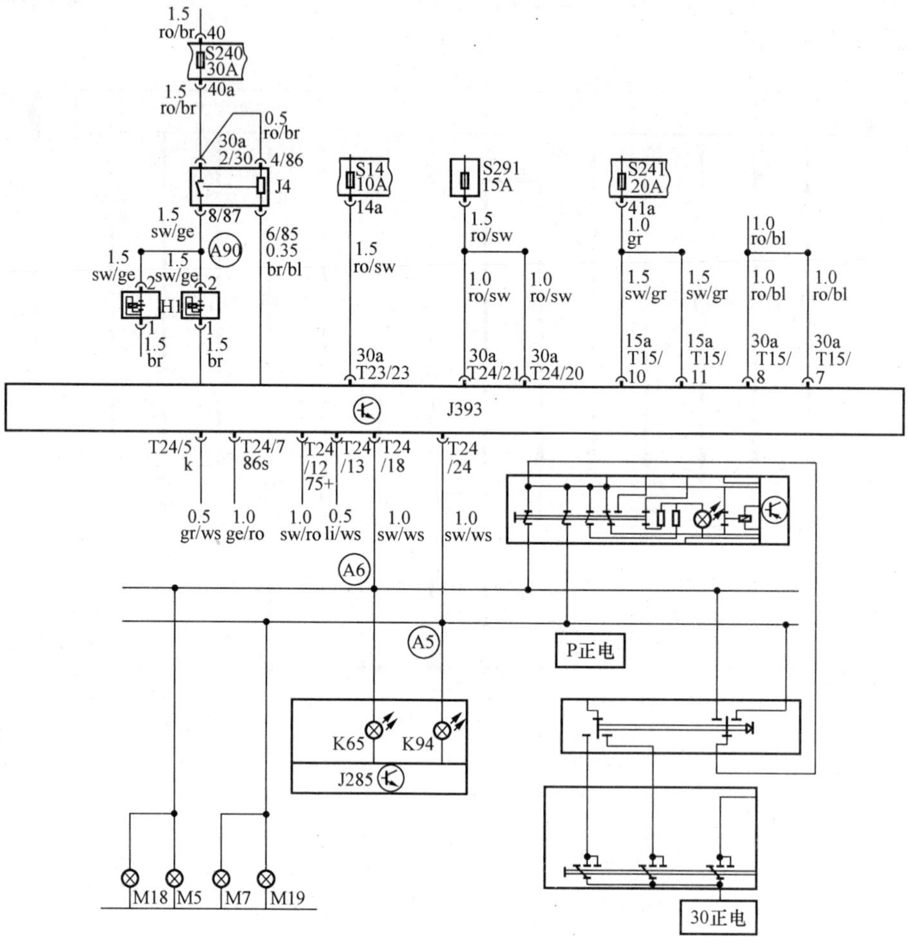

图 7-8　喇叭和左右侧转向灯提醒工作原理图

（4）将正常的 J393 更换到故障车上，故障依旧；将故障车的 J393 更换到正常车上，正常车遥控锁门或开门时，喇叭和左、右转向灯提醒正常；说明 J393 无故障。

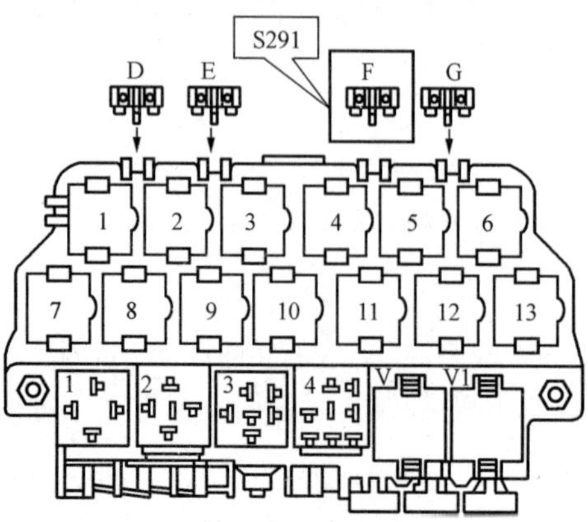

图 7-9　熔丝位置

（5）操作开关时，左右转向灯能正常点亮，并且测量从 J393 到左右转向灯的线路正常，故，怀疑 J393 供电出现故障。测量 J393 所有供电线后，发现 T24/20 和 T24/21 无电压。

从电路图可知，这两根电线是通过熔丝 S291 供电，查找该熔丝的位置，如图 7-9 所示，就在熔丝支架上，检查该熔丝，果然该熔丝熔断。

（6）更换 S291 后，故障解决。

故障原因　由于S291熔丝断路，导致J393在接收到遥控信号后无法给左右转向灯供电，无左右转向灯提醒。

故障处理方法　更换S291熔丝。

十四、宝来轿车机油油面报警灯报警

故障现象　一辆宝来1.8L手动挡轿车，行驶里程为48000km。打开点火开关或启动着车时，机油油面报警灯报警，行驶一段后又会熄灭（该现象不分冷热车）。

故障分析

(1) 按机油油面检查条件，检测实际机油量，结果油位在不需加注区，说明机油不缺。

(2) 使用VAS5051检测，发动机系统无故障存储，而在组合仪表（17地址码）系统中却有一个偶发性故障（故障码00562，机油油面/温度传感器G266断路/对地短路）。

(3) 测量导线并没有故障码指示的情况，测量数据块中显示的油温也很正常，并且已检查了机油油面，怀疑是组合仪表有问题，但为了确定故障，又测试了G266，结果与先前的情况一致。

(4) 检查新旧组合仪表发现零件号一致，均为1JD920826，但利用VAS5051检查新表时发现，该组合仪表的编码为00122，而非正常的组合仪表控制单元编码，见表7－8。

表7－8　宝来轿车组合仪表编码

发动机	组合仪表零件号（举例）	单元编码	变速器
1.6L	1J5 920806C	01102	手动
	1J5 820806B	01102	自动
1.8L	1J5 920806	01102	手动
	1JD 920826	05102	自动
1.8T	1JD 920826	05112	手动
	1JD 920826	05122	自动

据车主介绍，该车前几天刚更换的组合仪表（原因是多功能显示无显示）。该车故障是更换仪表后出现。而且多功能显示也不是中文而是英文，看来症结还是在组合仪表上。

故障排除　将编码改为适合此仪表的编码，清除故障码后试车，故障未再出现。应车主要求更改驾驶员信息的种类后（多功能显示的语言模式，见表7－9），彻底排除了故障。

表7－9　多功能语言显示模式代码

语言代码	语言种类	语言代码	语言种类
00001	德语	00006	葡萄牙语
00002	英语	00007	只是符号说明
00003	法语	00008	捷克语
00004	意大利语	00009	汉语
00005	西班牙语		

故障总结　有时车型相同组合仪表零件号不一定相同，以原车仪表编码为准。编码错误可能会引起许多故障，检查时不可轻视。

注意：自适应只有 Highline 型组合仪表可以进行。

更改方法：用 VAG1552/VAS5051/VAS5052 等进入地址码 17，选择自适应功能 10，输入 04 通道号（例 VAG1552）。利用“↑↓”增加或减少代码值，调到适合的语种为止或直接输入代码（5 位）即可。

十五、宝来轿车仪表板上的机油灯报警

故障现象 一辆宝来 1.8T 手动挡轿车，行驶里程为 12000km。用户反映，自从出事故在小修理厂维修后就出现仪表上的机油灯报警。

故障检修

(1) 检查发现仪表上的机油报警灯常亮，显示黄色并有一声报警声，属于 2 类故障，提示机油油位偏低。

(2) 检查机油油位并不低，于是判断可能是机油油位传感器 G266 故障。

(3) 更换 G266 后仍然报警。

检查仪表与 G266 之间的线束，结果未发现异常，在重新装好 G266 和仪表的插头后，发现仪表不再报警了，这说明故障原因是仪表的插头在事故维修插接后，其中的绿色插头中的第 18 脚接触不良，如图 7-10 所示，导致机油油位信号失准，仪表错误报警。

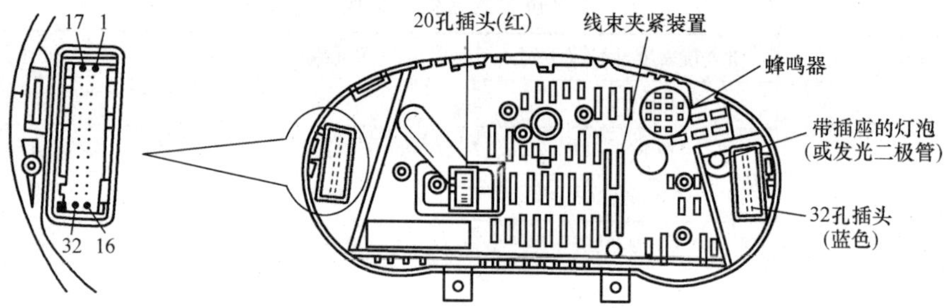

图 7-10　组合仪表插座

在拆装其他仪表时发现，在插接仪表插头后经常会出现一些莫名其妙的故障码或仪表报警提示，这是因为仪表插头内的针脚很细，并且数量多，每个插头有 32 个针脚，并有蓝绿两个插头，很容易出现个别针脚接触不良的现象，所以在拆装仪表后一定要检查是否有故障码或仪表报警提示，如有需要，重新安装。

(4) 重新安装仪表后，故障排除。

十六、宝来轿车 1.6L 手动挡轿车发动机防盗锁死

故障现象 一辆宝来 1.6L 手动挡轿车，行驶里程到 1 万多千米时，因事故引起仪表板损坏。车主要求更换仪表板总成，更换完毕，却出现了防盗器报警灯常亮不灭，启动后只维持了 2s 便熄火的故障。然而，在未更换之前，车辆却能正常启动。

故障诊断与排除 一汽大众宝来轿车采用的是第 3 代防盗系统，其主要是由嵌入组合仪表中的防盗系统控制单元、组合仪表中的防盗警告灯 K117（位于组合仪表的车速表上）、匹配的发动机控制单元、点火开关的识别线圈 D2 和匹配的带有发送应答器的点火钥匙构成。正常情况下，打开点火开关后，电子防盗器组合仪表上的防盗警报灯 K117 将点亮 3s 后熄灭。如果发生下

列故障如：点火钥匙适配有误，点火钥匙内无发送，应答器：点火钥匙未经授权，发动机控制单元未经授权：识别线圈 D2 有故障或数据线有故障等，打开点火开关后，防盗警报灯 K117 将闪亮或持续亮着。

通过对该车故障进行分析，车辆进入防盗状态，最主要是因为没有对新仪表中的防盗系统控制单元进行匹配引起的。查阅资料，得知如果新仪表是 VDO 公司生产，匹配时可不输入密码，而输入固定码 13861。笔者按资料中所述方法输入这个固定码，却依然不能启动。笔者所在单位不是授权的特约维修站，无权获得大众的原厂资料和相应的技术支持，所以无法知晓是自己的输入有误还是资料所述不对，于是维修陷入困境。

既然原装仪表可以启动，而新仪表不能启动，这就表明旧仪表的防盗系统控制单元并未损坏。拆开原仪表找到了一块型号为 93C86 的 8 脚芯片，此时，我突发奇想，能否像解音响防盗那样更换芯片呢？于是将新旧两块仪表中的芯片切割之后互换。装复后，还是不能启动。再次拆开，却发现由于一时疏忽，将有较明显记号的上下脚焊反了。此时，我想这下或许前功尽弃，芯片必烧无疑了，但还是抱着死马当活马医的想法，重新将芯片焊下，正确焊好并装复后，出乎意料地竟然能启动了。因用的是原仪表内的芯片，密码没变，所以里程数还是 1 万多 km。使用 1 年多，此故障从未再次出现。

通过对上述故障排除过程，我们不难看出，对于像帕萨特 B5、奥迪 A6 等车遇到的类似情况，以及一些带防盗装置的音响，我们也能触类旁通，用同样的方法来解决。同时，也使笔者深刻地体会到，在维修过程中。遇到了在外界环境不允许的情况下（如无密码、设备和技术资料等方面原因），我们也要用平时积累的经验，拓宽思路解决问题。有些看起来似乎不可能的事情，也要通过对原理的透彻理解，大胆地实践来验证，有时就会收到意想不到的效果。

十七、宝来轿车中控锁及后视镜调节功能失效

故障现象　一辆 2006 年款宝来轿车，据用户反映，无论使用遥控器或在左前门用钥匙解锁、上锁，右前车门中控锁都不响应。

检查分析　维修人员检查后发现。除了用户反映的故障，右侧车外后视镜调节功能也失效。使用故障诊断仪 VAS5051 进行检查，无故障码存储。笔者决定首先对中控锁失效进行测试分析，在故障诊断仪上输入地址码 46 进入舒适系统，查看数据流 08－009 组，通过遥控器开锁或在左前门用钥匙中控开锁后，2 区显示为锁止，而其他 3 个区均显示解锁，遥控闭锁后，2 区依然显示锁止，而此时其他 3 个区的显示变为安全。这说明 2 区所代表的右前门锁电机一直处于锁止状态，根本没有对外部命令进行实时响应。进一步测试发现，此时如果向上拔门提，2 区的数据流能显示解锁信息，这说明电动机位置信息能够被舒适系统控制单元正确识别。

由右前门锁控制电路图（见图 7－11）可知，舒适系统控制单元 J393 接收到遥控器或左前门中控锁机械操作信息后，通过舒适 CAN 总线将信号传递到右前门玻璃升降器控制单元 J387，J387 通过内部电路进行分析处理后，再由 J387 的 T29a/11 脚和 T29a/12 脚控制右前门锁电动机的功能执行。因为玻璃升降信号也通过 J393 和 J387 之间的总线传递，而玻璃升降功能正常，所以总线线路出现故障的可能性首先排除，而且之前检查确定了门锁上锁和解锁的反馈信号能正常反馈到 J393，这也从另一侧面可说明总线是正常的。由此分析可能的故障点包括：J393 内部损坏导致不能发出中控锁的控制总线信号；J387 损坏引起在正常接收到中控锁控制信号后不能正常生成执行元件控制电压促发信号；J387 至门锁电动机的线路断路或右前门锁电动机故障，导

致执行元件（右前门锁 F221）无法执行相应功能。

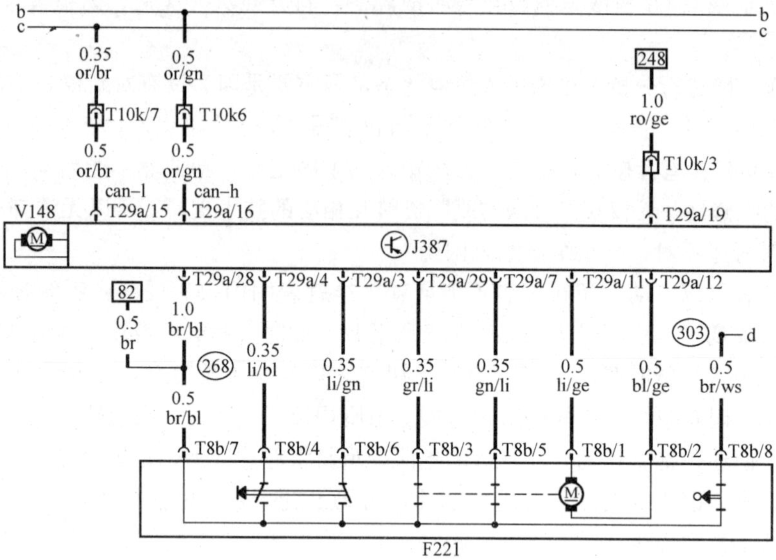

图 7-11　右前门锁控制电路图

拆下右前车门内饰板，拔下门锁块 F221 的 8 孔插头，测得电动机电阻正常。参考右前门锁控制电路图，测量 T8b/1 和 T8b/2 脚在中控解锁和上锁时无电压信号，进一步测量 J387 的 T29a/11 脚和 T29a/12 脚也无中控控制电压输出。利用 VAS5051 的波形测试功能，测量 J387 的 T29a/15 脚和 T29a/16 脚的舒适总线波形，观察到在中控上锁和解锁时，总线上有正常的波形变化，这说明 J393 能正常发出关于中控锁的控制总线信号。既然总线控制正常，而 J387 不能发出控制解锁和上锁的电动机信号电压，分析 J387 损坏的可能性较大。

此时再结合右后视镜不能响应的现象，由电路图同样得知，后视镜调节功能的控制同样也通过 J387 实现。选取右后镜总成至 J387 的中间连接线束 12 孔插接接头为检测点，操作后视镜调节开关或风窗加热功能开关时，测量相关插脚都无执行信号电压，也说明 J387 发出控制信号电压失效。分析至此，似乎可以确定 J387 内部损坏，但根据维修经验，控制单元的供电或搭铁不良也会引起部分功能失效，因此在更换 J387 之前应该先对 J387 的供电和搭铁线进行测量。根据 J387 电源和搭铁电路图（见图 7-12），测量 J387 的 T29a/10 脚搭铁电阻小于 0.5Ω，T29a/20 供电电压为 12V，这些均属于正常。但测量 T29a 门 9 脚无 12V 的供电电压。T29a/19 脚所连接的红/黄线经过右侧 A 柱下部的 10 孔黑色插脚分线器通往中央熔丝盒，进一步检查 10 孔黑色插头，发现其中 3 号脚位的红/黄接线在根部断开，从插脚内锈蚀状态分析，应是插头进水受潮锈蚀后再因外力造成断裂。临时将红/黄线导通，再测量 T29a/19 脚有 12V 供电电压，此时再试右前车门的各功能，中控锁和右后视镜的功能都恢复正常。由此说明 J387 的供电线路有不同的分工，一条用于为玻璃升降器供电，因需电流较大，采用线径为 2.5mm 的较粗导线，另一条线为中控门锁和后视镜供电，采用线径为 10mm 的导线。如果事先搞清楚这些规

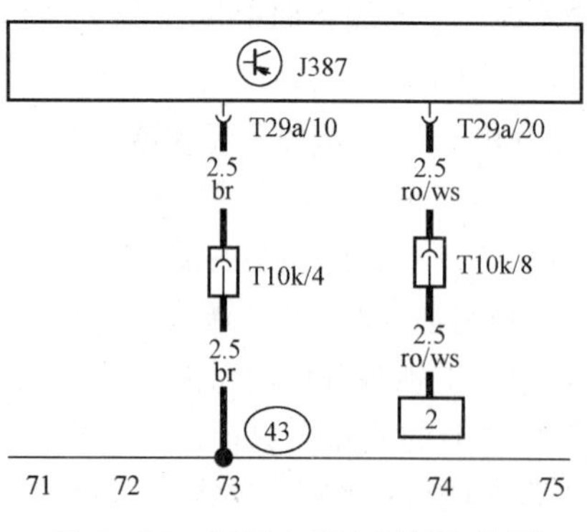

图 7-12　J387 电源和搭铁电路图

律，对检修舒适系统的线路故障能起到事半功倍的效果。

故障排除 对10孔黑色插头内的锈蚀进行清理，修复断开的红/黄线后，故障彻底排除。

十八、2009款新宝来轿车遥控左前门中控锁失效

故障现象 新宝来操作遥控开锁或闭锁，驾驶员侧车门无反应，通过左前门钥匙操作中控锁有效。

故障诊断 实测发现，遥控开、闭锁时，只有左前门锁杆不动作，通过左前门衬上的内部中控锁开关操作亦然，而且遥控锁车时总出现因左前门在开启的状态而激活左前门上的防盗指示灯，且常亮报警，为此只能通过钥匙机械锁止左前门。根据故障现象，遥控时其他三门开锁闭锁正常，说明遥控中控信号传递是没有问题的，只是在驾驶员侧车门出现了执行异常，可将故障的检修点缩小为左前门中控门锁机构。

2009款新宝来的中控门锁采取了中央车身控制单元集成控制的方式，由中央车身控制单元分别对中央门锁闭锁单元F220和左前门锁钥匙中控开关E150以及左前门触点开关进行监控，这3个部件是彼此独立的（而对于老宝来讲这3个部件是集成在一起的）。首先检查中央车身控制单元，无故障码存储，接下来需要做的是通过车身控制单元的数据流的读取（07组）来监控验证各门锁的状态。与老宝来不同的是，新宝来锁止系统只有解锁和锁止两种状态，这两种状态通过F220的开关识别，在门锁开启状态下，此开关闭合，系统识别为解锁状态。

实测发现，在解锁的状态下，遥控闭锁时，左前门锁杆不动作，此时读取07组1区依然显示左前门锁处于“解锁”位置；用钥匙从左前门锁车，能正常锁止，此时1区才显示为“锁止”状态。左前门锁机械锁止能在人为施加外力后才通过联动机构使F220开关触点产生相应动作，初步说明电动机所操纵的机械机构无断开异常情形，数据流07组1区能显示锁止且其他门锁都能实现中控操作，说明左前门锁块升/闭锁电动机的位置触点开关传递信号线路正常，由此分析故障应为F220左前门锁止电动机或其控制线路。

拆下左前门内衬，仔细监听遥控开、闭锁时左前门中控锁电动机有工作声音，说明锁止电动机能够接收到车身控制单元传来的执行信号，从而排除了电动机线路的原因；拆下左前门锁块总成，其下部集成有中央门锁闭锁单元F220，根据门锁闭锁单元线路图（见图7-13），进一步测量F220的1脚和2脚的电阻（电动机电阻）为5.4Ω，符合正常标准值；4脚和6脚在开锁状态下电动机为短路电阻，也符合正常值。遥控操作时发现电动机驱动齿轮的联动杆微微有动作，此时只要用手给联动杆一个助力就能完成上升或下降动作，分解左前门中控电动机，未见齿轮开裂现象和齿轮磨损现象，说明产生故障的原因为电动机驱动装置V56工作时电流不能产生有效的转矩，达不到使用要求。

故障排除 更换左前门锁止电动机，故障排除。

十九、宝来轿车仪表灯不亮

故障现象 一辆2008年产宝来GP1.6 L轿车，新车还未销售。据销售人员报修，打开点火开关后，仪表灯全部不亮，启动时启动机可以正常运转，但是发动机不着车。

检查分析 笔者接车后，首先对故障进行核实，发现当踩住制动踏板时可以启动着车，同时仪表灯点亮，但亮度较正常偏低。而且，仪表上没有绿色的制动指示灯。

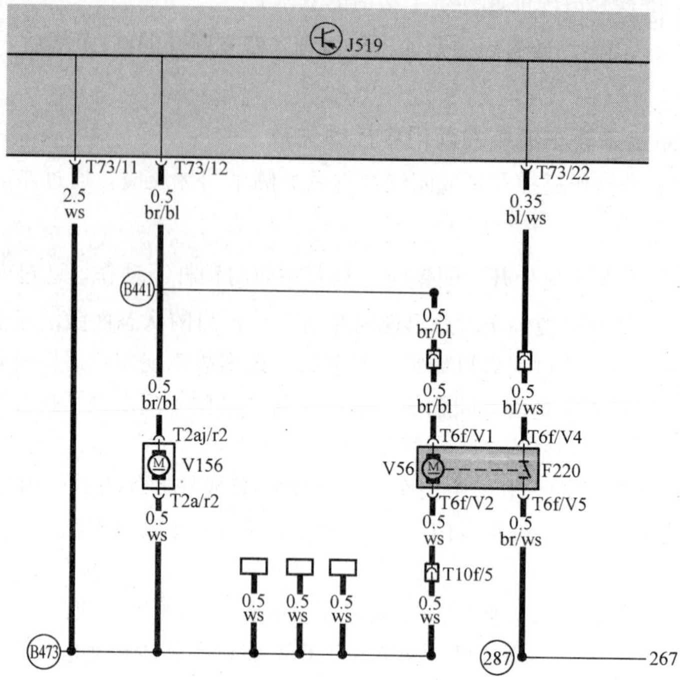

图 7-13　中央门锁闭锁单元电路

F220—驾驶员侧中央门锁闭锁单元；J519—车身控制模块（在仪表板左侧下方）；T2aj—2 针黑色插头连接；T6f—6 针黑色插头连接；T10f—10 真白色插头连接（在左 A 柱下部 3 号位）；T73—73 针黑色插头连接；V56—驾驶员侧车门中央门锁电动机；V156—油箱盖板连锁装置电动机；(287)—驾驶员侧车门电缆线束中的搭铁连接 2；(B488)—主线束中的连接 5；(B478)—主线束中的连接 9

使用故障诊断仪 VAS5052 对车辆进行检查。发现不能进入仪表，但可以进入发动机控制系统。进入发动机系统查询故障码，共有 3 个故障码：18058（仪表板无通信）、16897（防盗启动钥匙错误，偶发）以及 18057（制动系统无通信，偶发）。结合故障码分析，在踩制动踏板的情况下发动机能启动，造成后 2 个故障码为偶发，那么无法启动的主要原因是仪表无通信。

为了检修仪表无通信的故障，首先需要了解宝来 GP 轿车的网络通信与防盗系统。宝来 GP 与老款宝来轿车一样，在仪表内部集成了网关，很多控制单元都要通过网关进行数据交换。同时，车辆的被动防盗功能也集成在仪表内部。当仪表没有供给电源或搭铁不良时就会造成无通信故障，这时防盗也会因为无法进行密码交换和钥匙识别而锁死。当踩住制动踏板时仪表灯暗亮，说明仪表有供电电源但电压过低。仪表可以工作，同时也说明制动灯的信号线到仪表的线路正常，不正常的原因就是仪表的供电线路有问题。分析至此，就要查看仪表供电电路图，如图 7-14 所示，查找仪表的供电电源。

由仪表供电电路图可以看出，熔丝 S11（5A）和 S15（5A）都是仪表的主要供电熔丝，熔丝 S11 和 S15 在驾驶员侧仪表板熔丝盒中并排的 2 个位置，如图 7-15 所示。接下来需要检查熔丝和熔丝的电源线路情况，结果发现熔丝盒上缺少了熔丝 S11。

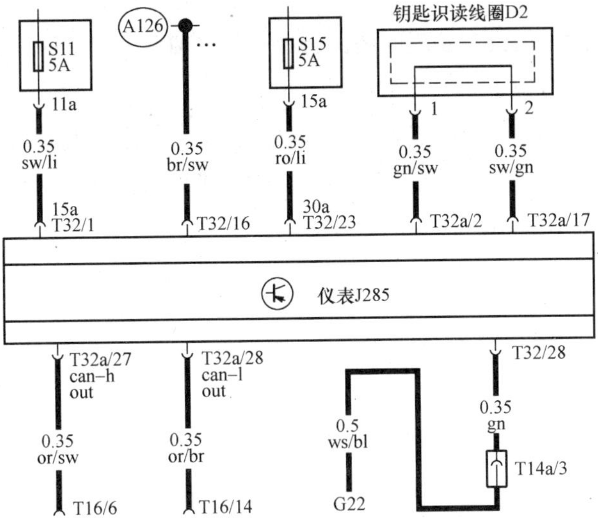

图 7-14 仪表供电电缆

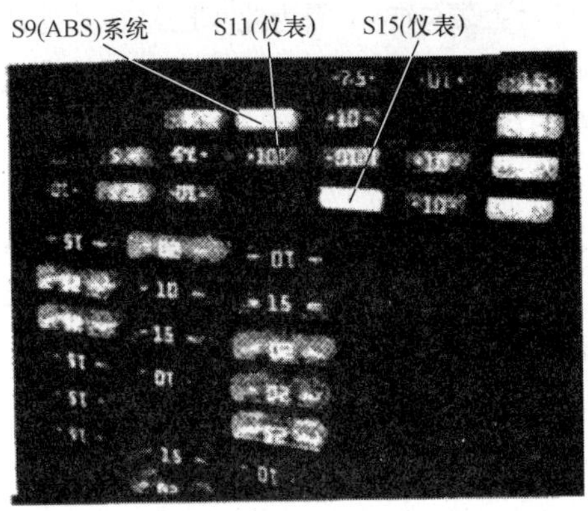

图 7-15 熔丝 S11 和 S15 在驾驶员侧仪表板熔丝盒中的排列位置

故障排除 在熔丝 S11 的位置装上 5A 的熔丝，试车仪表灯可以正常点亮，发动机也可以正常启动。

回顾总结 经查实此故障为人为故障，是销售员在拔 9 号位置的 ABS 系统熔丝时误拔了 11 号的仪表熔丝。对于仪表承担着车辆网关作用的车型，拔掉了仪表供电熔丝当然就无法启动。对于有经验的机电维修人员可以很快找到故障点，但是对很多“4S”店的机修人员却很麻烦。多数机修人员对电路知识了解很少，不会看电路图，由此希望机修人员有空多充实自己，不要因落伍而被淘汰。

二十、宝来轿车热车不好着车

故障现象 一辆 2006 年产一汽大众宝来 1.6L 轿车，搭载 BJH 型发动机，行驶里程 33 万 km。据用户反映。一个月前该车出现了热车时偶尔不好着车的故障，近来热车时每次启动都会不好着车，但冷车时一切正常，就是放几天也能顺利启动着车。

检查分析 因为此车已经在多家修理厂维修过，笔者考虑除了原始故障之外是否又增加了人为故障。首先进行基本检查，检查点火高压电和测量燃油压力都正常，使用故障诊断仪调取故障码，存在混合气过浓的故障码，启动着车后，发动机数据流中显示氧传感器在－10%～－20%之间调节，这说明混合气过浓。对于热车时混合气过浓导致不好着车的故障，有多个可能的故障原因，但是根据维修经验，常见的原因包括喷油器滴漏燃油、气缸内积炭过多以及配气正时错误等，下面进行有针对性的逐个排查。

因为之前测量燃油压力时，保压后的压力正常，因此可以排除喷油器滴漏的可能。此车已经进行过免拆清洗，而且行驶里程较短，因此也可以排除气缸内积炭过多的可能。笔者观察到，热车启动时，每次都是着一下车然后又熄火了，于是决定检查缸压在建压阶段是否有问题。测量启动缸压，当测量 3 缸时发现没有缸压，不会是缸压表有问题吧？测量其他缸的缸压正常，又重新测了 3 缸缸压，缸压也正常，达到最高缸压的时间也基本正常。但是笔者发现，多次测量 3 缸缸压的结果都不同，看来问题就出在3缸上。

故障排除 拆下气门室罩盖，观察3缸的气门没有发现问题。当拆下凸轮轴后发现了问题所在，3缸进气门弹簧断裂，而且气门弹簧下面多出了一个弹簧座。

回顾总结 因为此车已经在其他修理厂维修过，所以笔者认为这个弹簧座可能是之前的维修人员装上去的，目的是改变断裂的气门弹簧的伸缩长度，这种维修方法是不可取的。进气门的气门弹簧断裂后，影响到气门的行程，从而造成混合起过浓，产生了热车不好着车的故障。

二十一、新宝来轿车为何冷却液温度高

故障现象 一辆2009年产新宝来轿车，行驶里程19万km。用户反映该车冷却液温度高，空调不凉。

检查分析 维修人员检查发现该车冷却风扇不转。冷却风扇是通过发动机控制单元J361根据冷却液温度传感器的温度信号和空调压力开关的压力信号来控制的。新宝来轿车有2个冷却液温度传感器，1个装在缸盖出水口，另1个装在散热器出水口，J361根据2个传感器的温度值，通过冷却风扇控制单元J293控制冷却风扇的运转。当打开空调开关时，如果车辆的外界温度高于5℃，J361根据空调高压传感器、冷却液温度传感器及发动机负荷率等决定是否启动空调压缩机。如果空调高压压力为3.2MPa，表示空调系统高压压力过高，J361将断开空调压缩机。当空调高压压力大于0.2MPa时，J361使冷却风扇低速运转；当空调高压压力大于1.6MPa时，J361使冷却风扇高速运转。

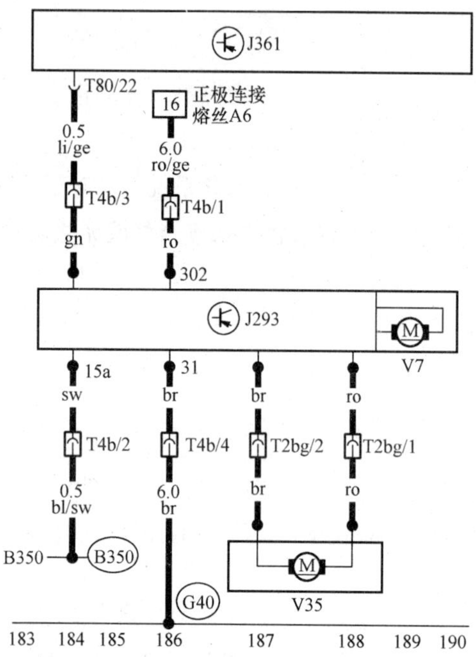

图7-16 冷却风扇电路图

维修人员检测发动机控制单元，未发现故障码。开空调，读取01-08-137空调高压压力，发现数值在0.15～0.30MPa之间变化，这表明空调压缩机在切断与接通之间跳变。用故障诊断仪指令冷却风扇运转，无效。这说明故障是由冷却风扇异常所引起的。查阅电路图（见图7-16），找到J293供电端子，测量30a与31端子间的电压为0V，测量30a与搭铁点的电压为12V，说明搭铁端31断路。检查线路发现G40号搭铁点因接线柱锈蚀导致线路接触不良。

故障排除 清理并紧固搭铁线接线柱，故障排除。

二十二、新宝来轿车刮水器无间歇挡

故障现象 一辆2009年款一汽大众新宝来2.0L轿车，据用户反映，该车刮水器的间歇挡不工作，而其他挡位和喷水功能都正常。

检查分析 与老款宝来轿车和速腾轿车的控制方式不同，2008年底上市的新宝来轿车将舒

适系统控制单元J393、中央电器控制单元以及网关进行了三合一的功能集成，集成后的部件称为车身控制单元BCM，刮水器电动机的管理也属于车身控制单元BCM的功能。根据新宝来轿车的刮水器系统电路图，如图7－17所示，车身控制单元J519接收来自刮水器开关的输入信号（1挡、2挡以及间隙挡操作），经过车身控制单元内部功能元件分析转化为相应的指令信号，来控制刮水器电动机的工作。对于该车的案例，故障现象比较明确，即刮水器控制功能中只有间隙挡工作失效。本着检修步骤简单明了的原则，我们不妨以车身控制单元为中心，将可能的故障原因归纳为两类。

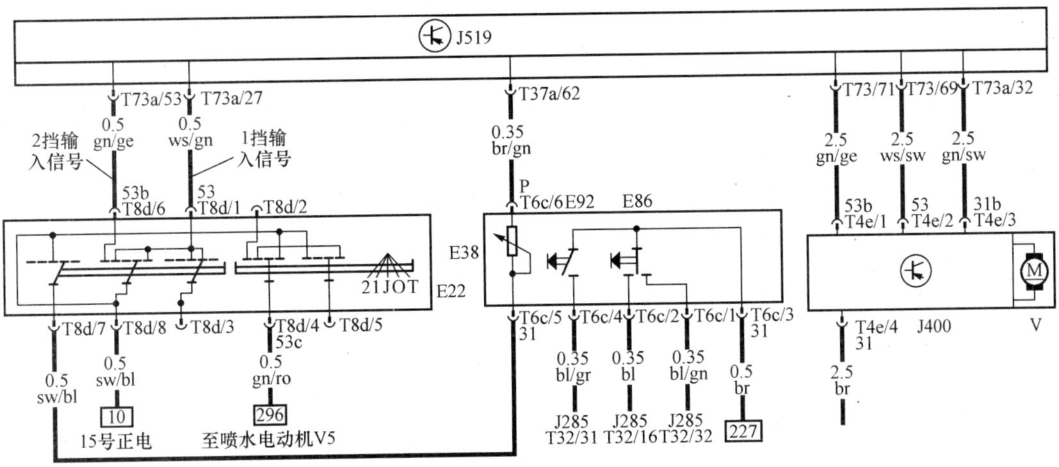

图7－17　刮水器系统电路图

E22—间歇式车窗刮水器开关；E38—车窗玻璃刮水器间歇运行调节器；
E86—多功能显示器调用按钮；E92—复位按钮；J285—仪表板中控制单元；
J400—刮水器电动机控制单元；J519—车身控制单元（在仪表板左侧下方）；V—刮水器电动机

（1）车身控制单元BCM的T73a/62脚不能接收到用于触发刮水器间歇运行的LSS信号，故障原因可能是刮水器开关E22、刮水器间歇运行调节器E38或两者至车身控制单元J519的线路故障。

（2）车身控制单元BCM内部故障，不能通过车身控制单元的T73/69脚触发刮水器电动机控制单元J400来控制间隙挡工作。

首先使用故障诊断仪VAS5052A查询车身控制单元BCM，无故障码存储。这说明BCM未能识别到刮水器间歇运行的LSS信号的异常状态。通过故障诊断仪功能引导的读取数据流功能，进一步对刮水器开关的相关数据进行监控，实测当刮水器开关置于间歇挡时，BCM能够识别出间歇挡接通，拨动间歇运行调节器按钮至选定位置，车身控制单元BCM能精确地识别出1～4各级控制开关的位置，这说明BCM能够正常接收和分析出刮水器间歇控制信号。根据刮水器间歇挡借助刮水电动机低速挡位来工作的特性，说明刮水器电动机低速挡执行线路也是正常的。通过上面的检查分析，故障点可以锁定在车身控制单元BCM内部的执行线路控制故障，不能产生有效的间歇挡工作指令送达刮水器电动机控制单元J400。更换车身控制单元BCM，并重新编码后，试车，刮水器间歇挡仍然不工作。

那么还有什么原因导致只是刮水器间隙挡失效呢？笔者想到，大众PQ35技术平台的速腾/开迪在发动机舱盖打开时刮水器功能会失效，那么建立在PQ34技术平台上的新宝来是否也有类似的管理功能呢？那么，接下来需要对发动机舱盖开关位置状态是否与故障相关进行验证。对于新宝来轿车来说，发动机舱盖的开启状态不能通过仪表上的车门报警提示进行监控（四门和行李舱盖可以监控）。于是将发动机舱盖的工作状态作为 1 个监测点与刮水器各挡位工作状态合并在一起进行数据流读取，果然不出所料，此时监控到发动机舱盖正处在开启状态。

发动机舱盖触点开关安装在前部散热器框架的左侧，打开发动机舱盖，用手将触点开关向下按压，此时监控数据中的触点开关变为“关”状态，保持按压状态再执行刮水器间歇挡位操作，刮水器间歇挡终于出现了。检修至此，说明故障点确实在于发动机舱盖的触点开关。调整发动机舱盖缓冲装置和发动机舱盖锁位置，试验仍无法实现触点开关的正常工作，这说明触点开关内部有故障。拆下发动机舱盖触点开关进一步检测，测量触点开关在初始位置为正常的导通状态，在压下一定行程后也能表现为断开状态，但通过对比正常发动机舱盖位置开关，该车的触点开关的通断转换行程明显比正常的长，也正是这个无效行程引起了发动机舱盖位置信息的偏差。

故障排除 更换发动机舱盖位置开关，刮水器功能恢复正常。

回顾总结 值得说明的是，该车的故障看似简单，但检修过程却颇费一番周折。这是因为新宝来轿车的车身控制单元 BCM 对刮水器控制的特殊性。为了保护发动机舱盖和刮水器免受损坏，在发动机舱盖打开状态下，PQ35 平台上的速腾/开迪的刮水器系统各挡位均不能工作，PQ34 平台上的新宝来也有类似的设计。但是不同点在于发动机舱盖的开启状态只会使刮水器系统的间歇挡位失效。由此说明，如果车型不同，控制单元对同一系统的控制逻辑有时会有所区别。

第八章

高尔夫轿车维修案例

一、高尔夫轿车怠速抖动

故障现象 一辆1.6L高尔夫轿车，累计行驶里程5.3万km，出现冷机时发动机抖动严重，有时开空调会导致发动机熄火的现象。热机时发动机抖动有所好转，但加速发闷，踩下加速踏板后，发动机提速缓慢，要滞后2～3s才有反应。

故障诊断 首先试车，验证故障现象。热机启动发动机后随即接通空调开关，发动机工作有些抖动，但没有熄火，断开空调开关，急加速，正如车主所描述的那样发动机发闷、无力，发动机提速滞后。询问车主得知，该车行驶了4.5万km时曾在一家修理厂换过铂火花塞、机油和“三滤”。根据故障现象分析，造成发动机抖动的可能原因是由于4个气缸工作不平衡所导致的，造成的原因有：4个气缸点火强度不同；4个缸气缸压力不均匀；4个气缸混合气空燃比不同；点火正时不正确；氧传感器信号失准，导致混合气浓度修正有误。

根据维修经验首先对该发动机进行常规检查。检查点火系统，分缸线良好，点火模块线束连接器接触良好。因为车主反映火花塞是刚换的铂火花塞，所以维修人员准备不对其进行检查，但笔者还是抱着试试看的态度，首先拆下了第4缸火花塞，发现该缸火花塞有轻微的窜气现象。火花塞窜气不但影响点火的强度，而且还影响该缸的气缸压力，怀疑这就是发动机抖动的原因。随后拆下其余3只火花塞检查，发现第1缸火花塞严重窜气，而且火花塞上还有机油的痕迹，说明该缸火花塞点火很弱，第3缸火花塞也有轻微的窜气现象。于是换上了4只新火花塞，发动机工作抖动现象消失，但急加速时发动机发闷的现象没有一点好转。

分析导致发动机加速不畅原因，怀疑燃油压力不足，将VAG1318燃油压力测试仪接在燃油泵出油管处测量燃油压力，怠速时为250kPa，急加速时达270～280kPa，说明燃油泵是正常的。接着检查氧传感器，连接V.AS5052进入发动机系统查询故障码，显示系统正常，无故障。读取数据流，加速时喷油脉宽为4.5～7ms，进气量为3.5～6g/s，冷却液温度为90～94℃，但氧传感器的信号电压基本上保持0.3V不变化，正常情况下氧传感器信号电压应以20次/min的频率变化。决定更换氧传感器再试车，更换后发动机急加速状况有所好转，但发闷现象仍然存在。根据检查结果进行分析，认为电路上应该没问题，而且燃油滤清器是新换的，堵塞的可能性应该很小，但从试车结果来看，故障原因好像还是油路不畅。将VAG1381燃油压力测试仪连接在燃油分配管前测量，问题找到了，怠速时测得的燃油压力为180kPa，急加速时该压力只能缓慢升到200kPa，而燃油泵是正常的，确定是燃油滤清器有问题。

故障排除 更换燃油滤清器后试车，发动机加速顺畅，上述故障彻底排除了。

二、高尔夫轿车EPC灯报警，发动机怠速保持在1100r/min，踩加速踏板时转速无变化

故障现象 一辆2006年产1.6L高尔夫轿车，EPC灯报警，发动机怠速转速保持在1100r/

min，踩加速踏板时发动机转速无变化。

故障诊断 用 VAS5051 故障诊断仪进行检测，发现有 2 个故障码：①18042，加速踏板位置传感器 2－G185 信号太强；②18047，节气门/加速踏板位置传感器/开关 C 电路范围/性能。根据故障码，推断发动机控制单元识别到至少在加速踏板位置传感器有一个相关故障。接着检查加速踏板位置传感器 1－G79 和加速踏板位置传感器 2－G185。

在怠速状态下，未踩下加速踏板时两传感器的加速踏板位置分别为：加速踏板位置传感器 1－G79：94%；加速踏板位置传感器 2－G185：94%。怠速状态下，加速踏板位置传感器 G185 的数值为 94%是不正常的（正常情况下，传感器 G79 的数值约为传感器 2－G185 数值的 2 倍）。

高尔夫采用电子节气门，由加速踏板位置传感器 1－G79 和加速踏板位置传感器 2－G185 向发动机控制单元提供踏板位置信号，提高加速踏板操纵系统的传输效率及准确性。另外，当发动机运转时，控制单元可以不依靠加速踏板位置传感器直接控制节气门，避免节流损失。检查加速踏板位置传感器 1－G79 和加速踏板位置传感器 2－G185 的滑动电阻，能随踏板位置的变化而线性变化，如图 8－1 所示，说明加速踏板位置传感器 1－G79、加速踏板位置传感器 2－G185 正常。即电子节气门正常。

断开点火开关，取下蓄电池负极线，从控制单元上取下插头。根据电路图（见图 8－2）检查电子节气门踏板位置传感器与控制单元间线路是否正常。检测插头插脚 T121/36 与 T6b/3、T121/35 与 T6b/4、T121/73 与 T6b/2、T121/33 与 T6b/5、T121/72 与 T6b/1、T121/34 与 T6b/6 各导线均无短路、断路现象。拆开控制单元进行检查，发现集成块已经烧坏。

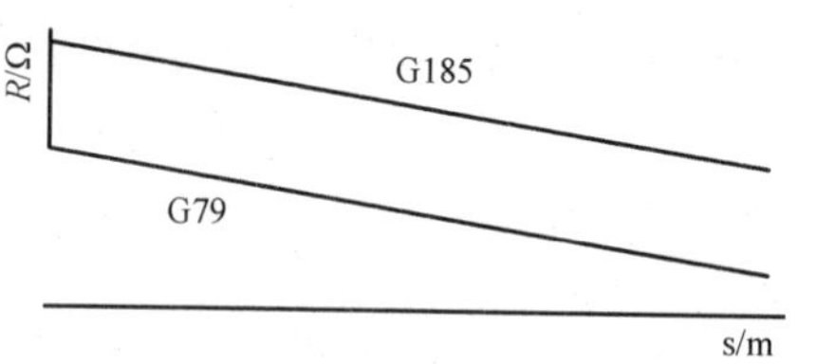

图 8－1 传感器阻值特性

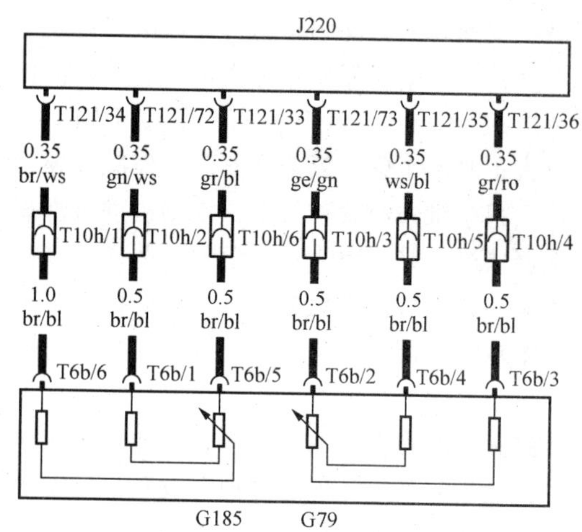

图 8－2 控制单元端子电路

为什么会出现这种情况呢？检查与发动机控制单元有关的元件及导线，发现几个搭铁点均出现锈蚀现象，应为洗车溅水后未进行处理所致。

故障排除 重新打磨发动机舱各处搭铁点，更换发动机控制单元并进行匹配，重新试车。故障排除。

三、高尔夫轿车发动机冷却液温度过低

故障现象 一辆高尔夫 1.6L 轿车，采用 BFQ 型发动机。行驶里程为 7.4 万 km，该车发动机冷却液温度过低，电子扇一挡长转。使用 VAS5051 故障诊断仪进入发动机控制系统检测，发现发动机控制单元有 2 个故障码：①17698，散热器出口温度传感器 G83 信号过高；②16500，冷却液温度传感器 G62 信号不可靠。

故障诊断与排除：该车冷却系统是新型的电子控制发动机冷却系统，冷却液的温度和调节范

围，以及散热器风扇的转速都由发动机控制单元根据负荷确定。发动机在冷启动或部分负荷时，小循环工作使发动机尽快预热到正常工作温度。发动机全负荷运转时，发动机控制单元加载节温器电压，加热电阻工作，石蜡溶解，膨胀元件打开大循环阀门，接通大循环，同时关闭小循环。这种电控发动机冷却系统有 2 个冷却液温度传感器 G62 和 G83，G62 安装于缸体冷却液管法兰的出口处，用于检测发动机冷却液流出温度；G83 安装于散热器出水口处，用于检测散热器出水口的回流温度。

清除故障码，但 16500 无法清除。对冷却液温度传感器 G62 进行检查，发现在多种温度下检测，传感器阻值均比标准值高，于是决定进行替换，换件后清除故障码试车，电子扇停止转动，但车辆正常行驶时，冷却液温度依旧偏低。触摸散热器上下水管微热，温差不大。读取数据流 01-08-130：第一区冷却液温度传感器 G62 显示 59℃，第二区散热器出口温度传感器 G83 显示 58℃，说明在更换 G62 之后，2 个传感器输出信号正常，电控系统也正常。

根据经验，造成冷却液温度偏低这一现象，通常都是冷却系统处在大循环状态，节温器处在常开位置。拆检冷却液控制部件，即用于发动机冷却控制的节温器 F265。发现 F265 的一个锁卡断裂，使节温器 F265 的大循环阀门不能与连接法兰完全密封，节温器一直处在大循环状态，造成冷却液温度偏低。在更换节温器 P265 之后试车，发现故障已经排除。

冷却液温度的特征值存储在发动机控制单元内，通过比较特征值与冷却液温度传感器 G62 的信号电压，发动机控制单元给出一个脉冲信号，为节温器 F265 的加热电阻加载电压。通过对比分析冷却液温度传感器 G62 和 G83 的信号，发动机控制单元调节散热器电子扇运转。如果冷却液温度传感器 G62 损坏，冷却液温度控制以 95℃为替代值，并且风扇以 1 挡长转。如果冷却液温度传感器 G83 损坏，控制功能保持，风扇 1 挡长转。如果冷却液温度传感器 G62 和 G83 都损坏，最大的电压值加载于加热电阻，并且风扇 2 挡长转。该车冷却液温度传感器 G62 损坏，造成风扇以 1 挡长转，同时因节温器 F265 的锁卡断裂，节温器处在大循环状态，造成冷却液温度偏低的故障现象。

四、高尔夫轿车冷车正常，热车升挡延迟

故障现象　一辆高尔夫 1.6L 轿车，搭载了 01M 型自动变速器，行驶里程为 50000km，冷车正常，热车升挡延迟，当发动机转速升至 2800r/min 时，才勉强升入 2 挡；升至 3600r/min 时，方可升入 3 挡。

故障诊断与分析　此车出现该故障后曾被送到服务站检测，因无故障显示，且相关传感器也无异常，被诊断为变速器内部故障。但车主不太信服此诊断，故到我处进行检查。

接车后笔者对故障现象进行了核实，情况与车主叙述完全吻合。进行常规检查，其结果是油压正常、变速器油无异味、油质透亮纯净无杂质、油位符合标准，自动变速器控制单元无故障码。但用 VAG1552 查看自动变速器动态数据流时，发现变速器油温上升过快，结合该车热车后才出现延迟升挡故障的现象，笔者分析如下：

(1) 会不会是油温传感器信号偏移，给控制单元一种假象？随后我们对油温传感器进行了测量，在各个特定的温度区间内，实测值与维修手册提供的数值吻合，说明假设不成立。用红外测温仪监控变速器散热器温度，在行驶一段时间后变速器油温就陡升至 120℃，故障随之再次出现，这说明故障确实是高温所致。

(2) 如果该故障是变速器高温引起，那么导致变速器高温的原因是什么呢？可能的原因有：

离合器、制动器打滑，箱体内润滑不良，变矩器锁止离合器不能锁止，散热器散热不良等。

因该车在升、降挡期间均未出现过跑空和发动机转速陡升而车速变化不正常的现象，可以排除离合器、制动器打滑。若箱体内润滑不良，就会造成行星齿轮机构和轴承铜套的磨损，严重时会使太阳轮秃齿，但该车未发现这些症状，因此也可以排除润滑不良。若变矩器锁止离合器不能锁止，将会导致油温升高，经检测 TCC 锁止工作表现正常，观察变矩器完全锁止很长一段时间后油温还保持在 120℃左右，并不下降，应该排除变矩器工作不良。

若散热器散热不良，将直接导致变速器高温。为进一步证实，用红外测温仪测量交速器散热器进出口温度，发现进出口温差很小，遂怀疑是散热器的散热问题。将散热器卸下，用风枪疏通，吹出许多黄色的混状沉积物，用清洗剂反复清理后装复，经长达 2h 的试车，变速器油温始终保持在 96～97℃。升降挡时机恢复正常，故障排除。

经询问，车主在一年多前添加了不同牌号的防冻液，使冷却系统遭受腐蚀而产生了大量的离子颗粒，导致散热器堵塞。

故障总结 当散热器发生堵塞后，单位时间内的冷却液流量减少，产生散热不良，使流回油底壳的变速器油携带着大量的热量，导致油温迅速升高，控制单元通过油温传感器上获得的电压信号，感知当前油温异常，为达到保护变速器的目的而执行了延迟上挡时机的保护控制模式。

自动变速器保护功能是自动变速器控制单元的一种工作模式，至于什么时机、满足什么条件、执行什么保护，这取决于变速器控制单元的软件版本。对该例故障所表现出的热保护功能，应这样理解：

(1) 带有油温传感器的自动变速器主要是监测变速器低温和高温两种状态，因为在低温时由于变速器油流动性差会影响润滑，所以在控制上延迟升挡时机，尽量使变速器处在低负荷状态下工作，暖车后才进入正常状态以达到保护变速器和发动机的目的。

(2) 当变速器油温达到设定的高温极限时，变速器也要执行延迟升挡时机的控制，因为如果升为高挡，变矩器因承载转矩增加，变速器油温也跟着增加，所以对油温的提升又起到了推波助澜的作用，这种后果将会造成变速器因润滑和密封不良而出现故障，故推迟上挡时机，以减少热量的产生。

综合以上两点，变速器油温低时推迟上挡时机可以起到暖机效果，以此来保护变速器和发动机减少磨损。变速器油温高时推迟上挡时机可以抑制变速器油温升高，达到保护变速器的目的。

五、高尔夫轿车为何会烧副电子扇

故障现象 一辆 2006 年产高尔夫轿车，行驶里程 8 万 km。用户反映该车冷却液温度高。

检查分析 维修人员接车后检查发现，该车散热器副电子扇不工作，更换副电子扇后试车，试车过程中发现新换上的副电子扇没有低转速，只有高转速，用万用表测量副电子扇低转速电路，发现已断路。

维修人员再次更换副电子扇后，为避免零件损坏、没有急于试车，而是在双温开关 F18 处跨接导线，让电子扇低速运转，此时发现副电子扇电动机后部出现火光，于是立即断开跨接导线使电子扇停转。将之前换下的副电子扇解体检查，发现电动机的串联电阻已烧毁，但电动机线圈却完好无损。

是什么原因导致了这种现象呢？带着这个问题，维修人员查阅了该车的电路图（见图 8－3），图中主电子扇 V7 和副电子扇 V35 是并联关系。它们之间是会相互影响的。此时笔者想到了反电动势的问题。根据法拉第电磁感应定律，当磁场发生变化时。处于磁场中的导线会因切割磁力线而产生电动势。再根据楞次定律，当建立磁场的电流突然消失时，磁场会由强变弱，此时会产生反电动势，它与建立磁场的电动势正好相反。电动机的转子实际上是一个电磁铁，当电动机的电刷接触不良时，电动机运行中转子电路会出现断续接通的现象，在转子线圈上将产生反电动势，这时电动机变成了输出负脉冲电压的“发电机”，这种现象会对电路中的器件造成许多危害。

电阻烧毁说明是电动机出现了持续的反电动势，而这反电动势是来自哪个电动机呢？考虑到副电子扇是新件，所以比较而言，主电子扇出问题的可能性较大。检查主电子扇，发现不是原厂件，问题很可能出在这里。断开主电子扇，再次跨接双温开关 F18 低速挡 T1，副电子扇运转正常，后部没有出现火光。

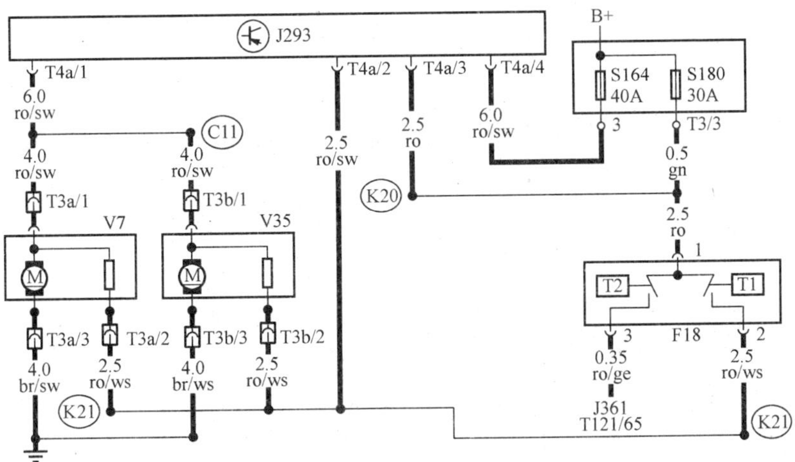

图 8-3　高尔夫电子扇电路图

故障排除　更换原厂主电子扇后试车，故障排除。

维修总结　由于副厂的主电子扇性能较差，电刷接触不良，导致在电路中的 C11 点产生反电动势，即负脉冲电压。此时电动机串联电阻两端的电压由于叠加了反电动势，平均电压过高，电阻流过的电流过大，因过热而烧毁。所以，在维修工作中应该常以基本的电学原理考虑问题，这样会使故障排除更加顺畅，避免不必要的损失。表 8-1 所示为主副电子扇正常工作电流（用 VAS5051 电流感应钳测量），仅供维修人员参考。

表 8-1　　电子扇工作电流

	低速运转	高速运转
副电子扇	3.0A	7.0A
主电子扇	9.5A	25.0A

六、高尔夫 1.6L 轿车空调不工作

故障现象　一辆 1.6L 高尔夫轿车，开空调后压缩机不工作，出风口无冷气。

故障诊断　该车装配手动空调，冷却风扇控制单元 1293（在发动机舱左前部）接收到空调开关 E35 的信号后，再根据高压传感器 G65 和外部温度传感器 G346 的信号来决定是否控制空调电磁离合器 N25 工作。

接上压力表测量管路压力，正常。连接诊断仪进入01－08－050读取数据流，当打开A/C开关后，第三区显示打开，说明空调开关E35已经接通。拔掉空调电磁离合器N25插头测量，其电阻为无穷大（而正常为4～5Ω），说明N25内部已断路，更换后仍然不工作。

如果发动机负荷过大也会切断空调电磁离合器工作，读取数据流如下：冷却液温度96℃；进气温度32.5℃；发动机负荷20%；进气歧管压力35.7kPa。数据流正常，说明发动机ECU并未干预空调系统。

拔下冷却风扇控制单元J293的T14a插头，打开点火开关，用万用表实测各端子如下：

(1) 3脚3.67V（高压传感器G65信号电压）。

(2) 4脚12V。

(3) 6脚与负极（机体）3.73Ω。

(4) 8脚12V（空调开关E35）。

(5) 9脚12V。

(6) 14脚与5脚无穷大（压缩机切断温度传感器，正常值在28℃时为800左右）。

(7) 10脚与6脚电阻4.9Ω

经以上检测发现：①压缩机切断温度传感器G346损坏或其线路断路；②6脚搭铁与负极电阻过大，存在虚接。

故障排除 处理蓄电池下的搭铁点，在左前流水槽内，检查压缩机切断温度传感器，发现线路已断，连接已断线路并包好，故障排除。

故障总结 该故障为综合性故障，在几个原因都存在的情况下，很容易让维修人员不知所措。

七、高尔夫轿车后门电动玻璃升降器无法工作

一辆来站维修的2005年产上海大众4门豪华型高尔夫轿车，车主反映左后门电动玻璃升降器无法工作。初步对车辆进行故障检查和判断，发现该车其他车门的玻璃升降器均可以正常工作。只有左后门玻璃升降器不工作。分别按动中央面板上的左后门玻璃升降器控制开关和左后门上的控制开关，结果玻璃升降器都无任何反应，可以看到前后玻璃升降器开关内的指示灯均亮。随后，查阅了高尔轿车的玻璃升降器电路图。通过电路图可知，该车的4个车窗电动玻璃升降器控制分别是由2个控制器负责完成的，2个玻璃升降器控制单元分别接收前门和后门玻璃升降器开关的“升或降”信号，玻璃升降器控制器控制玻璃升降器直流电动机正反方向工作。然后，又具体查看了左后门玻璃升降器的控制电路，通过分析电路图可知，左后门上的玻璃升降器上的开关E2的指示灯和中央面板上的左后玻璃升降器开关E1上的指示灯都亮，说明进入玻璃升降器开关的正电源线路正常。因为控制玻璃升降器升降信号是通过开关触点分别切换给2根信号线，2个信号线给控制器提供了玻璃升降器电动机M的升降信号。因为2个玻璃升降器开关是通过并联方式给控制器提供信号的，如果2个开关都无法控制玻璃升降器工作。说明故障不在开关。又因为该控制器分别控制后门2个玻璃升降器电动机工作，右后门玻璃升降器工作一切正常，所以。玻璃升降器控制器的故障可能性也比较小，故障应该在左后门玻璃升降器电动机或相关线路上了。

拆下左后门内饰板，拔下玻璃升降器电动机插头，使用万用表电压挡检查玻璃升降器工作时却没有12V左右的工作电压。同时，用方用表测量左后门玻璃升降器开关信号电压的确正常，

这样必须检查控制器到玻璃升降器电动机的电路连线是否正常。拆下左后翼子板内的后门玻璃升降器控制器，拔下控制器插头，用万用表电阻挡测量玻璃升降器电动机的 2 个引线电阻约 3Ω. 说明电动机线路也正常。通过以上检查，分析故障也不在上述玻璃升降器电动机或线路。按动玻璃升降器开关。用万用表测量在控制器插头处测量开关电压正常，看来故障只有在控制器上了。于是更换新的后门玻璃升降器控制器，插接好线路，左后门玻璃升降器工作恢复正常。

将故障排除后。拆下损坏的后门玻璃升降器控制器的塑料外壳，发现该控制器实际上由 2 组独立的单片机控制系统组成，分别控制左后门和右后门玻璃升降器电动机。左后门玻璃升降器不工作，只是其中的一组控制系统有问题。由于事先无法得知该控制器这样的控制方式，对故障判断造成了一定的难度。

八、高尔夫轿车防盗警告灯异常闪亮

一辆 2005 年产 4 门高尔夫轿车的防盗警告灯出现不正常闪亮现象。该车驶入维修站进行检查。经过实际检查发现，将该车的点火开关打开后，可以看到组合仪表中黄色的防盗警告灯（K118）被点亮，随后完成自检熄灭。K118 熄灭后，仍然在不规律地闪烁，但是没有故障时闪亮的亮度高。随后将发动机启动，该警告灯仍然如此。

通过高尔夫轿车的防盗系统电路图（见图 8－4）可知，高尔夫轿车的防盗控制单元和时代超人的基本相同，不同之处在于该车的警告灯 K118 集成在组合仪表中，控制 K118 的负极控制信号线路由仪表引出进入防盗单元 J362，J362 使 K118 点亮或熄灭。又因为该车的组合仪表可以通过 VAG1552 通信诊断。也可以对所有警告灯进行自诊断操作，可以说防盗控制单元。J362 和仪表控制单元 J285 可以控制警告灯工作。因此，首先用 V. A. G1552 进入车辆防盗系统（地址 25），没有发现故障。由此可以判断该车防盗系统的车辆钥匙识别和车辆启动没有任何问题，只是防盗警告灯指示有一点异常。然后，又使用 V. A. G1552 对组合仪表控制单元 J285（地址 17）进行 03 自诊断操作，这样可以使组合仪表中的所有的警告灯被点亮。进行 17—03 操作后。结果看到 K118 并没有被点亮，仍然在不规律地闪动，这说明组合仪表中的 K118 的相关控制电路存在故障。更换新的组合仪表后结果故障还是没有排除，由此说明组合仪表应该没有故障。然而组合仪表中的 K118 为何在自诊断操作时不能点亮呢？笔者带着疑问对同类型的另一辆高尔夫轿车做了自诊断操作，结果 K118 也是不亮。笔者此时才明白，K118 虽然集成安装在仪表单元中，但和仪表中的转向信号灯一样，并不受 J285 的控制，所以它在自检时是不会被点亮的。此时故障排除的思路一下清晰了，造成上述现象的原因只有防盗控制单元 J285 和相关控制线路了。

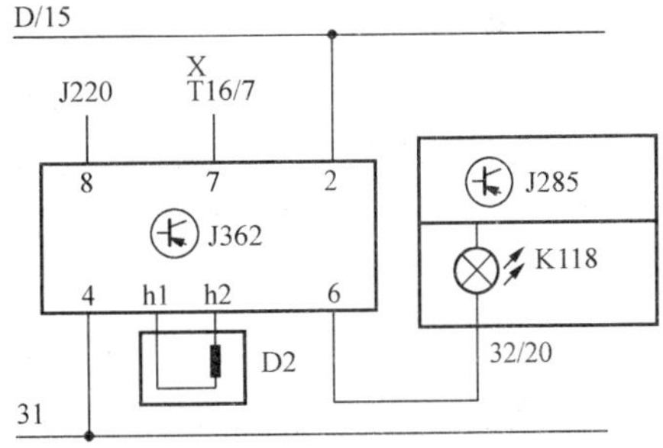

图 8－4　防盗系统电路

D—阅读线；J285—仪表单元；J362—防盗控制单元

直接将位于组合仪表右下的防盗控制单元组合插头拔下，使其停止工作。发现上述现象果然消失，证明的确是控制单元 J362 有故障。随后将防盗控制单元换掉并进行钥匙匹配，故障彻底排除。

第九章

帕萨特轿车维修案例

一、帕萨特领驭 2.8L 轿车高速行驶中抖动

故障现象 一辆 2007 年产帕萨特领驭 2.8L 轿车，行驶里程 8 万 km。用户反映当车速达到 140～160km/h 时，转向盘及车身能够明显地感觉到抖动，类似于轮胎动平衡不良所导致的抖动。

检查分析 接车后，首先进行路试，发现当车速达到 140km/h 时，上述故障开始出现，车速达到 160km/h 时，故障现象最为严重。首先对全车 4 条轮胎进行了仔细检查，没有发现轮辋及轮胎有破损现象，随后又对 4 条轮胎进行动平衡校验后路试，故障依旧；检查前后桥及胶套、前桥稳定杆及胶套，只有一个稳定杆胶套损坏，但该胶套的损坏与故障无关（该胶套在检修时已经更换了）；检查前后轮的轴承，无损坏现象。所怀疑的底盘部分均未发现问题，故障是否与发动机有关？为了确定故障点。当路试故障现象出现时。将变速杆置于空挡位置，此时，故障仍未消除。据此初步推断，该故障与发动机无关，可以将故障点锁定在底盘部分。首先考虑到变速器及传动轴，变速器在路试时升降挡都很平顺，并且没有异响，因此存在故障的可能性基本可以排除，检查左右传动轴也无损伤及明显变形。

经过上述检查，怀疑故障是因为车辆行驶的稳定性差而造成，于是根据四轮定位数据进行分析诊断。影响车辆四轮定位的参数是前轮的外倾角和前束值。对该车进行四轮定位检查。数据见表 9－1。

表 9－1　　调整前的四轮定位数据

项目		测量值	标准值
前桥	后倾角	左＋30°54′、右＋30°48′	＋30°30′±00°30′
	内倾角	左＋30°06′、右＋30°12′	＋30°30′±10°30′
	外倾角	左－00°54′、右－00°40′	－00°35′±00°25′
	前束恒定值	左＋00°12′、右＋00°10′	＋00°09′±00°07′
	前束	左＋00°08′、右＋00°06′、总前束＋00°14′	＋00°10′±00°05′
后桥	后倾角	左－10°32′、右－10°47′	－10°30′±00°20′
	前束	左＋00°12′、右＋00°11′	$+00°10'^{+00°07'}_{-00°05'}$

根据表 9－1 的数据显示，虽然各组数据均在标准范围之内，但前轮后倾角的数值偏大，为了验证这个数值是否与故障有关系，笔者对车辆做了如下的改动：将前桥前面的 2 个固定螺栓拆下，在 2 个螺栓处的前桥与车身安装部位之间各加一个厚度为 2mm 左右的垫片后，将螺栓固定，然后重新进行四轮定位的调整，调整后数值显示见表 9－2。

根据表9-2可以看出，加入垫片后前轮后倾角明显减小，其他数据基本不变。此时，笔者重新进行路试，当车速达到140km/h时，故障消除，当车速达到160km/h时，能感觉到轻微的抖动，转向盘没有抖动的感觉，故障得以排除。

回顾总结　笔者后来专门路试了几辆同款帕萨特，发现在车速140km/h以上，都有轻微的抖动现象，但没有该故障车辆的抖动严重。根据对维修过程回顾分析，笔者认为这辆车有可能是由于车辆前悬架部位受到过较为严重的外力冲击，造成前轮主销后倾角的硬性改变，导致车辆在高速行驶时出现上述故障。

表9-2　　调整后的四轮定位数据

项目		测量值	标准值
前桥	后倾角	左+30°18′、右+30°10′	+30°30′±00°30′
	内倾角	左+30°05′、右+30°08′	+30°30′±10°30′
	外倾角	左-00°50′、右-00°45′	-00°35′±00°25′
	前束恒定值	左+00°11′、右+00°08′	+00°09′±00°07′
	前束	左+00°09′、右+00°07′、总前束+00°16′	+00°10′±00°05′
后桥	后倾角	左-10°32′、右-10°47′	-10°30′±00°20′
	前束	左+00°12′、右+00°11′	$+00°10'^{+00°07'}_{-00°05'}$

二、帕萨特领驭轿车启动困难、加速无力

故障现象　一辆帕萨特领驭轿车，装备2.0L发动机，行驶里程3.0万km。该车发动机启动困难，需多次启动才能成功，且启动后发动机加速无力。

故障诊断与排除：用V.A.G1552故障检测仪读取故障码，得到一个故障码，其含义是“氧传感器失效”。为了证实故障码的真实性，先用V.A.G1552清除故障码，然后重新启动发动机，再读取故障码，仍得到相同的故障码。更换一只新的氧传感器，故障码不再出现，但发动机还是启动困难，加速无力的现象也依然存在。

根据维修经验，产生该故障的主要原因有：点火提前角不正确；燃油压力过低；进气系统漏气；节气门位置传感器或空气流量计有故障；喷油器工作不良；废气再循环系统工作不正常。

根据上述分析，进行了以下检查：

(1) 检查点火系统。经检查，高压火正常。拆下4只火花塞，观察其电极呈灰白色（可间接证明混合气偏稀），同时发现火花塞电极因烧蚀而间隙过大。更换4只同型号的火花塞，并清洗了喷油器后启动发动机，启动困难的现象有所改善，但行驶中加速性能还是不如以前。

(2) 检查供油压力。用专用接口将燃油压力表连接在进油管上，启动发动机，测量燃油系统压力。在怠速工况下，系统油压为150kPa，低于正常压力值。造成燃油系统压力偏低的主要原因有：燃油泵性能下降或滤网堵塞、燃油滤清器堵塞、燃油压力调节器有故障等。

(3) 检查燃油系统管路。经检查，燃油系统管路不存在漏油现象。

(4) 检查燃油泵。将燃油泵从油箱中拆下来，经检查滤网没有堵塞。把燃油泵浸在燃油桶里，用蓄电池给燃注泵通电试验（特别提醒：进行该试验对，燃油泵应全部浸入汽油中，以免发生烧坏燃油泵或燃油泵爆炸的现象），燃油泵的喷油压力为300kPa，说明燃油泵没有故障。

更换一只新的燃油滤清器，启动发动机进行路试，加速性能没有明显改善。通过以上检查，我们认为燃油系统压力过低的原因很可能是燃油压力调节器不良。为了验证燃油压力调节器是否

损坏，用钳子夹住回油软管，然后启动发动机，发动机顺利启动（注意：发动机启动后应立即松开钳子）。更换燃油压力调节器后，发动机顺利启动，故障完全排除。

燃油压力调节器的主要功用是调节到喷油器的汽油压力，使汽油压力与进气管的压力差保持恒定，这样喷油器喷出的油量就可以由喷油器的开启时间这一单一因素来控制。

该车的燃油压力调节器为膜片弹簧式（见图 9-1），与燃油泵安全阀配合，控制供油压力保持在一定范围内不变。因为进气歧管内是负压，所以喷油压力不需要很高（有的可达 0.1MPa），只要使压力差保持恒定，就可以保证各种转速下的喷油均匀性。

燃油压力调节器的工作原理是：当发动机运行时，燃油压力调节器靠油压 P、弹簧力 F 和进气歧管真空度产生的力 ΔP_x 三力的平衡控制，使回油阀关闭，从而使油压保持恒定，如图 9-2 所示。

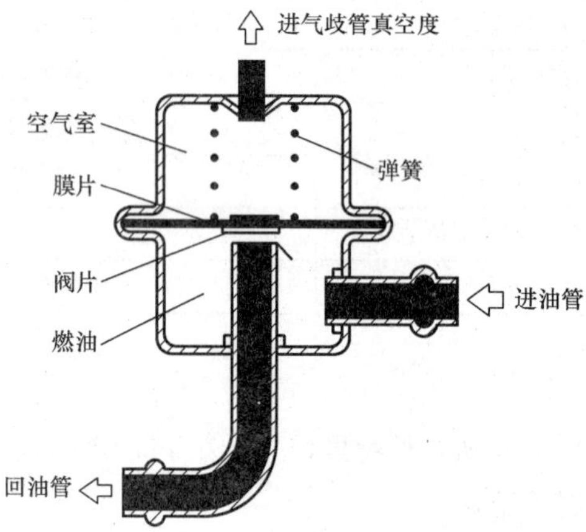

图 9-1　燃油压力调节器结构

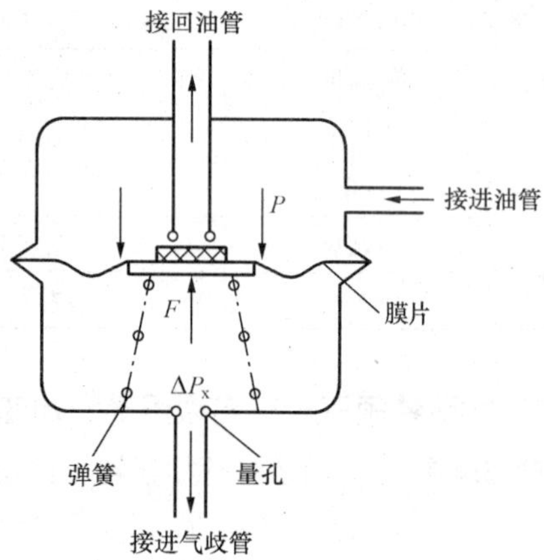

图 9-2　燃油压力调节器工作原理

当 $P+\Delta P_x>F$ 时，回油阀打开回油，油泵不断工作，就会不断回油。

当 $P+\Delta P_x<F$ 时，回油阀关闭不回油，油泵停止工作时，储存油压。

当 $P+\Delta P_x=F$ 时，回油阀维持一定的开度（是短暂情况）。

燃油压力调节器出现故障，主要表现为弹簧疲劳后张力变小以及膜片破裂。该车除氧传感器有故障外，主要是燃油压力调节器的弹簧张力较小，使回油量过多，导致系统油压过低，混合气过稀，所以发动机启动困难。

三、帕萨特领驭 1.8T 自动挡轿车仪表为何红屏

故障现象 一辆 2008 年生产的上海大众帕萨特领驭 18T 轿车，搭载手/自一体变速器，行驶里程仅 698km。车主来站保修称：故障是突然发生的，主要表现为车辆在挂入 R 挡和 D 挡时感觉冲击很大，与此同时仪表板上的挡位显示区红屏。挂入 D 挡并松开制动踏板后车辆不行驶，即便加大节气门，车辆只是行驶缓慢。车速根本无法提升。

检查分析 通过试车检查，发现车辆故障现象基本与车主叙述相符。连接 VAG1552 故障诊断仪查询自动变速器控制单元 J217 的故障存储，发现两个故障码：分别是 18158（电源电压太低，偶发）；17105（变速器输出速度传感器 G195 不可靠信号，当前存在）。记下故障码后试图清除故障记忆，17105 故障码无法被清除。

按照一般规律，仪表板挡位显示区出现红屏现象，意味着自动变速器已处于紧急运行状态。根据以往的维修经验，帕萨特领驭1.8T轿车自动变速器控制单元J217的损坏率相对较高，过去曾几次出现过上述类似现象，均为J217故障引起的，于是把一块状态正常的J217控制单元替代到故障车上，试车发现故障现象依旧。再次查询故障仍存在17105的记忆。通过这个试验表明，自动变速器控制单元J217无异常。

脱开J217的线束插头，在线束侧插头上找到输出速度传感器G195对应的两个端子，用数字式万用表测量G195的电阻值为998Ω，符合维修手册中的规范标准。分析故障码17105的含义，J217检测到G195信号不可靠显然是针对某一个参考信号而言的，而与G195有前后对应参考关系的只有变速器输入速度传感器G182的转速信号或车速信号。

连接VAG1552进行路试，以验证G195的信号在运行中是否异常。进入08功能数据块001组，显示屏上的1区是变矩器泵轮转速，即发动机转速信号；2区是变矩器涡轮转速，也就是变速器输入速度传感器G182的转速信号；3区是变速器输出速度传感器G195的转速信号；4区是汽车行驶时自动变速器的实际挡位。路试中读出在某一车速下，上述4个显示区的测量值分别为：1570r/min、1280r/min、1280r/min和4。在各种不同的车速下，2区与3区的转速数值一直保持相同。

从测量值可以看出，G182与G195都应该没有问题，因为该车搭载的01V 5挡自动变速器中，4挡的传动比为1。此挡位时变速器输出速度与输入速度相同，这说明自动变速器确实处于紧急运行状态，并一直工作在4挡。

将车辆熄火后重新启动发动机，仪表板上挡位显示区的红屏现象消失，自动变速器的控制恢复正常。在D挡下踩下加速踏板，车速立刻上升，此时检测仪上001显示组3区G195的转速信号随着4区实际挡位的改变，与2区G182的转速信号成比例地对应变化，故障似乎就这样毫无理由地消失了。

但好景不长，没跑出几千米就出现类似加速踏板踏空的现象，保持加速踏板踩下的深度，车速也只能维持在20km/h左右，既不上升也不下降。过了一段时间随着发动机排气声响的突然增大，车辆速度急剧上升，当车速提高到40km/h左右时，踩下加速踏板车辆又失去反应。更为怪异的是，踩下加速踏板，将挡位置于N挡卸去负荷，发动机转速竟无丝毫提升，始终在800r/min上下徘徊。在保持节气门开度的同时，观察VA. G1552上显示的节气门角度值却没有随之增加，但仪表上EPC灯未点亮。此时查询发动机控制单元J220的故障存储，检测仪显示未识别到故障。

根据上述现象分析，即便自动变速器控制单元识别到G195的故障，使自动变速器处于紧急运行状态，但将挡位锁定在4挡上，踩下加速踏板时车速多少也应该有所增加，只是4挡时的加速度较小，速度提高不快而已。如此看来故障必定另有原因。如果假设G195没有问题，从VA. G1552上观察到的测量值表明G182信号和G195符合相应的比例关系，那么与G195有另一对应关系的车速信号就应该不正常，不然J217不会设置17105的故障码。

正在准备验证各有关控制单元的车速信号是否异常时，发现此时VAG1552已不能访问车上任何一个控制单元了。VAG1552屏幕提示，K线对正极没有接通，连接VAS5052同样也不能进入。检查16针自诊断插座上的K线，端子固定正常，没有虚接的迹象。测量K线上的电压为0.1V，而正常时应有10V左右的电压，用万用表测量K线与搭铁线间未短路，莫非车上某一个控制单元有问题干扰了K线的通信？

这时的发动机可以启动，空载加速正常，仪表显示也无异常之处。笔者认为，只要找到影响

K线通信的控制单元，汽车不能正常行驶的故障极有可能会迎刃而解。这辆故障车系帕萨特领驭1.8T中最高配置的尊贵导航版轿车，查阅仪表控制单元的电路图可知。K线上连接有仪表控制单元J285、ABS控制单元J104、自动变速器控制单元J217、舒适系统控制单元J393、安全气囊控制单元J234、前照灯调节控制单元J431、多功能转向盘控制单元J451、收音机R、自动空调控制单元J255以及制动辅助控制单元J446等。要查明哪个控制单元影响到K线的通信，通常采用隔离的方法，依次脱开上述各控制单元，每断开一个，观察VAG1552能不能进入访问，来验证该控制单元的正常与否。

先断开外围易操作的控制单元如ABS控制单元J104，不易拆装的控制单元则通过依次脱开左A柱、右A柱处布置有上述控制单元K线的相关插接器来判断。当断开右A柱处13号位布置有前照灯调节控制单元线束的T15ac+3黑色插接器时，VA.G1552可以进入各控制单元访问，由此可见，影响K线通信的故障点发生前照灯调节控制单元J431上。在行李舱左侧CD换碟机边找到前照灯调节控制单元J431，断开J431的线束插头，发现控制单元的插座内有水浸入。进入自动变速器控制单元J217查询，17105的故障码变成偶发，可以被清除。

启动发动机做维修前后的对比试验，挂R挡时冲击现象消失，挂入D挡并松开制动踏板时车辆能够缓慢行驶，路试时踩下加速踏板。车速很快就提升起来，自动变速器控制功能恢复正常。仪表板上换挡区域的红屏现象也不再出现。

查找J431插座上水的来源。原来天窗通往车辆左后侧绿色的泄水管布置在J431上方，由于泄水管的连接部位有些松脱，部分泄水顺着这根管子流下，滴落在J431的线束上，并顺着线束逐渐积聚在J431的插座处，最终导致对动力系统控制单元的干扰，使车辆无法正常行驶。

故障排除 插好天窗泄水管，用电吹风烘干线束侧插接器及J431插座上各端子和控制单元内部的水分后装复，故障排除。

回顾总结 前照灯调节控制单元J431影响K线通信，从而给动力系统的控制带来如此严重的后果，对此有些始料未及。为了研究故障的成因，经查阅J431的电路图得知，J431与仪表控制单元J285相关联的线路除了K线外，还有舒适系统CAN总线、发动机转速信号线以及与J285上T32a门2端子连接标有A17节点的蓝线。查阅.J285电路图得知，A17节点是由发电机C/D+端子来控制仪表上充电指示灯亮灭信号（即发电机信号）的。

根据前照灯照射范围调节控制的一般原理，J431除了要参照发动机转速信号、发电机信号、前照灯开关信号和车身位置信号外，还需要有车速信号参与，车速信号主要用来计算汽车的加速度，以判别车身的动态高度位置，用VA.G1552进入前照灯调节控制单元J431可以读取车速与加速度的测量值显示就是证明。从线路上看，J285与J431之间没有车速信号的传输渠道，所以可以肯定车速信号只能由舒适系统CAN总线传输给J431，而舒适系统总线上的车速信号来源于动力系统总线J431受水侵入后，不但K线不能正常通信，发动机转速信号和车速信号势必也受到了干扰。

车速信号与变速器输出速度传感器G195存在一定的对应比例关系，当自动变速器控制单元检测出车速信号与变速器输出速度传感器信号不具备对应关系时，便设置17105的故障码，并使自动变速器进入紧急运行状态，路试中重新启动发动机，自动变速器紧急运行状态消失后，也正是这种干扰导致了踩下加速踏板无反应，车速不能升高的故障。

四、帕萨特领驭2.0手动挡轿车用遥控器无法启闭车门

故障现象 一辆2006年产帕萨特领驭2.0手动挡轿车，行驶里程为2.37万km，车主称近

来用遥控器无法启闭车门。

检查分析 接车后检查车辆故障现象如下：用钥匙可以开闭车门，中控锁功能正常：按下遥控器按钮时遥控器上的电源指示灯闪烁（亮度正常表明遥控器内的电池电力充足），但中控锁没有响应，左右转向灯也不闪烁。分别打开左右前车门，室内灯均正常点亮，仪表上车门开启指示灯显示各车门开关的状态正常。从点火开关上拔出点火钥匙，收音机关闭，说明86S失电，满足使用遥控器开闭车门的条件。

连接 VA. G1552 故障诊断仪访问舒适系统控制单元 J393，屏幕提示没有识别到故障。选择 10 匹配功能进入 08 和 09 通道，查看遥控开闭车门时左右转向灯提示功能，均处于激活状态。进入 00 通道清除遥控钥匙学习值，进入 01 通道重新设置遥控钥匙，保存后进行遥控信号同步不能成功，遥控钥匙依旧不能控制车门的开闭。此时查询故障存储器，出现 01179。的故障记忆，含义为钥匙编程错误，当前存在。清除故障记忆，再次执行编程程序仍不能完成遥控钥匙的匹配。分析不能设置遥控器的原因存在两种可能：一是舒适系统控制单元遥控信号的接收部分损坏：二是接收遥控信号的天线及线路有问题。这两种情况都有可能使舒适系统控制单元无法识别遥控器的无线电信号并与之同步。接收天线损坏的概率较小，尝试更换舒适系统控制单元，执行上述遥控钥匙的编程操作，同步遥控钥匙成功，使用遥控器中控锁响应正常，故障排除。

回顾总结 由于舒适系统控制单元中遥控信号接收部分损坏，使遥控信号无法输入控制单元。经过遥控器匹配程序，舒适系统控制单元虽然保存了遥控钥匙的数量，但因同步时，J393 始终无法接收到无线电信号，便认为遥控钥匙编程错误，故存储了 01179 的故障码。

五、帕萨特领驭 1.8T 轿车用遥控器不能开锁

故障现象 一辆 2006 年产上海大众帕萨特领驭 1.8T 自动挡尊贵版轿车来站维修，该车已行驶 3.64 万 km。用户称该车用遥控器不能开锁，左右转向灯闪烁不停，室内灯常亮，电动车窗时而正常，时而无法控制升降。

检查分析 接车检查时发现除了用户描述的现象外，点火开关关闭时，仪表显示屏上的车辆图形没有显示，左车门打开后各车门的电动窗仍可工作。用钥匙开闭车门，中控锁动作正常。初步确定故障点在舒适系统控制单元上，因为上述工作不正常的部件都由舒适系统控制单元 J393 管理。

连接 VAS5052 故障诊断仪进入 J393 查询故障记忆，屏幕提示系统不存在。进入数据总线控制单元，J533 查询，故障诊断仪显示有舒适系统数据总线故障、舒适系统控制单元无通信以及舒适系统数据总线单线工作等 3 个故障码，而且均为当前存在故障。读取数据块 19 - 08 -130 - 131 组的测量值为：舒适系统中央控制单元 0；左前门 1，右前门 1，左后门 1，右后门 1。

根据维修经验，故障诊断仪不能进入 J393 和 J533 记录舒适系统控制单元而失去通信的故障，很可能是舒适系统控制单元进水造成。在拆开舒适系统控制单元所在驾驶员侧地板上的地毯时，发现该处有大量的水。脱开 J393 的线束插接器，仪表显示屏随即出现了车辆图形，但 4 个车门开启状态不能显示，通过这个现象证明，各个车门的开启信息是由 J393 传送给仪表的。检查水浸入的原因，原来车主在左 A 柱天窗泄水排放口旁边引入一根由蓄电池经左前翼子板通往驾驶舱内的电缆线，为行李舱内加装的功放设备供电。这根电缆线的存在破坏了车门线束防水护套的密封性，恰逢前几天连续下雨，雨水顺着这根电缆流入左前侧地板，J393 浸泡在水中，使之通信中断。

拆开J393的外壳，用电吹风吹干，J393内部电路板和线束插接器上的水分，烘干地毯并清除地板上的水，拆除加装的电缆线。当安装左前车门线束的防水护套时，考虑到这个防水护套密封不良同样会对左前车门内部线束产生影响，于是拆开左前门饰板，清理侵入车门控制单元插接器及线束上的积水。装复后舒适系统缺失的功能恢复正常。

回顾总结 从本案例的实际检查可以看出，当舒适系统控制单元与车门控制单元失去通信时，电动窗与中控锁控制部分功能仍然正常，表明舒适系统数据总线通信在工作正常的控制单元间仍可进行。

六、帕萨特领驭1.8T自动挡轿车右后车门车窗不能升降

故障现象 一辆2007年产帕萨特领驭1.8T自动挡轿车，行驶里程为6500km，车主因右后车门车窗不能升降，车门不能上锁来报修。

检查分析 接车后进行基本检查，操纵左前门电动车窗控制面板上的右后窗升降开关E55，右后车窗不动作；在右后门操纵本门上的车窗升降开关E54时，车窗也不能升降。用左前门上的闭锁开关锁车，右后车门中控锁的门提没有下落。连接VAG1552故障诊断仪进入舒适系统（地址字46-舒适系统）查询故障存储，发现有一个故障记忆01334049，含义为右后车门控制单元无通信，当前存在。读测量值08-012显示组，各车门控制单元的通信状态数据是：dr. door1，ps. door1，rl. door1，rr. door0。将诊断仪屏幕固定在数据块08-012组的界面上，打开右后车门，拆下车门饰板检查时发现，08-012显示组4区的测量值由rr. door0变成rr. door1，这说明在右后车门开启的状态下J389恢复了正常通信，进行功能试验右后门电动窗和中控锁恢复正常，关闭右车门电动窗和中控锁再度失常，诊断仪界面08-012显示组4区的测量值又由1变回了0。

根据右后车门开启与关闭状态存在这种差异，故障点锁定在右侧B柱处给J389供电的T8U黑色插接器上，确定原因是J389在关门状态下供电中断。脱开右侧B柱通向右后车门线束的橡胶护套，检查黑色T8U插头上的J389供电线端子无松动退出等异常，怀疑其连接端子插接压力不足。用金属针楔入右后车门线束的红/白和红/黄供电线的插孔（红/白2.5为电动窗供电，红/黄1.0为中控锁供电），使端子开口缩小恢复插片的弹性，连接好插头并关闭车门，读出08-012组4区的测量值为rr. door1，进行右后门功能试验，中控锁和电动窗工作均恢复正常，这说明右后门无通信的原因是该门电源线接触不良造成的。清除J393内的故障存储，结束维修交车。

回顾总结 分析车门开启与车门关闭两种状态之所以造成插接器端子接触不良的原因，可以归结为：在车门开闭过程的运动中，车门线束或插接器出现了轻微拉扯现象，加之该车右后车门的插接器端子开口弹性较差，线束受拉后引发了右后车门控制单元J389供电电源中断的故障。

七、帕萨特领驭2.0自动挡轿车左前车门无法开启

故障现象 一辆2008年产帕萨特领驭2.0自动挡轿车，行驶里程1.6万km，因左前车门无法开启来站维修。用户描述故障起因为：前几天连降暴雨后不能正常进入车内。

检查分析 用遥控器或钥匙开锁，左前车门都无响应，其他车门可解锁，并且左右转向灯连续闪烁。进入车内，使用闭锁开关E150不奏效，拉动左前门内开拉手2次也不能开门，安全

报警灯 k133 仍处于激活状态。

从现象分析，打不开左前车门，说明车门闭锁单元中的门锁电动机不能动作，导致微动开关 5 一直处于闭合状态，而且无法解除车身防盗功能，从而引起左右转向灯连续闪烁报警。其原因有两个：一是门锁电动机损坏，二是舒适系统控制单元无法输出给左前车门闭锁单元的解锁指令。

用机械方法强行打开车门，取出左前门闭锁单元 F220，用导线连接 F220 插接器闭锁电动机 T8bi/1 和 T8bi/2 端子，直接加电检查电动机，发现不动作。更换左前门闭锁单元，连接 VAS5052 故障诊断仪试图进入舒适系统控制单元 J393（地址字 35）访问，屏幕显示系统不存在。根据车主提供的信息和诊断仪的提示，判断舒适系统控制单元可能进水。掀开 J393 所在的地毯，地板上果然存在着大量积水。查验蓄电池所在区域的泄水口被堵，多天暴雨使雨水逐渐积聚，通过发动机控制单元所在的舱口渗入车内。疏通蓄电池下方的泄水口，清理驱除车内地板上、J393 及插接器线束的水分后装复部件，诊断仪可进入 J393 查询，发现存有 1 个 01044 的故障码，含义为控制单元编码错误。查看控制单元编码为 19，试将编码数改为 259，故障存储器多出了 4 个车门控制单元无通信的记忆，无法清除。对舒适系统更改后的领驭轿车而言，车门控制单元不再是舒适系统数据总线的用户，改动编码为 259 后必然会出现 4 个车门控制单元无通信的故障码，由此可见 19 这个编码数是正确的。

故障排除　将编码重新改回 19，01044 故障码自动删除，故障排除。

八、帕萨特领驭轿车安全气囊故障指示灯常亮

故障现象　一辆 2007 年产帕萨特领驭 2.8L V6 轿车，不久前发生交通事故，损坏较为严重，气囊引爆，在就近一家修理厂进行维修，更换了有关安全气囊系统的所有部件，但最后安全气囊故障警告灯常亮。多次检修仍未找到故障原因，于是送至我站维修。

故障诊断　连接故障诊断仪 VAS5052 进入气囊系统，查询系统内有 2 个故障码：01224（控制单元与车型不匹配）、00588（驾驶员侧气囊引爆装置 N95 电阻太小）。对于第 1 个故障码，笔者怀疑是控制单元型号与原车控制单元型号不一致造成的，可原车控制单元不在，无法进行比较，只得另外找了一个相同配置的轿车，用故障诊断仪 VAS5052 调取两车气囊控制单元的有关参数，包括配件号、版本号和控制单元编码等，经比较发现两个控制单元的配件号、版本号一致，但是控制单元编码不同，一个为 12854，一个为 12851，看来故障可能就出在这方面，于是查找相关资料发现，帕萨特领驭轿车气囊系统根据车型配置不同，气囊控制单元的编码也不相同，配置手动变速器、普通转向盘及主副气囊的车型，控制单元编码为 12854，而配置手自一体变速器、多功能转向盘、主副气囊、前排乘客侧气囊及后排燃爆式安全带车型的控制单元编码为 12851。根据该车配置，气囊控制单元编码应为 12851，经用户同意，重新更换控制单元并正确编码，但是问题还没有完全解决，00588 故障码依然存在。根据以往维修经验。气囊螺旋电缆出现故障的可能性较大。于是决定更换该电缆，在拆卸该电缆的过程中，偶然发现该电缆至气囊间一端线束的插头有些异样，原来是插头上的短路环变形，导致气囊前的线束短路，因而出现了气囊 N95 电阻太小的故障码。

故障排除　试着将短路环金属片恢复原样，插上气囊。重新清除故障码，气囊灯终于熄灭了，至此故障排除。

九、帕萨特领驭2.8L V6轿车事故后发动机运行异常

故障现象 一辆2006年产帕萨特领驭2.8L V6轿车，该车因碰撞事故车辆前部严重受损，正时齿形带断裂导致气门顶弯。于是拆卸缸盖维修发动机，竣工检验时发现车辆怠速轻微抖动，加速无力，类似点火过迟的迹象，于是车主将车转至笔者处进行维修。

故障分析 首先用故障诊断仪VAS5052查询故障，故障码为17746，含义为气缸列1凸轮轴位置传感器G40对地短路。根据故障码提示，对霍尔传感器G40（气缸列1前端）进行检查，拔下霍尔传感器插头，打开点火开关，测得电压为9V。看来发动机控制单元供电正常，通过模拟试验，发现G40本身没有问题。难道是点火正时不对？进一步检查点火正时，转动曲轴使曲轴带轮与正时记号对齐，用专用工具3391检查凸轮轴胶带盘正时状况，位置正确。是不是凸轮轴调节器链条装配不正确呢？拆下气门室盖，观察进、排气凸轮轴缺口标记间为16个链节距，装配正确。

霍尔传感器、供电线路和点火正时均未发现问题，可为何出现“霍尔传感器对地短路”的故障码呢？通过仔细确认，发现该车在原来维修发动机时，更换凸轮轴调节器过程中将左右两侧零件装反了。帕萨特V6凸轮轴调节器标准零件号如下：气缸列1（1～3缸，车辆行驶方向右侧）为N205：078109088C，气缸列2（4～6缸，车辆行驶方向左侧）为N208：078109087C，两者虽然外观和尺寸完全一致，但零件号不同，也不能互换装配。2个凸轮轴调节器一旦装反，两侧凸轮轴的相位便会出现异常，引起怠速抖动和加速无力的症状。

故障排除 将2个凸轮轴调节器按照正确的方位进行装配之后，发动机恢复正常。这起故障告诉我们，如果在维修过程中不懂结构原理和装配工艺，很容易人为引起故障。只有在工作中多加学习，在操作中一丝不苟，才不会因为技艺不精和疏忽大意而带来麻烦。

十、帕萨特领驭导航显示黑屏维修

故障现除 一辆帕萨特领驭轿车，据车主讲该车启动的时候导航显示屏显示黑屏。

故障检查 根据客户所述，首先验证故障现象，发现确如客户所述，该车在启动的时候导航显示屏确实黑屏。于是连接5052诊断仪进行引导故障检测，未发现有故障码存在。检测数据流也未发现异常。于是就告诉车主在启动时，启动机需要大的启动电流，这时的电流主要提供给启动系统和点火系统，这时车上的前照灯都不亮，导航自然也不能工作。但车主说新车的时候启动时显示屏是有显示的。

为慎重起见，又对全车进行了细致的检查，没发现其他问题。于是询问车主，该车早上能一次启动着车吗？车主说能一次启动，就是启动时导航黑屏。为了证实车主所说，正好站内有一辆同样配置的车，在启动时导航显示屏确实是亮着的。那会是什么问题导致的呢？难道是启动时的放电电流不够？很有可能，但车辆能启动着啊。难道蓄电池只能提供给车辆启动的电流，而不能再提供给导航的用电量才会导致该问题吗？为了证实这点，用跨接线跨接到另一辆新汽车的蓄电池上，然后启动该车，发现导航不再显示黑屏，故障排除。

于是，建议车主更换蓄电池，但车主认为发动机能启动，说明蓄电池是不会有问题的。马上告诉车主该车的蓄电池已经用了2年，一直是发电机给蓄电池充电，属于定压充电。而定压充电的缺点是：不能保证蓄电池彻底充足电，而蓄电池长期充电不足会产生硫化现象，从而影响了蓄电池的容量，启动时造成放电电流不够。这就是该车为什么新车时没出现该故障，而现在出现该故障的原因。车主听后消除了疑虑，满意的把车开走了。

故障总结 通过该故障的排除过程告诉我们，有时光会修车还不行，还得掌握一定的理论知识，学会与客户沟通，使客户满意才是我们服务行业所追求的目标。

十一、帕萨特领驭轿车安全气囊报警灯常亮

故障现象 一辆2008年产帕萨特领驭2.8 LV6自动挡轿车，行驶里程为2.34万km，车主反映仪表板上安全气囊报警灯常亮，要求给予索赔维修。

故障诊断与排除 接车后连接VAS5052故障诊断仪查询安全气囊控制单元J234。发现有一个存储的故障信息00588，含义为驾驶员侧气囊点火器N95阻值太大，偶发。读15－08－001组1区的测量值为过高（正常值应为正确）。根据维修经验，出现00588故障码一般都是安全气囊螺旋电缆组件有接触不良之处，于是决定更换带转向角传感器G85的安全气囊螺旋电缆新组件。

作业完成后，当点火开关处于ON时，安全气囊报警灯、ABS报警灯以及ESP报警灯同时点亮。使用故障诊断仪进入安全气囊控制单元，清除00588的故障码，气囊报警灯熄灭。进入ABS/ESP控制单元J104查询故障信息，发现有2个故障记忆，分别为0077B转向角传感器G85未进行基本设定错误；以及01044-控制单元错误编码。

根据奥迪、帕萨特ABS/ESP控制单元的特点，在更换转向角传感器G85或ABS/ESP控制单元J104后，ABS/ESP控制单元的编码数自动变为0，需要重新对ABS/ESP控制单元进行编码并对转向角传感器G85进行补偿标定。值得注意的是，此时不能直接对控制单元编码和对G85进行基本设定，必须执行登录动能成功后方可进行。

将车辆置于水平直行位置。用AB5052故障诊断仪执行操作的具体路径为：进入自诊断功能，点击ABS控制单元进入功能选项界面，此时观察屏幕右上方编码栏显示的编码数为0。选择10进入测量值选项，查看数据块005组1区G85的测量值，应在±5.0°范围内。若数值绝对值大于5.0°，微量转动转向盘使数字处于公差范围，然后退回功能选项界面。选择15进入访问许可选项，显示屏出现软键盘，键入9597登录码，按确认键Q，屏幕左上方提示成功执行该功能，退回功能选项界面。选择09进入编码选项，出现软键盘，输入ABS/ESP控制单元的编码数4297，按确认键Q，屏幕右上方编码栏显示4297（0），左上方提示正在执行编码。退回功能选项界面，编码栏显示控制单元的编码为4297。表明编码成功。

再次选择15进入访问许可。显示屏出现软键盘，键入40168登录码。按确认键Q，屏幕提示成功执行该功能。退回功能选项界面。选择06进行基本设定，出现软键盘，输入通道号1，按确认键Q，屏幕出现基本设定的界面。点击基本设定激活按钮，屏幕显示设定成功。重新查询ABS/ESP控制单元的故障信息，00778和01044故障码已自动清除，退出自诊断，ABS与ESP灯熄灭，路试后故障不再出现，结束维修，将车交回客户。

回顾总结 由于转向角传感器集成在安全气囊螺旋电缆组件上，排除安全气囊系统故障与对ABS/ESP控制单元的编码和对转向角传感器进行初始点标定的工作联系在一起，表明了现代轿车各电子控制系统之间的关系日趋紧密。若不熟悉上述相应的操作方法，维修就会中途搁浅。如编码后对G85补偿标定不成功，应再次检查测量值005组1区G85的数值应处于公差范围内。2009年上市的新帕萨特领驭1.8T轿车装备的BOSCH8.0ABS系统也具有ESP功能，该控制单元的编码为273/263（自动/手动），更换转向角传感器G85后，ABS/ESP灯亮起，查询时只有00778的故障记忆，故无需执行编码程序，仅激活G85的补偿标定即可，方法如

前述。

十二、帕萨特领驭安全气囊指示灯常亮

故障现象 一辆上海大众帕萨特领驭 2.8L 轿车，因涉水熄火被拖到维修站。发动机系统维修恢复正常，却发现仪表中安全气囊指示灯从打开点火开关起，就一直亮看，直到发动机熄火并关闭点火开关后才熄灭。

故障诊断 使用诊断仪进入安全气囊控制系统，查询有一个故障码：安全气囊控制单元功能故障。拆下该控制单元晃动，果然有水声，但更换上同型号的控制单元后，仪表上的安全气囊指示灯并没有熄灭。这次诊断仪却显示侧面安全气囊传感器未激活的故障码 01221 和 01222。更换传感器后故障依旧存在。这时候把该车换下来的一只传感器装回到左侧位置（原传感器进水，经去水处理后想再试一下其功能），谁知诊断仪不再显示左侧传感器有故障，再把它装到右侧，也不再显示右侧传感器有故障。而从外厂借来的两只传感器无论装到左侧或右侧，均显示未激活。于是只得从上海大众买来一只新的侧面安全气囊传感器，却发现型号有些出入。原车上这种传感器型号为 6Q0909606，而新购的这种型号为 6Q0909606K，配件资料明确显示能代用。于是把新购的传感器装到车上，这时安全气囊控制单元居然死机了。接着又购进了一块新的安全气囊控制单元，为慎重起见，根据安全气囊配件号 ICD909605K 后面提供的 23 数字找到了它的编码 12851，确定与原车无误后（如果编码不同，安全气囊指示灯常闪），把原来和借来的一个侧面安全气囊传感器又装到车上。仪表上的安全气囊灯还是常亮不熄，诊断仪显示与以前出现故障码情况也丝毫不差（即原车传感器无故障，借来的仍显示末激活）。事实说明，第一，原车上那只侧面安全气囊传感器是好的，它在诊断仪里始终没有故障码显示，而借来的那两只传感器则是有问题的。问题在哪里？一是据有关人士介绍，以前该种传感器出厂时未作处理，装车后就会使安全气囊指示灯常亮，但当前产品状态不清楚。二是其本身确实有故障。第二，第一次换上去的安全气囊控制单元应该是有问题的，否则它怎么会在使用正品 606K 传感器时死机。当然为了能在实践中证明新购的 606K 传感器能替代 606 型的，应该先把它替代到一辆同类型正常车上，但这个条件目前不存在。根据上面分析，我们在这辆故障车上进行试装也是有可能成功的。因为安全气囊控制单元是新的，只要型号和编码正确，从理论上讲再出现死机，即同一产品二次出现同一故障，这样的概率实在太小了。即使出现死机，就可以把矛头指向新的 606K 传感器。在右座椅侧安装了 606K 传感器，在左座椅侧仍是原车用的 606 型传感器。打开点火开关并消码后再退出诊断仪，仪表上安全气囊指示灯熄灭了。关闭和接通点火开关，反复几次，均是先亮后灭。第二天外出试车，安全气囊指示灯又亮了。用诊断仪查询，检出 3 个故障码，它们分别是：发动机控制系统显示故障码 17931，即安全气囊控制单元的撞击信号错误；仪表系统故障码为安全气囊系统信息中断；安全气囊系统故障码为仪表的信息中断。这故障码一时清除不掉。只好根据这些故障码的性质，把仪表和安全气囊之间用作通信的数据线从头至尾查了一遍，没有发现断路、短路错接等任何问题。既然线路通畅，为何又没有通信呢？这时候突然想起以前也发生过一次这种类型故障，后来换了控制单元就好了。因为控制单元本身有问题或丧失了信息输出能力，会导致信息中断。于是更换一块新的安全气囊控制单元。这次试验时，安全气囊指示灯先亮后灭，显示正常了。

从这次排故结果来看，现在生产的 6Q0909606K 侧面安全气囊传感器能替代 6Q0909606 型。多个电子元件有故障嫌疑，而所需条件有限情况下排故往往会很曲折；两块同类产品的安全气囊

控制单元万万想不到都有故障。

十三、上海大众帕萨特领驭轿车正常行驶过程中电子真空泵继电器频繁吸合

故障现象　一辆上海大众帕萨特领驭1.8T轿车，在正常行驶中电子真空泵继电器频繁吸合。

故障诊断　连接故障诊断仪VA.G1552对系统进行检测。未发现系统存在故障码。虽然未发现任何故障码，但笔者感觉该车的故障应该在相关数据流上有所体现，故决定利用故障诊断仪观察数据流。利用故障诊断仪进入数据组01-08-008，在发动机怠速状态下诊断仪显示：

Not oper	pump off	245 mbar	test off
制动踏板未踩	电子真空泵继电器断开	绝对压力	测试关闭

在将发动机熄火5min后，笔者再次利用故障诊断仪观察相关数据，以将其与之前的数据进行对比看有何变化。此时诊断仪显示：

Not oper	pump off	420mbar	test off

根据维修该车的经验，在发动机怠速工况下，正常车的真空助力器内的压力值一般应为170mbar（17kPa）。而该车此条件下真空助力器内的压力却达到了245mbar（24.5kPa），说明系统内存在轻微漏气的现象。根据该车的具体结构特点。真空助力器或单向阀管路出现问题都会出现该车的故障，那么如何判断究竟是真空助力器还是单向阀管路漏气呢？我们可以将真空助力器上的软管拔下，然后用手堵住，在发动机怠速工况下再次测量，然后将两次的测量结果进行比较即可。经测量发现，在堵住软管后，故障诊断仪显示的绝对压力值变为正常车的170mbar（17kPa）。根据这个测量结果，也充分说明该车的故障原因是真空助力器内部泄漏。

故障排除　更换真空助力器后，笔者再次利用故障诊断仪观察了相关数据。在发动机怠速运转的情况下，故障诊断仪显示：

Not oper	pump off	170mbar	test off

至此，故障排除。

十四、帕萨特领驭轿车仪表板上安全气囊报警灯常亮

故障现象　一辆上海大众帕萨特领驭2.8L轿车，用户反映仪表板上安全气囊报警灯常亮。

诊断分析　连接故障诊断仪VAS5051进行检测。发现了00654故障码，含义为驾驶员安全带张紧装置引爆装置N153电阻过大。根据故障码的提示查阅电路图，发现N153就是后部安全带拉紧器引爆装置N196，位于行李舱内左后轮罩上，一般出现这种问题的原因：①该装置损坏；②线路或连接插头出现问题。为了证明该装置有无问题，将N153的插头插到另一侧安全带拉紧器引爆装置N154上，再次查询故障码，发现故障码显示成了N154的故障码，说明该装置没有问题，故障应在线路或插头连接上。那么为什么会出现该车的故障呢？原因在于，在该车上后安全带是由安全气囊控制单元进行控制的，由于插头虚接，导致接触电阻过大，从而使得控制单元记录了故障码。

故障排除　重新连接该插头并清除故障码，故障排除。

十五、帕萨特V6 2.8L车载电话故障

一辆上海大众帕萨特领驭V62 8L豪华商务版轿车，因为车载电话系统无法正常工作来站检

修。该车配备有西门子车载免提电话系统，车载电话中配有西门子手机电话。接修该车，通过和车主沟通了解到该车的车载电话有如下故障现象：将该车电话系统中的西门子手机从车载电话的镶入式手机适配器中取出，该手机可以正常打出和接听电话；但是如果将西门子手机镶入适配器中，却无法和车载系统连为一体，手机不能通过免提方式打出和接听电话，同时车载系统也不能给西门子手机进行通电。另外，通过车主了解到，该车手机的原有的锂电池已经在被车载充电时充胀变形，之后更换了一块电池。

随后。对该车的故障进行检查和分析。由于没有维修过帕萨特 V6 车载电话系统这类故障，首先对该车型的车载电话系统结构进行了必要了解，通过资料得知，帕萨特 V6 轿车的车载电话系统由西门子手机、手机适配器、车载电话控制单元及收放机等组成。车载电话系统的电路图如图 9－3 所示，根据电路图可知，当手机插入适配器中，手机就与车载电话控制单元和车辆的音响系统组成车载免提电话系统。能够进行免提接打电话。另外。安装适配器时有严格的初始化操作，具体做法如下：①关闭发动机，拔出点火钥匙；②按下适配器的插头按钮，将适配器插入车内驻车制动杆后面的插座内；③将适配器的卡扣卡入适配器固定地板的凹槽内；④打开点火开关；⑤打开收音机，收音机显示屏显示“电话模式”的英文字符（INPHONE）；⑥西门子手机插入手机适配器中，手机的情景模式自动设置为“车内使用”，并进入待机和充电状态。此时可以通过免提方式接听和打出电话，打电话时收音机的扬声器中会放出通话和铃音等。

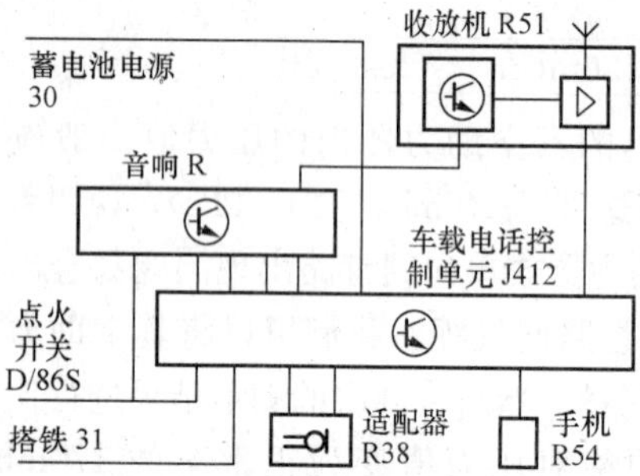

图 9－3　车载电话相关线路

根据车主所述，对故障进行了验证和基本检查，首先单独使用手机拨打电话和接电话均正常，然后按照上述适配器的初始化操作程序对其进行了严格的初始化操作。结果收音机无任何反应，手机安装在适配器中也不会进入车内模式，同时不进行充电。为了排除手机和适配器存在问题，首先找来和该车可以互换的 2006 年款 1.8T 新车的手机适配器和配套的西门子 M55 手机，又进行了一次初始化操作，结果故障依旧；同样将该车的手机和适配器安装在 06 款 1.8T 新车上，初始化后可以正常使用。

由上面验证检查来看，可以确定该车原配的手机没有问题。笔者认为故障原因有如下几种可能：①车载电话控制单元没有工作或损坏；②收音机内部电路有故障；③车载电话控制单元和收音机之间电路有问题；④手机适配器线路有问题。

依据电路图首先检查车载控制单元的熔丝 S10（位于仪表台左侧的熔丝插座），熔丝正常，而且用万用表测量熔丝也有电，然后分别拆下收音机和车载电话控制单元 J412 插头，分别测量车载电话控制单元的供电和搭铁线连接正常，再测量控制单元到收音机的信号和音频线也连接正常，而且没有搭铁短路情况，经过检查确定连接线路也没有任何问题。接下来看问题是否会在车载电话控制单元和收音机，由于收音机可以正常收音和播放 CD，车载电话控制单元有问题的可能性最大。加之根据车主叙述该车原配的手机在车载适配器中曾充坏了原配的电池，由此分析车载控制单元损坏的可能性更大，于是更换新的车载电话控制单元 J412。初始化后，一切正常。至此故障排除。

十六、帕萨特领驭轿车天窗不工作

故障现象　一辆 2007 年产帕萨特领驭 1.8T 轿车，搭载 01V 型自动变速器，行驶里程

53万km。用户反映该车天窗不工作。

检查分析 维修人员接车后对车辆进行基本检查，操作天窗开关至天窗打开位置，天窗电动机不动作；人为打开天窗，然后用锁车门方式对天窗做舒适关闭，天窗有时可以关闭。

帕萨特领驭轿车天窗控制单元J245与天窗电动机集成一体，位于驾驶舱车顶的前室内灯上方，天窗开关E325和天窗调节器E139集成在前室内灯面板上。由天窗系统电路图（见图9-4）可知，J245的T6dd/1端子搭铁，电源节点500→熔丝S230（20A）→J245的T6dd/4端子给J245提供30号线常电，构成天窗电动机工作的条件。

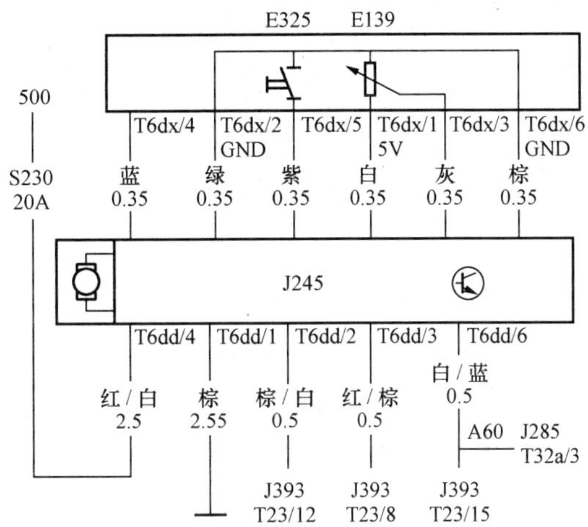

图9-4 帕萨特领驭轿车天窗电路图

J245—天窗控制单元；J393—舒适系统控制单元；E139—天窗调节器；E325—天窗开关

天窗开闭功能由舒适系统控制单元J393激活，条件是点火开关ON。天窗激活过程描述如下：J393检测到点火开关处于ON的位置，其T23/12端子输出12V电压→棕/白0.5线→J245的T6dd/2端子，J245得到电源后，控制单元内部稳压电源输出5V电压加在天窗调节器E139上，满足激活天窗工作的条件。E139的可变电阻器通过阻值变化形成相应的电压信号，对天窗开启或倾斜进行无级调节。信号通过E139的T6dx/3端子（灰线0.35）向J245发送，J245控制天窗电动机动作，天窗打开并最终停止在与E139输出电压相对应的位置上。同时，该电压信号还作为天窗位置信号，供J245识别天窗开/闭状态，为舒适关闭做准备。关闭天窗时，E325开关触点闭合，E325的可6dx/5端子（紫0.35线）向J245发送搭铁信号，J245检测到该点的电位变化，指令电动机执行天窗的关闭。

天窗具备延时操控和舒适关闭功能，当点火开关OFF时，只要车门未开启，J393的T23/12端子继续维持供电，使天窗仍可操控。延时10min后或J393识别出有车门开启，T23/12端子切断12V电源，天窗失去工作条件，J393通过其T23/8端子（红/棕0.5线）对J245的T6dd/3端子发送12V常电信号。在天窗尚未关闭的状态下锁车，J393检测出钥匙在驾驶员侧车门锁芯开关长时间保持开位时，控制T23/8端子由高电位翻转为低电位，J245感知到这个信号的变化，并根据E139的反馈信号，指令天窗电动机执行舒适关闭。J245的T6dd/6端子→白/蓝0.35线→节点A60→仪表控制单元J285的T32W3端子相连，接收经J285处理后的车速信号，其作用是车速达到某个限值时停止执行天窗操作。

根据上述控制原理和天窗有时可以动作的检查结果，分析S230应该正常。拆开前室内灯饰板，脱开J245与E139的T6dx插接器，点火开关ON，用万用表检查T6dx门端子（白线）的电压为0.02V。该线无5V电压，说明J393没有向J245供电。检测J245的T6dd插接器2号端子无12V电压，证实了这一推论，这表明舒适系统控制单元存在问题。

连接VAG1552故障诊断仪进入J393，点击08测量值功能选项，查阅6组2区的测量值为Term 15 ON（15线端开启），关闭点火开关，该值变为Term 15OFF（15线端关闭），表明J393

可以识别到点火开关位置，于是确定故障原因是J393没有向J245输出电源，导致天窗无法工作。

故障排除 拆开驾驶员侧地毯，拉出J393防护盒，见有水侵入J393。清除积水并用吹风机吹干装复。点火开关ON，检查J245的T6dd/2端子依旧无12V电压，说明J393已损坏，更换新的舒适系统控制单元J393，故障排除。

回顾总结 帕萨特轿车天窗故障较少，本次维修纯属初次接触。由于J245不具备自诊断功能，无法取得诊断仪的支持，此时只阅读电路图是无法看出J393对J245的控制细节。本例故障的排除首先通过对正常车天窗控制单元T6dd/2和T6dd/3端子的测量。基本清楚了天窗控制的细节。然后从控制原理出发，进行相应检查得出结论，顺利地排除了故障，这即是回顾总结带来的益处，也成为构思本文的由来。

十七、帕萨特新领驭轿车倒车时导航系统显示屏不能显示后方影像

故障现象 一辆帕萨特新领驭1.8T自动导航版轿车。行驶里程4046km，用户反映该车倒车时导航系统显示屏不能显示后方影像。

检查分析 维修人员接车后进行基本检查，将挡位置于R挡，驻车辅助系统工作正常，导航显示屏呈蓝屏状态，无后方影像的视频显示，检查倒车灯M16、M17可以点亮，但灯泡亮度明显不足。

连接VAS5052故障诊断仪试图进入导航系统J503访问，诊断仪屏幕提示系统不存在，无法由此获得诊断信息。根据上海大众技术通报提示，J503具备自诊断功能，其方法是：同时按住收音机和导航控制单元J503面板上的“RADIO”和“TONE”键。按照上述方法进入自诊断界面，未发现故障码，也没有关于后视摄像头R189的测量值。

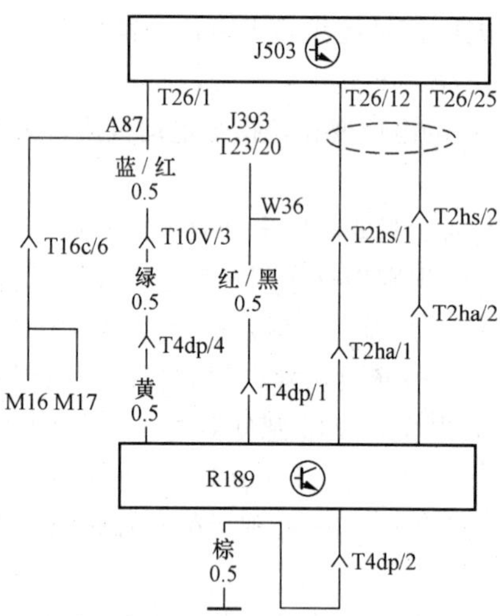

图9-5 帕萨特领驭1.8T自动导航版轿车倒车摄像头电路示意图

A87—节点（倒车灯）；J393—舒适系统控制单元；J503—收音机与导航控制单元；M16—左倒车灯；M17—右倒车灯；R189—后视摄像头；W36—节点（室内灯）

新领驭1.8T自动导航版轿车配置了驻车辅助系统和倒车视频，在行李舱盖把手处设置后视摄像头R189，倒车影像显示集成在J503屏幕上。由R189局部电路，如图9-5所示可知，R189取电于舒适系统控制单元J393的下23/20端子（室内灯常电输出节点W36，供电端的上游是熔丝S14）。当点火开关ON，挂入R挡时。自动变速器多功能开关F125输出12V电压。并通过接点A87传输到M16、M17、R189和J503上。R189获得倒车信号后，进入工作状态，通过T2hs和T2ha插接器及屏蔽线路将信号发送至J503的T26/12、T26/25端子，J503识别到倒车信号，对接收到的R189后视摄像头信号进行处理，在导航显示屏展现车后视频影像。

根据上述工作原理。首先检查室内灯正常点亮。表明J393输出了对W36节点的常电供给。脱开R189的T4dp黑色插接器，用12V试灯检查T4dp/1端子（红/黑0.5）。试灯能以正常亮度发

光，说明供电没有问题。在挂入 R 挡的条件下，用万用表测量 T4dp/4 端子（绿 0.5 线）。测得倒车灯信号电压仅为 5.2V，这与基本检查时观察到的倒车灯亮度暗淡相符合。倒车信号电压52V 意味着接点 A87 线路不可能搭铁，而是受到了某个控制单元或用电器的干扰，使倒车信号电压大幅度降低。脱开与 R189 邻近的驻车辅助控制单元 J446 插接器，倒车信号电压依旧为 5.2V，说明故障与 J446 无关。

帕萨特新领驭自动导航版轿车使用倒车信号的控制单元或用电器除了 R189、J503 和 J446 外，还有仪表控制单元 J285、座椅控制单元 J136 和自动防眩目后视镜 Y7（见图 9 - 6）。断开右 A 柱的 T10V 淡红色插接器，用跨线单独连接端子 T10V/2（蓝/红）的 2 个端子，此时测量 T4dp/4 端子的电压为 12.2V。装复 R189 的 T4dp 插接器，将挡位置于 R 挡，导航视频出现了车后影像。观察右 A 柱 T10V 插接器上蓝/红线有 2 条，其中插接器 T10V/2 端子的蓝/红线是通往 J136 的倒车信号。拆下驾驶员座椅下方 T10z 棕色插接器，再装复右 A 柱的 T10V 插接器，挂入 R 挡，倒车视频影像恢复正常，这说明是 J136 内部倒车信号相应的电路出现了问题，使倒车信号电压降低至 5.2V，最终导致 R189 无法工作。

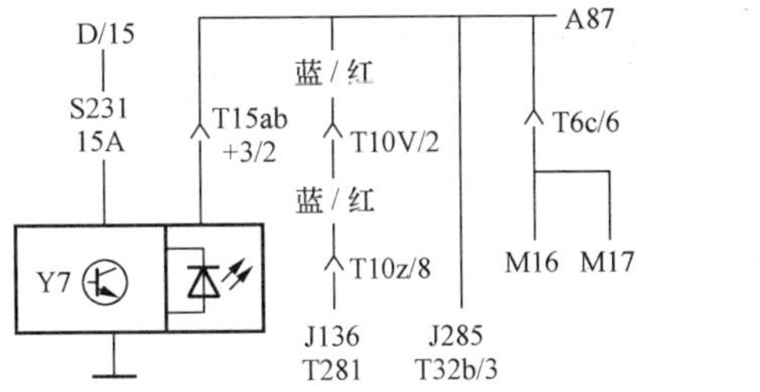

图 9 - 6 帕萨特领驭轿车其他使用倒车信号的控制单元与用电器

A87—节点（倒车信号）；J136—座椅控制单元；J285—仪表控制单元；M16—左倒车灯；M17—右倒车灯；T10V—10 针插头（淡红色，右 A 柱 6 号位）；T10z—10 针插头（棕色，驾驶座椅下 4 号位）；Y7—自动防眩目后视镜

故障排除 更换新的座椅控制单元 J136，故障排除。

回顾总结 本例故障排除的思路是根据倒车灯亮度不足的现象，从检查后视摄像头 R189 工作的必要条件出发，结合分析该车使用倒车信号的所有控制单元或用电器，从而找到倒车信号异常的原因。

十八、帕萨特领驭轿车行驶中即使关闭空调，出风口仍有冷气送出

故障现象 一辆 2007 年产帕萨特领驭 1.8T 自动挡轿车，配置自动空调，行驶里程 7.3 万 km。用户反映该车行驶中即使关闭空调，出风口仍有冷气送出。

检查分析 维修人员使发动机怠速运转，关闭空调系统，当空调显示屏 E87 显示 OFF 时，目测空调管路有结露现象，连接 R134a 制冷剂加注机，测出系统管路高压端压力为 1.4MPa，显然压缩机仍处于制冷工作状态，从而证实了故障现象。连接 VAG1552 故障诊断仪，查询空调控制单元 J255 的故障记忆，有 2 个故障码，分别为：01272（中央活门伺服电动机 V70 故障，偶发）；01316（大众集团舒适系统数据总线无通信，偶发）。考虑到这 2 个故障码与故障现象没有直接关联，所以清除故障码后再次查询故障存储，无故障码存储。

当空调系统 ON 时，读出数据块 1 组 1 区的测量值为 0。1 区数值的含义为压缩机关闭条件，0 表示压缩机正在运行。关闭空调系统，1 区的测量值变为 7，其含义是空调系统通过鼓风机开关关闭了压缩机的运行。查阅自动空调系统电路图，空调压缩机电磁离合器 N25 由空调继电器 J44（267 号）控制，如图 9 - 7 所示。找到位于真空制动助力泵旁的线束插接器支架，脱开通往

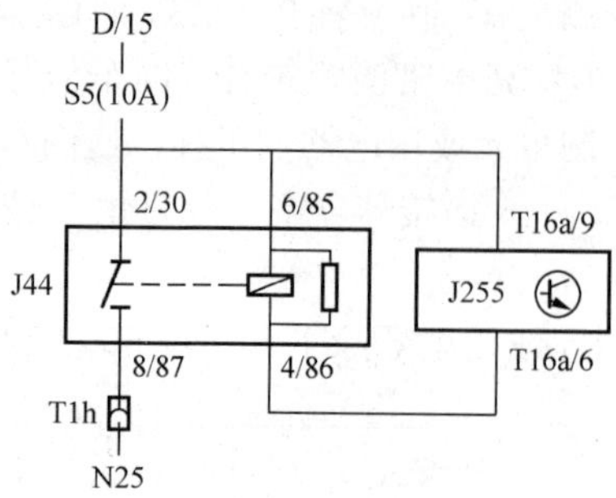

图 9－7　帕萨特空调继电器部分电路示意图
J44—空调继电器；J255—自动空调控制单元；N25—压缩机电磁离合器；S5—熔丝；D/15—点火开关 15 端子；T1h—压缩机电磁离合器插接器（在电动真空泵附近）

压缩机电磁离合器 N25 的 T1h 绿色插接器，用试灯测试其供电状况，试灯亮起。从仪表左侧下方继电器板上拔下 267 号继电器，试灯熄灭。重新插上继电器时，手感受到了触点闭合的振动，表明继电器触点没有烧结。以上检查说明，J255 的 T16a/6 端子（J44 电磁线圈控制端）始终处于低电位，从而使继电器触点常吸合。分析其原因，不是该端子短路搭铁就是控制单元损坏。在 267 号继电器的 86 端子引出测量导线，用万用表测量该点的电压为 5.1V，用同样的方法测量继电器 85 端子的电压为 13.8V。继电器电磁线圈两端存在 8.7V 的电压，这足以使继电器触点吸合。继电器 86 端子 5.1V 的电压表明线路不存在搭铁现象。这只能说明控制单元内部控制 267 号继电器电磁线圈的输出部分已经损坏。

故障排除　更换新的空调控制单元。空调关闭时，测得 267 号继电器 86 端子的电压为 13.1V，继电器触点不再吸合。连接 VAG1552 故障诊断仪进入空调系统查询，有控制单元编码错误和未进行基本设定的故障码，执行对控制单元的编码操作（编码值 17200），执行四个风门伺服电动机 V68、V70、V71 和 V85 的基本设定（通道号分别为 002、003、004 和 005，与四个风门伺服电动机的测量值组号相同）后，故障排除。

十九、帕萨特领驭轿车空调故障

故障现象　一辆 2008 年生产的帕萨特领驭 2.0 自动挡轿车，配置手动空调，行驶里程为 6093km，车主来站报修空调不制冷。

检查分析　经基本检查发现，空调系统鼓风机能正常运转。将空调开关 E35 置于 ON 时，开关按键上电源指示灯点亮，但出风口没有吹出冷气。目测散热器风扇不转。拔下继电器熔丝板上 1 号位的 373 号继电器。在插座上用跨线短接继电器 30 与 87 端子对应的插孔，以模拟 373 号继电器动合触点闭合状态，散热器风扇启动运转。这说明空调开关 ON 时，373 号继电器动合触点没有搭铁，使得散热器风扇低速挡继电器 J279 不工作，故而风扇不转。此时有两种可能：373 号继电器损坏，或没有控制 373 号继电器吸引线圈工作的电流。

对 373 号继电器进行单体检测，性能正常。插回 373 号继电器，人为地给其 85 端子送电，散热器风扇可以运转，这说明故障原因是没有 373 号继电器吸引线圈工作电流。根据上述电路分析，J26 处于空调开关 E35 和环境温度开关 F38 的下游，由于空调开关 ON 时按键上指示灯亮，说明电源已送达 E35，因此判断故障点是 F38 处于断路状态。F38 断路意味着不再满足空调运行条件。在空调进气通道口处找到 F38，用跨线短接线束侧两针插接器，散热器风扇启动，空调开始制冷。用万用表测量 F38 的电阻呈无穷大，说明 F38 已坏。

故障排除　更换新的环境温度开关，故障排除。

二十、帕萨特领驭轿车空调突然不制冷

故障现象　一辆 2007 年产的帕萨特领驭 1.8T 手动挡轿车，配置手动空调，已行驶 218 万

km，最近天气转暖空调突然不制冷。

检查分析　打开点火开关，启动发动机，检查鼓风机可以正常送风。空调开关置于 ON 时，按键上指示灯点亮，同时散热器风扇旋转。根据上述检查结果与分析空调电路可知，75x 节点 503 到 F38 间的电路正常，下一步应从空调切断继电器 J314 入手调查。在仪表左侧下方继电器熔丝板上拔下 384 号继电器，用试灯在 384 号继电器 15 端子对应插孔中测量由 F129 发送给继电器的电压信号，测试结果试灯不亮，这说明电路在空调组合压力开关处中断。其可能原因：①系统 R134a 制冷剂不足使 F129 断开；②F129 低压开关损坏不能导通；③F38 至 J314 间的线路断路。用 R134a 制冷剂加注机测量空调系统内的压力，结果正常。拆下前保险杠和右前照灯，检查冷凝器侧空调组合压力开关 F129，见线束侧四线插接器上有两条线已经断了，这两条线正是连接 F129 低压触点的棕，蓝、黑/蓝线，看上面的印痕，怀疑被老鼠咬断的。

故障排除　修复这两条断开的导线，空调制冷恢复正常。

二十一、帕萨特领驭轿车空调不制冷

故障现象　一辆 2007 年生产的帕萨特 1.8T 领驭手动挡轿车，配置手动空调，已行驶 4.57 万 km，车主反映空调不制冷。

检查分析　初步检查空调状态，鼓风机在各个挡位上运转正常，空调开关 ON，散热器风扇在低速挡旋转。拔下 384 号继电器，测量继电器 15 号端子对应的插孔有 12V 电压，说明 F129 的系统压力信号已到位。检查 384 号继电器的电源条件，将数字万用表红表笔撬入继电器 30 号端子对应的插孔，黑表笔插入继电器 31 号端子对应的插孔，在点火开关 ON 时，有 12V 电压。用 V. A. G1552 查看发动机控制单元 J220 的空调允许信号，屏幕显示 08－050 数据组 3 区为 A/C H，4 区为 compre. on，发动机冷却液温度为 95℃，以上数据说明，不存在限制空调工作的条件，故障应在 384 号继电器。

故障排除　因配件库无 384 号继电器，用 398 号继电器（帕萨特 1.8 L 轿车上的空调切断继电器，端子布置与含义相同，只是代号不同）代用，空调不制冷的故障排除。

维修总结　纵观上述 3 个案例的维修过程可以看出，当手动空调不制冷时，可以通过散热器风扇是否工作来划分电路故障的上下游范围。散热器风扇不转意味着故障点在 F38 以前，然后通过检查鼓风机是否运转、空调开关按键上的指示灯是否点亮以确定故障原因。若电动风扇工作则表明故障点在 F38 以后的电路上，通过检查空调切断继电器 J314 的 15 号端子上是否有 12V 电压来缩小范围。若无 12V 电压，故障应在 F129（系统制冷剂不足使低压开关断开、开关损坏）或 F38 至 J314 的电路上；如有 12V 电压，检查发动机控制单元与仪表是否有切断空调运转的信息，若无切断信息，则表明 J314 损坏。

二十二、帕萨特领驭 1.8T 自动挡尊贵导航版轿车仪表板的信息显示区有时出现空白

故障现象　一辆 2007 年产帕萨特领驭 1.8T 自动挡尊贵导航版轿车，行驶里程 4.6 万 km。用户反映该车仪表板的信息显示区有时出现空白。

故障排除　维修人员用密码读取仪读出原车的 4 位密码，换上新的仪表，然后执行仪表与发动机控制单元的防盗匹配操作。为此，连接 VAS5052 故障诊断仪进入自诊断功能选项，点击

仪表控制单元地址码17，显示新仪表的14位防盗识别码和17位标有×的VIN码，选择功能012（匹配），出现软键盘，输入通道号50后退出，输入原车密码，屏幕上“提示功能未知，此刻不能执行”。

仔细回想匹配过程，操作程序并未出错。为何匹配不成功？考虑到新的仪表控制单元有可能尚未正确编码，无法匹配的原因可能是新仪表的编码与原车编码不一致。读出新仪表的编码为6125，而帕萨特领驭1.8T自动挡带蓝牙功能的尊贵导航版轿车仪表编码应为23135，根据仪表编码规则，前两位数字代表选装设备，23为制动摩擦衬块磨损指示器01、安全带警告系统02、风窗清洗液警告系统04和导航系统16之和。

再次进入仪表控制单元地址17，将新仪表编码为23135，显示成功后退出。选择功能选项012，出现软键盘，输入通道号50后退出，屏幕上出现“PIN?”对话框，下方显示输入密码值（00000～32000）的滚动条，右侧出现“键盘”和“保存”两个按钮，点击“键盘”按钮，出现软键盘，键入原车密码后退出，点击“接受”、“保存”按钮，屏幕显示匹配完成。防盗指示灯K117熄灭，查看新仪表内原来显示17位标有×的位置上已复制成原车的VIN码。接下来匹配点火钥匙成功后，结束维修交车。

回顾总结 从第三代防盗系统的原理可知，车辆防盗密码与VIN号唯一对应，新仪表虽然具有密码，但其VIN号区为空白，即17位×。新仪表匹配时可直接从发动机控制单元中复制VIN号，条件是在有匹配功能的50通道输入原车密码。而匹配使用过的仪表时，因仪表内已存有VIN号，则必须执行登录程序，解除登录锁止后，才可匹配。

回顾第一次执行仪表防盗匹配不成功的过程：点击功能选项012，出现软键盘。在输入匹配通道号50后，输入密码前，屏幕应出现“PIN?”对话框，但因VAS5052故障诊断仪内部执行这个程序的时间较长（V. A. G1552故障诊断仪执行较快）。在“PIN?”对话框未出现前，笔者在屏幕尚未消失的软键盘上输入了原车密码，正因为这一点，匹配工作无法完成。读者在更换仪表进行匹配操作时，请必须注意这一点。

二十三、帕萨特领驭轿车无法遥控门锁开锁，转向灯也无法正常使用

故障现象 一辆上海大众帕萨特领驭2.0L轿车。用户反映无法遥控门锁开锁，转向灯也无法正常使用，但应急警告灯正常，室内灯及门灯全部失效。

检查分析 首先检查熔丝盒内的相关熔丝，发现转向灯熔丝熔断，更换熔丝后转向灯可以正常工作，但是遥控器仍然无法正常使用，室内灯也不亮。难道是遥控器与舒适系统控制单元之间无法通信或没有同步？使用故障诊断仪的引导功能对遥控器进行了同步匹配。但遥控器仍然无法正常使用，使用故障诊断仪对舒适系统控制单元执行元件测试，发现根本无法执行。

由于遥控器和室内灯由舒适系统控制单元控制，于是笔者决定检查舒适系统控制单元。拆开驾驶舱内左侧地板，找到舒适系统控制单元，发现控制单元的外壳上被烧出了一个洞。打开控制单元外壳。发现内部有很多积水，内部的电路板已经完全烧毁，看来这就是问题所在。如果只更换控制单元而不找到进水的原因，肯定会留下故障隐患。

驾驶舱内进水的常见原因有两个：一是车身某部位密封性不好，从外部渗入雨水或洗车的水；二是空调工作时蒸发器产生的水无法从排水孔流出，这通常是排水孔堵塞造成的。通过检查可以看出。空调的水可以正常排到车外，看来是车身某部分密封性不好。对前风窗玻璃进行浇水

试验，发现发动机控制单元外密封罩上有一个约 15cm 长的裂痕。水应该是从这里顺着线束通道进入驾驶舱内，又流到驾驶舱地板下面的，最后积水过多造成舒适系统控制单元烧毁。而且从外观上可以看出，出现裂痕的发动机控制单元外密封罩不是原厂配件。

故障排除　更换舒适系统控制单元和发动机控制单元外密封罩，并使用故障诊断仪对舒适系统控制单元与遥控器进行了同步匹配，各故障现象均消失了。通过此故障可以看出，使用无质量保证的配件很可能会留下故障隐患。

第十章

朗逸轿车维修案例

一、朗逸轿车发动机故障灯点亮

故障现象 一辆2008年产上海大众朗逸2.0L自动挡轿车。据用户反映。该车正常行驶中发动机故障警告灯点亮。

检查分析 接车后，首先验证故障现象确实存在。与用户沟通后得知，该车已经因为这个故障维修过2次，用户抱怨很大。询问之前的维修人员，得知了该车的一些情况。第一次维修时，维修人员使用故障诊断仪VAS5051 B调取故障码为“系统过浓退出怠速”，因为该车行驶里程只有几千千米，维修人员怀疑用户在加油站加的油不好，于是清除故障码后让用户换97号汽油（之前使用93号汽油）。用户换成97号汽油后，行驶不到3天（里程约500km），发动机故障灯再次点亮，调取故障码还是“系统过浓退出怠速”。维修人员怀疑之前用户加油不好已经造成喷油器等部件出现问题。于是让用户购买了专用的汽油清洁剂加在油箱内，由于故障不是立刻出现，维修人员就又让用户行驶一段时间再观察，结果几天后发动机故障灯再次点亮，用户第三次来到了维修站。

了解了这些情况后，首先连接故障诊断仪VAS5051 B调出故障码，如图10-1所示。确认与之前2次出现的故障码相同。由于故障码的含义比较模糊，于是笔者打开VAS GFSlight模拟软件查询08568的含义，如图10-2所示，根据提示的含义，认为应该是发动机转速只要不在怠速状态，可燃混合气就过浓。有了思路也就有了方向，通过数据流重点检查影响空燃比的几个传感器，怠速时，进气压力传感器数值为30kPa，冷却液温度传感器数值为96℃，节气门开度为1.2%，氧传感器数值在正常范围内快速变化。当检查到32组数据流时，发现数据异常，如图10-3所示。从数据流中可以看出，怠速时氧传感器的自适应值是正常的11%（标准值为-10%～10%），而部分负荷时氧传感器的自适应值是-18.0%，已经超出标准范围。至此，也说明了对故障码含义的分析是正确的。

车辆车载诊断 (OBD)	01- 发动机电子装置
04-01- 检查故障码存储器	068908578　　0608908578
成功执行该功能 是否检测到故障码？	2.01　87kW　0　H05　—1976 编码 71 经销商编号 00078
08588　　P2176 系统过浓退出怠速　　气缸列 1	002　▲ ▼　环境条件
◄　▲　⌫　?　►	09.07.2010 08.17

图10-1　故障码

车辆车载诊断 (OBD)	01- 发动机电子系统
04-01- 检查故障码存储器	moL 2000 kotz
成功执行该功能 是否检测到故障码？	

故障码	代码	含义
P2151	08529	燃油喷射器组“B”电源电压电路信号太强
P2177	08567	气缸列 1，大于怠速时燃油太稀
P2178	08568	气缸列 1，大于怠速时燃油太浓
P2181	08577	冷却系统故障
P2183	08579	散热器出口的冷却液温度传感器 -G83- 不可靠信号
P2184	08580	冷却液温度 (ECT) 传感器 (在散热器上)-G83- 信号太小
P2185	08581	冷却液温度 (ECT) 传感器 (在散热器上)-G83- 信号太大
P2187	08583	气缸列 1，怠速时燃油太稀
P2188	08584	气缸列 1，怠速时燃油太浓
P2191	08593	气缸列 1，全负荷时燃油太稀
P2192	08594	气缸列 1，全负荷时燃油太浓

图 10－2　08568 的含义

车辆车载诊断 (OBD)	01- 发动机电子装置
004-01- 轿车故障码存储器	030906057AQ　030906057AQ
显示组 50	AT/1.61-4V/77kW　H03　3446 编码　35 经销商编号　00078

测量值		显示组
怠速时氧传感器的自怠速值	11%	32
部分负荷时氧传感器的自适应值	-18.0%	▲　▼

◄　▼　?　►

(a)

车辆车载诊断 (OBD)	01- 发动机电子装置
004-01- 轿车故障码存储器	030906057AQ　030906057AQ
显示组 50	AT/1.61-4V/77kW　H03　3446 编码　35 经销商编号　00078

测量值		显示组
怠速时氧传感器的自怠速值	-0.6%	32
部分负荷时氧传感器的自适应值	-0.8%	▲　▼

◄　▼　?　►

(b)

图 10－3　数据流

(a) 异常数据；(b) 正常数据

－18.0％表示的含义是当氧传感器感知可燃混合气过浓时，它就反馈给发动机控制单元1个数值为负的信号，发动机控制单元收到此信号后修正空燃比。但是，该车在部分负荷时的氧传感器调整已经达到极限，混合气还是过浓，那么是什么因素影响到空燃比呢？除了进气压力传感器和冷却液温度传感器等几个主要传感器的信号之外，进气系统漏气、燃油压力过高和喷油器滴漏等情况也都会引起混合气过浓。本着先简单后复杂的原则，检查进气系统是否有漏气的现象，当测量燃油压力时发现了异常，怠速时燃油压力为380kPa，但随着发动机转速的升高，燃油压力也在上升，在发动机转速为2000r/min时燃油压力达到了600kPa，这个数值就过高了。

故障排除 能够引起燃油压力过高现象的部件主要有燃油压力调节器，而该车的燃油压力调节器与燃油滤芯为一体。更换燃油滤芯，燃油压力恢复正常。路试一段时间后读取32组数据流，看到数值正常。跟踪回访，确认故障再没有出现过。

回顾总结 目前发动机上常见的燃油系统共有3种。有回油系统的燃油系统，在油轨处有回油管且带油压调节器，怠速油压为250～280kPa，无调节时的油压约为300kPa；有限回油系统的燃油系统，在油轨处无回油管，在燃油滤清器处有回油管，即油压调节器与燃油滤清器是一体，怠速油压为350～380kPa；无回油系统的燃油系统，在油轨处无回油管，在燃油滤清器处也无回油管，油压调节器与燃油泵是一体，怠速油压为350～380kPa。对于该车的故障，正确分析出故障码的含义是排除故障的关键，它有助于我们采用更为准确和便捷的诊断方式迅速地解决问题。

二、上海大众朗逸发动机故障灯亮

故障现象 一辆上海大众朗逸轿车，行驶65 000km，客户报修发动机故障灯亮。用VCDS908检测线进入01发动机，读取有一个故障码为“05668，故障灯开有不可靠信号”，选择清除故障码，可以清除。但是只要点火开关打开，故障码又会重现，看来是硬性故障。由于近年来大众车系的维修手册全部做成维修系统了，只有4S店有此系统或者是书面资料，而新的维修系统加密级别非常高，新款车的维修手册外面是没有的，而我公司又无大众原厂诊断仪VA＄5052A，所以查找不到这个故障码的准确定义。

故障诊断 发动机管理系统全部安装了OBD功能的，尝试着用VCDS908检测线的OBD功能进入发动机系统，竟读到一个故障码“17104，输出转速传感器电路故障”，看来是变速器系统的故障，此时进入02变速器系统，读到了2个故障码“17104，输出轴转速传感器电路故障且故障指示灯MIL亮；01314，发动机控制单元检查DTC故障存储器，间歇性故障”。再启动车辆读取自动变速器数据流001组，第一区是发动机转速值，第2区是输入轴转速传感器G182转速值，第三区是输出轴转速传感器G195转速值，进D挡让两前轮转动，发现第三区数值还是0，看来是G195本身或者线路发生故障。此时发动机系统的故障码005668就好理解了，是因为变速器输出轴转速传感器G1 95发生故障，没有信号输入到自动变速器控制单元J217，变速器控制单元1217检测到故障向发动机控制单元发出点亮故障灯的请求。

上海大众朗逸配置的是日本爱信生产的6速自动变速器，大众公司称之为09G。变速器输出轴转速传感器G195是变速器最重要的信号之一，利用霍尔原理检测变速器输出轴转速，用于控制换挡点、动态换挡DSP功能、换挡元件的诊断与发动机和涡轮转速的可信度分析。该信号失效将使用 ABS 控制单元的车速信号作为替代信号，这也是客户为什么在驾驶时没有明显感觉换挡有问题。

将车举升起来，找到变速器输出轴转速传感器 G195 的插头 T8u，发现该插头的线曾经断了而又全部重新接过的，而且此时又有一根黑色的线从插头根部断掉，查阅电路图，如图 10－4 所示，发现该线正是变速器输出轴转速传感器 G195 的线，于是就将插头 T8u 从车上取下，从根部剖开让断的第 5 针脚露出找了一根线焊上，告诉车间的师傅将线接好再清除掉故障码就可以了。过了 10min，师傅跑来说："还是不行，故障灯还是亮，故障码也清除不掉。"我想难道还有其他问题？于是又去车上，进入 02 自动变速器系统，此时读得 3 个故障码"17094，变速器油温度传感器 G93 电路"和"17104，输出轴转速传感器电路"，还有"01314，发动机控制单元检查 DTC 故障存储器，间歇性故障"。此对就觉得怪了，怎么又会出变速器油温度传感器 G93 的故障码呢？又拔下插头 T8u，按照电路图仔细对比线色和针脚位置，发现车间的师傅将 2 号脚蓝/黑线和 6 号脚白色线接反了，此两线正是 G93 和 G195 的线，将线按照电路图正确接好，再次进入 02 自动变速器系统，清除故障码，启动车辆，故障灯不再亮。此时读取自动变速器数据流 001 组第三区，数据已经能随车速正常变化，至此故障完全解决。

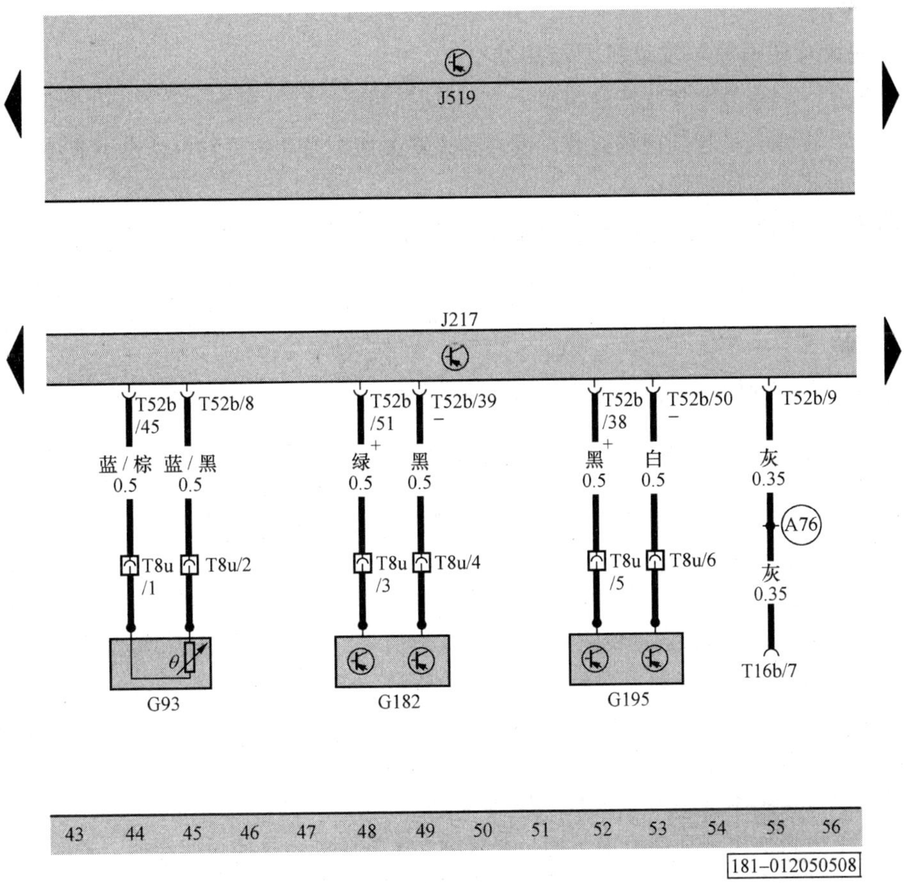

图 10－4 变速器系统电路图

三、上海大众朗逸轿车中控锁功能失效

故障现象 一辆2009年生产的朗逸1.6L手动挡轿车行驶里程为1356km。用户反映中控锁功能失效。

检查分析 维修人员检查中控锁功能，发现使用遥控器不能控制中控锁的启闭，行李舱也打不开，将钥匙插入驾驶员侧车门锁芯，车门也无法闭锁/解锁。因驾驶员侧车门锁芯开关的闭锁/解锁信号与遥控器的无线电信号同时失效的概率极小，故障应在BCM的供电方面。

用试灯检查，发现为BCM中控锁供电的熔丝SC49已熔断，换上新的熔丝进行车门闭锁试验，门锁执行电动机动作，但试图开锁时电动机不作响应，SC49再次熔断。

连接VAS5052故障诊断仪进入J519查询，内有一个故障码：00329，行李舱盖解锁启动对地短路，当前存在。查阅测量值041组4区，中控锁供电端子30的状态为“异常”。根据故障码的提示，拆下行李舱开启电动机进行单体试验，电动机工作正常，看来故障点在线路上。重点查找行李舱开启时与运动有干涉的线束部分，发现行李舱盖上左侧线束的固定线夹脱落，线束与行李舱开启弹簧接触，已被磨破，使行李舱开启电动机V53电源线与搭铁线产生了短路。

故障排除 对破损线路进行绝缘处理，重新包扎固定线束，更换新的熔丝，中控锁功能恢复正常。

四、上海大众朗逸轿车发动机无法启动

故障现象 一辆2008年生产的朗逸2.1L自动挡轿车，行驶里程4.3万km。用户反映，发动机无法启动。维修人员赶到现场检查，发现点火开关处于启动位置时启动机不能转动，发动机无法启动，于是将车拖回维修站。

检查分析 维修人员进行基本检查发现，除用户描述的现象外，转向灯、危急闪烁报警灯、制动灯、倒车灯、刮水器、喇叭、电动车窗、室内灯和中控锁功能均已失效。用遥控器或点火钥匙都不能使车门闭锁/解锁，按下空调操作单元上的按键和转动鼓风机速度调节旋钮，均无反应。

如此多个车身电器同时出现故障，应与BCM有关。连接VAS5052故障诊断仪，点击自诊断功能打开网关列表，控制单元列表中显示发动机控制单元与BCM2均存在故障。发动机控制单元故障码是：01320，与HVAC（空调）控制单元失去通信，当前存在。BCM故障码有9个，分别是：03435，车内灯/停车灯端子30断路，当前存在；00329，后行李舱盖解锁启动对地短路，当前存在；03396，中控锁供电端子30断路，当前存在；00920，驾驶员侧及乘客侧加热后视镜断路，当前存在；03580，加热式车外后视镜端子断路，当前存在；03585，风窗玻璃刮水器端子30断路，当前存在；03444，启动机点火开关不可靠信号，偶发；03591，喇叭启动断路，当前存在；03592，喇叭端子30断路，当前存在。点击环境条件按钮查看控制单元，识别到每个故障记忆时的里程，这些故障码为同时发生。

将故障码复制到U盘保存，删除故障记忆。检测仪屏幕左上方出现文本提示如下：功能取消不满足要求。点击输出诊断测试模式（DTM）功能选项，对转向灯、刮水器、喇叭进行功能测试，屏幕左上方再次出现功能取消不满足要求的文本提示。点击测量值功能，查阅001组的测量值为关（点火开关D/86s端子信号）、关（D/50端子信号）、开（D/75端子信号）、关（D/15端子信号）。点火开关处于ON的位置时正常值应为开、关、开、开。查阅040组、041组对J519的8个30号线供电端子的测量值，依次为正常（转向灯/制动灯）、异常（内部灯）、异常

（前风窗刮水）、正常（后风窗加热）、异常（外后视镜）、异常（喇叭信号）、正常（倒车灯）和异常（中央集控）。检查对 BCM 供电异常的熔丝 S18、S19、S49 和 S50，4 个熔丝均正常。用引导性功能进入 BCM 数据块选项，点击上述各项测量值列表如图 10－5 所示，此时发现对 BCM 供电的 8 个 30 号端子状态均为正常，但 86s 和 15 号线依旧异常。

测量值 003 组是刮水开关 E22 和间歇刮水调节器 E38 的测量值，分别将 E22 与 E38 置于不同的挡位，测量值由未操作变为接通，间歇刮水调节器的测量值显示 1～4 级的变化，但刮水电动机没有响应，如图 10－6 所示。012 组 1 区和 3 区是左前电动窗开关 E40 和右前电动窗开关 E81 的信号测量值，按动开关，有输入信号显示，但电动窗不动作，这些都表明 BCM 虽然接收到了开关信号却无输出指令。005 组是 4 个车门开关的测量值，均显示关闭，依次开启各车门，显示无变化。007 组显示 4 个车门闭锁/开锁的实时状态。查看 4 个车门，均处于开锁状态，但 4 个区域的测量值显示：解锁、锁止、解锁、锁止。依次按动门提，测量值不变化，这表明 BCM 无法识别某些开关信号。015 组 1 区是遥控钥匙输出信号的测量值。操作遥控器闭锁/开锁按钮时，1 区显示能接收到相应的无线电信号。观察左右转向灯，有闭锁/开锁的闪烁提示，但中控锁却无响应。

测量值	结果
S 端子状态	关闭
50 号端子状态	端子 50 切断
75 号端子状态	接通
15 号端子状态	端子 15 切断
受保护的 30 号端子（转向／制动灯）	正常
受保护的 30 号端子（内部灯）	正常
受保护的 30 号端子（前风窗）	正常
受保护的 30 号端子（后风窗加热）	正常
受保护的 30 号端子（外视镜加热）	正常
受保护的 30 号端子（喇叭信号）	正常
受保护的 30 号端子（倒车／近光灯）	正常
受保护的 30 号端子（中央集控）	正常

图 10－5 BCM 数据块选项

显示数据块

测量值	结果
前刮水器（点动挡）状态	接通
前刮水器激挡（1 级）状态	关闭
前刮水器快挡（2 级）状态	关闭
前刮水器（间隙挡）状态	1 级

图 10－6 003 组数据块测量值

测量 D/15 到 9 线束侧插接器 T73a/44 端子的供电线，试灯可以正常点亮，说明 15 号线电源已送到。

综合上述检查可以确认 BCM 已损坏，理由有三：一是 BCM 外围供电线路的 15 号线正常，但检测值异常，表明 BCM 内部电源系统故障；二是 BCM 无法识别某些开关信号；三是 BCM 识别到某些开关信号，却没有给执行器输出控制指令。而且利用诊断仪执行删除故障和诊断测试模式（DTM）的操作均被拒绝，都表明 BCM 内部存在问题。

故障排除 维修人员用 VAS5052 引导性功能将故障 BCM 内的原车长编码读出，更换新的 BCM，将读出的原车 BCM 长编码复制到新的 BCM 上。启动发动机。顺利着车。接下来进行关闭 BCM 生产模式的操作和重新匹配遥控器，对 BCM 所管理的各项功能一一检查验证，确认故障排除。与此同时空调系统也恢复了正常。

回顾与思考 BCM 与空调系统之间的联系仅为电气负荷管理，更换 BCM 前曾进入数据总线控制单元 J533，读出 132 组自动空调系统有关通信的测量值，显示为空调休眠。但因 BCM 损坏导致空调操作单元上的任何按键都无效，却是排除本例故障后得到的新认识。

五、上海大众朗逸轿车喇叭不响

故障现象 一辆 2009 年产朗逸 1.6 L 手动挡轿车，行驶里程为 1 万 km。用户反映该车喇叭不响。

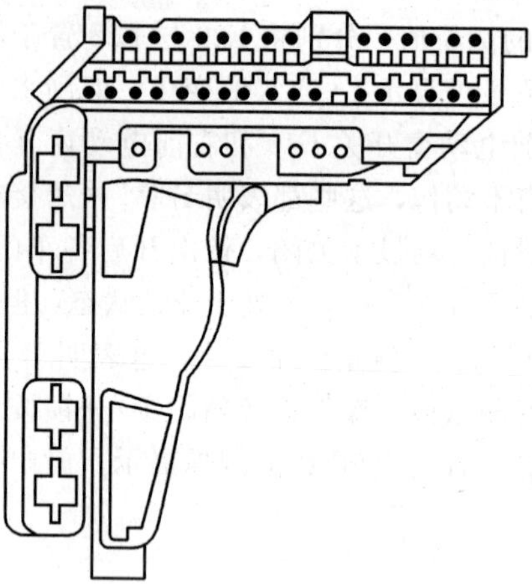

图 10-7 T41 线束侧白色插接器

检查分析 维修人员检查确认此故障存在，连接 VAS5052 故障诊断仪，进入自诊断功能选项，查询 BCM 控制单元无故障存储。利用诊断测试模式（DTM）功能对喇叭作终端检测，喇叭发出鸣叫，说明 BCM 至喇叭之间的线路与喇叭自身均正常。查阅测量值 033 组 4 区喇叭按钮 H 的信号输入，测量值始终显示未操作，表明信号未输入 BCM。喇叭按钮与 BCM 的线路连接是通过安全气囊螺旋电缆 F138 实现的。左右转动转向盘，同时按下喇叭按钮，偶尔会出现喇叭的鸣叫声，说明 F138 存在间歇断路。拆下转向灯组合开关 T41 白色插接器。在线束侧 T41/10 端子（见图 10-7）引出连接导线，间歇接地模拟喇叭按钮动作，喇叭鸣叫正常，从而确认 F138 有问题。

故障排除 更换安全气囊螺旋电缆 F138，故障排除。

六、上海大众朗逸轿车刮水器不工作

故障现象 一辆 2009 年产朗逸 1.6L 自动挡轿车，行驶里程为 12 万 km，用户反映刮水器不工作，并确定故障在一次风窗清洗喷水后出现。

检查分析 考虑到刮水器各个挡位均不工作，维修人员首先检查为刮水器供电的熔丝。发现熔丝 SC40（10A）已熔断，这会造成刮水器各挡开关信号无法输入 BCM。根据用户的描述，更换熔丝后，分别进行间歇、低速和高速挡的试验，刮水动作正常，将风窗喷水清洗开关 E44 置于工作挡位，只听得“啪”的一声 SC40 再次熔断，由此确定风窗清洗泵电动机 V5 所在线路存在故障。

用短路检测器代替 SC40 插入熔丝座，将 E44 置于风窗清洗挡位，短路检测器上的试灯点亮。脱开 V5 插接器，试灯依然点亮，说明短路点在线路或 E44 内部。检查 V5 插接器附近的线路没有问题，装复 V5。拆下转向与刮水组合开关，找到白色插接器 T41 线束侧的 T41/20 插孔，直接将经过相同规格熔丝保护的 12V 电源加在插孔中试验，如图 10-8 所示，喷水泵电动机工作，熔丝也没有熔断，说明线路不存在短路，短路点应在风窗清洗开关 E44 内部。

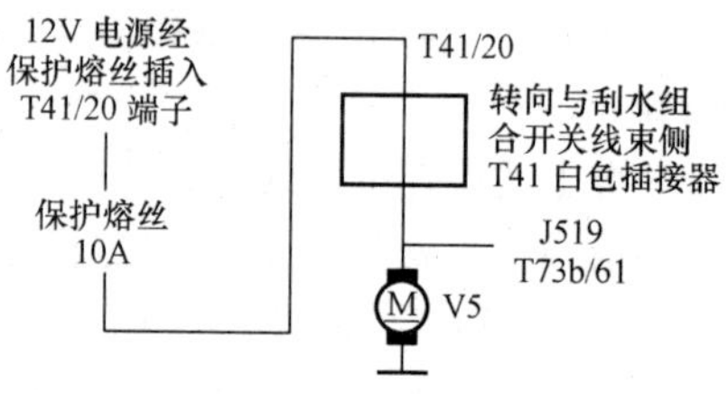

图 10-8 隔离风窗清洗开关 E44 后短路检查示意图

故障排除 更换转向与刮水组合开关，故障排除。

七、上海大众朗逸轿车遥控器无法启闭车门

故障现象 一辆 2009 年生产的朗逸 1.6L 自动挡轿车，行驶里程为 13 万 km。用户反映遥控器无法启闭车门。

检查分析　维修人员检查遥控器在按动解锁和闭锁键时，指示灯闪烁且亮度正常，说明遥控器内的电池电力充足。用钥匙启闭车门，中控锁响应。连接 VAS5052 故障诊断仪，选择自诊断功能选项，进入 BCM 控制单元。查询数据块 015 组 1 区的测量值。按动遥控器按键。测量值始终显示未操作，表明控制单元没有识别到遥控器的无线电信号，看来有必要重新匹配遥控器。

故障排除　选择匹配功能选项，进入 15 通道查阅出厂设置为 0。进入 00 通道，清除学习值，进入 01 通道设置遥控钥匙，点击保存后按动遥控器的任意键，仪表上左右转向灯指示灯闪烁表示匹配成功。读数据块 015 组 1 区测量值，显示可识别遥控器启闭的无线电信号。遥控器启闭车门功能恢复，故障排除。

八、上海大众朗逸轿车遥控及中控锁功能失灵

一辆 2008 年产上海大众朗逸 2.0L 轿车，用户反映遥控及中控锁功能失灵。

接车后，经试车发现，该车不但遥控门锁功能失灵，车内中央集控门锁功能也不起作用。根据该车的故障症状，笔者决定连接故障诊断仪 VAS5051 对车辆进行检测。在利用诊断仪进入车身控制单元 BCM 后，设备显示了故障含义为行李舱开启线路短路的故障码，且为硬性故障。随后笔者找来该车的相关电路图进行分析，经仔细观察电路图得知，行李舱开启线路与中央集控门锁线路并无直接联系，可见应该是故障诊断仪软件翻译方面的问题。随后笔者检查熔丝发现，熔丝 SB49 已经熔断。为确定该熔丝熔断是否与该车的故障相关，笔者试着更换了新的熔丝并操纵中央集控门锁发现，只要一操纵中央集控门锁，该熔丝就会立即熔断。

熔丝熔断一般有两种可能：一是线路短路；二是电器元件负载过大。由先前翻译错误的故障码可知，故障原因应该是线路或元件短路引起的。经分析电路图，如图 10－9 所示可知，4 个门锁的闭锁和解锁是由 BCM 控制门锁电动机的正向和反向旋转实现的，且全部线路都连接在 BCM 上。断开 BCM 的 2 个组合插接器，测量门锁电动机的线路，发现线路果然对地有约 2Ω 电阻。看来线路中存在对地短路的地方，因此接下来要做的就是找到具体的短路点。由于朗逸轿车没有车门与车身的连接插头，所以只能依次拆卸车门内饰板进行检查。在拆到右前门时发现，门锁电动机的线束被车门磨破，可以确定此部位就是故障点。

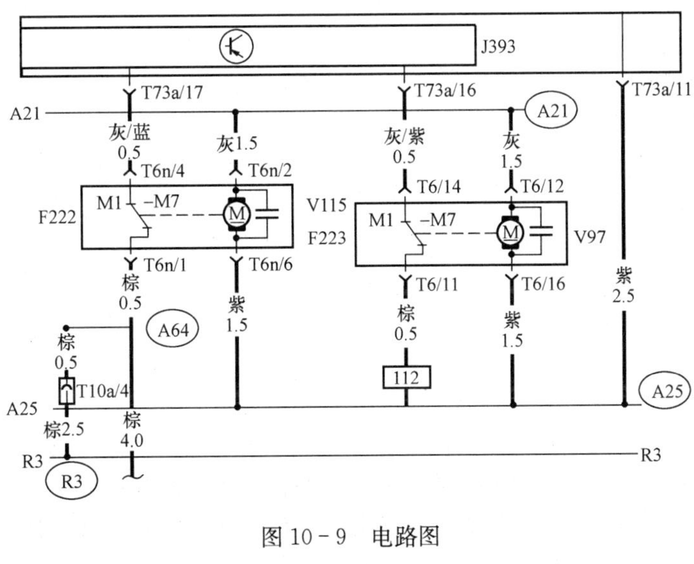

图 10－9　电路图

在将损坏的线束修复后，试车故障排除。

总结 在维修此类电器故障时，应该遵循一个顺序，即先用故障诊断仪检测车辆相应的控制系统内是否存储故障码。有条件时还应读取数据流，以判别究竟是信号还是执行方面的问题；然后再检查相关熔丝是否完好；接下来顺着上面检查出的问题进行维修，不是特别复杂的问题一般很快就可找到故障点。

九、上海大众朗逸轿车行驶一段里程后空调就会失灵，出风口出自然风

故障现象 一辆2009年产上海大众朗逸新车，用户反映该车在行驶一段里程后空调就会失灵，出风口出自然风。

故障诊断与排除 接车后连接故障诊断仪VAS5051对车辆进行检测，在发动机控制单元中查询到了“01331，高压传感器高电平输入，偶发”的故障码，如图10－10所示。重新起动车辆，开空调后测量出风口温度为5℃，试车一段时间均正常。当车辆再继续运行一段时间后，故障出现。车辆在进入工位后，由于不小心将点火开关关闭，重新启动车辆后空调系统恢复正常。后来再试车，故障却始终没有出现。

车辆车载诊断(OBD) 004-01-轿车故障码存储器 成功执行该功能 是否检测到故障码?	01-发动机电子装置 03090605780 03090605780 MT/1.61-6V/77KW H03 — 1976 编码 71 经销商编码 00078
01331 P0533 空调制冷剂压力传感器电路 高中压输入 偶发	001 | 环境条件
◀ ▲ ⌫ ?	▶ 16.09.2010 11.09

图10－10 诊断仪故障提示

根据该车的具体情况，笔者决定先从故障码01331入手。将制冷剂压力传感器G65的2号线对正极短路后，空调断开，且发动机控制单元记录了含义为高压传感器高电平输出的故障码；若断开插头或将2号线对地短路，出现的都是“高压传感器低电平输出”的故障码。看来很有可能就是这里出现问题，但是线路故障一般都是对地短路，很少会对正极短路。比较令人信服的一种解释是高压传感器内的信号线和供电线间发生了短路，控制单元才可能记录这种故障码。

经向配件库了解得知，朗逸的空调高压传感器和波罗轿车用的传感器是一样的。但根据我们的维修经验，波罗车从未出现过此类故障，会不会是其他方面出现问题呢？另外，会不会是空调制冷系统内压力过高，控制单元为保护系统强制切断了空调呢？于是拔下电子扇的插头原地试车，不一会儿空调就切断了，发动机控制单元同样记录了“01331，高压传感器高电平输入”的故障码，而且只有重新启动车辆后空调才能再次工作。

因为此车是新车，空调系统应该不存在散热不良的情况，管路堵塞的概率也比较低，笔者认为首先应该检查制冷剂的加注量是否过多。为此，我们利用制冷剂循环加注机回收了此车制冷剂，经该机电子秤称重后，确定回收的制冷剂质量为800g左右，而该车标注的制冷剂充注量应该是525g左右。

由此基本可以判定，车辆空调的故障应该是系统内充注的制冷剂过多造成的。重新加入标准容量的制冷剂后，经用户连续几天的使用观察，故障得到了解决。

总结 经分析电路图（见图 10－11）得知，G65 高压传感器共有 3 根导线，分别是棕色（传感器搭铁线）、黄色（传感器连接发动机控制单元的信号线）、黑黄（由熔丝 SC40 提供的 12 V 供电线）。而空调继电器 J32 的 86 号脚为黑黄线（由熔丝 SC40 提供的 12V 供电线）。85 号脚为黄白线（发动机控制搭铁线），30 号脚（熔丝 SC30 供电线），87 号脚（空调压缩机电磁离合器接合控制电源线）。发动机控制单元 J220 收到制冷剂压力传感器 G65 输送的压力信号，以决定当前压力是否过高或过低，进而通过 J32 继电器上的搭铁线来控制压缩机的通断。比较压力传感器在正常压力和过高压力下的两种波形如图 10－12、图 10－13 所示，压力过高后的波形占空比比较大，可以看作是一个 12V 的高电平，所以发动机控制单元报出上面的故障。

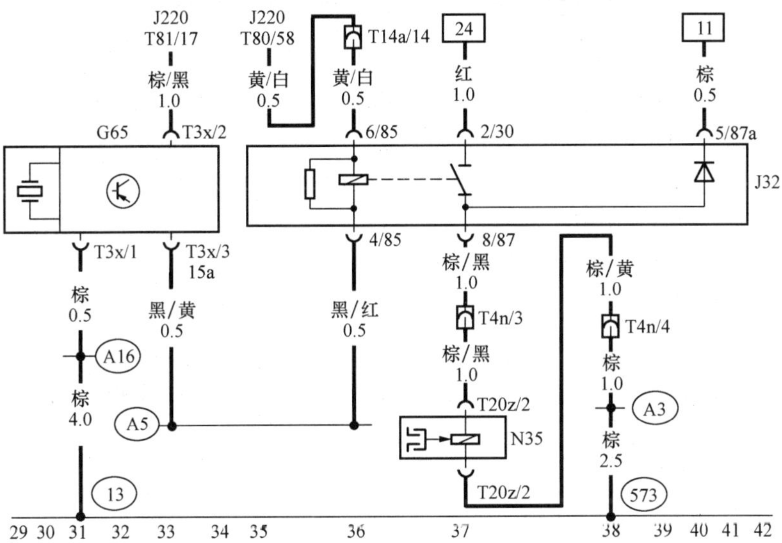

图 10－11 制冷剂压力传感器相关电路图

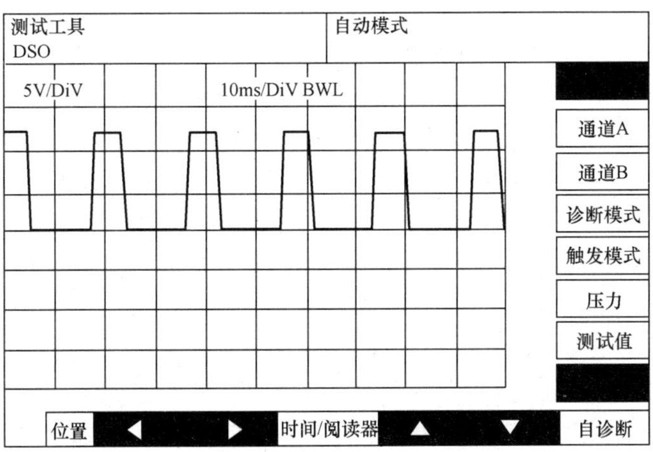

图 10－12 正常波形

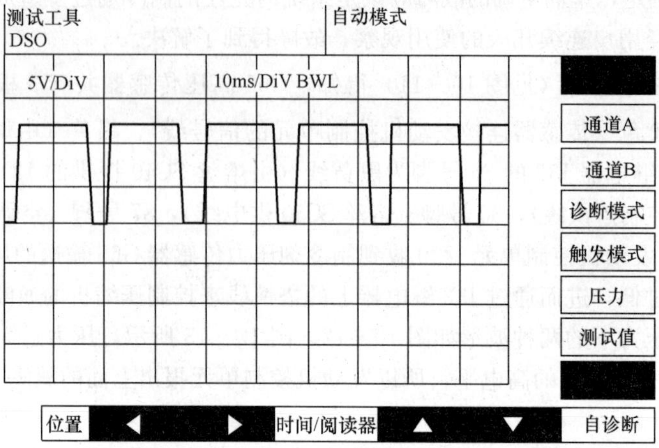

图 10－13　制冷系统压力高时波形

这里还有一点要说明，朗逸轿车采用的空调制冷系统与帕萨特 B5 系列轿车采用的空调制冷系统有所不同。帕萨特 B5 系列轿车采用的是压力开关控制。在此种控制类型的空调制冷系统中，当制冷系统内的压力过高时，压力开关将切断空调，稍后压力降低，空调又会重新启动。在朗逸轿车上，制冷系统采用的是压力传感器，当切断空调后，由于控制单元记录了相关故障，即使系统压力下降，也不再继续指令压缩机接合，除非再次开启空调。

此车就是因制冷剂充入过多才导致空调制冷系统失灵。由于是傍晚试车，气温没有白天那么高，而且试车时车速较快，制冷系统压力并不是很高，因此能够正常工作，所以无法试出故障。而中午气温较高，空调系统内的压力也随之升高，故障现象也就马上出现了。

十、上海大众朗逸气囊灯为何报警

故障现象　一辆 2010 年产上海大众朗逸轿车，搭载 1.4TSI 发动机，匹配 DSG 型自动变速器，行驶里程 10km。维修人员为该车做 PDI（售前检查）时发现气囊灯报警。

检查分析　经过检查，除气囊灯报警以外，其他用电设备都正常工作。首先利用故障诊断仪 VAS5051/B 对安全气囊控制单元 J234 进行故障查询，发现 J234 中存储了 1 个故障码 B10001A，含义为驾驶员侧安全气囊引爆装置电阻太小（非偶发）。选择读取车辆数据块功能，查看驾驶员侧安全气囊引爆装置 N95 的电阻值为 0.9Ω（正常值应为 3.0Ω）。

通常，出现故障码 B10001 是由于车辆在使用过程中安全气囊复位环 F138 内部短路造成的，但考虑到该车是新车，安全气囊复位环出现故障的可能性不大。那么，还有什么原因会导致 J234 报此故障码呢？在点火开关打开的情况下，J234 对安全气囊引爆装置电阻值进行监控。如果检测到的电阻值超出规定范围，J234 会在内部的故障存储器中存储相应的故障码，并激活仪表板上的安全气囊报警灯。

数据块中驾驶员侧安全气囊引爆装置 N95 的电阻值偏低，表明连接 N95 的相关线路及插头可能有故障，同时不排除安全气囊控制单元存在故障的可能性。既然 J234 能检测到 N95 电阻值过低，而且能激活仪表板上的安全气囊报警灯 K75，并能准确无误地报出故障码，还可以通过故障诊断仪正常读取测量数据块，因此初步判定 J234 工作正常。

如果不考虑安全气囊复位环及安全气囊控制单元有故障的可能性，故障很有可能发生在驾驶员侧安全气囊点火装置的线束插头和气囊复位环的线束插头上。如果任何一个插头没有插到位，就会导致安全气囊复位环插头内部的短路连接片起作用，使得 J234 检测到 N95 电阻过低，于是存储故障码并激活气囊报警灯 K75。如图 10－14 所示，F138 与 J234 之间的插头 T41（复位环侧）和 F138 与 N95 之间的插头 T2b（引爆装置侧）各有一个短路连接片，短路连接片的作用是在拆下安全气囊和气囊复位环时防止安全气囊意外引爆。当拔下任何一个插头时，短路连接片自动连接引爆装置线束的 2 个端子，形成闭合回路。如果插头完全插到位，由于插头内部的结构设计会将短路连接片分开。

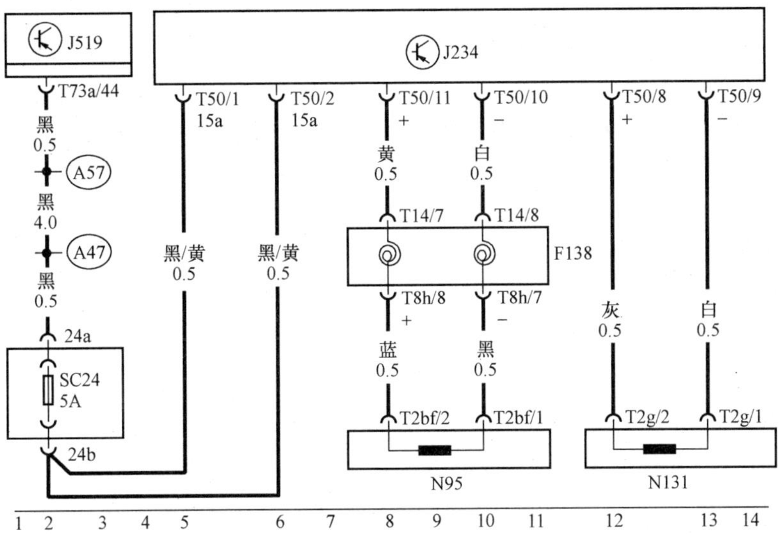

图 10－14　安全气囊相关电路图

F138—安全气囊螺旋弹簧/带滑环的复位环（在转向盘下面）；J234—安全气囊控制单元（在变速杆前方的中央通道上）；J519—BCM 车身控制单元（在仪表板左侧下方）；N95—驾驶员侧安全气囊引爆装置（在转向盘内）；N131—前排乘客侧安全气囊（装在前排乘客侧杂物箱上方）；SC24—熔丝 24（5A，安全气囊控制单元熔丝，在仪表板左侧熔丝支架上）；129—2 针插头（黄色，前排乘客侧安全气囊引爆装置插头）；T2bf—2 针插头（黄色，驾驶员侧安全气囊引爆装置插头）；T8h—8 针插头（黄色，安全气囊螺旋弹簧，带滑环的复位环插头）；T41—41 针插头（白色，组合开关插头）；T50—50 针插头（黄色，安全气囊控制单元插头）；T73a—73 插头（黑色，BCM 车身控制单元插头，在 BCM 车身控制单元 A 号位）；A47、A57—连接线（在仪表板线束内）

关闭点火开关，拆下驾驶员侧安全气囊。然后打开点火开关并连接故障诊断仪 VAS5051/B，再次读取故障码，故障码还是 B10001，读取测量数据块中的 N95 的电阻值还是 0.9Ω，这说明故障点不在驾驶员侧安全气囊及其线束上。因为，如果驾驶员侧安全气囊及其线束存在短路故障，则从气囊复位环上拆下气囊后，J234 中存储的电阻值过低的故障应由非偶发转变为偶发，同时会存储一个含义为“驾驶员侧安全气囊引爆装置的电阻值过大”的非偶发故障码，在读取测量数据块中的数据时，N95 的电阻值数据会变为过高。

接着，将点火开关关闭，拆下安全气囊复位环。然后连接故障诊断仪并打开点火开关，读取 J234 的故障存储，发现驾驶员侧安全气囊引爆装置电阻值过低的故障码变为偶发，同时出现了 1 个 B10001B 的故障码，含义为“驾驶员侧安全气囊引爆装置电阻过大”。读取测量数据块中 N95

的电阻值数据变为过高。

难道安全气囊复位环真的损坏了？此时还不能过早地下结论。根据电路图可知，连接安全气囊控制单元J234和复位环的插头是组合开关上的41针白色插头T41，该插头一方面给转向开关、刮水器开关供电，另一方面给安全气囊复位环所连接的用电器供电。拆下组合开关将插头T41直接连接在安全气囊复位环上，在不装安全气囊的情况下再次读取故障码和数据块。此时存储的故障码为B10001B，数据块中的N95电阻值数据显示过高。这表明问题并非出在安全气囊复位环，因为在之前未动组合开关时，拆下安全气囊后的故障码为B10001，数据块中N95的电阻值过低。据此，分析此故障是由于组合开关安装不到位所致。为了验证自己的观点，笔者将组合开关拆下并重新安装到位，插上插头T41，然后将安全气囊复位环和安全气囊装回，清除故障码，故障灯熄灭，故障码也不再出现。

至此故障原因查明，由于组合开关没有安装到位，造成41针白色插头T41没有完全插到组合开关中，安全气囊复位环是装在组合开关上的，当气囊复位环完全装到位时，其针脚却没有完全插到插头T41中，这也就导致了气囊复位环内组合开关一侧的短路连接片没有被分开，使N95上的2根导线处于短路状态，从而导致安全气囊控制单元J234检测到了N95电阻过低的故障，控制单元判断为驾驶员侧安全气囊引爆装置电阻过低，于是存储了故障码并激活了气囊报警灯。

故障排除 将组合开关安装到位，插上插头T41，装复安全气囊和安全气囊复位环，清除故障码，故障灯熄灭，经反复试车，故障未再出现。

回顾总结 对于安全气囊报警故障的排除，总结出如下经验。如果安全气囊控制单元存储N95电阻过低的故障码，则通常是由于线束的插头虚接或没有完全插到位，造成安全气囊引爆装置的2根导线被短路连接片短路，同时气囊复位环内部短路也会引起N95电阻过低的故障；如果安全气囊控制单元存储N95电阻过大的故障码，则通常是由于安全气囊引爆装置的2根导线断路引起的，气囊复位环损坏更容易引起安全气囊引爆装置N95电阻过大故障。

第十一章

雪佛兰科鲁兹维修案例

一、雪佛兰科鲁兹轿车油箱报警灯常亮

故障现象 一辆行驶里程仅 12 690km 的科鲁兹轿车，油箱报警灯常亮。

故障诊断 车主在行驶时燃油表指针突然下降到红线，燃油油位过低指示灯（黄色）亮起。

查看科鲁兹电路图（见图 11－1）可知，发动机控制模块将来自燃油油位传感器的数据转换为燃油油位信号，再通过高速 CAN 总线将燃油油位信号发送给车身控制模块，车身控制模块作为网关模块，再通过低速 CAN 总线将信息发送给组合仪表，显示燃油油位。当燃油油位降至低于 11%，则组合仪表点亮燃油油位过低指示灯。

检查燃油箱外部没有异常，排除燃油箱受外力挤压或真空因素变形，导致燃油液位显示不准确的可能；连接 GDS＋MDI，将点火开关置于 ON 位置，用诊断仪执行组合仪表扫描测试，燃油油位表可以从低位扫描至高位，说明仪表正常。

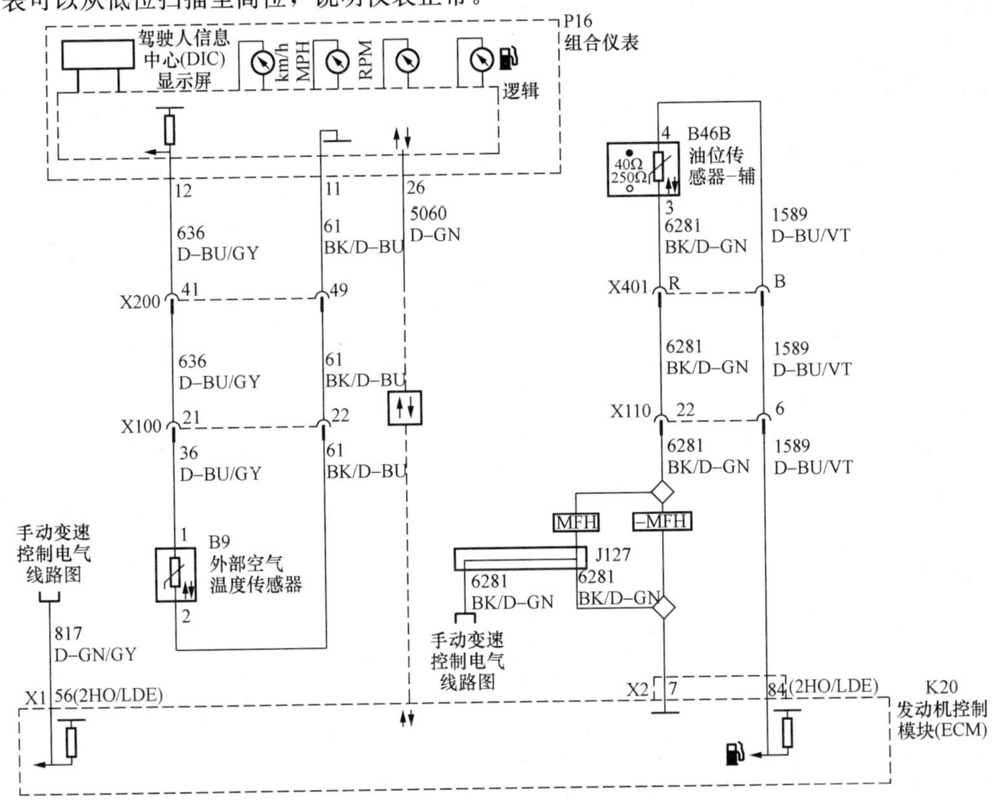

图 11－1　车速表、燃油表和温度表相关电路

用万用表检查燃油油位传感器的电源和搭铁正常；拆下电动燃油泵和燃油油位传感器，重新连接燃油泵插接件，打开点火开关到“ON”位置，手动拨动燃油泵浮子到最高位置，观察仪表可以正常作动到“满箱”位置，说明燃油油位传感器也正常；检查燃油箱发现油箱内的隔板脱漏将油泵浮子卡住，导致燃油泵液位浮子不能正常起浮。

故障排除 更换油箱总成后，故障排除。

二、雪佛兰科鲁兹轿车无法启动

故障现象 一辆科鲁兹行驶了3487km，VIN：LSGPC54U69F。车主反映打不着车，将钥匙拧到启动挡无任何反应。

故障诊断与排除 试车时发现将钥匙拧到启动位置时启动机不转，用手摸也感觉不到发动机舱熔丝盒内的启动机继电器吸合的振动。

科鲁兹由车身控制模块（BCM）进行电源模式管理。点火开关是小电流开关，相当于1个位置传感器，给车身控制模块（BCM）传送多个离散的点火开关信号，以确定驾驶员对电源模式（关闭、附件、运行、启动请求）的需求意愿。将电源模式信号通过串行数据电路发送到需要此信息的其他模块，并且根据需要启动相应电源模式继电器和其他直接输出。

当点火开关置于START位置时，3个离散信号被提供至车身控制模块（BCM），通知其点火开关已置于START位置。然后，车身控制模块向发动机控制模块（ECM）发送已经请求启动的串行数据信息。发动机控制模块检查并确认离合器踏板已完全踩下，或自动变速器挂驻车挡(P)/空挡（N）。如图11－2所示，发动机控制模块向启动继电器的控制电路提供2V电压，启动继电器吸合，蓄电池电压通过启动继电器的触点提供至启动机电磁阀。

启动继电器由发动机控制模块来驱动，拨下启动继电器，将点火开关拧到打开位置。直接用导线短接启动继电器30和87脚，结果启动机运转正常，但是却没有着车的迹象，这可以说明两点：如果启动机的执行回路没有问题，启动继电器的控制回路线路可能有问题，比如启动继电器控制线圈的搭铁不良或接插件接触不良等问题，也可能线路没有问题：如果还存在其他导致发动机无法启动的原因，比如①发动机控制模块ECM损坏：②ECM电源或搭铁不正常；③允许启动的条件不足，比如点火开关的启动信号不正常等。

连接GDS＋MDI进行系统检测，发现只有仪表组（IPC）有1个故障码：B1370（控制模块点火打开和启动回路故障症状06低电压/开路），BCM及其他模块的故障记忆都可以清除。

对点火开关进行部件测试，对点火开关到BCM的线路进行测试都没有发现异常，于是分析可能是车身控制模块内部损坏，无法识别点火开关的信号了。但是更换BCM并编程后故障依旧；因为只有组合仪表（1PC）有无法清除的故障码，于是又更换了组合仪表并编程进行尝试。结果仍然无法启动。将此车的2个模块换装到其他车上，编程后都可以正常启动，说明这2个模块都没有问题。

因为发动机的启动和运行都由发动机控制模块ECM来控制，所以决定对ECM进行系统检查，首先检查模块的电源和搭铁，结果发现ECM的X2插头2号脚的没有电，此电源应在点火开关打开的情况下供电，检查发动机舱熔丝盒内的F5UA（15A）熔丝没有熔断，但是没有电，其他电源和搭铁正常，重新拆装紧固发动机舱熔丝盒的所有插接件和连接线，检测2号脚仍然没有电，怀疑发动机舱熔丝盒内部断路。和另一台同型号的科鲁兹互换发动机舱熔丝盒测试，结果此车可以正常启动了，而另一台车则出现了同样的无法启动的现象，这就印证了故障原因是发动

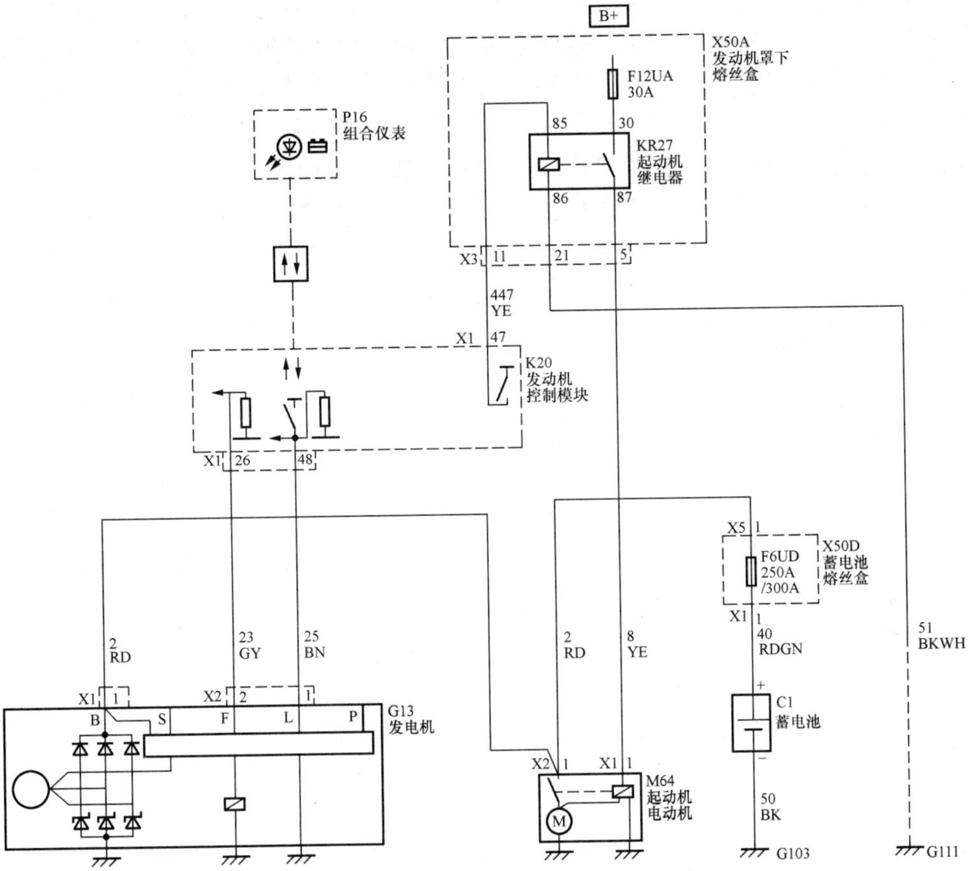

图 11－2　科鲁兹轿车启动系统电路

机舱熔丝盒内部断路的判断，因为ECM缺失此路电源，导致ECM无法正常工作。

三、2009款科鲁兹轿车加油后无法启动

故障现象　一辆2009款科鲁兹轿车，行驶里程为1131km。客户反映，在行驶时突然出现无法加速的现象，仪表上的黄色发动机故障灯点亮，客户想着是没有油了，勉强将车开到加油站，但是加油后就再也无法启动。

故障诊断与排除　试车时发现了下述异常现象：

(1) 仪表上的黄色发动机故障灯亮，还有黄色的尽快维修车辆灯亮。

(2) 此车属于低配车型，仪表中央的驾驶员信息中心（DIC）显示屏，无法显示中文信息，而显示车辆信息代码“CODE 84”。查看用户使用手册上的车辆信息代码表，84代表发动机动力降低。

(3) 打开点火开关后燃油表指针先是指示满箱，之后立刻回到零位。正常时应指到相应液位，此车内部有半箱油左右。拧钥匙启动，发现有时启动机不转，就像没有踩离合器时启动一样，而有时启动机转，并且有时转的时间长，有时转的时间短，有时甚至有着车的迹象。

连接MDI，打开GDS查询各控制模块的故障记忆，发现车身控制模块BCM和电子制动控制模块EBCM中有故障码U0100（与发动机控制模块失去通信）。发动机控制模块中储存有多个

故障码，比如：U0140（与车身模块 BCM 失去通信）、P0335（曲轴位置传感器回路）等。其他故障码都可以清除，只有发动机控制模块中的 6 个故障码无法清除，分别是 P0107（进气歧管绝对压力传感器回路低电压）、P0122（节气门位置传感器回路低电压）、P0222（节气门位置传感器 2 回路低电压）、P0462（燃油液位 1 回路低电压）、P2122（加速踏板位置传感器 1 回路低电压）、P0642（5V 基准 1 回路低电压）。由于新车型第一版的维修手册不太完整，上述 6 个故障码诊断信息和程序均无法在维修手册中查到。查看发动机数据，显示屏中的点火数据组见表 11－1。

表 11－1　发动机点火数据

5V 基准 1	0V
5V 基准 2	4.99～5.01V
5V 基准 1 回路状态	故障
5V 基准 2 回路状态	确定
5V 基准 3 回路状态	确定

因为有多个传感器都是低电压故障码，因此很可能是发动机控制模块的搭铁线接触不良，接触电阻过大。检查发现位于气缸盖左侧搭铁点 G111 固定螺栓不太紧，且拆检时发现搭铁线上有一层淡黄的像清漆一样物质，将这层物质去除，重新坚固搭铁线，仍然无法启动，且 6 个故障码也无法清除。用万用表检查发动机模块的各电源及搭铁线正常，并用试灯测试，都是实电，无虚电。

拔下进气歧管绝对压力传感器（MAP）插头，用万用表测量工作电压为 0V，而正常值应为 5V。测量发动机控制模块（ECM）到 MAP 之间的导线良好，因此可能是发动机控制模块 ECM 内部损坏，无法提供 5V 的工作电压。但是替换上另一辆同型号科鲁兹的 ECM 后，打开点火开关测量，仍然没有 5V 的工作电压。将此车的发动机控制模块 ECM 换到其他车上，打开点火开关测量 MAP，有 5V 工作电压，说明发动机控制模块 ECM 没有问题。

节气门位置传感器 TPS1 和 TPS2 共用一个电源，测得工作电压均为 0V，正常值也应该是 5V。

测量加速踏板位置传感器 1、离合器开关工作电压都为 0V，测量上述这些传感器到发动机控制模块的线路都正常。

由于客户是在加完油后立刻出现不着车的故障，且燃油表指示错误，所以检查燃油油位传感器。该车的断开电阻为 86Ω，同型号的试驾车只有 1/4 箱油电阻为 137Ω，说明该车的油位传感器正常。断开油位传感器插头，测量从发动机控制模块到油位传感器的插针也是 0V，没有工作电压，测量油位传感器到 ECM 的线路正常。

而测量其他没有故障记忆的传感器（比如进气温度传感器），工作电压为 5V，正常。

综合分析很可能是发动机线束内部的某个节点虚接，导致发动机控制模块不向多个传感器提供 5V 工作电压，无法正常工作。

更换发动机线束后故障排除，各传感器工作电压恢复正常，故障码可以清除，试车一切正常。但是正常行驶 4 天后，又出现行驶中突然熄火，而且故障现象与上次完全一样。

将发动机线束所有的插头断开，再重新安装，又恢复正常，这说明线束本身没有问题，故障很可能是线束某个接插件接触不良引发的。重新用导电胶处理各接插件后，试车 3 天故障没有出现，但是交给车主后第2天，同样的故障再次出现。

事实证明模块、线路、接插件都没有问题，故障排除工作陷入困境。重新梳理整个排查过程，6个故障码都与5V工作电压有关，并且有P0642（5V基准1回路低电压）的故障码，由于科鲁兹的维修手册不完整，上述6个故障码在手册都查不到说明，于是查看了同为全球车，同样采用GM全球电气构架（G Jobal A）的别克新君威维修手册，结果找到了相关的信息：发动机控制模块（ECM）有3个内部5V参考电压总线，称为5V参考电压1、5V参考电压2和5V参考电压3。每个参考电压总线都向多个传感器提供5V参考电压电路。因此，任何5V参考电压电路出现故障都将影响连接到该参考电压总线的其他5V参考电压电路。发动机控制模块监测5V参考电压总线上的电压。

5V参考电压1总线为进气歧管绝对压力（MAP）传感器、离合器接合传感器、燃油分配管传感器、进气压力和温度传感器提供5V参考电压。

由于科鲁兹与新君威的发动机不同，内部的参考电压总线数量可能不同，并且由5V参考电压1总线提供电源的传感器也有所不同。仔细查看电路图和ECM连接器端子视图中的ECM各插针列表，发现ECM共有2个连接器，X1和X2。有故障码记录的5个传感器的5V工作电压都是ECM经由X2连接器提供的，其中MAP、空调压力传感器和离合器接合开关都是由52号脚提供；节气门位置传感器由39号脚提供；油位传感器由84号脚提供；加速踏板位置传感器由31号脚提供，所以怀疑可能ECM内部有2～3个5V基准参考电源。上述5个传感器由同一个电源提供5V工作电压，其中一个传感器可能有时内部短路，导致ECM内部的5V参考电压1总线失效，由它供电的这5个传感器同时失效。发动机进入应急模式，熄火后无法启动。

但是将MAP、空调压力传感器、离合器接合开关、节气门位置传感器、油位传感器、加速踏板位置传感器插头拔下后，ECM仍然没有输出5V工作电压。

于是决定继续按此思路进行排查，扩大检查范围，将万用表表针连接到MAP插头的5V工作电压插针上，测量电压，然后逐一将其他传感器插头拔下，当拔下曲轴位置传感器插头时，5V工作电压突然恢复正常！

科鲁兹的曲轴位置（CKP）传感器电路由一个发动机控制模块（ECM）提供的5V参考电压电路、低电平参考电压电路以及一个输出信号电路组成。曲轴位置传感器是一种内部磁性偏差数字输出集成电路传感装置。传感器检测曲轴上58齿变磁阻转子的轮齿和槽之间的磁通量变化。变磁阻转子上的每个齿按总数60齿间隔分布，缺失的2个齿被用作参考间隙。曲轴位置传感器产生一个频率变化的开/关直流电压，曲轴每转动一圈输出58个脉冲。曲轴位置传感器输出信号的频率取决于曲轴的转速。当变磁阻转子上的每个齿转过曲轴位置传感器时，曲轴位置传感器向发动机控制模块发送一个数字信号，该信号描绘了曲轴变磁阻转子的图像。发动机控制模块使用每个曲轴位置信号脉冲以确定曲轴转速，并对曲轴变磁阻转子参考间隙进行解码，以识别曲轴位置。然后，此信息被用来确定发动机的最佳点火和喷油时刻。发动机控制模块还利用曲轴位置传感器输出信息来确定凸轮轴相对于曲轴的位置，以控制凸轮轴相位并检测气缸缺火。

用万用表测量曲轴位置传感器发现2号脚和3号脚（见图11-3）之间的电阻是006Ω。而测量其他车的曲轴位置传感器2号脚和3号脚则阻值高达120MΩ，这说明此车的曲轴位置传感器内部电源和搭铁已短路，所以引发了上述故障现象。

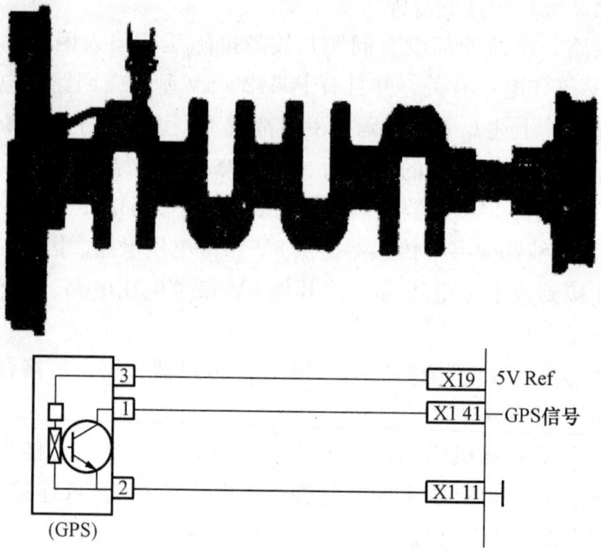

图 11－3　曲轴位置传感器及电路图

更换曲轴位置传感器后故障排除，再用万用表测量拆下的曲轴位置传感器 2 号脚和 3 号脚，电阻又恢复正常了，这说明很可能是传感器插头到本体间的导线内部有时短路。

维修总结　这类故障的特点是：

(1) ECM 对每个传感器参考电压总线都会进行实时监测，发现数据异常就会记录相关故障码，5V 基准 X 回路低电压、高电压、开路。

(2) 如果某个传感器内部电源和搭铁短路，则 ECM 内部为此传感器提供参考电压的参考电压总线将无法正常工作，由这个参考电压总线供电的所有传感器都将因为无工作电压而无法正常工作。

(3) 出现此类故障时不会引其熔丝熔断，也不会导致 ECM 内部损坏，当短路点分离后系统会完全恢复正常。

(4) 排查这类故障的最佳方案就是用万用表持续监测 ECM 的 5V 基准电压的输出，之后逐一拔下各传感器的插头，如果 5V 基准电压立刻恢复，就证明是此传感器内部短路。

四、雪佛兰科鲁兹轿车空调不制冷

故障现象　一辆雪佛兰科鲁兹轿车。行驶里程 35 841km。报修项目为空调不制冷。

故障诊断　检查发现空调压缩机离合器不吸合，科鲁兹暖风、通风与空调系统的压缩机控制原理如图 11－4 所示。HVAC 控制开关组件（代号 S34）包括用来控制暖风、通风与空调系统功能的所有开关，相当于空调控制面板，它将驾驶员所选的各项功能数值转化为数字信号并通过 LIN9 总线传送到暖风、通风与空调系统控制模块（代号 K33），K33 又将请求空调压缩机接合的信息通过低速 GM LAN 传给网关模块（车身控制模块 BCM），经过网关模块数据转化后。经高速 GM LAN 传给发动机控制模块（ECM），发动机控制模块会检验各传感器的数据。确认是否满足以下各项启动空调压缩机的条件：

(1) 蓄电池电压介于 9～18V 之间。

(2) 发动机冷却液温度低于 124℃。

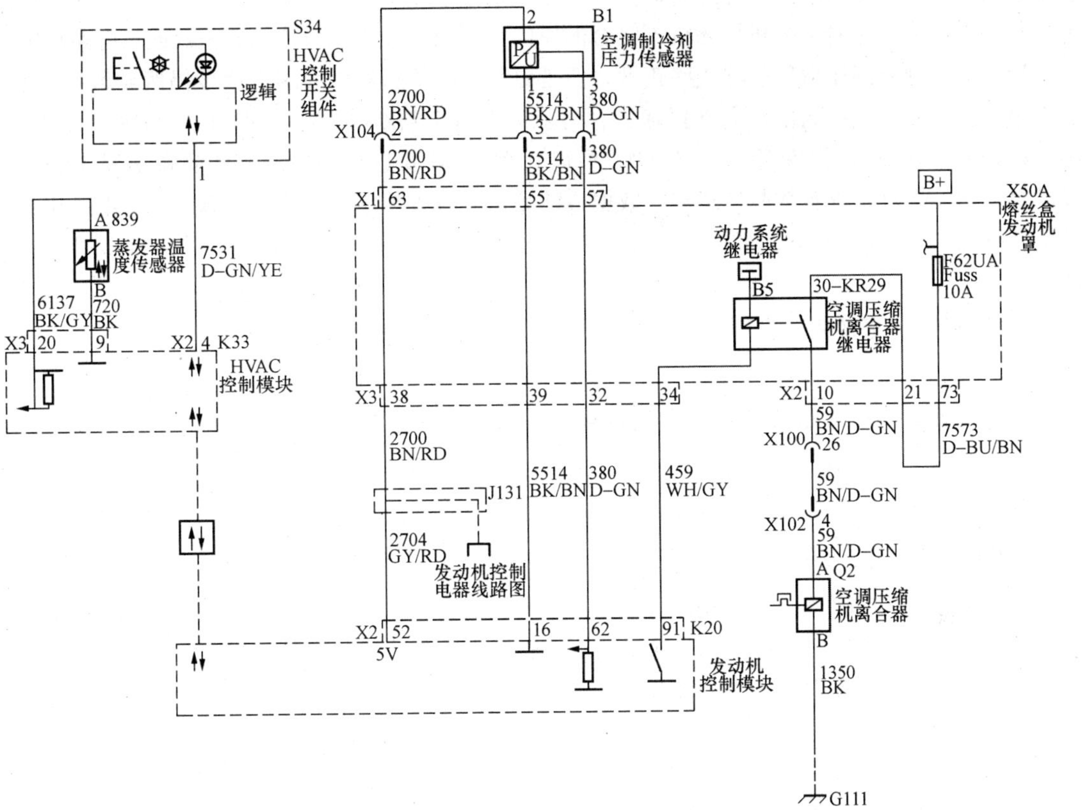

图 11－4　空调系统压缩机控制原理图

(3) 发动机转速大于 600r/min。

(4) 发动机转速小于 5500r/min。

(5) 空调高压侧压力在 269～2929kPa。

(6) 节气门位置小于 100％。

(7) 蒸发器温度高于 3℃。

(8) 发动机控制模块没有检测到转矩负载过大。

(9) 发动机控制模块没有检测到怠速质量不良。

(10) 环境温度高于 1℃。

如果满足上述各项条件，ECM 将向空调压缩机继电器 KR29 提供搭铁，使其闭合内部触点，以发送蓄电池电压至空调压缩机离合器线圈。当压缩机离合器分离时，空调压缩机二极管将会阻止线圈磁场损坏，以免造成电压脉冲进入车辆电气系统。

科鲁兹轿车采用定排量压缩机，在高压管路上有一个 3 线压电式空调制冷剂压力传感器，当压力太高或太低时，发动机控制模块将不允许空调压缩机离合器接合；在蒸发器上有一个 2 线负温度系数热敏电阻式温度传感器，用来测量蒸发器的温度，当温度降至低于 3℃时，将关闭压缩机以防止蒸发器冻结。

连接 GDS＋MDI 查看各模块均没有故障记忆；查看发动机模块的数据显示屏，当按下 HVAC 控制开关组件 S34 上的空调开关后，ECM 显示空调启用，说明空调请求信号正常；但是数据显示屏中"空调高端压力传感器"信号为0。而用空调压力表检查此车，空调系统内的压力为正常值1850kPa左右，分析压缩机不吸合的原因为空调制冷剂压力传感器失效或其电路故障。

检查空调制冷剂压力传感器线路正常，但是更换新的传感器以后压力信号仍然显示0，所以分析很可能是发动机控制模块内部损坏了，为了证实这个判断将另一台车的ECM换到此车上，因为科鲁兹带有发动机防盗系统（VTD），所以互换ECM要进行拆卸准备和防盗编程才能启动发动机，但如果只是查看某些传感器的数据，则无需进行维修编程，直接替换ECM并打开点火开关就可以了，查看ECM的数据显示屏，结果显示正常值为850kPa左右，说明的确是ECM损坏了。

故障排除 更换发动机控制模块进行维修编程和防盗编程后，故障排除。

五、科鲁兹轿车故障灯亮，加油时前部有异响，跑不起来

故障现象 一辆行驶里程为8560km的科鲁兹轿车故障灯亮，有时加油时前部有异响，好像经过排气管动力改装的车发出的响声，并且感觉跑不起来，动力变差。

故障诊断 此车装配1.6L发动机（代号LDE），采用了D－VVT技术，发动机控制模块ECM通过进气和排气凸轮轴位置执行器电磁阀，以改变凸轮轴配气正时，并通过曲轴位置传感器、进气凸轮轴位置传感器和排气凸轮轴位置传感器来监测凸轮轴位置的变化。

连接TECH2检查发动机控制模块，有一个故障码DTCP001100：进气凸轮轴位置系统性能。

查看维修手册，设置此故障诊断码的条件是：实际凸轮轴位置与指令位置不匹配。电路系统说明：进气凸轮轴位置执行器电磁阀和排气凸轮轴位置执行器电磁阀连接在每个凸轮轴上且是液压驱动的，以改变凸轮轴相对于曲轴位置的角度。进气凸轮轴位置执行器电磁阀和排气凸轮轴位置执行器电磁阀由发动机控制模块（ECM）控制。发动机控制模块向进气凸轮轴位置执行器电磁阀和排气凸轮轴位置执行器发送一个脉宽调制信号。进气凸轮轴位置执行器电磁阀和排气凸轮轴位置执行器电磁阀能够改变的凸轮轴角度最大为20°。发动机控制模块增加脉宽以完成期望的凸轮轴操作。

向排气凸轮轴位置执行器电磁阀和进气凸轮轴位置执行器电磁阀供应清洁的增压的发动机油，对凸轮轴位置执行器的性能至关重要。

检查发动机油油位和压力均正常；清除故障码后试车，行驶了几千米，故障灯再次亮起；更换进气凸轮轴位置传感器后，试车行驶了10km左右故障再次出现；拆下进气凸轮轴位置执行器电磁阀和排气凸轮轴位置执行器电磁阀检查发现进油口细滤网上有一些黑色杂质。

故障排除 清除杂质后重新装配，试车故障不再出现；说明VVT系统不仅对油压要求高，对供油量也有很高的要求，如果杂质堵塞进油口滤网则可能导致供油量下降，系统无法正常工作，产生较大噪声，并且动力性下降。

六、科鲁兹轿车钥匙回不到位，无法拔下钥匙

故障现象 一辆行驶里程为7064km的科鲁兹轿车钥匙回不到位，并无法拔下钥匙。

故障诊断 需要说明的是，装配手动挡或者装配无钥匙进入和无钥匙启动系统（选装代码ATH）的自动挡的科鲁兹没有转向盘锁。而此车装配GF6（6速）自动变速器，不带无钥匙进入

和无钥匙启动系统（选装代码 ATH），所以查看电路图中“ATH”部分电路图，如图 11－5 所示，此款车带有转向盘锁功能，并且还有两个安全系统，以防止发生意外，分别是自动变速器驻车锁止控制系统和转向柱点火锁止系统。

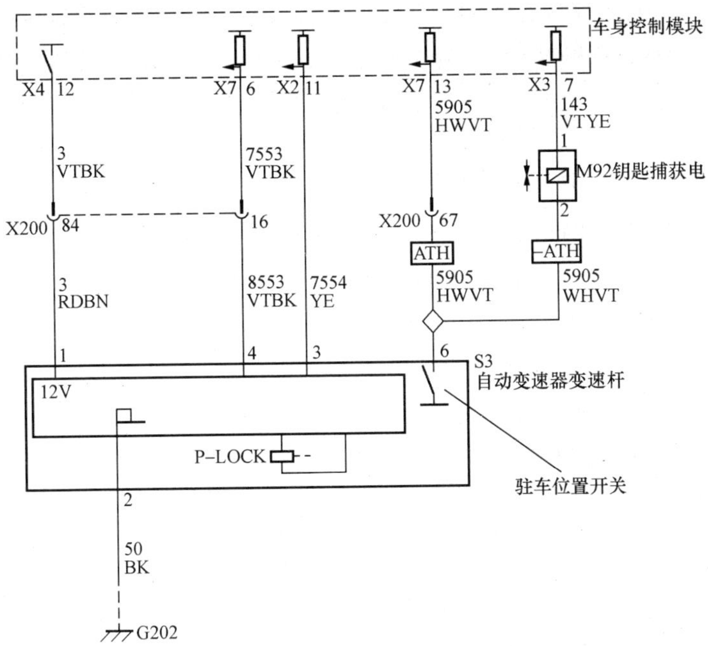

图 11－5　换挡锁定控制相关电路

转向柱点火锁止系统的目的是在变速器挂在除驻车挡（P）外的其他挡位且车辆可能仍在行驶时，防止点火钥匙转至 OFF 位置，导致转向盘锁锁止，引起无法转向的危险后果。在地板控制台换挡机构中装备有自动变速器变速杆 S3，在转向柱内装备有一个点火开关锁芯控制执行器，也就是电路图中的钥匙捕获电磁阀 M92。

转向柱点火锁止系统包括：点火开关锁芯控制执行器（钥匙捕获电磁阀 M92）和位于自动变速器变速杆 S3 中的驻车位置开关。点火开关锁芯控制执行器就是一个电磁阀，电磁阀连接一个销子，该销子由弹簧加力，以机械方式防止车辆变速器不挂驻车挡（P）时点火钥匙锁芯旋转至锁止位置（off Key），从而也不能从转向柱上拔出点火钥匙。

自动变速器驻车锁止控制系统是一个安全装置，防止挡位意外脱离驻车挡（P）位置，只有当驾驶员踩下制动踏板后，才能将驻车操纵杆移出驻车挡（P）位置。

在自动变速器变速杆内部有一个 P－LOCK，也就是驻车挡锁止电磁阀，当点火开关置于 ON 位置，车身控制模块根据制动踏板位置确定制动踏板已踩下，并且变速器控制模块（TCM）通过发送 GMLAN 串行数据至车身控制模块，表明变速器在驻车挡（P）位置，车身控制模块向自动变速器变速杆 S3 中的驻车挡锁止电磁阀（P－LOCK）提供电压，电磁阀通电，将驻车操纵杆解锁，从而允许驾驶员将驻车操纵杆移出驻车挡（P）位置。未踩下制动踏板时，车身控制模块将驻车挡锁止电磁阀（P－LOCK）的控制电压输出调至“OFF（断电）”，使驻车挡锁止电磁阀断电。断电的驻车挡锁止电磁阀将驻车操纵杆机械锁定在驻车挡（P）位置。

试车发现一个规律：将变速杆置于 P 挡后，有时钥匙拔不下来，而只要向前稍微再推一点，就立刻可以听到转向盘下面转向柱上的点火开关锁芯控制执行器电磁阀动作的声音，钥匙就可以拧到“OFF”位置并拔出了。这说明故障原因是自动变速器变速杆 S3 中的驻车位置开关有时不闭合，导致点火开关锁芯控制执行器（钥匙捕获电磁阀 M92）电路无法形成回路，当向前推变速杆时驻车位置开关才能闭合，才可以形成回路，而解除锁止。

故障排除 因为自动变速器变速杆 S3 是一个总成，无法从外面看到驻车位置开关的运动关系，也无法进行调整，分析很可能是驻车位置开关与变速杆之间的相对位置有偏差，导致上述故障现象，更换自动变速器变速杆总成后故障排除。

七、科鲁兹轿车后窗加热（除雾）器不工作

故障现象 一辆科鲁兹轿车，后窗加热（除雾）器不工作。

故障诊断 科鲁兹后窗除雾控制系统仅在发动机运行时才允许操作，系统电路图如图 11-6 所示。系统的工作原理是：当按下暖风、通风与空调系统控制面板（A26）上的后窗加热开关，开关上的指示灯会点亮，以便告知乘客系统的当前状态，暖风、通风与空调系统控制板向暖风、通风与空洞系统控制模块（K33）发送串行数据信息需要后窗除雾操作，暖风、通风与空调系统控制模块根据接收到的串行数据信息将向后窗除雾器继电器（KR5）线圈侧提供电压，这将使继电器开关触点闭合，而允许 B+电压通过后除雾器格栅控制电路流向后除雾器格栅（E18）。

因为后窗加热器功率比较大，所以系统会进行适当的电能管理：当后窗加热开关按下且发动机运行时，后除雾控制系统将保持启动 10min；初始循环结束后，再次按下开关将后窗除雾器继续工作，但此循环将仅持续 5min；如果车速大于 70km/h，后除雾控制系统将持续工作。

试车发现每次按下后窗加热开关时，开关上的指示灯正常点亮或熄灭，查看暖风和空调系统的数据清单，后窗除雾开关显示开闭正常，说明暖风、通风与空调系统控制面板（A26）没有问题；利用 GDS 的特殊功能做动后窗加热，结果后窗除雾器继电器（KR5）没有任何反应，用万用表检查暖风、通风与空调系统控制面板（A26）到暖风、通风与空调系统控制模块（K33）的信号线，通断正常，将暖风、通风与空调系统控制模块（K33）的 X2 连接器第 19 脚加上 B+的电源，直接驱动后窗除雾器继电器（KR5），结果后窗加热工作正常，说明暖风、通风与空调系统控制模块（K33）内部损坏了，很可能是 X2 连接器第 19 脚的驱动电路损坏了。

故障排除 更换新的暖风、通风与空调系统控制模块（K33），并且连接 GDS+MDI 进行在线编程，执行 ECC 遥控加热器与音响控制模块编程、配置与设定后，故障排除。

八、科鲁兹轿车发动机故障灯亮，最高车速只能到 60km/h

故障现象 一辆行驶里程为 3352km 的科鲁兹轿车，发动机故障灯亮，最高车速只能到 60km/h。

故障诊断 用 GDS+MDI 检查 ECM 有一个故障码：P0700，变速器控制模块（TCM）请求启亮故障指示灯；检查 TCM 有一个故障码：P077600，压力控制电磁阀 2 卡滞关闭。

试车时发现 D 挡起步后行驶至 3 挡时出现打滑现象，转速会上升到 4000r/min 左右，松加速踏板才能升到 4 挡，之后很难升到 5 挡，最高车速也只能到 60km/h 左右；行驶时可以闻到有烟味；倒挡行驶时明显感觉无力，并且打滑，发动机转速升高较快而车速上升不明显。

检查自动变速器外部，没有漏油现象，变速器油量正常，但有煳味。

压力控制电磁阀 2 是一个常高压力控制电磁阀，向 C3-5-R 挡离合器调节阀提供油液压力，

此调节阀调节 C3－5－R 挡离合器的变速器油压力。变速器控制模块通过调节排出油液来控制电磁阀压力。当变速器控制模块指令电磁阀断电时，油液将停止排出且 C3－5－R 挡压力过高。当指令压力控制电磁阀 2 通电时，将调节变速器油的排放量，变速器控制模块通过高电平侧驱动器（HSD）向电磁阀供电，高电平侧驱动器保护由变速器控制模块提供电源的电路和部件，如果电路过载，驱动器将关闭，卸除过载后，高电平侧驱动器将重新设置。变速器控制模块以自动变速器输入轴转速传感器（ISS）和输出轴转速传感器（OSS）发送的数据为基础，计算传动比。变速器控制模块将每个指令挡位的已知变速器传动比和计算出的传动比进行比较。

根据故障码和故障现象分析，故障原因是压力控制电磁阀 2 卡滞，导致 C3－5－R 挡离合器压力控制失常，在 3 挡、5 挡和倒挡时出现打滑现象；因为行驶时已闻到煳味，说明离合器已出现烧损。

经拆检发现变速器中有大量黑色颗粒，C3－5－R 离合器底板卡环断裂成两截，导致反作用太阳轮及反作用行星架（也叫反作用托架）、C3－5－R 和 C4－5－6 壳体总成严重划伤和磨损，C3－5－R 和 C4－5－6 离合器内外片严重烧蚀磨损，C2－6 离合器磨损程度少一些，但是内片摩擦材料明显发黑，外金属片有多处过热发黑。

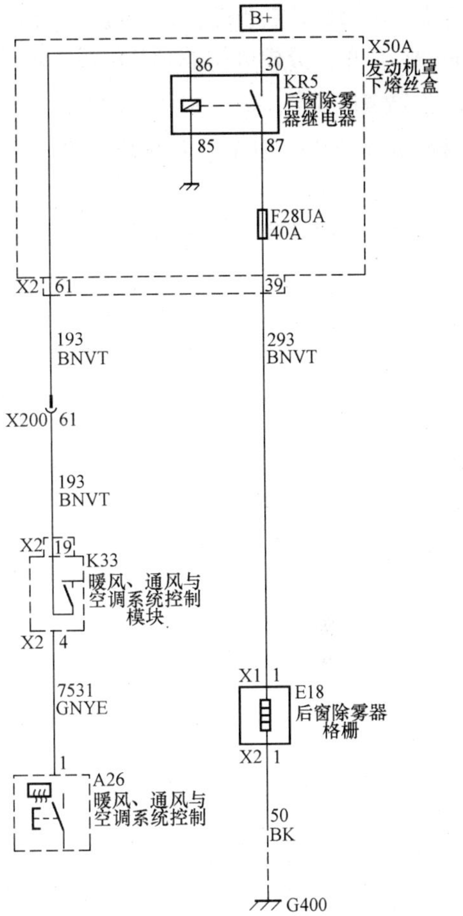

图 11－6　科鲁兹轿车后窗除雾控制系统相关电路

分析故障原因，可能是 C3－5－R 挡离合器底板卡环因装配或材料问题导致在行驶中突然断裂，导致 C3－5－R 挡离合器打滑，变速器控制模块以自动变速器输入轴转速传感器（ISS）和输出轴转速传感器（OSS）发送的数据为基础，推测为压力控制电磁阀 2 卡滞在关闭位置，从而设置故障码 P0776，并点亮故障灯。

故障排除　彻底清洗阀体总成，更换磨损失效的离合器零件后，故障排除。

九、科鲁兹轿车里程表不走，发动机故障灯亮

故障现象　一辆科鲁兹 1.6L 轿车，行驶里程为 2035km，装配手动挡变速器。里程表不走，发动机故障灯亮。

故障诊断　试车发现车速表和里程表都不走，其他没有任何异常感觉。连接 GDS＋MDI，查看发动机控制模块 ECM 内有一个故障码：P0501，车速传感器性能是不存在状态，可以删除。但是查看 ECM 数据显示屏提示“车辆可能错误”，查看发动机控制模块/识别信息，显示“请求超出范围（31），不支持服务”，查看其他模块中均没有故障码，数据清单都可以正常显示，将车辆在举升机上挂挡行驶，查看组合仪表（IPC）中车速信号始终是 0。检查车速传感器的电源和搭铁正常，信号线也导通良好；更换里程表传感器无效；拆下从动齿轮，检查发现从动齿轮内部

卡滞，下边的从动齿轮转，上边的轴不转，更换从动齿轮后里程表走了，但是ECM还是无法显示数据清单，分析可能是ECM模块有问题。

故障排除 将ECM进行断电处理无效，重新编程ECM并进行配置与设定，也没有效果，最后更换ECM并进行在线更换编程后，故障彻底排除。

十、科鲁兹轿车点火钥匙拔不出来，P挡摘不出来，左右的制动灯不亮，高位制动灯亮

故障现象 一辆行驶里程为16 325km的科鲁兹轿车，点火钥匙拔不出来，P挡摘不出来，左右的制动灯不亮，高位制动灯亮。

故障诊断 用GDS＋MDI检查车身控制模块，有两个故障码：B3265 02（行李舱盖解锁输出电路对搭铁短路）、B3445 02（制动灯电路对搭铁短路）。试车行李舱无法遥控开启，查看电路图可知行李舱释放、制动灯和换挡锁定控制都由车身控制模块直接控制的，因为几个功能同时失效，所以怀疑可能是车身控制模块（BCM）的某个电源熔丝熔断了，或是BCM本身内部部分电路故障。

检查BCM各熔丝正常；因为左右制动灯可以很容易地通过替换BCM进行试验，不用对BCM进行维修编程，所以直接与其他车互换BCM，试验，结果打开点火开关制动灯恢复正常，说明BCM内部损坏了，但P挡仍退不出来，分析可能进行维修编程后就可以恢复正常。

故障排除 更换车身控制模块BCM并进行维修编程后，所有故障均排除。

十一、科鲁兹轿车自动变速器挂前进挡和倒挡都不走车

故障现象 一辆行驶里程为12 176km的科鲁兹轿车，自动变速器挂前进挡和倒挡都不走车。

故障诊断 此车为装配GF6自动变速器的科鲁兹，挂任何挡都不走车，也不油；用GDS＋MDI检查ECM和TCM没有故障记忆。客户描述以前故障灯亮过几次，都是在其他服务站简单清除故障码，但没有记录是什么故障码。进行TCM程序升级无效；查看TCM数据中的挡位信号，不论是自动模式还是手动模式均正常。检查自动变速器外部没有任何漏油痕迹；按照维修手册的步骤和要求，在自动变速器油温达到89℃时，拧开油位设置螺塞，检查自动变速器油量，结果排出了少量油液，说明油量足够，但是油的颜色发黑，内部有少量黑色颗粒，并且闻起来有明显煳味，说明有离合器烧损现象。按照维修手册的步骤和要求，连接油压表和GDS＋MDI进行管路压力检查，将故障诊断仪上的压力读数和压力表上的读数进行对比，结果压力读数相差很大，当GDS上压力为400kPa时，油压表显示为900kPa，当GDS上压力为800kPa时，油压表显示为2000kPa。

拆检发现变速器内部有大量的黑色/小颗粒；除离合器CL－R没有烧损以外，其他的4个离合器均严重磨损，最严重的是离合器C4－5－6，内片上的摩擦材料已几乎磨完，金属外片也磨损严重，并过热发黑发蓝；离合器C2－6金属外片上圆周均布有7处过热发黑痕迹，内片上的摩擦材料的花纹已磨光并颜色发暗；离合器C3－5－R和离合器C1－2－3－4内片上的摩擦材料的花纹都磨光了，并且颜色发暗。

故障排除 分析故障原因可能是阀体油压控制失效，导致油压异常，4个离合器打滑烧损，导致无前进挡和倒挡。GF6自动变速器的TCM和阀体是一个总成，更换TCM及阀体总体，更

换磨损的零部件后，进行 TCM 的维修编程和配置与设定，故障排除。

十二、科鲁兹轿车有时打不着车，行驶中有时熄火，超过 90km/h 以后加不上速

故障现象　一辆行驶里程为 5600km 的科鲁兹轿车，客户反映有时打不着车，行驶中有时熄火，超过 90km/h 以后加不上速。

故障诊断　试车时发现将加速踏板踩得很深，但是车速却几乎不提高。根据故障现象分析，可能的原因有：供油不足或排气不畅。

科鲁兹燃油系统采用无回路请求式设计，燃油压力调节器是燃油泵模块的一部分，这样就不需要来自发动机的回油管，无回路燃油系统不使热燃油从发动机返回至燃油箱，以降低燃油箱的内部温度，燃油箱内部温度的降低导致较低的蒸发排放。

电涡轮型燃油泵连接至燃油箱内的燃油泵模块，燃油泵通过燃油供油管向燃油喷射系统提供高压燃油，燃油泵提供的燃油流量超过了燃油喷射系统的需求，燃油泵模块的下端粘贴了一个燃油滤网，燃油滤网由编织塑料制成，燃油滤网的功能是过滤污染物并对燃油进行导流，燃油滤网通常不需要维护。

燃油导轨上有油压测试针阀，连接燃油压力表检查怠速时燃油压力为 380kPa，踩加速踏板以后下降到 200kPa，与其他车对比怠速时油压为 400～420kPa，加速以后压力几乎没有变化。

抬下燃油箱，拆下燃油泵，检查发现燃油泵滤网上面吸附了一层褐色半透明、片状杂物，就像是平面密封胶凝固以后的碎片一样，这些杂质使燃油泵滤网堵塞了大半，导致加速时燃油泵供油量不足。

故障排除　清洗燃油箱，更换燃油泵和燃油滤清器后，故障排除。

十三、科鲁兹轿车怠速时原地打转向沉重，加速到 1500r/min 以后则转向助力恢复正常

故障现象　一辆行驶里程为 5075km 的科鲁兹轿车，怠速时原地打转向，感觉很沉重；加速到 1500r/min 以后则转向助力又恢复正常。

故障诊断　科鲁兹轿车采用齿轮齿条式转向系统，助力转向泵是一个定量叶片泵，能够为动力转向机提供适当的压力和足够的流量，液压动力转向泵由皮带传动驱动。

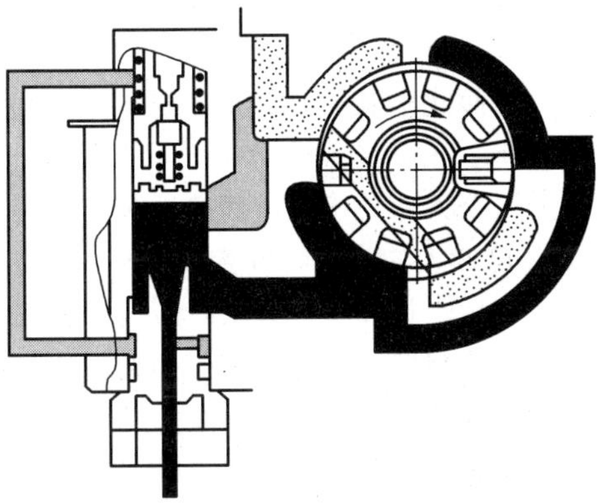

图 11－7　助力转向泵工作示意图

检查转向助力储液罐内液面，正常，说明没有外漏现象；检查转向助力泵皮带，张紧正常，没有打滑现象。根据故障现象和助力转向系统的工作原理分析，故障原因是转向助力泵泵油压力及供油量过低，很可能是转向助力泵内部的流量控制弹簧弹性系数下降了或流量控制活塞卡滞失效了（见图 11－7、图 11－8），停留在高速流量控制位置（也叫减压模式），也就是回储液罐的回油口在低速状态时也处于打开状态，导致油压和供油量下降，助力效果差。当发动机转速提高到 1500r/min 以后，油压及供油量才能达到标准值。

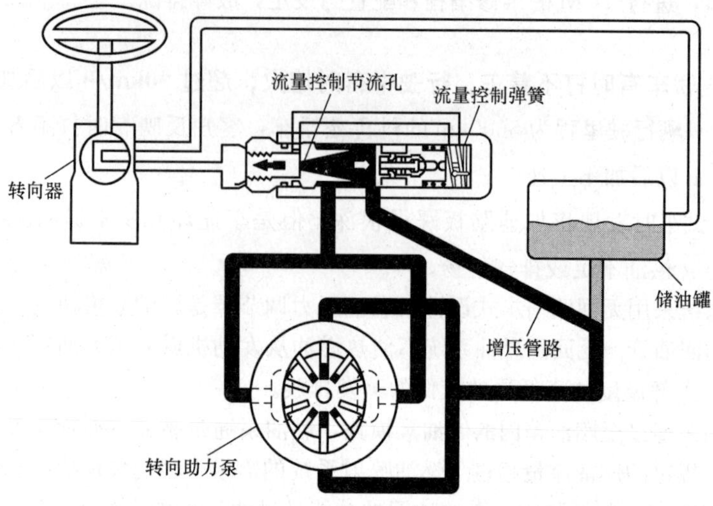

图 11－8　转向泵泵油压力及量过低原因分析示意图

更换新的转向助力泵以后，刚开始故障消失，但 10min 之后故障又慢慢出现了。由此分析很可能是系统内的液压油有杂质，导致转向助力泵内部的流量控制活塞卡滞，刚换上新的助力泵因杂质还没有进入流量控制装置，活塞运动不受影响，所以故障没有出现，而当活塞来回运动若干次以后，杂质逐渐进入流量控制活塞与助力泵壳体之间，导致活塞运动卡滞，流量控制装置功能失效。

故障排除　因为液压组件内部的杂质无法彻底清除，所以更换全部转向助力液压部件（包括转向助力泵、转向机）及管路和储液罐，故障彻底排除。

十四、科鲁兹轿车行驶时突然发动机故障灯亮，熄火后打不着车

故障现象　科鲁兹轿车行驶时突然发动机故障灯亮，熄火后打不着车。

故障诊断　试车发现仪表中央的驾驶员信息中心（DIC）显示：CODE84。查看使用说明书，车辆信息代码 84 的含义是发动机动力下降；发动机故障灯和立即维修灯亮。有时打不着车，有时可以打着车，但是打着车以后加不上油，踩加速踏板后转速一点也不上升，跟没有踩一样。查看发动机控制模块 ECM 有 3 个故障码：P0108，歧管绝对压力（MAP）传感器回路高电压；P068B，发动机控制点火继电器切断电流过迟；P2108，节气门执行器位置性能。查看数据发现，发动机停机时进气歧管绝对压力应显示为大气压，约 98kPa，而此车显示 121kPa；进气温度和冷却液温度都显示－40℃；节气门开度应为 5%，而此车为 75%。

尝试断电处理，无效；重新拔插 ECM 插头也无效；关闭点火开关，再重新接通时节气门不动，而正常情况下用钥匙启动时，发动机控制模块为了更新已读入的节气门位置最小值，会将节气门移至关闭位置。替换上另一辆车的发动机控制模块 ECM 后，打开点火开关，节气门会移至关闭位置，查看各项数据也正常，说明 ECM 已损坏。发动机控制模块检测到节气门执行器控制系统故障，设置故障码 P2108（节气门执行器位置性能），发动机控制模块进入降低发动机功率模式，节气门执行强制怠速模式，通过定位节气门位置将发动机转速限制在怠速，或者在节气门关闭时控制燃油和点火使发动机怠速，忽略加速踏板的输入。

故障排除　更换发动机控制模块 ECM 后，进行维修编程和配置与设定，故障排除。

十五、科鲁兹轿车换不上挡，故障灯亮

故障现象 一辆 2010 款 1.6L 轿车，换不上挡，故障灯亮。

故障诊断 连接 GDS+MDI 查询，ECM 有一个故障码：P0700，变速器控制模块（TCM）请求启亮故障指示灯；TCM 有一个故障码：P2714，离合器压力控制（PC）电磁阀 4 卡在断电位置。

试车发现 5 挡升 6 挡时转速会从 2300r/mim 突然升到 5000r/min，之后又迅速回落到 2000r/min 左右，也就是有打滑现象；1 挡升 2 挡时如果加速踏板踩得轻时不出现打滑现象，踩得重时就会出现同样的现象，发动机转速会突然从 2100r/min 升到 5000r/min 左右，之后又迅速回落到 2000r/min 左右，其他挡位则升挡正常。

离合器压力控制（PC）电磁阀 4 是一个常高压力控制电磁阀，向 C2－6 离合器调节阀提供油液压为，此调节阀调节 C2－6 离合器的变速器油压力。变速器控制模块（TCM）通过调节排出油液来控制电磁阀压力，如图 11－9 所示，当变速器控制模块指令电磁阀断电，油液将停止排出，且 C2－6 挡压力过高，当指令离合器压力控制电磁阀 4 通电时，将调节变速器油的排放量。变速器控制模块通过高电平侧驱动器（HSD）向电磁阀供电。高电平侧驱动器保护由变速器控制模块提供电源的电路和部件。如果电路过载，驱动器将关闭。卸除过载后，高压侧驱动器重新设置。变速器控制模块以自动变速器输入轴转速传感器（ISS）和输出轴转速传感器（OSS）发送的数据为基础，计算传动比。变速器控制模块将每个指令挡位的已知变速器传动比和计算出的传动比进行比较。

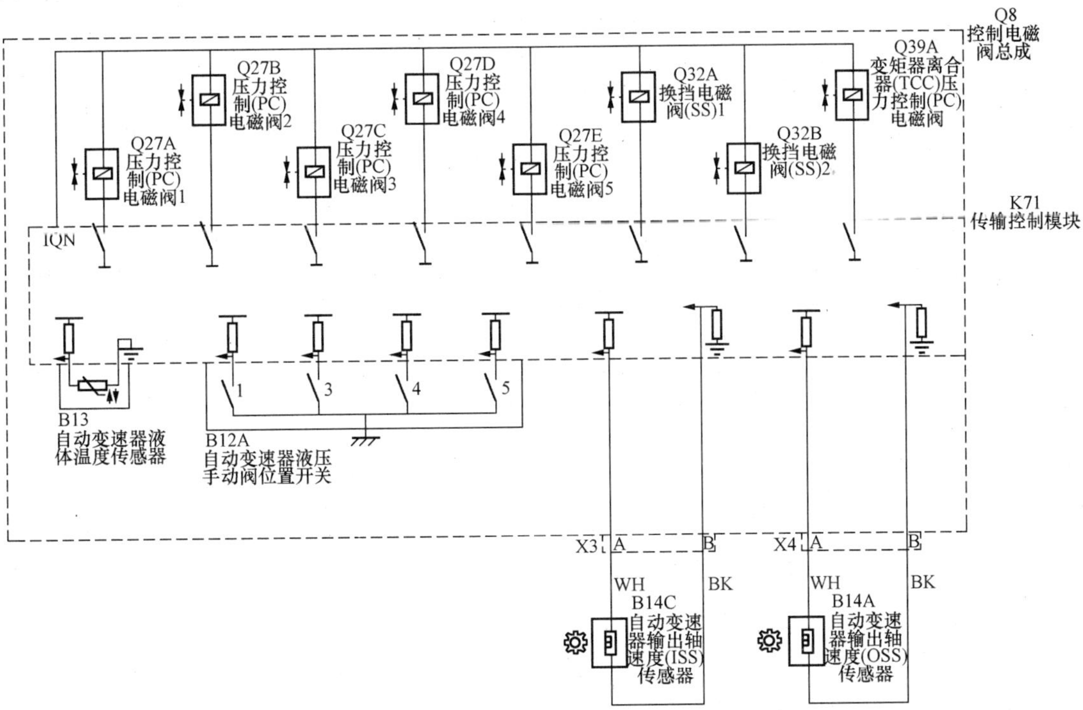

图 11－9　输入轴转速传感器、输出轴转速传感器、变速器油压力、变速器油温度、变矩器、离合器压力控制系统和换挡控制系统相关电路

查看维修手册，设置故障码 P2714 的条件是：当指令 C2－6 离合器接合持续 4s 且变速器输入轴转速大于预期的输入轴转速 33r/min 时，变速器控制模块检测到错误的正在接合的离合器传动比或传动比突然增大。

因为离合器压力控制（PC）电磁阀 4 是调节 C2－6 离合器的变速器油压力，而根据挡位和电磁阀列表，在 2 挡和 6 挡时 ON，其他挡位时 OFF，所以分析可能是离合器压力控制（PC）电磁阀 4 工作失常，导致 C2－6 离合器在接合时由于变速器油压力低出现打滑现象。

故障排除 尝试重新编程，提示已是最新程序；断电也无效；打开 GDS 选择变速器控制模块—配置复位功能—学习变速器自适应值，按步骤学习完成后试车，仍然有打滑的现象，几次循环以后故障灯再次亮起，说明软件问题可能排除。因为 GF6 自动变速器的 TCM 和阀体是一个总成，不提供单独的离合器压力控制电磁阀，只能更换 TCM 及阀体总体，之后进行 TCM 的维修编程和配置与没定，试车，故障排除。

第十二章

北京现代车系维修案例

一、伊兰特轿车在正常行驶中突然熄火，无法启动

故障现象 一辆 2006 年产北京现代伊兰特 1.6L 轿车，行驶里程 7.5 万 km。用户打电话请求救援，反映车辆在正常行驶中突然熄火，再启动时启动机运转正常，但发动机无法启动。

检查分析 维修人员到达现场后，用万用表测量蓄电池电压为正常的 12.5V。试着启动，启动机带动发动机运转比较轻快，但就是不着车。使用专用故障诊断仪检查，但诊断仪根本无法进入发动机系统，ABS 系统和安全气囊系统等也无法进入，看来只能靠人工检查了。

启动发动机进行跳火试验，没有高压电，拆下后排座椅观察燃油泵是否工作，结果没有听到油泵工作的声音，检查油泵的线束端子也没有工作电源，无火无油车辆当然无法启动了。由于发动机系统无法通过诊断仪来检查，所以也就无法直观地判断某个传感器或者发动机控制单元是否故障。考虑到 ABS 系统和安全气囊系统也都无法进入，这些故障应该是同一个原因造成的，但基本上排除了发动控制单元出问题的可能。因为即使发动机控制单元故障造成断火断油，使发动机无法着车，但引起其他控制单元无法通过诊断仪检测的可能性不大。

通过上述分析，问题似乎明朗了一些，会不会是发动机控制单元的电源有问题呢？于是参考电路图，如图 12-1 所示，首先检查了相关的熔丝，结果发现驾驶舱内熔丝盒中 10 号位置的 10A 熔丝已经熔断，从熔丝盒上的说明可以看出，此熔丝正好是发动机控制单元的电源熔丝。维修人员认为问题已经找到，并立即把备用熔丝装上去，刚把点火开关打开，便听到熔丝盒处传出“啪”的一声，10 号位置的熔丝又断了。看来问题没有想象中的那么简单，与 10 号位置熔丝相关的线路中肯定存在短路现象。由于维修人员外出求援没有带更详细的维修资料，于是将车辆拖回维修站。

回到维修站后，对照详细的电路图才发现，驾驶室内熔丝盒的 10 号位置熔丝不只是发动机控制单元的电源熔丝，而且车速传感器、点火线圈、电容器、发电机等也使用 10 号位置的熔丝。既然已经分析出原因，接下来的工作就是要找出，到底是 10 号熔丝控制的线路本身短路，还是具体线路中哪个电子元件短路。首先断掉 10 号熔丝控制所有电子元件的连接端子，重新安装一个熔丝，打开点火开关时熔丝没有烧断，这说明线路本身没有问题，故障应该是线路中某个电器元件存在短路。于是就在点火开关打开的情况下，逐个连接上刚断开的各个电子元件的端子，当插上车速传感器的连接端子时，熔丝盒又传出“啪”的一声，熔丝烧断了。拆下车速传感器，发现车速传感器端子里面有许多白色粉末状的氧化物，问题就出在这里了。

分析认为，有可能是用户不想让车辆行驶里程记录过多，曾经拔下车速传感器插头驶过。车速传感器安装在变速器的后面中下部，水或其他异物很容易进入传感器的端子，引起整个线路的短路或者传感器的接触不良。询问用户，果然前段时间车辆借给了朋友一段时间，但是行驶的里程数并不多，用户当时也有些纳闷，没过多久便出现了此故障。

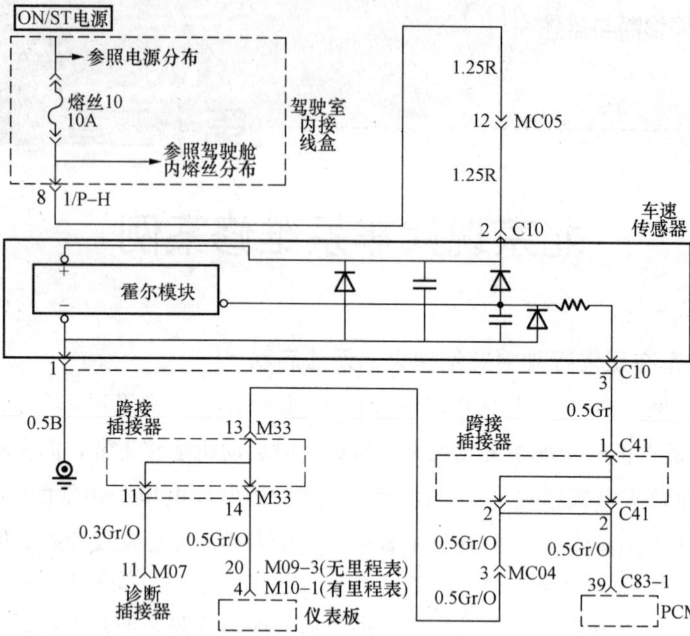

图 12-1　车速传感器电路图

结合车速传感器的电路图进行分析，当车速传感器端子C10的2号电源线和1号地线直接短路引起10号熔丝烧断后，不只是发动机控制单元没有了工作电源造成发动机无法着车、检测仪无法进入，而M07自诊断连接器也没有了工作电源，车辆的其他控制系统也就无法进入了，所有的问题都是车速传感器引起的。

故障排除　车速传感器的端子已经严重氧化无法修复，只有更换了。更换车速传感器后车辆启动正常，各系统自诊断检测正常，故障彻底解决。

二、现代伊兰特轿车动力不足

故障现象　一辆2007年款现代伊兰特1.6自动挡轿车，配备带有CVVT功能的发动机，行驶里程17000km，用户反映车辆动力不足，加速不好，上坡费力。

故障诊断与排除　接车后试车发现，该车在开空调起步时，车辆出现起步慢、发动机转速偏高、变速器换挡慢、明显的动力不足，关闭空调后稍好。

使用现代专用检测仪检查，无故障码。更换火花塞和点火线圈后试车，发现故障依旧。随后检查汽油油压，检测结果为380kPa，结果正常。检查四个喷油嘴供油情况，供油正常，均匀、无阻塞和滴油现象。进一步检查发动机缸压，并使用检测仪的数据流功能检测了喷油脉冲、进气压力、前后氧传感器等数值，都在正常范围内，最后又使用示波器检查发动机CVVT的工作情况，也是一切正常。这时已经把影响到动力不足的原因都检查了，但是故障依旧。

重新反复试车，发现该车空调是否工作对发动机动力影响很大，虽然都知道开空调会造成动力下降，但该车对比同型车过于明显，怀疑是空调系统造成的问题，而发动机并没有故障。使用土办法，找五个身材比较重的工作人员坐在车上，试验一下重载不开空调和空载开空调的发动机的动力性。不开空调时起步，承载5个同事加上驾驶员共6个人也不会出现动力不足的现象，甚至半坡起步都没有问题。但是在开空调时就算是只有驾驶员1人，也会出现起步慢等动力不足的现象。找了几个驾驶员进行反复测试，结果还是一样。故把故障点锁定在空调系统。

确定故障后，分析故障原因，最后认为压缩机工作阻力大，造成消耗发动机动力大是主要原因。于是先检查空调压缩机的工作情况，发现没有异响、漏油、振动等现象，皮带也无打滑现象。这时将空调压力表接上，检测空调系统工作压力，结果发现低压正常，但是高压达到 260psi（1psi=6895Pa），明显高于正常的 228psi，于是将高压降至规定值后，试车发现故障有所好转，行驶 1 天后动力依然不行。想到空调系统的压力偏高应该不会对发动机动力造成太大影响，于是又将压力表接上后检查，发现高压和低压都在正常范围内，看来只有压缩机的问题了，但是将电磁离合器短接后用手转动压缩机也不觉得转动困难。最后只有将空调系统内的制冷剂全部放掉，将电磁离合器短接试车，故障依然存在。

只有判定空调压缩机故障造成发动机动力不足，更换新的空调压缩机后故障排除。

维修总结 由于动力不足是汽修行业的常见故障，所以在诊断初期没有引起维修工足够的重视，造成走了一定的弯路。本故障案例要引起注意的是试车的环节，因为在接到客户的车辆时主要听客户的反应，但是现在的车主很大程度上对车不是十分了解，他们的叙述有时和车辆的问题有很大的偏差。所以作为一个合格的维修人员，更应该注意试车这一环节，明确车辆发生故障的时间、现象和差别，才能更好的做好我们的工作。

三、北京现代伊兰特轿车行驶中加速无力，有时等红灯时车辆会自然熄火

故障现象 北京现代 1.6L 伊兰特，行驶里程 130 000km。用户反映车辆行驶中加速无力，偶尔等红灯时车辆会自然熄火。

故障诊断 接车后首先用诊断仪检查发动机系统是否有故障码，检查结果发动机系统正常。路试加速不畅，原地急踩加速踏板感觉发动机转速提升也比较缓慢。接着连接汽油压力表测量汽油压力，怠速状态下燃油压力为 350kPa，加油或断油压力几乎没有什么波动，熄火后压力可以保持在 250kPa，燃油系统油压也正常。更换火花塞后清洗了节气门、怠速控制阀，然后试车，故障没有改善。

利用诊断仪观察发动机在怠速状态下的数据流，却发现部分数据流存在异常。

数据流中氧传感器的电压偏高，并且变化幅度不大，总在 0.9V 左右变化，正常的氧传感器怠速下工作电压应该是在 0.1～0.9V 的范围内快速的变化，此车的氧传感器工作电压却总是在 0.9V 附近不停变化，而诊断仪没有对氧传感器本身故障记录，说明系统检查到发动机混合器过浓（氧传感器电压 0.45V 以下混合气过稀；0.45V 以上混合气过浓）。而前面测量了燃油系统油压正常（350kPa），那会是什么位置的故障造成发动机的混合气过浓呢？继续观察分析其他数据流，上面数据流中喷油器喷射时间只有 1.6ms，比正常的（2～3ms）少，而前面检测到的是氧传感器混合气过浓，于是系统是想通过修正减少喷油器的喷射时间来减少喷油量而达到混合气标准的要求，但实际的混合气还是过浓，所以车辆行驶中才会出现加速无力，偶尔熄火的故障现象。目前关键是要找到混合气过浓的原因。把发动机的转速由 800r/min 加到 3000r/min 时，数据流中净化控制阀（活性炭罐电磁阀）占空比一直是 0.0%，反复急加速也是同样的结果。查阅此车的维修手册，正常情况下怠速时净化控制阀占空比是从 1%～20%不停的变化；中高速占空比 0～100%不停的变化；只有空燃比控制反馈达到极限时才会关闭控制阀。难道净化控制阀有问题？联想到此车已行驶 130 000km，于是拆卸净化控制阀检查，发现电磁阀的两端是通的。这就不对了，在没有通电的情况下电磁阀关闭，两端不应该是相通的。这就证明了上述的分析是正

确的，是净化控制电磁阀直接相通，导致燃油箱的汽油蒸气进入发动机的进气管路，造成混合气过浓，发动机控制模块通过氧传感器检测到混合气过浓减少喷油器的喷油时间，并关闭净化控制电磁阀，所以才会出现上述的故障现象。更换净化控制阀后试车，加速有力，熄火现象消失，各项数据流都恢复了正常。

故障总结 现代车辆维修利用诊断仪解决故障时，单独靠读取故障码来分析判断问题已经不能满足了，我们要学会利用数据流分析系统各个传感器的工作情况，有时部件性能不良或者工作不正常，虽然没有故障码显示，但通过数据流可以显现出来。这几个案例都是通过数据流的观察分析最终准确地找到故障点的，而如果单独从故障现象及故障码来分析判断故障，可能需要更多的时间，还没有那么准确。由此可以看出，数据流的分析在维修方面起到的重要作用。这就要求我们要看得懂数据流，能够分析和利用，结合故障现象，然后做出快速准确的判断。

四、现代伊兰特行驶中坐车动力不足

故障现象 一辆2003款北京现代伊兰特因坐车送厂检修，经试车初步判定怠速稳定，慢加速正常，行驶中有坐车、加速动力不足的现象。

故障诊断 从故障现象上看像是高速断火或燃油系统加速时油压不足造成的，为了慎重，调取故障码，结果无码，读数据流各运行参数均在正常范围内，分析认为油路问题可能性较大，接上油压表检查怠速下油压为320kPa（标准310～340kPa），加速下油压表指针有微小的下滑趋势，正是这一微小的波动引起了我们的注意，初步判定为供油不畅，由于此车采用了无回油路装置的燃油系统，它造成供油不畅的原因不外乎四方面：①泵力不足；②油路不畅；③油压调节器回油量过大；④油泵工作电压不足。按着先简后繁的思路首先在后排座下面找到油泵插头，用万用表测量它的工作电压（不是空载电压），为13.5V，看来问题不在油泵工作电压上。然后拆下油泵，发现油泵滤网上有一层脏物质，并且油箱底部还有一小层脏水，估计造成供油不畅的原因是滤网太脏了，随着汽车行驶的颠簸同时一部分脏水进入油路，使混合气质量变差，造成行驶中坐车、加速动力不足的现象，拆下滤网对其进行认真的清洗，更换滤芯同时对油箱进行彻底的清洗，装复后试车，行驶中坐车现象好转了，加速比以前也强了，但总感觉还是力不从心，进一步分析认为，由于油泵工作在滤网脏堵状态下，长期高负荷的运转，加剧了泵的磨损，造成了泵力不足，更换一新油泵，装复后试车，故障彻底排除。

故障总结 此车由于供油不畅，以及油箱中有脏水导致了行驶中坐车、动力不足的故障现象，在汽车故障中由油路引起的故障确实不少，作为维修人员我们不单单要会读压力表的数，关键的是我们要会观察油压表指针的变化，然后去分析变化的原因，汽车行驶中有后坐感，动力不足的原因有很多，其中系统油压的检测是一个重要的环节，系统油压过高造成混合气偏浓，使燃烧不完全，导致怠速抖动耗油量增大等，系统油压过低造成混合气过稀，燃烧速度慢，导致冷车难启动、怠速不稳、动力不足，甚至产生回火等故障现象，总之要使发动机正常的燃烧，必须有稳定的油压为前提，才能使ECU精确地控制喷油量，与空气形成合适的空燃比来保证发动机正常的工作。

此车采用了无回油路燃油系统，它与传统电控发动机的燃油系统有不同之处，传统的燃油压力调节器一般都设置在发动机燃油分配管的终端，而新型无回油路燃油系统一般将燃油滤清器和油压调节器放于油箱中，由于传统燃油系统油压调节器紧挨发动机，而发动机舱内平均温度可直达70℃以上，燃油在高温下会变成蒸气而使油路产生热气阻，使发动机产生怠速不稳、

加速不良等，系统油压的控制是利用歧管真空度来加以满足无论在什么工况下，都能保持系统油压与歧管内的压力之差恒定，使发动机 ECU 准确地控制喷油量，但实验证明发动机舱内的温度是随发动机的工况而改变的，由于燃油分配管内的燃油受热而汽化，从而使分配管内的油压产生波动，最高可达 65kPa，已超出了真空度调节的变化量，也就是说除了常温在其他温度下很难保证恒定压差，而新型无回油路燃油系统取消了真空度控制，使系统油压不论在什么工况下都保持一定的压力，由于电动燃油泵的泵油量为供油量的 5～7 倍，所以在传统的燃油系统在发动机舱内被加热的燃油又大量的回到油箱致使油箱中燃油温度升高，从而使油路中的气阻现象容易发生，而无回油路燃油系统避免了这一现象的发生，油箱中的燃油温度可降低 15～20℃，同时也减少了燃油泄漏的部位，提高了燃油供给系统的安全性，达到了燃油供给系统的更优化的控制，所以被当前生产的大部分轿车所采用。

五、伊兰特轿车行驶中熄火

故障现象 一辆 2008 年产伊兰特手动挡轿车，行驶里程 3025km。用户反映该车行驶中有时熄火。

检查分析 维修人员经过长时间的试车，故障终于出现，发动机逐渐失去动力，并最终熄火。熄火后再启动失败，10min 后启动成功。由于当时携带的工具设备不足，没有条件进行进一步的检测，故障就消失了。但试车得到两点结论：一是用户所反映的故障现象确实存在；二是故障为偶发性故障，而且根据经验判断应为电路问题。

将该故障开回维修站后，用故障诊断仪进入该车发动机控制单元检测，未发现故障码。为使故障现象重现，维修人员采取线路扰动法进行检查。具体做法是让发动机正常运转，人为地晃动所有能够触摸到的线路，同时观察发动机的变化。当晃动到发动机舱继电器盒处时，发动机剧烈抖动后熄火。拆卸并翻转继电器盒，发现一根松动的导线，用手轻拽这根导线，其线端子即脱出，查阅电路图，得知此线为燃油泵电源线。

故障排除 将导线端子的防脱弹片整形后重新插牢，装复继电器盒，启动发动机，顺利着车，故障排除。

回顾总结 诊断线路接触不良所导致的偶发故障往往会耗费时间，而且大部分时间是在“等故障”，为使故障重现要反复试车，有时还要用户来配合，在使用中进行观察，这不免对用户造成不便，行驶中熄火还要实施求援。本次维修快速而准确，一次性地彻底排除故障，这主要得益于采取了人为制造“恶劣的使用环境”，使处于临界失效状态的故障点暴露出来，而故障出现的同时故障点也就找到了。所以针对偶发性故障，故障重现是非常重要的环节，不可绕过，越早采取措施，工作效率越高。那种见不到真实的故障现象，而又失去耐心，采取猜测故障、换件碰故障的方法是不可取的。

六、伊兰特悦动轿车不着车

故障现象 一辆 2009 年产北京现代伊兰特悦动 1.6L 轿车，用户打救援电话反映车辆启动时无法着车，启动机可以正常运转。用户购车只有 1 个星期，称车辆已经出现过 2 次类似的不着车故障，但车辆放置一段时间后又可以着车。

检查分析 维修人员到达救援现场后，车辆又可以正常启动，车辆状态一切正常。回到维修站，使用故障诊断仪检测车辆各系统正常。此时用户反映曾经在颠簸路面行驶时感觉发动机动力逐渐降低，之后发动机熄火。

虽然车辆故障此时未出现，但根据用户反映的情况（动力逐渐降低），可以初步判定是燃油压力不足导致的发动机熄火。由于该车是新车，燃油泵出现故障的概率比较小，所以怀疑燃油系统存在卸压故障或燃油泵间歇性工作不良。本着先简后繁的原则，首先测量燃油系统油压，结果油压正常且无卸压的现象。接下来检查燃油泵的线路情况。为了能查找到根本的故障原因，就必须使故障现象出现，由于该车不存在线路老化等因素，所以轻拍发动机舱及驾驶舱内的接线盒，并扳动继电器来模拟在颠簸路况上的行驶状态，这时发动机果然出现了抖动现象，进而发动机果然熄火了。此时检查燃油系统无油压，基本可以判断发动机熄火和不着车的故障是燃油泵不工作所致。

接下来需要判断导致燃油泵不工作的原因。首先给燃油泵直接提供电源，燃油泵可以正常工作，油压也正常，所以排除燃油泵的故障可能性，故障应在线路方面。继续检查燃油泵线路，车辆设定在开启点火钥匙至 ON 挡时燃油泵会工作几秒，但此时拧点火钥匙至 ON 挡燃油泵不工作，测量燃油泵插头无电源，这基本确定是由于接线盒电器故障导致燃油泵电源有时会中断，致使发动机熄火。

由于燃油泵线路经过了发动机舱及驾驶室内 2 处接线盒，即使拍打接线盒模拟颠簸路况，仍然不能准确判断具体的故障部位。因为车辆必须在着车状态下检测，否则燃油泵不工作不能测量燃油泵电源，而在拍打接线盒的过程中，故障仅在很短的时间内出现，燃油泵断电时间很短，而车辆在燃油泵短时间内不工作的情况下，仍可凭借燃油系统残余油压继续着车。加上燃油泵是安装在油箱内，不能直观得知燃油泵何时不工作，所以不能判断出何时燃油泵电源出现故障，此时需要能够直观地体现燃油泵工作与否的工具。在燃油泵插头的线路上连接试灯，燃油泵有工作电源时试灯亮，燃油泵无工作电源时试灯不亮。连接好试灯后轻拍接线盒，发现故障部位是在发动机舱接线盒燃油泵继电器处。略以动继电器，试灯便忽亮忽暗。

故障排除 检查燃油泵继电器正常，确定是发动机舱接线盒的继电器插槽处接触不良。更换接线盒后反复测试，确定故障排除。

回顾总结 查找此类隐性故障时，切忌在无头绪的情况下，胡乱查找故障点。要综合用户反映的情况初步判断大致是哪个系统存在故障，并且需要用正确的方法有针对性地使故障重现。再考虑到新车多发生装配总成及新件的生产制作问题，运用新技术与老经验，理清思路，就可以有针对性、不盲目地排除故障。

七、北京现代伊兰特 TCS OFF 指示灯常亮，变速器入挡和升挡时严重冲击

故障现象 一辆北京现代伊兰特 1.8L 自动挡轿车，行驶里程 8.7 万 km。此车由于前部发生碰撞事故更换了很多配件，包括 ABS 控制单元总成、发动机前围线束（带发动机舱熔丝盒）、仪表板、主安全气囊、副安全气囊以及安全气囊控制单元。车辆修复后，仪表上的“TCS OFF”指示灯常亮，变速器入挡和升挡时严重冲击。

检查分析 使用故障诊断仪调取故障码，ABS 控制单元存储了故障码 C1610（CAN 总线关闭故障），发动机系统、变速器系统以及防滑控制系统都有关于 CAN 通信故障的记录，且无法清除。根据维修手册，ABS 控制单元通过 CAN 线路与发动机控制单元 ECM 和变速器控制单元 TCM 交换 TCS 控制信息，结合故障码 C1610 和“TCS OFF”指示灯常亮的现象，笔者分析

CAN 线路出故障或 ABS 控制单元出故障的可能性最大。

因为该车在发生碰撞事故之前没有故障，是不是进行修复时更换的某些配件有问题呢？但是更换的发动机前围线束和 ABS 控制单元等部件都是原厂配件，而且并没有动过其他与 CAN 线路和 ABS 控制单元有关的部件。难道是线束的问题？按照 ABS 控制单元电路图图 12－2 所示，对更换过的线路进行测量，电路图中 E37 是发动机前围线束中连接 ABS 控制单元的母端子，EC04 是发动机前围线束中熔丝盒的公端子，正常情况下，E37 中的 11 号脚与 EC04 中的 11 号脚导通（对应线路是 CAN High 线），E37 中的 10 号脚与 EC04 中的 12 号脚导通（对应线路是 CAN Low 线）。而实际测量结果与电路图所示的正好相反，E37 中的 11 号脚与 EC04 中的 12 号脚导通，E37 中的 10 号脚与 EC04 中的 11 号脚导通，这说明 CAN 线路中的 High 线和 Low 线的位置装反了。在发动机前围线束中，E37 端子和 EC04 端子之间没有其他接头，拆下熔丝盒，从背面可以看出是 EC04 的 11 号脚和 12 号脚的位置装反了。

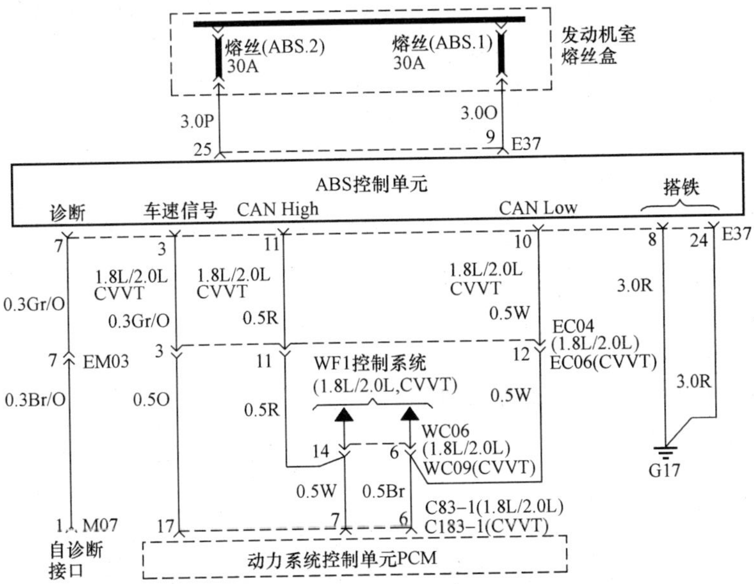

图 12－2　ABS 控制单元电路图

故障排除　把熔丝盒的反面护罩拆下，用细钢针将 EC04 端子的 11 号、12 号端子挑出来进行对调，再重新装好后清除故障码，故障灯熄灭，试车各系统工作正常。

回顾总结　这是一起典型的线路安装错误导致的故障，虽然使用的是新配件，但也有出问题的可能。这时不仅要依靠故障诊断仪读取故障码，还需要根据电路图分析故障原因。

八、北京现代伊兰特悦动轿车自动变速器故障排除

A4CF2 自动变速器是现代汽车公司一款全新设计的小巧型自动变速器，它采用了离心油压平衡活塞、全管路压力可变控制、长行程锁止离合器和盘式复位弹簧等技术，配有超扁平液力变矩器。下面介绍一则该变速器的维修实例。

故障现象　一辆 2008 年产现代悦动 1.8 轿车，搭载 A4CF2 型自动变速器，行驶里程 1.3 万 km。用户反映该车换挡冲击，油耗偏高，高速行驶时提速困难。

检查分析　维修人员接车后对该车进行路试，发现变速器已进入保护状态，锁定在 3 挡。

用故障诊断仪进入自动变速器控制单元检测，发现1个故障码；P0748——管路压力控制电磁阀（VFS）断路/短路。尝试清除故障码，故障码无法清除，这说明存在完全失效性的故障点。为检查VFS电磁阀，断开自动变速器控制单元TCM插接器，从线束侧93与70端测量VFS电阻，如图12-3所示，阻值为3.5Ω，正常。替换TCM后故障依旧。断开自动变速器插接器，对照电路图逐一测量变速器插接器的各端子间的电阻，发现9号端子与6号端子之间短路。拆开自动变速器油底壳，发现双面软性印制电路板出现起泡现象，说明其两面导线间的绝缘层已经损坏。

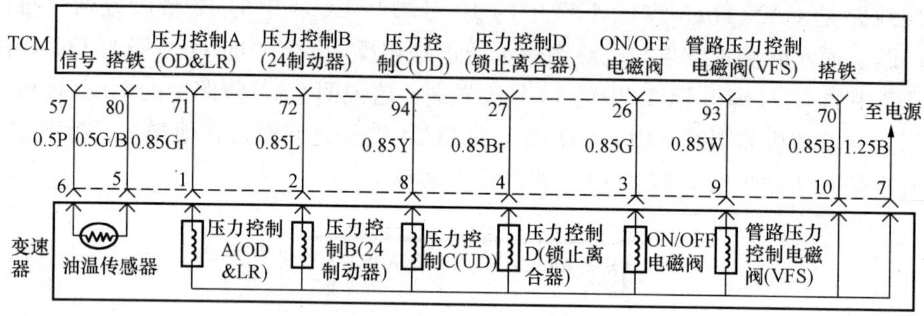

图12-3 阀体部分电路图

故障排除 更换新的软性印制电路板，故障排除。

回顾总结 对于非偶发性电路故障，只要掌握充分的维修资料，维修电路正确，排除过程并不困难。所以我们要在平时注意收集、整理和消化这些资料，这对我们的维修工作大有帮助，可显著提高工作效率。

九、现代伊兰特轿车ABS失效故障排除

故障现象 2007款1.6L北京现代伊兰特，手动挡，VIN：LBEXDAEB57X527758。

该车由于驾驶员驾驶不慎，车的前半部浸到了水中。更换了损坏的诸如前照灯、保险杠等部件，重新进行了钣金和喷漆一系列技术处理手段，使车辆初步恢复了原状。但是，在试车时发现仪表板上的ABS灯常亮，同时感到ABS功能失效。

故障诊断与排除 得知该车的上述情况后，做了以下的初步检查；打开点火开关至ON位置时，仪表板上的各种指示灯、仪表均显示正常。查看仪表的状态，确实只有ABS灯长亮不熄。众所周知，当发动机正常运转后，仪表板上的黄色ABS指示灯应在系统自检测后，确认无故障时熄灭。但现在该灯长亮不熄说明该系统出现了故障。为了进一步确认ABS功能是否失效，进行了试车。当车速超过了30km/h后，急速踩下制动踏板，四条轮胎印痕齐刷刷的出现在公路上，显然ABS功能失效。

因为ABS故障灯常亮，又伴随着其功能失效，分析无外乎ABS泵总成、轮速传感器，以及相关线路的故障。按部就班，先用元征X-431诊断仪读取故障码。但结果令人失望，诊断仪无法进入该系统，试了几次均不成功（发动机系统诊断仪进入正常）。考虑到该车的维修历史，判断是ABS电子控制单元内部进水。为此，决定拆解ABS电子控制单元（注意：这里只需单独地卸下ABS电子控制单元，不必卸下ABS泵总成，以减少制动排气这一工作环节），从外观上看ABS电子控制单元封闭相当好。为了验证之前的判断，还是决定拆开一看。当费了九牛二虎之力后，才拆开了一个小孔。出乎意料，里面并没有任何水滴流出，也没有任何烧毁的异味，判断失误。这也说明ABS控制单元质量非常过关（MANGO品牌）。用万用表一一对应测量各个针脚

之间的阻值，根据经验也没有发现异常现象。到此，可以认为ABS电子控制单元本身绝对没有问题，而应当把检修的精力放在ABS系统的线路上。

根据ABS的基本工作原理和对照该车型的线路资料，ABS系统线路连接9号、25号是常电源，经过测量为12.5V，正常；8号、25号为搭铁，测量阻值小于0.1Ω，正常；18号为制动灯开关提供的12V电源，当踩下制动踏板后，为12.3V，正常。4号为点火开关ON位置时，向ABS电子控制单元提供的12V激活工作电源，现将点火开关打开至ON位置，经过测量，没有12V电压指示，这应当是故障原因之一。

为了进一步排除其他原因也产生此故障，继续检测其他有关的线路：1号和2号、19号和20号、5号和6号、23号和22号为4个轮速传感器针脚。经测量其阻值均在1440Ω左右，并且自感电压均一致，这说明轮速传感器及其线路均正常。7号为诊断通信数据线，经测量也与诊断接口相通。此时，可以断定，4号针脚没有提供12V电源（点火开关在ON位置时），是这个故障的"元凶"。随后将线束连接器ABS电子控制单元插接好（ABS电子控制单元暂时不装在ABS泵总成上），临时提取一个12V电源，通过10A熔丝线束侧连接器的后部插入到4号线内。连接好诊断仪，打开点火开关至ON位置时，诊断仪就能顺利地进入了ABS系统，稍后显示了一个故障码：ABS电动机线路短路或断路（这是因为ABS电子控制单元并没有安装在ABS泵总成上）。因为ABS电子控制单元没有问题，接下来就要排除4号线为何没有12V电压的故障。该线为红/橙色，它应当与点火开关ON时电源线路相通。通过测量并不与之相通。根据资料，该线是通过驾驶舱内熔丝盒一个10A熔丝向ABS控制单元4号红/橙色提供电源的。驾驶舱内熔丝盒为新更换部件。在该盒上有（A）ENG、（B）ENG、（C）ROOF、（D）FLOOR四个线束连接器。其中，（B）ENG线束连接器10号针脚有一根红/橙色导线，经过与ABS控制单元上的4号红橙色导线测量，相通。再仔细查看，（B）ENG线束连接器的10号针孔与熔丝盒上的（B）ENG10号针脚却是空脚。笔者推断，由于熔丝盒、线束连接器也同时进水，为了清理线束连接器内的锈迹，前期维修人员将每一个针脚挑出来，可能由于粗心就将红/橙色导线针脚插在10号的空位上，从而引起了ABS失效的"重大故障"。经过与原车资料对照红/橙导线应插在（B）ENG连接器11号针孔内。经过复原，正确连接，故障排除。

维修小结　结合该故障实例和以前的维修经验，笔者认为，凡是在排除汽车电路故障时，如各种控制单元及其控制电器、传感器产生的故障，诊断仪能诊断到的故障码和不能诊断到的故障码，请不要轻易地更换控制单元、传感器及控制电器。应当先从线路上查起，测量其通断，测量其是否符合维修资料中所提到的技术条件。实际维修过程中，往往有很多严重影响汽车性能的故障，原因却是某一根导线断路、短路的故障。在线路完全符合技术条件后，再对控制单元及其控制电器、传感器进行检测。对照维修资料有根据地、科学地检测。同时，控制单元也并非神秘莫测，在大多数情况下利用模拟发生器、示波器、用万用表等工具还是可以检修好的，除非多层线路板烧毁击穿，否则不要盲目地更换。

十、北京现代悦动空调风道故障

故障现象　一辆2009年产悦动1.8自动挡轿车，行驶里程2.4万km，搭载了全新调校的α系列发动机，采用CVVT技术，装备全自动空调系统。用户反映该车开空调时，当送风模式选为面部送风时脚下也有风。但故障出现频率很低，且无规律。

检查分析　该车由空调系统控制单元对空调的送风进行控制。按下空调控制面板上的自动

（AUTO）按钮时，空调控制单元根据发动机冷却液温度传感器、车外温度传感器、车内温度传感器和光照度传感器等信号来控制相应的执行器，自动调节制冷量和送风系统，以最短的时间达到驾驶员设定的车内温度。当按下送风模式选择（MODE）按钮时，空调控制单元将根据驾驶员选择的送风模式及风速来送风，并自动保持在设定的车内温度。

维修人员首先检查送风模式功能，发现一切正常。用诊断仪检测，结果是空调控制单元无故障码。维修人员当时认为，送风模式电动机出现故障的可能性较大，因为该电动机即使出现故障也不会产生故障码，这与故障现象很相符，因此决定先更换该电动机。因为故障没有出现，这只是根据推测而作的尝试性零件更换，所以维修人员将情况如实告知了用户，并请用户注意观察空调系统工作情况的变化。用户第三天来店反映故障仍然存在，且故障现象没有改变。

为了准确找到故障原因，必须再现故障。于是维修人员反复操作模式转换按钮，终于故障出现了。此时送风模式选为面部送风，但脚部也同时出风。笔者抓住这一时机，连接故障诊断仪，检测空调控制单元仍然没有故障记忆。转入数据流检查，读取出风口位置传感器的数据为33%。于是找了一辆同型号的车辆进行对比测试，发现正常车辆在选择正面送风模式时，出风口位置传感器的数据为6.3%，这说明故障风道翻板的位置不正确，这很可能是风道系统内部的问题。

拆下空调风道，检查蒸发箱内部的风道转换系统，发现各翻板活动自如，无异常卡滞，似乎没问题。考虑到送风模式电动机是新品，相对而言还是风道转换系统故障的可能性较大。再次仔细检查风道转换系统，反复活动所有翻板，观察各活动部位的工作情况，终于发现通风模式翻板轴存在晃动，这很可能是故障原因。按照机械系统的要求，轴与轴承的配合间隙超差时，必须配套更换。

故障排除 由于翻板轴承与蒸发箱是一体的，无法修复，只能更换蒸发箱总成。更换后测试，风道系统工作正常。一段时间后进行电话回访，用户反映没再出现问题，至此故障彻底排除。

回顾总结 此故障为偶发故障，故障重现较难。在故障未重现的情况下，通过人为的主观判断所进行的维修及零件更换往往是不正确的，这常是出现返修的主要原因。在本案例中，第一次换件后，由于维修人员有这方面的经验，所以如实告知了用户，使用户知道了这不是一次有效的维修，而是让其参与了故障的诊断过程，所以当故障再现时，用户并没有认为是返修，而是主动返厂配合检修。第二次接车后，重点放在了故障重现上，并且当故障出现时及掌握了第一手数据，为故障的排除打下了良好的基础。本故障为机械型偶发故障，而不是常见的电路型偶发故障。它是在特定的机械位置、温度、负荷和振动的条件下出现故障的。由于机电一体化的采用，现在机械故障也可以通过电控检测手段找到问题的方向，本案例就是一个很好的实例。翻板卡住后，电动机会不会持续运转而产生高温呢？试验证明是不会的。控制单元会把它作为一个端点来记忆，每次使电动机自动停在此处。另外在检查分析中要十分注意细节，如果在检查蒸发箱时没有发现翻板轴晃动的问题，而把风道系统装复，这就会完全打乱诊断的思路，所以不放过任何细节是维修人员所应具备的基本素质之一。

第十三章

天籁轿车维修案例

一、天籁轿车发动机不能启动

故障现象 一辆东风日产天籁轿车（采用 VQ23 型发动机和自动变速器），由于气缸垫冲坏而进行了发动机大修，大修完工交车使用一个月后却出现了发动机不能启动的故障，于是就将该车拖到我公司进行检修。

故障诊断与排除 接手该车，试着启动发动机，居然一次启动成功了，而且发动机运转正常；将发动机熄火后再重新启动，发动机依旧能启动着。令车主很奇怪，车辆明明刚刚不能启动的，怎么一到这儿就好了呢？正准备进行下一步的详细检查，车主说要急着用车，不修了，就把车开走了。可刚开出我公司门口几米，发动机又熄火了，再启动无法着机，于是把该车推回来进行再次检修。

接上 CONSULT－3 读取故障码，没有故障码。接上燃油压力表，启动发动机，油压正常；拆下第 1 缸点火线圈，外接一个火花塞，启动发动机，发现火花塞不跳火，其他各缸也都如此。由此判断，该车故障是间歇没有高压火造成的。导致没有高压火的可能原因有：曲轴位置传感器、凸轮轴位置传感器或其线路故障；ECM 或相关线路故障；点火线圈或相关线路故障；防盗系统故障。

该车采用独立点火系统，每缸均有 1 个点火线圈。更换了所有的点火线圈，故障依旧。用万用表进行检查，点火线圈上从 ECM 继电器过来的电源线上有 12V 电压，每个点火线圈搭铁都正常；检查第 1 缸到第 6 缸点火线圈控制线与 ECM 相对应的端子 60、61、62、79、80 和 81 的导通性，也均正常。检查曲轴位置传感器和凸轮轴位置传感器线路，正常。更换曲轴位置传感器和凸轮轴位置传感器后试车，故障依旧。

检查 ECM 上各端子的电压参数，与维修手册上的一样；怀疑 ECM 有故障，拆检 ECM，没有发现明显故障迹象；更换 ECM，并用 CONSULT－3 进入 NAST 防盗系统重新匹配后试车，本以为车辆会顺利启动，但依旧没有高压火产生。整个点火系统该换的都换了，该检查的都检查了，却还是找不到故障原因。此时忽然想起关于虚电概念的文章，刚刚检查电源时都是用万用表检查的，会不会是虚电导致的呢？带着疑问，用试灯重新检查点火线路的电源部分，发现点火线圈上从 ECM 继电器过来的电源线在接通点火开关时试灯不亮，没有电流经过，但是用万用表检查却有 12V 的电压，看来问题就出在这里，是从 ECM 继电器过来的电源线故障导致了点火线圈不点火。ECM 继电器位于发动机舱智能电源分配模块内，更换 ECM 继电器试验，故障依旧。怀疑可能是从 ECM 继电器到点火线圈间有线路故障。用万用表检查，发现该线路确实不导通，接着重点检查该部分线路。查阅电路图得知，该线路在自动变速器壳体上有一个 24 针的线束连接器。拆开进气软管，找到并拔下该线束连接器检查，发现里面都是泥污，将其清理干净并插接牢固后试验，发现接通点开关后，点火线圈的电源线上有电流通过了，试灯顺利点亮，线路恢复正常。启动发动机试车，发动机顺利着机，故障排除。

故障原因分析 该24针线束连接器内为什么有这么多泥污呢？原来该车在发动机大修时，放在露天很长时间，刚巧这个线束连接器拔掉后其端口是朝上的，形成了天然的“垃圾桶”，装复发动机后，该线束连接器接触不良，导致点火线圈电源线上的电源时有时无，出现发动机间歇不能启动着机的故障。无独有偶，在修复该车后不到一个月，又碰到了出现同样故障的同型轿车，故障原因也是该线束连接器内部过脏导致接触不良。看来这是该车的通病，希望能引起同行注意。

二、天籁轿车行驶加速困难

故障现象 一辆日产天籁230JM轿车，在行驶时会偶发性点亮发动机故障指示灯，此时就会出现加速困难的现象。

故障诊断 接手该车时发动机故障指示灯正常，而且加速性能良好。接着对该车进行路试，也没有发现异常情况。车主反映该故障是偶然出现的，但在轿车掉头或转弯时出现的概率较高。于是连接故障诊断仪读取故障码，故障诊断仪显示的故障内容如下：P2122 APPsensor/circ（加速踏板位置传感器或其线路）；P2138 APPsensor（加速踏板位置传感器）；P1299sensor power/circ（传感器电源正极或其线路）；P0550PW ST SEN/CIRC（动力转向压力传感器或其线路）。

清除故障码后试车，一切正常，上述故障现象一直未再出现。再次询问车主得知，该车的故障是在我公司检修了发动机异响后出现的，查阅该车的维修记录，发现确实到过我公司维修过，当时是报了转向器高压油管漏油，转动转向盘时有异响，当时车主嫌配件报价太高而没有在我公司进行更换。查看该车转向器高压油管，是新换上的。车主此时才反映曾在外面更换了该高压油管，而且一口咬定是正厂配件，怀疑故障可能就出在该高压传感器，而且该传感器与读取的故障内容相关。进一步分析电路图，该压力传感器与加速踏板位置传感器、空调压力传感器等多个传感器共用5V电源，若该传感器出现故障会导致多个传感器受到影响。为了证明该高压油管上的压力传感器有故障，原地将转向盘分别向左向右转到底，并用故障检测仪作数据监控，发现不一会就出现了P0550和P1229故障码，与上述推断相吻合，当这2个故障码出现后，踩加速踏板，发动机提速缓慢。由此断定就是该传感器出现偶发性故障，才导致其他传感器电源电压过低而工作不正常的，于是建议车主更换该高压油管。

故障排除 更换上原厂的转向器高压油管后试车，上述故障现象没有再次出现，故障彻底排除。

三、天籁轿车最高车速不能超过120km/h

故障现象 一辆2004年款东风日产天籁轿车，搭载VQ23DE型发动机和RE4F04B型自动变速器，行驶里程20.5km。据用户反映，该车最高车速不能超过120km/h，并伴随有后燃（排气管“放炮”）现象。

检查分析 通过与用户的沟通，得知该车的故障最近几天刚出现，已经在外地某店进行过检修，该店更换了燃油泵并清洗了节气门，但故障依旧。我店维修人员进行了试车，并捕捉到故障现象，怀疑是发动机有气缸工作不良。对喷油器和进气系统进行清洗，故障现象没有明显变化。笔者接车后，初步判断故障可能是混合气过浓引起的，而不是之前维修人员判断的混合气过稀。连接故障诊断仪CONSULT-Ⅱ进行检测，无故障码存储，观察数据流时发现怠速时A/F

ALPHA－B1 空燃比为 80%，A/F ALPHA－B2 空燃比为 65%，混合气明显过浓。在对氧传感器的数据流对比后，发现 HO_2S1（B1）电压在 1.5～1.8V，加速时可以达到 2.0V，HO_2S1（B2）的电压在 1.8～2.0V，加速时可以达到 2.3V，而正常的氧传感器电压应该在 0.1～0.9V 跳动。

故障排除 笔者于是更换了 2 个前端的氧传感器，更换后试车确认故障排除。

回顾总结 笔者对此故障进行了分析，氧传感器是检测排气中的氧含量来对喷油量进行控制，氧传感器电压高，系统默认为混合气偏稀，便对喷油量进行修正，一般情况下不会造成车辆行驶故障。该车氧传感器颜色发红，属于铅中毒，所以会造成氧传感器信号偏离正常值过多，一般维修中也不常见。整理出来给大家参考，以便在以后维修中少走弯路。

四、天籁轿车无法启动

故障现象 一辆 2 年行驶里程为 5 万 km 的东风日产天籁轿车，正常行驶过程中突然自动熄火，熄火后无法启动。

故障诊断与排除 拖回修理厂，经过简单询问，此车前一天刚刚在 4S 店做了常规维护，还说一切正常。从车主的语气里可以明显感觉到不小的火气。上车打开点火开关，发现仪表指示正常，同时发现这个车的玻璃升降功能失效了。仔细观察仪表，发现发动机故障指示灯不亮。

初步判断发动机电控单元供电熔丝烧毁，用试灯测试电控单元供电继电器电源主熔丝，正常。拆开驾驶员膝盖附近的熔丝丝盒，检查熔丝，发现一个 15A 熔丝烧毁。但是不知道该熔丝都控制哪些系统，观察熔丝盒盖上的说明，只是知道该熔丝是点火开关控制的一个点火线。查阅电路图得知该线路为发动机电控单元 109 号端子供电，同时为车身控制模块供电，并识别点火开关状态，它不仅仅是供电电源，还是一个状态识别信号。重新找一个备用熔丝插上，结果立刻烧断，说明线路系统存在对地短路故障。

从线路图上根本无法得知与该熔丝连接的这条红色线是在哪里分支的，无奈只好根据常规办法，首先断开车身控制模块，然后测试该线路是否还存在搭铁现象，结果依然存在，继续断开其他插头，故障依然存在。依次断开相关系统，依然没有发现问题，细细查阅维修手册上线路线束走向分布结构图，发现该控制线路并没有进入发动机舱，而是颁在仪表台下，拆解工作台，发现在这把线束走到发动机电控单元附近的时候，与车身固定横梁的固定卡扣松脱，线束长期与裸露的金属飞边摩擦，导致绝缘破损，恰好是这条连接到点火开关的点火线，恢复后故障排除。

故障简单，但是工作量不小。相信天籁车这个故障以后还会在同类车上出现，整理出来给大家做参考。

补充一下，检查过程中，曾想先把发动机发动着车，为此把电控单元线束上的 109 号端子跳线接通，本以为这样发动机就能启动，结果失败，原因是由于点火熔丝烧毁，车身模块没有工作，而车身模块以及变速器模块都是通过 CAN 总线通信的，由于得不到其他模块确认信息，以及防盗系统释放指令，所以发动机拒绝启动。这个也算是 NISSAN 新型车的一个系统特点吧。

五、新天籁轿车无法启动

故障现象 一辆 2008 年产东风日产新天籁公爵 J32 轿车，搭载 VQ35DE 型发动机。该车是行驶里程很少的新车，用户来电话报修车辆无法启动，按下启动按钮时没有任何反应，要求进行救援。

检查分析 维修人员询问故障现象后，初步判断是蓄电池亏电造成的无法启动，于是带着备用蓄电池及蓄电池检测仪赶到现场。经检测，蓄电池状态良好，于是将故障车辆拖回维修站。

到达维修站后，使用日产专用故障诊断仪 CONSULT-Ⅲ进行检测，发现只能看到 IPDM 智能电源主菜单，而看不到控制点火启动按钮的 BCM 主菜单。根据维修经验，笔者认为这是 BCM 控制单元失效造成的，但是因为该款车型很新，维修站没有 BCM 配件可以进行替换，于是将试乘试驾车的 BCM 装到故障车上，装车后没有进行初始化就发现使用启动按钮可以正常启动了。

确实是 BCM 的故障吗？会不会是 BCM 线束插头接触不良造成的呢？于是将原车的 BCM 装回，结果故障也消失了，也可以正常启动。但在第二天准确交车时故障再次出现，只好又将试乘试驾车的 BCM 换上，当天故障没有出现。将故障车的 BCM 装在试乘试驾车上，出现无法启动的故障，最后更换了 BCM 才解决问题。

虽然这是一个比较简单的故障，但需要注意的是在更换 BCM 后，需要进行 NATS 防盗系统的初始化操作。不正确的 BCM 拆装会导致 NATS 系统初始化失败，以及 BCM 的失效。为了方便广大维修人员对此车型的修理，下面将新天籁的 NATS 系统初始化步骤及注意事项进行说明。

(1) 在拆卸 BCM 之前，一定要用原车的智能钥匙遥控锁止车门及转向锁，切记打开车门后不要触摸启动按钮，否则将不能进行转向锁解锁操作及初始化。将日产 NATS 专用安全卡插入 CONSULT-Ⅲ检测仪专用卡座内，进入 NATS 子菜单，读出 5 位数的 BCM 码，例如 24A1F，然后向东方日产申请查询对应的 4 位数的密码。

(2) 在输入密码之前要关闭所有车门，解开转向锁之后将智能钥匙插到智能钥匙感应孔内。按下启动按钮，重新进入诊断主菜单系统的 NATS 子菜单，进行 NATS 系统初始化操作。

(3) 在打开初始化子菜单后，输入密码，将智能钥匙拔出，再重新插入，查看仪表内防盗指示灯闪烁 5 次后，将另外一把智能钥匙插入，然后将 CONSULT-Ⅲ退回检测菜单，选择所有系统，读取 DTC 故障码，清除所有系统关于 NATS 的故障码。

(4) 拔出智能钥匙，打开并关闭车门，用智能钥匙遥控按钮开闭锁一次，保持在打开位置，插入智能钥匙启动发动机，然后拔下智能钥匙启动一下发动机，如果正常，则 NATS 系统匹配结束。

(5) 注意：新天籁的机械钥匙内无芯片，只能作为应急开门操作。

故障排除 更换了 BCM 并正确初始化 NATS 系统后，车辆无法启动的故障再没有出现。

六、新天籁轿车排气管冒蓝烟

故障现象 一辆 2009 年产东风日产新天籁轿车，装备 VQ25DE 型发动机和 RE0F10A 型无级变速器，行驶里程 2.1 万 km，用户报修排气管冒蓝烟。

检查分析 因为用户反映故障是在维护后出现的，于是笔者认为维护时机油添加过多，但检查机油液位时发现机油液面位于油尺的中线以下，说明机油已经偏少。检查用户的维护记录，发现上次维护里程是 9500km，而目前车辆的行驶里程已经达到 2.1 万 km，超过正常维护里程 5000 多 km。将曲轴箱强制通风阀连接软管拆下，发现里面有机油流出，笔者初步判断是维护里程超期后机油氧化，生成油泥状的氧化物堵塞了气门室盖内的油气分离口。于是拆下进气管检查，发现进气管内也有很多机油，这说明是气门室盖上的油气分离系统出现了问题。继续拆卸发动机气门室盖，发现气门室盖内有很多机油氧化物和油泥。

故障排除 由于气门室盖是一次成型件，无法拆开清洗，便更换了气门室盖总成（强制通风阀），并将进气管进行了彻底清洗。跟踪回访 100km 后，确定冒蓝烟的故障排除。

回顾总结 很多车辆的使用者对养车知识了解甚少，有时会记忆车辆维护，因此应该通过短信等方法提醒用户及时维护车辆。

七、天籁 250XV 轿车在行驶中仪表灯突然熄灭

故障现象 一辆 2008 年产东风日产天籁 250XV 轿车，行驶里程 4.5 万 km。用户反映该车在行驶中仪表灯突然熄灭，车速表、发动机转速表、燃油表失灵，并伴随加速无力、转向变沉的现象。车辆放置 1h 后恢复正常，但行驶半小时后故障重现。

检查分析 维修人员用专用故障诊断仪 CONSULT-Ⅲ检测，故障码为 U1001——CAN 通信线路故障。因仪表及所有指示灯均不工作，所以先从仪表入手。仪表熔丝为 4 号熔丝，经检查该熔丝正常。打开点火开关，测量该熔丝电压为 0V。查阅电路图（见 13－1）得知，4 号熔丝的前端是点火继电器，点火继电器由车身控制单元 BCM 控制。测量点火继电器的控制端，即熔丝盒 6C 端子，电压为 0V。正因该处电压为 0V，所以继电器未工作。熔丝盒的 6C 端子之间的线路导通正常，因此是 BCM 没有输出点火继电器的控制信号，确定 BCM 失效。

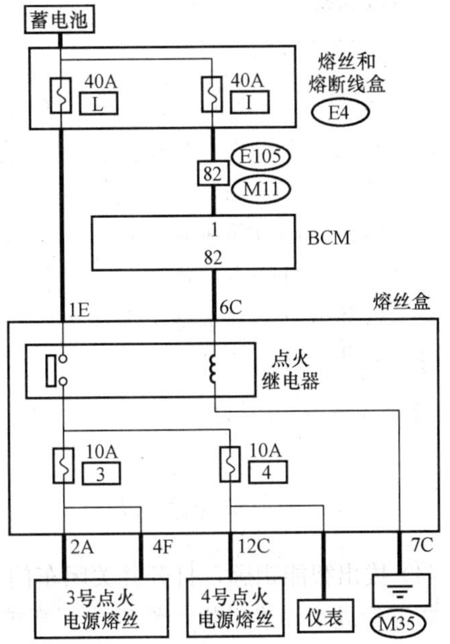

图 13－1　车身控制单元 BCM 及熔丝盒电路图

故障排除 更换 BCM，用 CONSULT－Ⅲ检测执行“写入配置”，对 BCM 进行初始化（NATS）。试车，仪表恢复正常，车辆加速、转向助力同时恢复正常，故障排除。几天后回访用户，故障未再出现。

八、天籁轿车前照灯的自然点亮功能不能正常工作

故障现象 一辆 2007 年产东风日产天籁 2.5L 轿车，据用户反映，该车前照灯的自然点亮功能不能正常工作。

故障分析 查看维修手册得知，该车的自动前照灯系统主要由 3 个控制单元进行控制。车身控制单元 BCM 根据光学传感器传来的信号，以及组合仪表传来的照明开关（AUTO）、驾驶员车门开关、前排乘客侧车门开关、后门开关、点火开关（开/关）以及车速等信号，来确定接通或断开示宽灯、尾灯以及前照灯电路。光亮度传感器将外界光线强度转换为电压信号传给 BCM，智能电源控制单元 IPDM 执行 BCM 的指令，将前照灯的相关电路接通。

维修人员对相关线路和熔丝进行了检查，没有发现异常，之后对光亮度传感器进行了更换，但故障依旧。笔者经过对维修人员的检查步骤和相关部件进行分析，怀疑问题出在系统控制方面，于是使用日产专用故障诊断仪 CONSULT－3 对车辆各相关系统进行检测，显示系统无故障码存储。执行主动测试功能，对灯光的各项控制也正常。笔者对 BCM 的系统配置进行检查时发现了问题，BCM 通信设置中的自动灯光功能显示“无请求开关”。

故障排除 对BCM的系统配置进行修改，进入手动修改配置项目，将自动灯光的设置修改为“有请求开关”。将系统退出后，试车确定自动前照灯功能可以正常使用。

回顾总结 日产的车身控制单元BCM具有系统识读功能，会对车辆安装的硬件进行识别并记忆。如果人为修改BCM的配置，就可能会造成某些系统不能正常工作，有时这些故障会给维修工作带来很多麻烦。

九、天籁轿车车外后视镜有时不能调节

故障现象 一辆2006款东风日产天籁轿车，行驶里程10万km，该车进店检修车外后视镜有时不能调节的故障。

检查分析 检查车外后视镜熔丝，原车熔丝的规格本来是10A，该车却被换成了15A。拆下车外后视镜调节开关，发现开关的线束插头中有一根黄/黑色线有明显的高温变形黏结现象。参考车外后视镜电路图，查出黄/黑色线是控制右侧车外后视镜向右动作的信号线，而且用手曳右前车门线束时用万用表测量可以发现此线有对地短路的情况。将右前车门内饰板拆下，拔下车外后视镜与车身线束的连接插头，在后视镜端子侧测量，发现在曳拉线插头时还是有对地短路现象，这样就可能基本确定后视镜或后视镜连接线有问题。拆下后视镜，发现后视镜线束被固定螺栓压断并通过螺栓搭铁。

故障排除 连接断开的信号线并妥善固定，车外后视镜可以正常调节。

十、天籁轿车自动变速器升挡时车身严重抖动

故障现象 一辆2008年产天籁轿车，搭载VQ23DE型发动机，匹配HE4F04B型自动变速器，行驶里程9.8万km。据用户反映，该车升挡时车辆来回抖动，好像刚升挡又降挡，有时松一下加速踏板再加速情况稍好，只要过了换挡点，自动变速器工作就正常，此现象在车速75km/h左右即3挡升4挡时最明显。

检查分析 从试车的感觉分析故障像是自动变速器电控系统故障。打开点火开关，至少等待6s或启动发动机并至少等待6s，系统进行自诊断。观察A/T检查指示灯的闪烁，指示灯闪烁结果显示自诊断系统无故障码输出。

怀疑是自动变速器液压控制系统或机械部分故障造成的升挡抖动。为了判断是否是液压系统或机械部分的故障，按照以下步骤对变速器进行检查。

首先检查自动变速器油，液面高度正常，油液状态检查结果是油有煳味且已经变成黑色，但不是很严重。

再做一下失速试验，测得D挡时的失速转速为2200r/min，R挡的失速转速约为2300r/min，与标准值（2400～2900r/min）相差不大。

接下来做油压试验，测得D挡怠速时油压约为500kPa，节气门全开时油压约为1230kPa；R挡怠速时油压约为780kPa，节气门全开时油压约为1910kPa。均在标准范围（D挡500kPa，1233kPa；R挡778kPa，1918kPa）内。

检查至此，没有发现明显问题，分析检查结果，有3个疑点：①自诊断系统无故障码输出，但试车感觉类似于电控系统故障；②自动变速器油变质；③失速转速略低于标准值。

首先要解决这3个疑点。

疑点 1：自动变速器电控部分虽然复杂，但最终其控制的是 4 个电磁阀的动作。因此先对电磁阀进行检查。方法是检查电磁阀线圈（接线端口与搭铁）的电阻，给接线端口与搭铁施加蓄电池电压后，听其工作时的声音，结果正常。再在 2 个换挡电磁阀 A、B 上分别并联上 2 个发光二极管，按照各挡位电磁阀动作情况，如表 13－1 所示进行路试，检查 2 个换挡电磁阀的动作，与标准相符，说明电控系统工作正常。

表 13－1　各挡位电磁阀动作情况

变速器挡位	1	2	3	4
换挡电磁阀 A	ON（关闭）	OFF（打开）	OFF（打开）	ON（关闭）
换挡电磁阀 B	ON（关闭）	ON（关闭）	OFF（打开）	OFF（打开）

疑点 2：仔细询问车主得知，车辆行驶了近 10 万 km，一直没有换自动变速器油，这样油的状况差也正常。

疑点 3：再仔细分析失速转速略低可能的原因是：发动机动力不足或是变矩器导轮的单向离合器打滑。该车发动机无负荷时加速性能良好，将变速器挂在 1 挡，试车，没有抖动现象，但是感觉加速性能比正常回款车差。确定继续从发动机方面检查，检查了点火系统高压线、点火线圈等均正常，最后检查燃油系统压力，怠速时油压约 350kPa，符合标准值。断开油压调节器上的真空管，压力无变化，正常情况下压力应随之升高到 410kPa。将真空管插回，急加速油压略有下降，分析是燃油供给系统有故障。

故障排除 检查汽油滤清器、油压调节器、油泵控制单元均正常。最后更换了汽油泵，测试系统压力正常。上路试车，故障排除。

总结 该车升挡时所需转矩增大，而汽油泵工作不良，发动机不能输出足够的功率，引起车辆抖动。过了升挡点后，汽油泵提供的油压可以保证车辆正常行驶，虽然加速性能差一些，但不致影响车辆行驶。

发动机故障引起车辆抖动是我们所熟知的故障，但在升挡点的抖动给维修带来了错觉，误认为是自动变速器故障，以致走了不少弯路。不过通过此故障的检查，也为以后处理类似故障提供了很好的借鉴。

十一、天籁轿车失去转向助力功能

故障现象 一辆 2009 年款东风日产新天籁轿车，搭载 VQ25DE 型发动机和 REOF10A 型无级变速器，行驶里程 982km。该车因为失去转向助力功能而被拖到服务站维修。

检查分析 首先验证故障现象，转动转向盘时感觉很沉重，加油时有轻微的改善。该车采用 EPS 电子控制液压转向系统，对车辆做基本检查时发现转向助力油有泄漏，但是储油罐内的助力油还在标准范围内。连接日产专用故障诊断仪 CONSULT－3 进入故障诊断，各系统没有故障码存储，数据流也未发现异常。本着先易后难的原则，先测量转向助力电磁阀电阻为 4.8Ω，符合规定的 4～6Ω 标准，初步可以排除电磁阀的故障。由于转向助力电磁阀与转向机是总成件，必须先拆下转向机才能检查或更换电磁阀。于是将故障车辆举升到工作高度后，让维修人员在车上启动发动机，笔者在车下观察转向助力泵，发现随着发动机转速的升高，转向助力泵前部有明显的油滴落下。这时已经可以确定是转向泵卸压造成了助力功能失效。

故障排除 更换转向助力泵，试车转向助力功能恢复正常。

十二、新天籁轿车仪表板上的ABS故障警告灯常亮

故障现象 一辆2009年款东风日产新天籁轿车，搭载VQ25DE型发动机和REOF10A型无级变速器，行驶里程9500km。据用户反映，该车仪表板上的ABS故障警告灯常亮。

	选择	
未检测到DTC。 可能需要进一步检测。		
	选择	
C1107、前右传感器-2		当前
	选择	
未检测到DTC。 可能需要进一步检测。		
	选择	
未检测到DTC。 可能需要进一步检测。		

图13-2 ABS控制单元内存储当前故障码C1107

检查分析 首先使用日产专用故障诊断仪CONSULT-3读取系统故障码，ABS控制单元内存储当前故障码C1107，如图13-2所示，含义为“右前轮速传感器-2”。在与用户沟通后得知，ABS故障警告灯是在行驶中的一次紧急制动之后点亮的。根据用户的描述，维修人员怀疑是轮速传感器脏污或损坏引起的故障，便对轮速传感器和轮毂轴承上的信号磁盘进行了清洗，但清洗后故障依旧。

对存储的故障码进行分析，因为右前轮速传感器-2的含义是右前轮速传感器电路短路，或转速传感器与信号磁盘之间的距离过大，且ABS控制单元无法识别传感器脉冲。故障可能的原因包括轮速传感器线路和信号磁盘存在故障，因为维修人员已经对相关线路和传感器进行了检查，轴承表面也没有发现问题。这时维修人员说在轮毂轴承里发现有一段毛线缠绕在信号磁盘里，于是使用工作灯检查，发现信号磁盘有缺口和磨损情况。将右前轮轴承拆下，发现轴承磁环有比较严重的磨损，磁粉已经全部脱落。

故障排除 更换右前轮轴承总成后，试车，故障彻底排除。

回顾总结 我们在维修一些存储了故障码的车辆时，一定要清楚故障码的含义，否则在检修工作中要走很多弯路或很难找到故障部位。

十三、天籁轿车ABS灯亮以及灯光不受控制

故障现象 一辆2006年生产的东风日产天籁汽车，用户报修项目为前照灯无法关闭；ABS灯亮；前雾灯无法打开，后雾灯正常；转向灯和警示灯正常；小灯和前照灯不受灯光组合开关控制，常亮，但是仪表各种灯光的指示灯正常。同时伴有刮水器电动机不受开关控制，但是喷水正常；车速里程表不工作。

故障诊断排除：用X-43进入各个系统，读取发动机系统故障码U1001（CAN通信线）、ABS和BCM故障码U1000（CAN通信线）。查阅维修手册，日产对此两个故障码的解释都是本控制单元不能与其他控制单元通信，看来是CAN线路出问题了。

向用户仔细询问故障出现的次数和情形，故障是当天出现的，但是以前曾经有过晚上在环路上颠簸一下就出现灯光自动熄灭的情况，然后又自动好了。从用户反映的情况来看，也应该是线路导致的问题。

结合故障码和用户反映的情况，决定先从CAN线路开始检查，查看CAN系统图（见图13-3～图13-5），从图中可以看出，车上各个控制单元都是通过两条CAN线互相连接，以利用更少的线路进行高速率的信号传递，每个控制单元都可以接收或传送数据，但只是有选择性的读取所需要的数据。

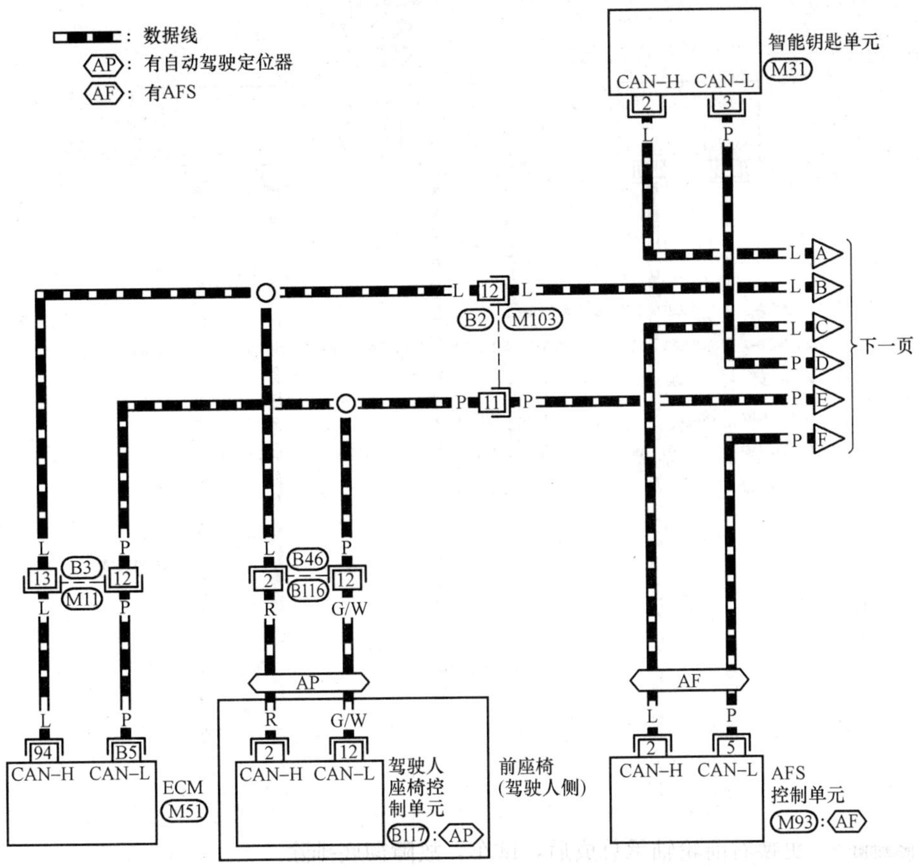

图 13-3 CAN 系统图（1）

天籁轿车的前远近光灯、前雾灯、驻车灯、牌照灯、尾灯都是由 BCM 接收到灯光组合开关的请求信号，然后从 39 和 40 号脚（见图 13-4）经过 CAN 传送到发动机舱智能电源分配模块的 48 和 49 脚，如图 13-5 所示，由 IPDM E/R 控制相应的灯光点亮；转向灯和危险警告灯则是 BCM 接收到开关请求信号直接由 BCM 控制点亮；同时 BCM 通过 CAN 通信线向一体化仪表和 AC 放大器 1 和 11 脚发送信号，仪表点亮各种灯光指示灯。IPDM E/R 根据来自 BCM 的 CAN 信号，对前刮水器电动机进行控制，而前刮水器喷水却是由刮水器组合开关直接控制的。

从 BCM 读取各个灯光开关和刮水器组合开关的信号，发现正常，这就证明了灯光开关和刮水器组合开关的各种开关信号已经正常传递到了 BCM。从故障现象看，应该是通往 IPDM E/R 的 CAN 线路出了问题或者 IPDM E/R 本身在问题，从 CAN 系统图上可以看出，CAN 线从驾驶舱内出来经过了 E103 插头的 18 和 19 号脚，如图 13-5、图 13-6 所示，然后穿过发动机舱防火墙从右前翼子板内到达 IPDM E/R 的 E253 插头的 48 和 49 脚。测量 E103 插头的 18 和 19 号脚到 IPDM E/R 的 E253 插头的 48 和 49 脚发现，E103 插头的 19 号脚到 IPDM E/RE253 插头的 48 号脚不通（CAN-H），看来问题就出在这段线路上。拆下右前照灯和右前翼子板，发现了该车曾经出过大事故，从驾驶室内出来的那段线束在事故的时候撞断过，在其他修理厂修理的时候还曾经接过一段线，当时 CAN-H 没有接牢靠，而且 CAN 的双线没有互绞在一起。而且该段线束也正通往 ABS 控制单元插头 E240，如图 13-6 所示，这也是为什么 ABS 灯会点亮而且车速里程表不工作的原因所在（ABS 无法将车速信号经过 CAN 通信线路传送到一体仪表和 AC 放大器）。

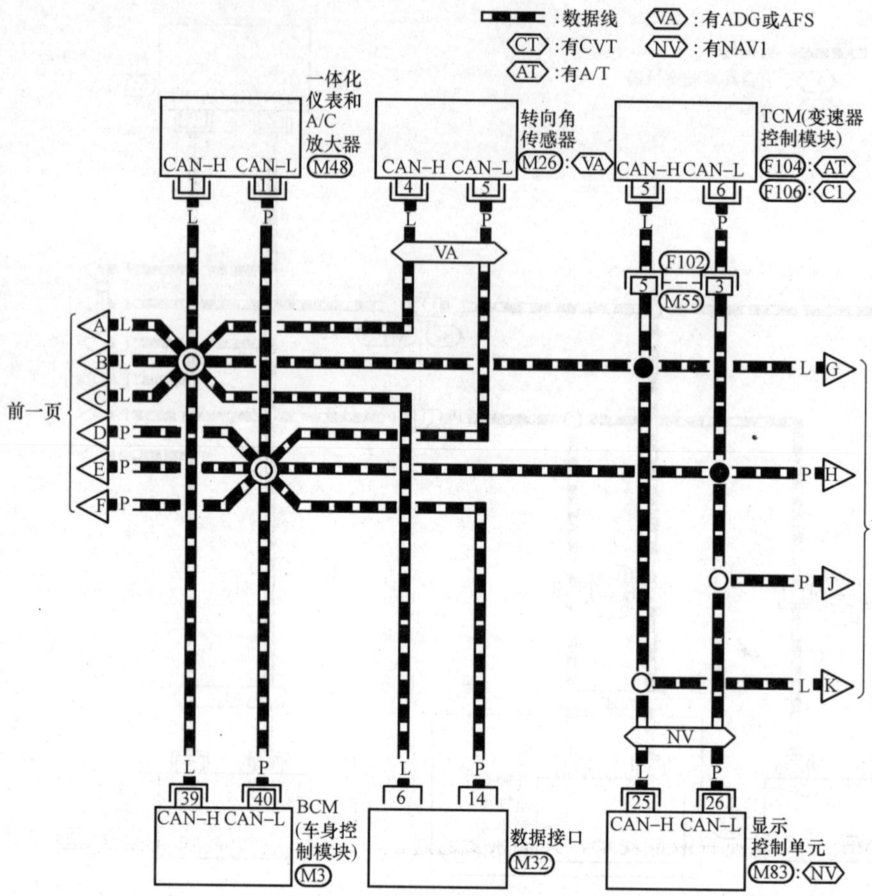

图 13-4　CAN 系统图（2）

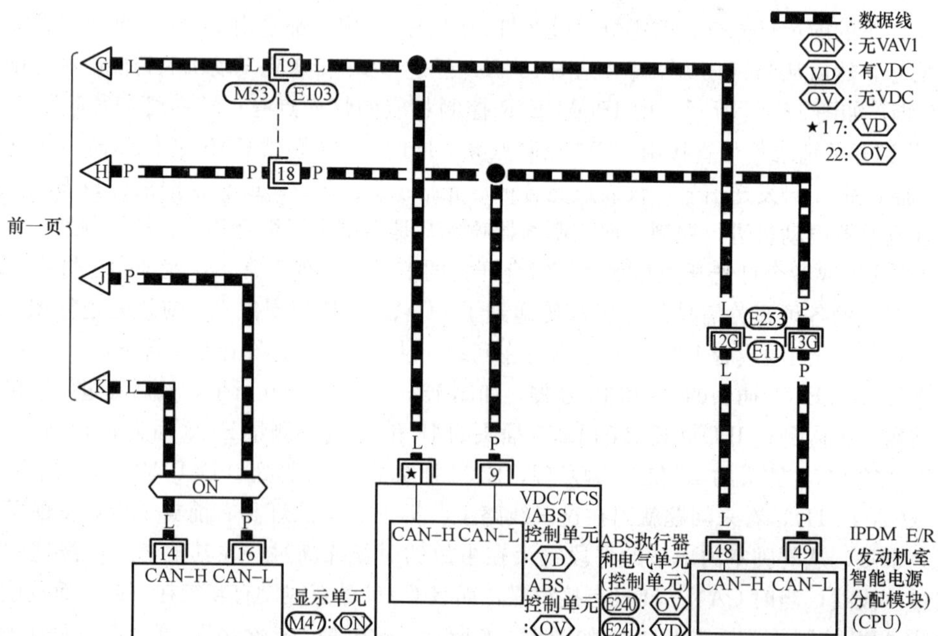

图 13-5　CAN 系统图（3）

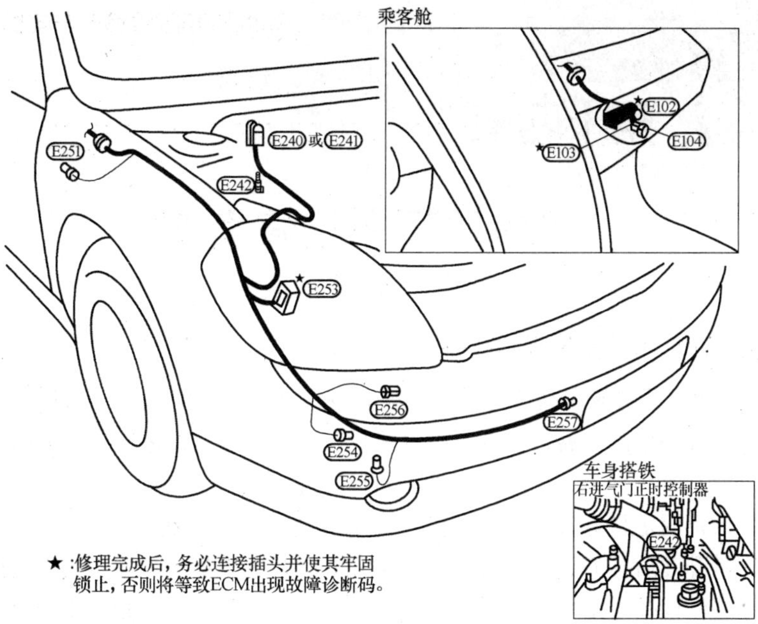

图 13－6　CAN 系统图（4）

故障总结　此时故障已经明了了，将CAN 线重新接好并且互绞再仔细包好，清除故障码启动车辆，一切都恢复正常。再次进入各系统，无故障码。至此问题完全解决。

维修小结　此故障看似很复杂，其实只要通过该车的控制原理再结合电路图去分析，就能很快找到症结所在。所以在汽车电子技术越来越发达的今天，我们必须掌握各种车型的控制原理，熟练运用资料和仪器去分析问题，就会达到事半功倍的效果。

第十四章

凯美瑞轿车维修案例

一、凯美瑞 240G 轿车高速行驶异响

故障现象 车主反映该车高速行驶时异响，发出“嘘嘘”的响声。出现此异响，怀疑以下几点：进、排气系统产生的声音，整车密封性不好，车顶装饰条装配不良；其他原因。

从车门感觉没有进风现象，说明整车的密封性能没问题。

检查车顶装饰条固定良好，检查进、排气系统也没有漏气现象。

于是把车辆举升起后挂 D 挡并加速到 3500r/min 时，车下面听声音也未发现问题，打开隐形盖发现隔热板抖动，仔细观察是固定隐形盖隔热板的塑料卡扣掉了两颗，出现松动，造成隔热板在一定车速下产生的振动响声，将掉下的两个卡扣补上后试车，故障排除。

故障总结 汽车所产生的振动和噪声是现代汽车技术研究的重点，车身所产生的噪声主要来自于车身不规则性产生气流扰乱而出现噪声，在调整行驶时空气流过车身表面上的凸起物或凹坑后出现气流扰乱现象，被扰乱的气流产生的噪声通过车门或车窗进入乘员舱。由漏气产生的噪声：车辆高速行驶时乘员舱外部气压低于乘员舱内部气压，当乘员舱内空气被压出且通过隔热板密封条的间隙并与外部气流接合时会产生噪声。

二、凯美瑞轿车怠速不稳

故障现象 发动机怠速不稳，偶尔出现熄火现象。

故障诊断 节流阀体或步进电动机故障；进气系统故障，线路故障，气缸压力不足，油路系统故障，其他故障。

故障排除 连接 IT－Ⅱ检查发动机控制系统，系统无故障码。根据经验，当发动机节流阀体脏污后也有同样现象，而该车行驶里程比较长。因此，清洗节流阀体，但清洗后故障依旧。当发动机冷却液温度上来以后故障现象更为明显。再次连接 IT－Ⅱ，发现怠速开关始终处于 OFF 状态。按照控制原理，当加速踏板全松开时，怠速开关应该处在 ON 状态。再次询问驾驶员，原来该驾驶员曾经在其他地方调整过节流阀体。因为该车是电子节气门不可调整的，如有破坏必须更换。按照修理手册的要求更换了节流阀体后，启动试车故障消除，一切恢复正常。

故障总结 电子节气门的作用是控制发动机的进气流量，决定发动机的运行工况。驾驶员通过操作加速踏板来操纵节气门开度。加速踏板和节气门的连接方式有两种：刚性连接和柔性连接。传统节气门采用刚性连接，即通过拉杆或拉索传动连接方式，因此节气门开度完全取决于加速踏板的位置，即驾驶员的操作意图，但从动力性和经济性角度来看，发动机并不总是完全处于最佳运行工况，而且驾驶员的误操作也给安全性带来隐患。在混合动力车中，由于发动机和电池组成多能源动力系统，刚性连接方式不能实现各动力源之间的能量分配管理。因此，它必将被

柔性连接方式所取代。柔性连接方式取消了传统的机械连接，通过电控单元控制节气门快速精确地定位，因此又称为电子节气门。它的优点在于能根据驾驶员的要求愿望以及整车各种行驶状况确定节气门的最佳开度，保证车辆最佳的动力性和燃油经济性，并具有牵引力控制、巡航控制等控制功能，提高安全性和乘人乘坐舒适性。

三、凯美瑞 240G 轿车怠速挂挡起步冲击

故障现象　一辆广州丰田凯美瑞 240G 轿车（装配的是 U250E 型自动变速器），累计行驶里程 1.2 万 km，在怠速状态下挂挡起步冲击感明显。

检查分析　试车发现，该车在怠速、冷却液温度和自动变速器油温都达到正常的状况下，从 P 位挂入 D 位时没有冲击，但当从 D 位挂回 N 位，再从 N 位挂入 D 位时，自动变速器冲击严重，感觉到整个车身都在振动，同时发现自动变速器在跳挡各方面正常，并没有冲击感。

结合该车自动变速器的结构特点，分析产生自动变速器挂挡冲击故障的可能原因有：油压不正常，自动变速器内部有机械故障；空挡开关（NSW）有故障；自动变速器控制线路有故障；发动机 PCMcia 有故障。

对自动变速器进行基本检查；检查自动变速器油量，在正常范围内；用 IT2 故障检测仪进行检测，没有发现故障码；读取 ECT 数据流，挡位输出信号都有显示；用 IT2 故障检测仪重新设置后试车，挂挡冲击感仍然很强；拔掉自动变速器电磁阀导线侧连接器进行试验，故障依旧。从 IT2 故障检测仪上读取 ECT 数据流，空挡开关上的挡位开关信号（P、R、N、D）都有显示，空挡开关和自动变速器油压达到 450kPa，失速油压为 970kPa，均符合标准。检查 R 位油压，也在标准范围内。检查自动变速器阀体，没有发现任何问题。再次用 IT2 故障检测仪读取 ECT 数据流，发现 NSW 信号无论挂入哪个挡位都是显示“OFF”。查阅维修手册得知，NSW 信号的正常状态应是：点火开关在 ON 位，变速杆在 P 和 N 位时，信号电压低于 2V，点火开关在 ON 位，变速杆在 P 位和 N 位以外挂入哪个挡位，NSW 信号电压始终为 0，重新检查 NSW 到发动机 ECU 的线路，发现有断路现象。

原来 NSW 到发动机 ECU 之间的线路被老鼠咬断，导致线路断路。

故障排除　修复 NSW 到发动机 ECU 的故障。

四、凯美瑞 200E 轿车发动机故障指示灯常亮

故障现象　一辆丰田凯美瑞 200E 轿车（采用 IAZ－FE 型发动机和 U241E 型自动变速器），刚行驶了 700km，出现在行驶时发动机故障指示灯常亮的现象。

检查分析　因为发动机指示灯常亮，首先使用丰田 IT－Ⅱ读取故障码，调得的故障码为 P0983——自动变速器换挡电磁阀 S4“D”控制电路高电位。据此判断可能存在的原因有：发动机 ECU 故障；换挡电磁阀 S4 线路开路，换挡电磁阀 S4 自身损坏。

根据维修手册，对出现故障码 P0983r 可能原因进行相应检查。断开蓄电池负极电缆，拔下 ECU 导线侧连接器 C24，测量其端子 78 与车身搭铁间的电阻，为∞，即线路开路，标准值应为∞，不符合标准值。连接自动变速器换挡电磁阀导线连接器，测量换挡电磁阀导线侧连接器上端子 8 与 ECU 的导线侧连接器 C24 的端子 78 间的电阻，为 1Ω，符合标准值。根据以上的测量可以基本判断出故障所在位置，即自动变速器换挡电磁阀导线连接器到换挡电磁阀 S4 间有开路现象。拆下自动变速器油底壳，检查换挡电磁阀 S4 的电阻，为∞，说明故障出在自动变速器换挡

电磁阀 S4 上。

故障排除 更换自动变速器换挡电磁阀 S4。

五、凯美瑞轿车发动机故障灯亮

故障现象 丰田凯美瑞汽车发动机故障码显示灯亮了。发动机怠速不稳，抖动，加速熄火。

故障诊断与排除

(1) 我们用 INNOVA 怡落威 3100s 型汽车电脑故障诊断检测仪，16 针电缆 OBD－Ⅱ诊断端子连接丰四凯美瑞汽车 OBD－Ⅱ诊断座。

(2) 将车钥匙旋到 ON（打开点火开关）监测仪出现红色灯亮。表示系统有故障。显示屏出现 P0102 故障码。查 OBD－Ⅱ内容是空气流量计线路输入电压太低。

(3) 进气温度传感器用于检测进气管入口处空气湿度与空气流量计成一体。进气歧管压力和发动机转速是确定进气流量。空气流量计线路输入电压太低会造成发动机怠速不稳抖动加速熄火的现象。我们细心分析观察发现进气管上的进气温度传感器电源插头脱掉。当即把电源插头插进气温度传感器插座连接起来。

(4) 按压检测仪删除故障码键，显示清除故障码的屏幕。

(5) 再一次按压检测删除故障码键，检测仪出现绿色灯亮，表示系统运行正常。

(6) 把车钥匙旋回 OFF（关掉点火开关）10s 后，断开 OBD-Ⅱ诊断端子连接线。

(7) 再启动发动机，仪表板内已消除了发动机故障码显示灯亮的现象。再试车，故障彻底排除。

维修总结 应该是资质差的汽车维修人员，更换空气风格时，解脱进气温度传感器电源插头，忘记将插头插回插座，断了线路电源，急急忙忙着车，造成发动机 ECU 把故障码记忆下来，发动机故障码显示灯亮起来。故此从事汽车维修行业人员拆卸传感器电耗或真空管时一定做标记，将修理维护好的发动机装复连接无误才着车，避免汽车发生不必要的故障，别让用户承担不必要的损失。

六、广丰凯美瑞轿车发动机故障指示灯常亮

故障现象 一辆行程为 3 万 km 的 2006 年产丰田凯美瑞至尊版轿车（ACV40LJEAGKC 2.4L 5A/MT)，客户反映轿车行驶时发动机故障指示灯常亮。

故障诊断 用 IT－Ⅱ检测并读取故障码，故障码为 P0171，其含义是“系统状态过淡（1 例)”。再用 IT－Ⅱ诊断仪检测故障码 P0171 的定格数据流，发现氧传感器的信号电压超出正常范围，只有 0.11V。故障码和数据流都反映了空燃比不正常——混合气过稀。

首先拆下氧传感器进行检查，发现氧传感器表面很黑，将氧传感器清洁干净后再装上车，用 IT－Ⅱ清除故障码后启动发动机并看数据流，氧传感器的信号数值依然偏小，且此时发动机故障指示灯亮起，判断为氧传感器有故障，于是更换氧传感器并清除故障码，再启动发动机并看数据流，空燃比数据恢复正常，发动机故障指示灯也不亮了。

驾驶车辆进行路试，经过反复试车，大约行驶了 80km，发动机故障指示灯又亮起，用 IT－Ⅱ检测，故障码依然是 P0171。拆下氧传感器检查，发现传感器表面又发黑，由此判断发动机系统还有其他故障。

在试车中。当故障出现时轿车并无明显症状，但在仪表板上的发动机故障指示灯亮的一瞬间，如细心听，能听到轻微的漏气声，好像是从制动助力器处发出的，但车辆的制动性能并未见异常。

更换制动助力器并将氧传感器清洁干净，装配好反复试车，上述故障未再出现。

装回原来的旧氧传感器后试车，发动机故障指示灯马上点亮，这说明氧传感器确定是有故障的。

故障排除 更换氧传感器和制动助力器。

回顾总结 造成此车故障的根本原因是制动助力器漏真空，使发动机燃烧室内可燃混合气过稀，氧传感器检测到混合气过稀，而 ECU 对混合气进行加浓喷射，致使氧传感器失效。

检查中忽略了制动助力器密封性的检查，只把重点放在了氧传感的检查和更换上，故单纯更换氧传感器后故障会重现。由此可见，进行故障诊断时不仅要根据故障码、数据流进行分析，还要结合看、听，不忽略每个细节，才会少走弯路，快速全面地排除故障。

七、凯美瑞 200G 轿车发动机无法启动

故障现象 一辆广州丰田美瑞 200G 轿车，在正常行驶途中发动机突然熄火，熄火后无法启动。了解得知，该车半年前停在高压线变压器下，被雷击中过，曾换过 1 个 120A ALT 熔丝。

故障诊断 验证故障现象。测量蓄电池电压，正常；启动发动机，发动机无法启动着机。检查仪表，燃油表反映燃油不短缺，但同时发现仪表板上无挡位显示。连接 IT－2 检测，发现无法与车辆通信。结合客户的故障描述，于是把检查重点放在发动机控制系统电路方面。打开发动机舱盖，用万用表测量 EFI MAIN 熔丝、EFI 1 号、EFI 2 号和 EFI 3 号熔丝，均正常。测量 EFI MAIN 和 EFI 1 号熔丝两端均有电，而 EFI 2 号和 EFI 3 号熔丝连接，然后再与 EFI 2 号和 EFi 3 号熔丝连接。EFI MAIN 熔丝线束代码为 1E，在发动机舱继电器盒内（EFI 继电器也在其中）。拆开发动机舱继电器盒，发现 IE 线束连接器严重腐蚀，端子 12 上的黄色线断开，PD－E 连接器的端子 7 严重腐蚀。由电路图知：蓄电池电源由 EFI MAN 熔丝（即 IE 连接器端子 12 上的黄色线）→EFI 继电器→EFI 2 号和 EFI3 号熔丝→发动机 ECU，而此时由于线路断路，发动机缺少"＋B"和"＋2"电源，因此发动机无法启动，仪表板上也无挡位显示。

故障排除 找来 1 根导线连接 IE 线束连接器的端子 12 与 PD－E 连接器的端子 7，仪表板上的挡位显示正常，启动发动机试车，发动机运转正常。连接 IT－2，通信正常。由于该车曾被撞击过，导致线束腐蚀严重，因此需要更换线束。新线束安装完毕后试车，发动机运转正常，上述故障排除。

八、凯美瑞发动机故障警告灯点亮

故障现象 一辆 2006 年款广州丰田凯美瑞 240G 轿车，用户反映该车发动机故障警告灯点亮。

故障诊断 经确认，故障确如用户所述。笔者连接故障诊断仪对车辆进行检测，设备显示故障码"P0137——氧传感器电路电压低"。在对故障码进行记录后，笔者将故障码清除。重新启动车辆，待发动机运转几分钟后，发动机故障警告灯再次点亮。利用故障诊断仪再次调取故障，同样的故障码再现。之后笔者利用故障诊断仪在发动机怠速运转时观察发动机控制系统相

关数据流，在查看氧传感器信号电压时发现，该值总是为0V或0.1V没有变化，将发动机转速提高到3000～4000r/min时，氧传感器信号电压仍然没有变化，此信号电压显然是错误的。在该车的发动机控制系统中，氧传感器被置于三元催化转化器后部，用来检测废气中的氧浓度，传感器与加热感应部分的加热器集成一体，即使在进气量较低（废气温度低）的情况下也能检测到氧浓度。在该车的发动机控制系统中，如果氧传感器信号电压没有减小至0.2V以下或没有升高至0.59V以上，发动机控制单元便会判定传感器信号电压输出异常，并设定故障码。那么究竟是混合气的问题还是氧传感器本身的问题呢？接下来笔者将少量的化油器清洗剂喷入发动机进气管，人为地将混合气加浓，然而氧传感器信号电压仍然没有变化。

为进一步检查，笔者断开氧传感器线束插接器，将点火开关旋转至ON位，测量+B（2号脚）与车身搭接电压，测得电压为12V，符合维修手册规定的电压9～14V。然后测量氧传感器加热器电阻，测量HT（1号脚）与+B（2号脚）间的电阻为110Ω，维修手册的规定值为11～16Ω，看来此处就是问题所在。由于氧传感器加热器电阻过大，使得氧传感器无法达到正常工作温度，所以不能反应出正常的工作电压。

故障排除 在更换氧传感器后，试车故障排除。

九、凯美瑞轿车发动机冷却液温度高

故障现象 一辆凯美瑞，行驶里程45 890km。车主从外地来电说，发动机冷却液温度过高，冷却液温度表指针到红色线，发动机无力。技术人员为了再现冷却液温度过高现象，模拟车主驾驶，连接IT－Ⅱ至DLC3，进入菜单/Engine and ECT/数据列表，时刻监视冷却液温度动态。发动机初始温度90℃时（已预热过发动机），空载的条件下行驶1km左右，冷却液温度飙升至105℃，ATF温度达到103.3℃。继续行驶冷却液温度达到120℃，冷却液温度表指针到了红色线，多功能显示屏显示“冷却液温度异常”。

故障诊断 分析原因有可能是散热器泄漏或缺水；散热器风扇不运转；散热器堵塞，散热器盖损坏等。检查冷却液足够，大循环和小循环正常，用SST检测工具检查散热器无泄漏。散热器盖密封良好。发动机怠速时，冷却液温度达到97℃时风扇低速运转，温度降到91℃时风扇停转。查阅维修手册及电路图，冷却液温度80～100℃时，空调冷凝器风扇电动机和散热器风扇电动机串联，电动机以低速运转。在试车时冷却液温度达到120℃，冷却液温度表指针显示到红色线，多功能显示屏显示“冷却液温度异常”，总警告灯闪烁，蜂鸣器提醒音响，发动机亦感觉无力，此时风扇高速运转。什么原因造成冷却液温度过高呢？笔者突然想起施救员描述那些地方尽是山路，连续下雨，路太烂了，会不会是散热器百叶窗被泥土堵塞？拆下散热器发现整个散热器通风孔几乎被泥土堵死了。

故障排除 清洗散热器百叶窗堵塞的泥土。洗好之后装车加冷却液试车，冷却液温度正常，冷却液温度95℃风扇开始低速运转，冷却液温度降到91℃风扇停转。

十、凯美瑞轿车遥控失灵

故障现象 一辆广州丰田凯美瑞轿车，行驶里程34 589km。遥控器有时起作用有时不起作用，遥控器电池更换过一次，但故障依旧。

故障诊断 分析原因可能是线路短路或断路，车门控制接收器故障；主车身ECU（仪表板

J/B)；遥控器电池电压，电压正常（测量值为 3.12V）。检查车上是否摆放有电子设备，未发现有电子设备。检查车门控制接收器与主车身 ECU（仪表门 J/B）连接插头是否正常，为了避免因为插头虚接导致误判，接好插头测量电压，电压正常（供电电压为 12.20～12.30V），线路正常。排除了线路和供电电压，故障应该是主车身 ECU 或车门控制接收器。更换车门控制接收器后更新操作一次识别码，注册后故障不再出现。可是交车后 1h 左右，故障又出现。故障出现后通知用户先将车停放 5～10min 后看是否正常，故障依旧。我启派维修技师到现场进行确诊，维修技师到现场后故障确实存在，用另外一把钥匙再试，故障依旧。怀疑还是连接插头接触不良导致，在不拆车门控制接收器连接插头的情况下检查供电电压，用万用表测量＋B（5 号脚）与 GND（1 号脚）的电压，电压为 0V；检查 GND（1 号脚）搭铁，良好；测量＋B（5 号脚）与车身的电压，电压为 0V；测量＋B（5 号脚）与 GND（1 号脚）的电压值为 12.20～12.30V；测量＋B（5 号脚）与车身的电压，电压为 0V。检查左发动机舱继电器盒 ECU－B1 号熔丝与右侧 2 号地板导线连接插头（E01）中的 15 号脚的线路，线路正常。检查（E01）中的 15 号脚与车门控制接收器＋B（5 号脚）时发现线路有断路现象。经确诊故障在 15 号脚与车门控制接收器＋B 脚之间，当拆检到后座位侧面时，发现线束有被老鼠咬过的痕迹，有一根线直接被咬断。经测量此根线刚好是车门控制接收器的电源线。

故障排除 连接好线束，关好车门后按下遥控器锁止车门，故障依旧。重新操作一次识别码，注册后故障排除。

十一、凯美瑞轿车遥控无法开启行李舱

故障现象 2008 款凯美瑞。客户反映用原车遥控器不能开启行李舱。车辆进厂对车进行故障确认，确实存在按原车遥控器的行李舱按钮不能开启行李舱盖。

故障诊断 分析原因可能是原车遥控器损坏或失效；无线遥控接收器有故障；行李舱锁开启电动机损坏；主体 ECU 有故障；行李舱锁开启电路有故障。检查原车遥控器的性能，按遥控器的任何按键遥控器的指示灯都比较亮，用万用表检查遥控器的电池，电量充足，按遥控器的“上锁”和“开锁”键，车辆都有相应的动作，唯独按“行李舱盖开启键”，车辆无任何反应。接上 IT－Ⅱ进行检查，透过 IT－Ⅱ的数据流可以看到，当按“行李舱盖开启键”时数据显示正常，说明无线遥控接收器是正常的。也就是说，原车遥控器的功能是正常的。因为用 IT－Ⅱ能检测到行李舱盖开启数据流，用试灯检测主体 ECU 线插的行李舱盖开启线有电压输出，说明主体 ECU 是正常的。用 IT－Ⅱ的主动测试功能对行李舱盖开启进行主动测试，发现此车的行李舱盖始终打不开。因使用主动测试功能不能开启行李舱盖，说明故障原因就在主体 ECU 到行李舱盖开启电动机之间。检查行李舱盖开启电动机，其电路的搭铁正常，用 IT－Ⅱ进行主动测试动作，使用试灯检测到电动机处的线插无电压，于是将行李舱盖锁机闭合上，直接给正电电动机，电动机能打开锁机，结果表明电动机是正常的，故障在主体 ECU 与电动机线插之间。使用万用表检测主体 ECU 与行李舱盖开启电动机之间的电路，发现行李舱盖开启控制线（黑色）不能导通，线路存在断路。拆开线束，对行李舱盖开启控制线进行检查，发现在左前门槛处的位置断开了，是由于此车以前加装 GPS 防盗器在此处剪断了，串上一个二极管，只简单地绕接，经车主使用一段时间后出现接线翻松甚至断路，所以造成了上述的故障现象。

对线路翻松断路处进行重新紧固并焊接好，故障排除。

故障总结 通过以上的维修又一次让我们深深地认识到，以上出现的人为故障其实是非常

不必要的，我们日常工作中装精品或其他修理，一定要注意杜绝这种使用一段时间后才可能会出现的人为故障。

十二、凯美瑞轿车后部有异响

故障现象 2009款广丰凯美瑞轿车行驶10 200km。客户反映车买了还不到一个月，在烂路或不平的路面上行驶就听见后排座椅位置有“嗒嗒”的异响声了。与车主一起开车出去路试，在平坦路上行驶时不明显，当过减速带时确实听见后排座椅处有“嗒嗒”响声。在烂路上行驶时“嗒嗒”响声更加明显，而且响声是从右后边传出来的。

故障诊断 分析原因可能是后排座椅有松动现象；后排饰板以及螺栓有松动现象；后排车身焊接不好有脱焊现象；底盘及减振器有松动现象。为了进一步确定异响的位置是从哪一地方传出来的，拆掉后排座椅出去路试，还是有异响，排除了是座椅传来的响声。将后排饰板全部拆开，紧固所有螺栓试车，还是有响声。带上两位维修技师坐在后面一人听一个方向，行驶到烂路的时候，在经过一番检查后，坐在后排的右边技师发现响声是从右后减振器上座传出来的。用螺丝刀卡到上座里向上撬住上座之后在烂路上行驶了几圈都没有听到“嗒嗒”响声，当放开的时候响声又有了。原因找出来了，就是右后减振器上座处焊接不牢，铁皮之间产生碰撞而导致的异响。为了将响声彻底解决，回去之后将右后减振器拆出来让钣金工将减振器上座处用保护焊重新焊接好，为了保险起见顺便也将左后减振器上座重新点焊，再喷上黑色的油漆，到外面烂路上试车，“嗒嗒”响声不再有了。

故障总结 异响声在汽车维修判断上也是比较难诊断的，尤其是在焊接处和铁皮之间产生的摩擦异响声就更加难找到了。希望通过上面所诊断出现的故障能够给予同行们一个很好的帮助和参考维修方案，从而使维修时间和维修质量得到有效的保障。

十三、凯美瑞2.0轿车导航工作异常

故障现象 客户反映在前段时间导航机不能正常工作且显示屏为“NO DVD”字样。

故障诊断 分析原因可能有：①导航内部短路或损坏；②可能技师清洗导航内产时装配故障；③导航地图光盘故障。我对导航地图光盘仔细观察，没有发现表面划伤现象，重新拆卸导航内部，没有发现机械部分或接线插头部分的故障，为节省维修时间，将这台导航机装入另一车辆上，故障依旧，说明不是技师清洗时的装配故障。翻阅维修手册，准备查找导航外部的线路有无断路和短路时，发现导航机后部从左到右的第二个插头上原本是空插头，而装机后有个合适的插座在上边。将第二个插座拔出后重新打开点火开关，导航画面正常切入路径画面。

故障总结 如果遇到类似的故障，应先在拆装每个插头或插座时仔细观察每个部位，尤其是电器方面的物件都要仔细，还有遇到这样的故障必须认真地分析故障原因，分析故障点是发生在内部还是外部，给我们的经验是每处理一个故障，必须小心，才能节省排除故障的时间。

十四、凯美瑞2.4轿车发动机异响

故障现象 2008款凯美瑞，行驶里程34 500km。该车在启动时就有“哗哗”异响，加速尤其明显。根据客户的描述，启动发动机后明显能听到“哗哗”的异响声音，原地加油发动机转速1000～2000r/min时“哗哗”的声音更大。

故障诊断　用听诊器进行诊断，发现声音从发动机内部传出，右侧最为明显，打开机油加注口听气流的声音，经验判断声音并不是发动机内产生或者是某一部件磨损旷动的声音。检查发动机油，油位正常，无明显杂质。将发动机传动带拆下，启动发动机后“哗哗”异响声音消失，用手上下晃动检查传动带张紧轮轴承旷量正常，检查水泵时发现有轻微的漏防冻液现象，检查旷量时能感觉到有明显旷量，检查空调泵及转向助力泵旷量正常。更换水泵总成后试车，故障消除。

故障总结　因为水泵安装在发动机右侧机体上，用听诊器听的话会听到串音，异响位置不好确定。将传动带摘下会排除一些旋转件，查找范围会缩小。水泵轴承损坏一般会因为水封密封不良防冻液进入轴承产生锈蚀现象，造成异常磨损产生异响。

十五、凯美瑞轿车制动异常

故障现象　此车是 2007 款凯美瑞，行驶里程 20 000km，客户来店后，反映制动系统有问题，感觉像是漏气一样，每次踩制动踏板，车辆快要停止时，制动踏板就弹一下，同时听到有“呲”的声音。与客户一同试车，的确有客户反映的现象出现，车辆即将停车时，感觉制动踏板有弹脚的感觉，像是 ABS 工作时的状态，并且能感觉到右前方有“哒哒”的声音，是某个电磁阀工作的声音。

故障诊断　检查前后制动片和制动盘的状态，正常；进行制动力检测，数据显示均正常；连接 IT－Ⅱ进入诊断系统查看 DTC，正常。说明该故障在非自诊断系统中。查看数据列表，发现车辆在起步过程中，当车速低于 8km/h 时，右前轮转速信号无法检测，显示为 0km/h，其他轮胎转速信号正常，当车速大于 8km/h 时，立即正常；据此试车发现停车时当右前轮转速传感器下降至 8km/h 时，IT－Ⅱ上数据列表即显示为 0km/h，同时，故障出现，拔掉 ABS ECU 插头再试车，故障消失。据试车推测，故障部位很可能是由于右前轮转速传感器电路引起的。检查右前轮转速传感器电阻为 1.62kΩ，符合标准范围 1.4～1.8kΩ。检查线束连接器及线束（连接器至 ABS ECU 插头线段）正常。进行主动测试，FL、FR 电磁阀工作均正常。摘下右前轮转速传感器，发现传感器头部和驱动轴转子部分有许多异物，将其清洁干净后试车，故障依然存在。与客户沟通得知，客户近期曾更换过右前轴承，结合这一信息进一步对右前轮转速传感器检查，发现右前轮转速传感器与安装孔之间密封不严，拆下后检查发现羊角上的安装孔已经变形，直接导致传感器安装不到位。更换羊角及轴承后试车，故障排除。

故障总结　由于在安装过程中操作失误导致羊角变形引起轮速传感器安装不到位，当车辆处于低速状态时，由于传感器的感应线圈距离转子太远，导致无法检测到信号。当车辆停车时，ABS ECU 误以为车轮抱死，启动反抱死程序，从而导致制动踏板弹脚的现象，而“哒哒”声即为 FR 电磁阀工作时的声音。在以后的修理中，要观察仔细，仔细询问故障信息。

十六、凯美瑞轿车空调异味

故障现象　客户在早上发动车时发现车内凌乱不堪，似有老鼠爬动的痕迹。驾驶车辆时闻到车内有异味，开暖风时气味更重。车辆进厂后例行检查，闻到车内确实有股类似尸体腐烂的味道，打开暖风吹风时味道更大且十分难闻，在车内发现有老鼠爬动的痕迹，并有零碎物品被拖动的迹象。

故障诊断 打开风机吹暖风，发现电动机异响；拆下暖风电动机发现内有饼干及一段骨头；拆下空调滤芯发现其上有老鼠屎和一些饼干碎末，于是怀疑老鼠是从空气进风口处进入车内的。看到拆下刮水器盖板进风口处及前风挡下集水槽处的现象让我们触目惊心。在进风口处有明显老鼠爬动的痕迹。将进风口处用不锈钢丝网封住并固定，这样既不影响空调进风量又可阻挡老鼠及其他动物进入车内。

故障总结 此处设计存在缺陷，由于此处开口较大又无遮挡物，北方冬天较冷，车辆停车后老鼠就会从车外钻进车内取暖，我们发现凯美瑞的进风口也是如此设计。

十七、凯美瑞轿车怠速抖动大

故障现象 客户反映上次维护之后去了趟外地，回来就发现车辆在等红灯时，车身抖动得厉害，而且加速无力，总觉得车子跑不起来。车辆入厂后，进行试车确认，发现确实存在怠速抖动游车，并且车辆在加速时明显感觉加速无力、功率不足，基本符合客户的描述。

故障诊断 连接 IT－Ⅱ，进入诊断系统查看 DTC，正常。说明该故障出现在非自诊断系统中；查看数据列表，发现节气门开度值为 18.0%，而正常条件下为 15.6%左右，说明节气门有一定积炭；发动机舱目视检查，通风软管、进气系统正常。清洗节气门体积炭后，检查节气门开度，正常，启动发动机后故障依旧。清洗油路，检查燃油压力，正常，启动发动机后故障依旧。进行断缸检查，分别依次拔掉各缸喷油器连接器，当拔到 4 缸时发动机转速没有明显变化，其余各缸正常。说明 4 缸工作不良。检查 4 缸喷油器电路，喷油器均正常。拆下火花塞，发现其表面有积炭，更换后故障依旧。拔掉喷油器连接器，进行火花测试，发现火花较弱，将其更换为一个正常的点火线圈后测试，正常。说明 4 缸的点火线圈故障，仔细检查后发现绝缘层破损引起漏电，致使次级电压不足影响燃油正常燃烧。更换新的点火器后，故障排除。

故障总结 在本次维修中，由于没有更好地去分析故障的原因，使用 IT-Ⅱ分析数据，走了很多弯路，给客户带来了诸多的不便，也给我们一定的教训，无论遇到任何问题，都要有条理地去查找故障原因，合理地使用工具、量具。这样可以不走弯路，尽快地、准确地把故障排除，体现出丰田维修技师的专业化水准，给客户提供更加优质的服务。

十八、凯美瑞轿车车内异响

故障现象 一辆凯美瑞 2.0，行驶里程 5000km。客户反映车辆停止后，在安全带刚解开收缩的时候关闭点火开关，便听到安全带里有“咕”的一声。接车后，按照客户的描述重新操作。首先启动车辆，系上安全带；然后再解开安全带并关闭点火开关，随即听到“咕”的一声。如此操作几遍，都有此声音发出。

故障诊断 首先将安全带全部拉出，在拉出的过程中未发现有卡滞现象，安全带也无扭曲变形；再将安全带自然收缩，在收缩的同时观察到回收很顺畅，也无发卡现象。到此判断故障似乎不是由机械方面引起。而驾驶侧安全带总成除了有引爆器和电子降压器以外，也无其他电子控制。从理论上考虑，引爆器的作用是在车辆发生事故时接收气囊 ECU 的信号触发引爆装置锁死安全带，所以不可能出现上述故障现象，而电子降压器的功能是帮助降低施加到前座椅上的乘员身上的安全带张力，只有在安全带张力过大时才会起作用，而安全带本身收放很顺畅，所以也不会产生上述异响。询问车主，是何时发生该故障，有无因加装其他零件而拆卸过安全带，故障是否总是存在。顾客回答好像新车时就有，但无加装过任何零件，而且只要系上安全带，每次在放开安全带后关闭点火开关都会发生上述异响。但在此整个诊断过程中却发现安全带搭扣开关上方有一个插件，询问车主得知是为了方便消除有时行车中不系安全带而引起的警报声。因为未检测出任何可能导致异响发生的异常情况，所以拔出了搭扣开关上方的插件，然后再重复现象确认时的过程，没有“咕”的异响发生，至此故障排除。

故障总结 通过维修资料和电路图得出，此故障完全是由于客户不正确使用从而误造成电子降压器工作所发出的异响。因插件一直插在搭扣开关内，所以致使安全带始终处于已使用的状态，当解开安全带并回收时，安全带装置默认张力过大，所以降压器工作。

十九、凯美瑞轿车制动异常

故障现象 客户反映，停车踩住制动踏板后，制动踏板自动下沉，车辆移动制动失灵，同时仪表多功能显示屏显示请检查制动系统故障。踩住制动踏板，踏板高度一点点变低。

故障诊断 使用IT－Ⅱ检查，有故障码C1441（制动助力器故障）。①分析该故障码出现时由于制动系统有故障码提示；②根据故障码检查制动助力器正常；③检查各制动轮缸及管路没有漏油痕迹，将油压表连接在轮缸排气孔上，油压表排气后，踩制动踏板读取系统压力，与同车型对比，压力正常，做保压试验时，压力很快一点一点降低，说明系统存在卸压故障；④在车辆未启动状态下，拆下ABS泵插头，系统属于常规操作，继续做保压试验，压力明显下降，这样可以排除是ABS泵故障，最后确定故障点是制动主缸卸压了。更换制动主缸，排气，故障排除。

故障总结 新的配件并不代表没问题。根据系统基本原理，运用简单设备找出故障点。

二十、凯美瑞2.4L轿车空调不制冷

故障现象 广州丰田凯美瑞2.4L轿车（装备自动空调系统，累计行驶里程7万km），空调不制冷。

检查分析 该车已在维修站检测过，检测结果是空调压缩机损坏，需要更换。因该车在前段时间发生交通事故后修复的过程中刚刚更换了空调压缩机、冷凝器及部分空调管。因此车主将该车送到我公司进行进一步诊断。

首先执行空调系统故障自诊断，调得的故障码为21——阳光传感器故障，无其他故障码。因该车停在维修车间，因此故障码21是正常的。将该车开到车间外后，该故障码没有再次出现。该车空调压缩机为无离合器的变频压缩机，通过控制电磁阀电流来控制制冷系统。接上空调压力表组检测空调系统压力，低压压力为0.1MPa，高压压力为1.6MPa。当发动机转速为2000r/min时，低压压力接近0MPa，高压压力为1.8MPa，冷却风扇能作高速运转。驾驶室内左侧出风口为热风，右侧出风口有轻微冷气。根据空调压力表组显示的数据分析，怀疑空调系统脏堵或者冰堵。回收空调制冷剂后，将制冷系统分解检查，发现在膨胀阀处有一异物，异物为新更换上空调管里的橡胶塞。将制冷系统清洗后更换过滤器，重新安装，将系统抽真空，并加注制冷剂后试车，空调制冷效果还是没有丝毫改变，用空调压力表组测量的结果也和上面一样。这使得笔者感到很茫然。后经仔细检查发现，冷凝器左上部热，右上部常温，下部是凉的。经冷凝器出来的高压铝管压力传感器处的温度为90℃左右，好像制冷剂并没有经过冷凝器冷却，而是直接到高压铝管里去了。将冷凝器拆下检查。用氮气从冷凝器进口吹气，会直接从出口出气，并未经

过散热网，进口和出口直接相通。看来在事故维修过程中换上的冷凝器品质有问题。

排除方法 更换冷凝器。

二十一、广丰美瑞轿车自动空调出风冷热不均

故障现象 一辆2006年产2.4L丰田凯美瑞，行驶里程2956km。报修项目为空调出风一边凉一边热。

故障诊断与排除 该车装备的是带有可排量压缩机的全自动空调，调节左右两边温度旋钮成一样刻度，用手感觉，左右两边出风口温度明显不一样，根据经验认为是制冷剂不够。

本着先简单后复杂的顺序，先做基本检查。空调冷凝器清洁度正常，亦无油迹。打开空调时，冷凝器风扇运转正常。压缩机高低压管温差明显。关闭空调时，从高压管视液窗检查制冷剂，发现制冷剂起泡然后变清，初步说明制冷剂充足。打开副驾驶位杂物箱，取出空调格（花粉滤清器），清洁度正常。为了进一步确认是否是制冷剂不够，在室温25℃，发动机转速1500r/min时，接上歧管压力表，读出低压压力分别为1.5MPa、0.19MPa，符合压力标准。进一步确定空调系统制冷剂充足。

将丰田专用电脑IT－Ⅱ连至DLC3，开机调至车身电器菜单，查空调故障码为B1421、B1424、B1446，并且三个故障码都消不掉，其中B1421、B1424为太阳能传感器电路故障，其设定条件为当光线暗到一定程度时设定，太阳能传感器装于前风窗玻璃下面的仪表台上，主要由光电二极管组成，其功能为检测日照强度，用它传出的电压信号来控制自动空调和自动灯光。用一点亮的小白炽灯照射太阳能传感器，B1421、B1424故障码能消掉，将灯光开关旋至AUTO，关闭小白炽灯时，前照灯点亮；打开小白炽灯时，前照灯熄灭。由此可见，B1421、B1424是由车间光线不足引起，不是空调出风冷热不均的真正原因。B1446为驾驶员侧空气混合挡伺服电动机电路故障码，且消不掉。查《维修手册》知：当驾驶员侧风挡及风挡连杆不发卡时，设定故障码B1446时的可能故障部位：空气混合伺服电动机，空调线束，空调放大器。

用IT－Ⅱ主动测试功能测试空气混合伺服电动机，当顺时针慢慢旋转驾驶员侧温度调节旋钮时，暖风可达最大脉冲103个，逆时针旋转，冷气最多可达5个脉冲。说明空气混合伺服电动机没问题。为保险起见，采用总成互换法，从另一辆空调正常的同类型车上拆一个伺服电动机装上，故障现象依旧，B1446故障码也消不掉，说明电动机真的没问题。该款车自动空调采用神经网络控制总线连接器，该总线连接器具有内置的通信/驱动IC，与各个伺服电动机连接器通信，启动伺服电动机并具有位置检测功能。故用一般的方法无法检查其好坏，限于检测条件，为减少检测难度，只好采用总成互换法，装上同类型的空调线束，B1446故障码能消掉，打开空调时，左右两边都一样凉。

当打开所有车门，两边温度调至最低，鼓风机风速调至最高，发动机转速1500r/min时，打开空调检查两边及中间出风口，温度最低可达4℃，说明空调系统正常。

维修总结 维修经验固然非常重要，但仅凭经验还远远不够，现代汽车技术日新月异，只有与时俱进，终身学习，经验再加上先进的检测与有条理的分析，步步为营，层层剥笋似的解析故障原因，才能顺利地排除故障。

二十二、凯美瑞轿车发动机故障灯时亮时不亮

故障现象 车主反映，该车发动机故障灯时亮时不亮。

故障诊断 传感器故障或 ECM 故障；线路故障；进气系统故障；喷油器故障；三元催化器故障；其他故障。

故障排除 用 IT－Ⅱ检测是氧传感器偶发故障，清除故障码行驶一会儿又出现该故障。更换了新氧传感器和 ECM，故障依旧。检查线路没有发现异常。清洗进气道路故障依然存在。清洗节气门、喷油器和三元催化器，故障排除。

故障总结 主要是燃烧不好导致故障灯亮，必须清洗节气门、喷油器、进气道和三元催化器，才能彻底排除。非常容易被忽视的可能是怠速电动机的旁通侧气道，由于某些原因（比如电压低）打开不够，导致了怠速时缸内燃烧不充分。还有就是废气再循环系统 GR 在怠速时打开（正常情况怠速时是关闭的），将一部分废气又引入气缸导致燃烧不充分产生抖动。要提醒大家的是，如果用了不良的燃油也同样会导致热值不够、燃烧不充分而产生抖动现象。发动机长期低转会造成燃烧不充分，有些部位会有积炭，使燃烧不充分，恶性循环之下油耗会上升。

第十五章

斯柯达明锐轿车维修案例

一、斯柯达明锐轿车发动机怠速转速过高

故障现象 一辆斯柯达明锐 1.8T 轿车，累计行驶里程 1.2 万 km，出现发动机怠速转速偏高，达 900r/min（该车正常怠速转速应为 760r/min 左右）的现象。

故障诊断与排除 用 VASS051 检测，调得的故障内容为蓄电池正极线电阻过大（偶发故障）。根据该故障内容，用万用表测量蓄电池正极线电阻，小于 1Ω，属于正常范围。分析认为，若是蓄电池电压过低，也可能导致发动机怠速转速过高，便更换了蓄电池，但该车行驶了一段时间后，该故障有时还会出现。再次用 VAS5051 检测，调得的故障内容还是蓄电池正极线电阻过大。导致发动机怠速转速过高的因素有：一是喷油器故障；二是进气系统故障；三是相关电器故障。

假如喷油器出现故障，就可能导致混合气过浓或者过稀，但在读取数据流时发现，氧传感器的信号数值在正常范围内，而且发动机在运转过程中也不存在排气管冒黑烟和怠速不稳的现象，因此油路因素可以排除。进气系统如果存在故障，那么发动机在加速时应该会出现动力不足等故障，看来还是电路或某些电器出现了问题。

通过进一步询问，得知上述故障在晚上发生的频率很高，白天出现的频率较低，分析认为，晚上和白天主要区别无非是使用了前照灯，也就是说使用的电器增多了，若发电机输出电压不足，那么发动机也会提速。于是，就测量了发电机的输出电压，在发动机转速为 2000r/min 时为 14.5V，当接通前照灯时该电压为 14V 左右，属于正常范围，觉得故障部位不应在发电机上，此时冷却风扇突然旋转起来，同时观察到发动机转速逐渐增高，在数据流发现发电机的输出电压只有 12.6V，看来确实是由于用电器过多产生了电压不足，进而导致发动机转速增高。目的是使发电机能够高速旋转，以增加发电机的输出电压。

发电机在发动机高低速条件下都能正常工作，输出电压也均正常，说明问题不在发电机本身。找到斯柯达明锐轿车的发电机电路图，发现发电机的供电是由车身网络控制单元（J519）来控制的，输出电压的调节也是靠 J519 来间接控制的，因此若是 J519 出现电压调节不良故障，也直接影响到发电机的正常供电，于是更换了 J519，在而后的试车中，上述故障现象没再出现。因为该故障是偶发性故障，于是就让客户进行长时间的试车以观察故障是否重现。经过很长时间试车，故障彻底排除。

二、斯柯达明锐 1.8T SI 轿车发动机故障警告灯点亮，加速轻微犯闯

故障现象 一辆 2008 年产上海大众斯柯达明锐 1.8T SI 轿车，用户反映发动机故障警告灯点亮，加速轻微犯闯。

故障诊断 连接故障诊断仪对发动机控制系统进行检测，设备提示“第 3 缸断火故障，偶

发”。观察发动机怠速运转平稳，读数据块 01－08－015，数据块显示无断火，燃油压力、喷油时间、进气量及氧传感器调节等数据块均正常。

清除故障码后试车发现，当车速超过 60km/h 时，车辆偶尔会轻微犯闯。回站检查，设备仍然提示相同的故障码。随后我们倒换了第 2 缸的点火线圈、火花塞试车，设备还是提示第 3 缸存在断火。测量 4 个气缸的压力，各缸压力值都在 12MPa 左右。

一般情况下，导致气缸断火的原因很多。如点火正时不对、火花塞跳火不正常、喷油器喷油不正常、缸压异常、进气效率低、排气效率低及重要电子元件损坏等。但考虑到此车是单缸断火，所以笔者怀疑喷油器喷油不正常或是线路连接不实可能性较大。

鉴于到此车是新车，加之拆装喷油器的工作量较大，我们决定先进一步做火花塞跳火波形分析。在对发动机第 3 缸点火线圈的波形进行分析后发现，火花塞放电时间为 2.36ms。由于此数值维修手册上找不到，所以我们将其与其他气缸进行了对比。第 2 缸波形中的放电时间为 204ms，与第 1、4 缸基本一样。由波形来看，发动机第 3 缸的混合气比其他气缸偏浓，但与其他同型号车辆相比，差距并不大。因该车的故障是在车速 60km/h 以上急加速时才会偶尔出现，我们很难捕捉到故障点。加之测量气缸压力正常，那么气门机械故障的原因被排除。

最后，我们拆下进气歧管，倒换了第 2、3 缸的喷油器进行路试。连接故障诊断仪检测故障为 2 缸断火，看来的确是第 3 缸的喷油器出现了问题。

故障排除　在更换第 3 缸喷油器后，故障排除。

三、斯柯达明锐轿车燃油表指针自动回零故障

故障现象　一辆 2008 年产上海大众斯柯达明锐 1.6L 轿车。用户反映该车仪表板上的燃油表指针有时会自动回到零位。

故障诊断　接车后，维修人员连接故障诊断仪对车辆进行检测，故障诊断仪提示燃油油位传感器机械故障。为此，维修人员利用故障诊断仪的执行元件诊断功能对燃油表进行了的驱动，结果表针能够由零位到满格，然后又能返回 1/2 位置，一切正常。之后，维修人员决定拆下燃油油位传感器进行检查。当维修人员断开燃油泵插头时，发现燃油泵线束插头很湿。经仔细观察，液体很像水，用鼻子闻也没有汽油味，初步判定该故障是由线束插头密封不严导致漏水所致。鉴于以前也遇到过此类故障，于是维修人员为该车更换了线束插头并处理了插座，之后将车交付。

但此车在行驶约 1 个月后故障再现。由于此故障已经维修过 2 次，用户表达了一定的不满。首先笔者用故障诊断仪 VAS5051 对车辆进行检测，设备显示了与前两次相同的故障码。由于有了前面的经验，这次笔者直接打开油泵插头检查，发现插头还是湿的。油泵插头刚换过，应该不是插头密封不严导致的漏水，那么水是从哪来的呢？我们怀疑该液体是汽油。虽然没有汽油味，会不会是时间长了挥发了呢？一般漏汽油会有很大的汽油味。为了确定究竟是不是汽油，我们用卫生纸擦拭了一下，然后用打火机点燃，发现卫生纸很难被引燃。之后，笔者又利用发动机废气分析仪进行检测，未发现 HC 成分，因此可以确定液体不是汽油。

咨询用户得知，该车最近并没有涉过水，而且这次我们打开燃油泵上护盖时发现，燃油泵上面有一层灰迹，没有任何进水痕迹。至此维修出现了难点，燃油泵的插头是湿的，但没有进过水而且不是汽油。笔者怀疑是相关维修人员在上次维修时没有将线路里的水处理干净，于是我们决定拆开插头彻底清理。在将线路内的液体彻底处理干净后，我们又对该车的燃油泵进行了替换，并建议用户在使用中继续观察。

用户将车开走一周后，汽车便因相同故障返厂。接车后，连接故障诊断仪对车辆进行检测，设备仍然显示之前的故障码。随后笔者断开燃油泵插头。经仔细观察发现插座里的液体明显比前2次要多。由于此前已经有过维修经验，可以确定此液体不是汽油，那么会不会是防冻液呢？鉴于防冻液都是有颜色的，笔者决定利用照明灯仔观察其是否为有色液体，但仔细看了半天也看不出颜色。此时笔者忽然想到防冻液是有冰点的，因此我们可以利用冰点测试仪测量其冰点，以判断其是否是防冻液。经冰点测试仪检测，该液体果然有约－20℃的冰点。因此可以确定该液体就是防冻液。

既然是防冻液，那么它们是从哪儿来的呢？在线束与防冻液之间，发动机冷却液温度传感器与发动机线束相连，冷却液液位传感器与仪表相关线束相连，因此应该重点对这2个传感器进行检查。笔者打开发动机舱盖后，经检查发现，冷却液温度传感器线束插头正常。但在冷却液液位传感器插头内发现了很多防冻液。随后拆开组合仪表发现，组合仪表插头处有大量水垢。至此故障原因终于找到，由于冷却液液位传感器泄漏，导致防冻液顺着线束到达组合仪表插头，并进一步沿着导线到达燃油泵插头处，从而造成燃油油位传感器接脚处的信号异常，导致仪表板上的燃油表指针有时摆到零位。

故障排除 更换防冻液膨胀罐与全车线束后，故障排除。

四、斯柯达明锐轿车刮水器不能喷水

故障现象 一辆2007年产上海大众斯柯达明锐16 L轿车。用户反映该车刮水器突然出现了不能喷水的现象。

故障诊断 连接故障诊断仪对车辆进行检测，在组合仪表系统中存在故障含义为“J519没有通信”的故障码，收音机中也存在同样的故障码。根据上述检测结果，笔者决定对车载网络控制单元J519进行编码。编码后进行功能引导，将车辆恢复了出厂设置，但故障依旧。

考虑到刮水电动机不能运转喷水，由于刮水电动机拆起来比较麻烦，为了判定刮水喷水电动机及相关线路是否正常，笔者决定对其进行执行元件诊断。但在利用故障诊断仪进行此项操作时，喷水电动机仍然不动作，看来需要对喷水电动机的线路进行检查。当笔者利用万用表测量J519到喷水电动机间的线路时发现，线路连接正常，但2根线均电源线，为0电位，说明J519没有输出控制命令。根据诊断仪的检测结果，可以确定刮水喷水开关已经向J519发出信号，J519也接收到了信号，看来很有可能是J519出现故障。另外，考虑到多个控制单元没有收到J519数据通信，做故障引导测量发现J519供电正常，测量J519到诊断接口CAN数据总线正常，进一步证明J519损坏。

故障排除 更换J519后，试车故障排除。

五、斯柯达明锐轿车仪表时钟显示异常

故障现象 一辆2008年3月份出厂的斯柯达9SKODA1.6L明锐轿车，累计行驶里程2.1万km，客户反映该车发动机最近一段时间早晨启动时仪表时钟与行程（trip）表上里程数经常为零或者时间显示异常，时钟调整正常后，在一天的使用过程中无任何异常，但是放置一夜后又会出现该现象。

故障诊断与排除 接车后首先用VAS5051B进行检测，读取网关安装列表-17仪表板-

011 读取测量值，未发现异常现象。读取故障码存储器内容，也无故障码储存。检测 SB6、SC6 熔丝，都正常。拆下仪表检测，T36a/2 和 T36a/1 两根线的供电电压，都在标准范围内。由于该时钟集成在仪表内，于是决定更换仪表。一周后客户反映该现象再次出现。是什么原因导致该现象呢？一时感到不知所措，于是打电话咨询其他厂家是否遇到类似现象，结果一无所获。

在处于这种困惑的情况下决定晚上派人观察仪表的显示情况，在半夜醒来时终于发现仪表无任何显示，快速对仪表进行检测，却发现 T36a/1 线上无电压。经过第二天的仔细检查和分析，最后决定更换发电机侧熔丝/继电器底座。

将该底座更换一周后，进行电话回访，该故障现象没有现次出现，问题彻底解决。

六、斯柯达明锐轿车左后轮毂发烫

故障现象　一辆斯柯达明锐轿车，行驶较长一段距离后，出现左后轮毂温度较高，而其他轮毂则温度正常的现象。

检查分析　该车后轮采用盘式制动器，驻车制动由后制动钳内的活塞运动来实现。接车后，检查制动踏板高度、制动踏板自由行程及制动踏板力，均未发现异常。升起该车对其他车轮进行检查，转动自如，只是左后轮有制动拖滞现象。连接故障检测仪，对制动系统进行检查，无故障码储存。接着对左后轮制动拖滞进行以下检查与排除：首先更换左后制动钳并进行排气后检查，左后轮依然存在制动拖滞的现象，只是有所好转；接着检查制动管，无凹瘪或堵塞的现象。检查制动液，该车因行驶里程较少，制动液较为清澈；怀疑 ABS 液压单元故障，管路被杂物堵塞，经过对换试验，故障依然存在；接下来检查驻车制动器，完全释放驻车制动手柄，拆下驻车制动拉索后，左后轮制动可完全解除。但踩几次制动踏板后，再重新装复驻车拉索，则左后轮制动拖滞相当明显，该车轮很难被转动，同时右后轮也存在制动拖滞的现象。

经仔细分析与观察，驻车制动手柄完全释放后，左、右制动钳上的驻车制动杠杆依然被驻车制动拉索（下称拉索）吊住，而在使用过程中很难保证左右拉索的运动阻力、制动钳上的杠杆卡簧弹力和驻车制动杠杆回位的自身阻力等相同。由于这些原因更难以保证驻车制动杠杆后方的平衡卡箍处于调节杆的正中位置，使两侧拉索回位位移相同等。久而久之，平衡卡箍偏斜，两侧拉索回位产生偏差，拉起驻车制动手柄时，回位少的一侧相对收缩较多，使拉索上的橡胶防尘套过度压缩，随着驻车制动使用频度的增多，其防尘套提前破裂，极易进入雨水和灰尘，进一步增大拉索的运动阻力，产生单边制动拖滞，从而导致上述故障现象的发生。

故障排除　更换拉索，调节平衡卡箍后的调整螺母，使两侧制动钳上的制动杠杆与制动钳止块保持 1mm 的距离。

七、斯柯达明锐车有时用遥控器无法锁车，行车过程中中控锁会自动解锁

故障现象　一辆斯柯达明锐轿车，有时用遥控器无法锁车，行车过程中中控锁会自动解锁。

故障诊断　根据客户描述进行路试，并没有发现上述故障现象，但在原地试车时发现。当将点火钥匙拔出时 CD 机不能自动关机，同时中控门锁不能自动解锁。用 VAS5051 读取转向盘电子控制单元故障存储器，显示点火开关 S 解点故障。查找维修手册，发现造成此故障的原因在点火开关的 S 端子。造成 S 端子故障的可能原因有：一是转向锁损坏，致使锁舌顶到点火开关

后，点火钥匙拔出时锁舌不能自动回缩，致使S端子与接线柱30一直连接，因此控制单元接收不到控制信号，使得CD机、中控门锁不能自动断开，或是由于锁舌来回活动，造成S端子触点有时通电有时断电，使得轿车行驶时中控锁跳锁；二是点火开关S端子触点本身存在问题，行驶中受到振动引起中控门锁跳动。

故障排除 检查转向锁锁舌，正常。看来是点火开关S端子的触点故障。更换点火开关后，故障排除。